글로벌 시대의

예절인성

| 장윤수 성회경 공저 |

양성원

머리말

지금도 예절이 필요한가?

이 책은 필자가 지금 재직하고 있는 대학에 부임한 이후 맡게 된 '예절교육연구' 강좌의 경험을 바탕으로 집필된 것이다. 순수학문 중심의 연구에 익숙했던 필자에게 있어 예절교육이 정규 대학과목으로 편성되어 있다는 사실은 적지 않은 놀라움으로 다가왔다. 강의를 진행하며 학생들과 '예절'이라는 주제로 자유롭게 토론하는 가운데, 예절교육의 현재적 의미에 대해 깊이 고민하게 되었다.

특히 한 만학도가 던진 "지금도 예절이 필요합니까"라는 질문은 강한 인상을 남겼다. 그 질문은 단지 한 개인의 의문을 넘어, 급변하는 현대사회 속에서 예절의 존재 이유와 필요성에 대한 본질적인 물음을 담고 있었기 때문이다.

오늘날 우리 사회는 다양한 방식으로 예절교육의 중요성을 강조하고 있다. 교육기관에서는 물론, 민간단체들 또한 예절 관련 강좌와 체험 프로그램을 마련하고 있다. 필자가 동양철학을 전공하고 예절교육 강의를 담당하고 있는 까닭에 여러 기관으로부터 강의 요청을 받는 일이 잦다. 그럴 때마다 앞서 언급한 학생의 질문이 문득 떠오르며, 예절이 단지 과거의 유산이 아니라 지금 이 시대에도 반드시 필요한 삶의 지혜임을 되새기게 된다.

인간관계가 존재하는 한, 상호존중과 배려는 사회적 삶의 필수 덕목일 수밖에 없다. 그리고 이러한 인성을 길러 주는 것이 바로 예절교육이다. 자라나는 세대에게 어릴 적부터 타인을 배려하고 존중하는 습관을 길러 주는 일은, 단순한 형식 교육을 넘어 올바른 인격을 형성하는 근간이 된다. 자기중심적인 욕구를 절제하고 타인에 대한 공감을 실천하도록 이끄는 예절인성의 역할은 그 어느 시대보다 절실하다.

이러한 교육이 실효성을 가지기 위해서는 무엇보다 부모와 교사의 역할이 중요하다. 건전한 정신을 지닌 자녀를 길러 내는 일이 곧 건강한 가정을 이루는 기초이며, 나아가 사회 전체의 건전성을 지탱하는 초석이 된다. 부모는 단지 가정교육의 주체일 뿐만 아니라, 사회와 국가 교육의 근간이 되는 중요한 교육자이기도 하다.

명문가로 일컬어지는 가정의 자녀교육을 살펴보면, '책임'과 '배려'라는 예절교육의 기본에 충실하다는 공통점이 있다. 자녀의 성공을 염원하는 많은 이들에게 예절교육은 가장 기초적인, 그러나 가장 본질적인 가르침이다. 예절인성에 충실한 가정에서 일탈하는 자녀가 배출될 가능성은 매우 낮다는 사실은 수많은 사례가 입증하고 있다.

교육은 말보다 모범이 더 큰 영향을 끼친다. 특히 예절인성 교육은 부모와 교사, 그리고 선배와 동료의 언행이 곧 교육의 텍스트가 된다. 흔히 '그 아버지에 그 자식'이라는 말은 결코 우연한 속담이 아니다. 부모가 스스로 변화하지 않으면서 자녀에게만 올바름을 요구하는 것은 공허한 명령에 불과하다. 동서고금의 역사 기록은 부모의 삶이 얼마나 자연스럽게 자식에게 전이되는지를 잘 보여 준다.

결국 부모와 교사의 삶 자체가 자녀와 학생 교육의 살아 있는 교과서이며, 예절교육은 그 안에서 습관화와 가치 내면화를 통해 실현된다. 이 책은 그러한 교육의 중요성과 방향성을 공유하고자 하는 의도에서 이루어졌다. 독자들이 이 책을 통해 '지금도 예절이 필요한가'라는 물음에 대한 각자의 성찰과 해답을 얻는 계기가 되기를 바란다.

이 책을 읽고 조언해 준 박장원, 김성현 두 분 선생님께 감사한다. 그리고 어려운 출판계 여건에서도 이렇게 멋지게 책을 꾸며 준 양성원 관계자 여러분들께도 진심으로 감사를 드린다.

"다른 사람이 나를 존중히 여겨 주기를 바란다면, 내가 먼저 상대를 존중히 여겨 주는 것보다 나은 게 없다."『명심보감』

2025. 7.

상록재에서 장윤수

차 례

PART 3 생활 예절

PART 4 예절과 인성 교육

부 록 예절인성 원전 강독

일러두기

- 이 책은 한글 전용을 원칙으로 하며, 한자가 필요한 부분에서는 한글과 함께 병기하였다. 그렇지만 한자 글자 자체의 구성이나 어원을 언급할 경우에는 한자를 그대로 노출하였다. 각주의 경우에도 한글 병기(倂記) 없이 한자로만 표기하였다.
- 『 』는 서명에 「 」는 편명에 사용하였다.
- ( )는 그 단어에 상응하는 한자나 외국어 또는 어떤 문구로 대신할 수 있는 글을 사용할 경우에 썼으며, [ ]는 간단한 어귀를 한글이나 외국어, 한자로 바꿔도 될 경우에 사용하였고, 〈 〉는 어떤 문구를 삽입하여 읽어도 무방할 경우에 사용하였다.
- " "는 어떤 문구를 직접적으로 인용할 경우에 사용하였고, 논문표기에도 사용하였다. ' '는 어떤 문구나 단어를 인용 강조할 때 사용하였다.

PART

1

총 론

Chapter 01 현대사회와 예절인성

Chapter 01

현대사회와 예절인성

Chapter

01 현대사회와 예절인성

1. 지금, 왜 예절인성 교육인가

우리는 흔히 현대사회를 '후기 산업사회' '정보화 사회' 등으로 부른다. 그리고 이러한 시대에 있어서 예절이라고 하는 것은 전통사회의 봉건적·인습적 가치로서 어울리지 않는다고 생각한다. 과연 그러한가? 우리에게 있어서 예절이란 지나간 시대의 추억일 뿐인가?

그렇지 않다. 예절의 대상이 되는 인간관계가 여전하고, 예절의 목적이 되는 상호존중의 정신이 여전하듯이 예절의 가치도 여전할 수밖에 없다. 지금 우리 주변에서 일어나는 도대체 이해할 수 없는 반인륜 범죄들이 무엇보다 어릴 적부터 함께 어울려 살며 상대를 배려하고 존중하는 예절교육의 빈곤에서 오는 것임을 상기할 때, 오늘 우리들에게 예절교육은 선택의 사항이 아니라 필수임을 깨닫게 된다.

정신병리학의 시각에서 볼 때 전형적인 질환자의 하나가 사이코패스(psychopath)이다. 이들은 겉보기에 호감이 가고 업무수행 능력이 뛰어나기 때문에 지극히 정상적인 사람처럼 보인다. 그렇지만 이들은 기본적으로 자기중심적이며, 부정직하고 무책임할 뿐만 아니라 때로는 아무런 이유 없이 상대를 학대하고 엄청난 반인륜 범죄를 저지르기도 한다. 이들은 공통적으로 남을 배려하고 사랑하는 감정이 크게 결핍되었으며, 또한 자신의 잘못을 반성하고 솔직하게 인정하는 태도가 부족하다.

문제는 이들 사이코패스가 우리들 주변에서 전혀 아무렇지도 않은 듯 활동하고 있다는 점이다. 신체적인 질병은 금방 드러나게 마련이며, 외형적인 대(對)사회 폭력성 또한 쉽게 경계할 수 있다. 그렇지만 사이코패스적 범죄행위에 대해서는 당하고 나서야 치를 떨게 된다. 그렇다면 이러한 범죄를 도대체 어떻게 예방할 것인가? 잘 드러나지 않고 제때에 대응할 수 없다는 점에서 사회적 · 제도적 방비만으로는 불충분하다. 이들에게는 무엇보다 어릴 적부터 자신을 절제할 줄 알고 함께 어울려 살며 상대를 배려하고 존중하는 예절교육이 필요하다.

우리는 흔히 예절교육과 에티켓교육을 동일시한다. 두 가지가 비슷한 부분도 있지만, 에티켓의 의미로 예의 의미를 모두 담아낼 수는 없다. 에티켓은 예의 바르고 친절한 행동으로 요약될 수 있다. 그렇지만 예는 이것을 넘어 근본적으로 인간다움의 의미를 천착한다. 예는 스스로의 욕망을 이겨 내고 타인을 존중하는 성실한 마음, 즉 인(仁)의 의미와 다르지 않다. 이러한 마음을 실천하는 방법으로 공자는 극기복례(克己復禮)를 말하였고, 퇴계 이황은 경(敬)을 강조하였다. 여기서 예는 일상적인 의미를 넘어 보다 근원적인 인간 본성의 의미로 해석되며, 또한 우리 인간이 반드시 회복해야 할 도덕성의 본질로 이해된다.

대체로 자녀교육에 성공한 명문가의 교육방식이라는 것이 여느 가정과 크게 다를 바 없다. 다만 책임과 배려를 강조하는 기본교육에 충실하다는 점이 특징적이다. 가르쳐야 할 기본적인 가르침에 충실하다는 말이다. 자녀교육과 자녀성공에 목말라하는 오늘 우리들에게 무엇보다도 예절교육은 가르쳐야 할 기본 가르침이다. 예절교육에 성공한 가정에서 결코 잘못된 자녀가 생겨날 수 없다. 바로 이 점에서 예절교육은 지금도 우리들에게 중요한 의의를 가질 수밖에 없다.

2. 예(禮)란 무엇인가?

1) 예(禮)의 의미

예(禮)와 예절(禮節)은 연속되면서도 구분되는 상관개념이다. 예절의 개념을 제대로 이해하기 위해서는 일차적으로 예의 의미를 알아야 한다. 그렇다면 예란 무엇인가?

동아시아 사회에서 예는 특히 유교문화와 절대적 관계를 가진다. 유자(儒者)의 출현이 이미 예의 문화와 더불어 가능했으며, 또한 예의 문화가 유교 문화의 발전과 더불어 변화해 왔음은 분명한 사실이다. 공자(孔子, B.C. 551~479)는 인(仁)의 실천 방법으로서 '자신을 극복하고 예를 회복할 것'[克己復禮]을 강조하였다.[1] 여기서 예는 인간의 도덕성을 실현하기 위한 과제요, 목표로 제시되고 있다. 그리고 맹자(孟子, B.C. 372~289)는 예를 인간 성품의 도덕적 기본 요소들의 하나로 파악하여, '사양(辭讓)하는 마음'이라는 선한 감정으로 나타나는 것이라고 지적하였다.[2] 이에 반하여 순자(荀子, B.C. 298~238)는, '예'란 인간 사회에서 각각의 분수를 한정짓는 기준으로서 객관적 규범(規範)이라 생각하였고, 또한 인간 성품의 악함을 다스리는 역할을 하는 것으로 이해하였다.[3] 바로 이러한 면에서 우리는 유교의 문화를 곧 '예'의 문화로 규정짓기도 한다. 그렇다면 '예'란 무엇인가? 우선 그 어원적 의미부터 살펴보도록 하자.

한자(漢字)의 어원적 의미를 가장 잘 설명해 주는 『설문해자(說文解字)』에 따르면, 禮는 '示'(땅귀신 기)와 '豊'(풍년 풍)으로 구성되어 있다. '示'는 신적 존재이며, '豊'은 제기[豆]에다 제물을 담아 신에게 봉헌하는 제사 의례(祭祀儀禮)를 말한다. '豊'은 禮의 옛 글자이기도 하다. 한자의 어원을 설명하는 문헌들 간에 차이가 있기는 하지만,

1) 『論語』「顔淵」 참조.

2) 『孟子』「公孫丑上」 참조.

3) 『荀子』「禮論」 참조.

예(禮)의 어원적 의미가 종교의 가장 일반적인 행위로서 제의(祭儀)를 뜻한다는 점에서는 일치한다.

그런데 신에게 제물을 바치고 제사를 지낸다는 초기적 예의 의미는 이후 발전 과정에서 '정치적 법제'(政治的 法制), 사회적 전례'(社會的 典禮), '윤리적 예'(倫理的 禮)라는 의미로 발전한다.

정치적 법제로서의 예는 주대(周代)의 법제를 기록한 책인 『주례(周禮)』에 잘 나타난다. 고대 사회는 제정일치(祭政一致)의 사회로서 군주의 명령은 곧 하늘의 뜻이라고 생각되었다. 그러므로 법제는 곧 예로 여겼으며, 예악(禮樂) 정치를 이상으로 하는 유교의 입장에서 볼 때 왕도(王道) 정치의 실현을 위해 반드시 필요한 것으로 여겼다.

그리고 사회적 전례(典禮)로서의 예는 『의례(儀禮)』와 『예기(禮記)』에서 주로 설명된다. 길(吉) · 흉(凶) · 군(軍) · 빈(賓) · 가(嘉)의 오례(五禮)[4]라든가 혹은 관(冠) · 혼(婚) · 상(喪) · 제(祭)의 사례(四禮) 등이 그 대표적인 예다. 일반적으로 말하는 예의(禮儀) · 예식(禮式) · 예절(禮節) 등이 주로 사회적 전례를 의미하며, 풍속 · 습관 등도 넓은 의미에서 여기에 속한다.

마지막으로 윤리적 예란 오상(五常)[5]의 예를 의미하는 것으로서 『논어』와 『예기』에서 주로 그 용례를 찾아볼 수 있다. 그러나 윤리적 예라고 하더라도 정치적 법제 · 사회적 전례와 전혀 별개의 것이라고 할 수는 없다. 다만 윤리적 의미에서 예란 앞서 말한 두 가지 경우보다 훨씬 더 '예'의 본질적 의미를 지닌다.

예는 보편적인 가치의 도덕성을 지니면서 구체적 현실의 변화 속에서 실천되어야 한다. 이에 따라 예가 행동 양식과 절차라는 점에서 일정한 고정된 형식을 지니는 것을 상례(常禮)라 하며, 반면 시대와 사회의 변화에 따라 의례의 형식과 절차가 변화하는 것을 변례(變禮)라고 할 수 있다. 먼저 상례의 의미로서 '예의 정신'을 살펴보도록 하자.

---

4) 吉禮는 祭祀, 凶禮는 喪祭, 賓禮는 接賓客, 軍禮는 軍旅, 嘉禮는 冠禮와 婚禮를 의미한다.

5) 유교에서 말하는 仁 · 義 · 禮 · 智 · 信의 다섯 가지 덕목을 말한다.

2) 예(禮)의 정신: 경(敬)

『예기』 첫머리에서 예를 '무불경(毋不敬)'이라고 하였다.[6] 이것은 곧 경(敬)에서 예(禮)가 생기며, 예의 본질이 '경'임을 말해 준다.

공자는 일찍이 탄식하기를, "태산(泰山)의 〈귀신이〉 임방(林放)만도 못하다 할 것인가"라고 한 적이 있다. 이 말은 노(魯) 나라의 권력자인 계씨(季氏)가 자신의 신분에 맞지 않게 태산에서 제후의 의례인 '여'(旅) 제사를 드리자 이에 대해 공자가 한 말이다.[7] 임방은 공자에게 예의 근본이 무엇인지를 물었던 사람이다. 대부분의 사람이 예의 미세한 절차나 형식을 따지고 있을 때, 임방은 예의 근본 정신이 어디에 있는지를 물었다. 공자는 임방의 질문을 칭찬하면서, "예는 그 사치함보다는 차라리 검소함이 낫고, 초상은 그 절차보다는 차라리 슬퍼함이 낫다"라고 대답하였다.[8] 즉, 예를 행하는 사람들이 형식 절차를 번거롭고 사치스럽게 하는 데에만 마음을 기울이고 있는 현실을 경계하면서, 예의 근본 정신이 공경하는 마음에 있음을 강조한 말이다.

또한 공자는"예(禮)라, 예라 이르는 것이 옥과 비단을 말하는 것이겠느냐? 악(樂)이라, 악이라 이르는 것이 종과 북을 말하는 것이겠느냐"[9]라고 하였다. 예를 행하는 사람에게 경건한 마음이 결핍되면 의례에 쓰이는 폐백(幣帛)이 아무리 규모 있게 잘 갖추어졌다고 하더라도 무의미한 것이 되고 만다. 또한 음악을 연주하는 사람에게 아름다운 정서가 결핍되면 아무리 좋은 악기를 갖추어 놓고 있더라도 영혼이 빠져나간 채 도구만 붙잡고 있는 것에 불과하다. 결국 공자의 말은, 예를 논하면서 예물인 폐백에 관심을 빼앗기고 음악을 논하면서 도구인 악기에 관심을 빼앗기는 현실을 경계한 것이다.

---

6) 『禮記』 「曲禮上」 참조. 첫 구절의 원문은 "曲禮曰, 毋不敬, 儼若思, 安定辭, 安民哉."이다.

7) 『論語』 「八佾」 참조.

8) 『論語』 「八佾」 참조.

9) 『論語』 「陽貨」.

한편, 공자는 주공(周公)의 사당인 태묘(大廟)에서 일일이 의례 절차를 묻다가 이를 지켜보던 사람으로부터 "누가 추(鄹) 땅 사람의 아들이 예를 안다고 했는가? 태묘에 들어가서는 일일이 묻고 있다"라고 비난을 받은 적이 있었다. 이를 듣고서 공자는 "이렇게 하는 것이 바로 예이다"라고 대답했다.[10] '추 땅 사람의 아들'인 공자는 의례에 밝기로 소문이 나 있었다. 그래서 이 제사를 지켜보는 사람들은 공자의 동작이 절차에 따라 능숙하게 진행될 것을 기대했던 것 같다. 그러나 공자는 익숙한 솜씨로 순조롭게 의례를 진행하기보다는 혹시라도 잘못될까 조심하는 자세로 일일이 물으면서 진행했다. 그는 바로 이렇듯 경건한 마음으로 의례를 행해야 함을 역설하였던 것이다.

한대(漢代)의 유명한 철학자인 왕충(王充, 27~97?)은 "제사의 뜻은 주인이 스스로 은혜로움과 정성스러움을 다하는 것일 뿐이니, 〈귀〉신이 반드시 그것을 흠향(歆饗)하는 것은 아니다"[11]라고 하였다. 이 말이 비록 극단적이기는 하나, 유교 의례의 본질을 잘 말해 주는 것이다. 즉, 〈귀〉신의 흠향 여부가 문제가 아니라 제사를 드리는 사람의 정성스러움이 강조되는 것이다.

이러한 예의 본질적 의미는 결코 변할 수 없는 '불변성(不變性)'의 요소이다. 그러나 예에 이러한 본질적 의미만 있는 것은 아니다. 즉, 예에는 본질적 의미 이외에도 시대적 상황과 사회적 변화에 따라 적응해 나가는 '가변성(可變性)'의 요소가 있다. 이제, 예의 불변성과 가변성의 의미를 체용론(體用論)의 시각에서 이해해 보도록 하자.

3) 예(禮)의 체용론(體用論)

유교 공동체는 크게 세 부분으로 구성되어 있다. 우선 자연적 공동체로서 부모와 자식의 결합을 기준으로 하는 '가정[家]' 공동체가 있다. 또한 유교적 가치관과 도덕

10) 『論語』 「八佾」 참조.

11) 『論衡』 「祀義」.

의식을 계승하고 연마하는 문화적 공동체로서, 스승과 제자의 결합을 기준으로 하는 '학문[學]' 공동체가 있다. 마지막으로, 작게는 향촌(鄕村) 사회로부터 크게는 국가 차원으로 확대되는 '사회[鄕 · 國]' 공동체가 있다. 혈연(血緣), 지연(地緣), 학연(學緣)이라는 것은 바로 이러한 유교 공동체의 세 부분과 연결되어 있다.

유교 공동체에서는 공동체의 유형에 따라 각각의 예가 정립되어 있다. 즉, '가정' 공동체에서는 가례(家禮)가, '학문' 공동체에서는 학례(學禮)가, '사회' 공동체에서는 향례(鄕禮)나 국조례(國朝禮)가 정밀한 체계로 제시되어 시행된다. 각 공동체는 그 구성 체계에 규범을 부여하여 질서를 확립할 뿐만 아니라 의례를 정기적으로 반복하여 거행함으로써 공동체 결속의 강화를 도모한다. 특히 이 중에서도 가정 공동체는 유교 문화에서 모든 도덕 규범의 뿌리가 되고 원천이 된다. 유교의 규범 체계는 언제나 가족적 인간 관계의 규범을 기준으로 하고, 이를 확산시켜 더욱 넓은 사회 속에서 전개해 나가도록 이끌어 왔다.

즉, 전통 사회에서 대중에게 가장 일반화된 예는 가정의례이다. 『주자가례(朱子家禮)』는 이러한 가정 의례의 표준으로 제시되어 왔다. 그런데 『주자가례』가 가정 의례의 표준으로 정립될 수 있었던 것은 주희(朱熹, 1130~1200)가 성리학적 형이상학의 체계를 확립하면서 그 실천 방법으로 도덕 규범의 체제와 더불어 의례 절차의 확고한 기반을 확보해 두었기 때문이다. 주희는 「가례서(家禮序)」에서 먼저 예를 본(本: 근본 원리)과 문(文: 제도 절차)의 체용 구조로 제시하고 있다.

> 예에는 본(本)과 문(文)이 있다. 집에서 행하는 것부터 말하자면 명분을 지키는 것과 사랑하고 공경하는 진실이 그 본이다. 관혼상제(冠婚喪祭)와 의장도수(儀章度數)는 그 문(文)이다. 본(本)이라는 것은 집에서 날마다 실행하는 상체(常體)이니 진실로 하루라도 닦지 않을 수 없다. 문(文) 또한 모두 사람된 도리의 처음과 끝을 바로 세우는 것이다. 비록 그것을 행함에 때가 있고 그것을 베풂에 장소가 있더라도 강구함이 분명하고 익힘이 익숙하지 않으면 일에 부닥쳤을 때 이치에 맞고 절문(節文)에 상응하지 못할 것이니, 이 또한 하루라도 강습하지 않을 수 없다.[12]

12) 『朱子家禮』 「家禮序」.

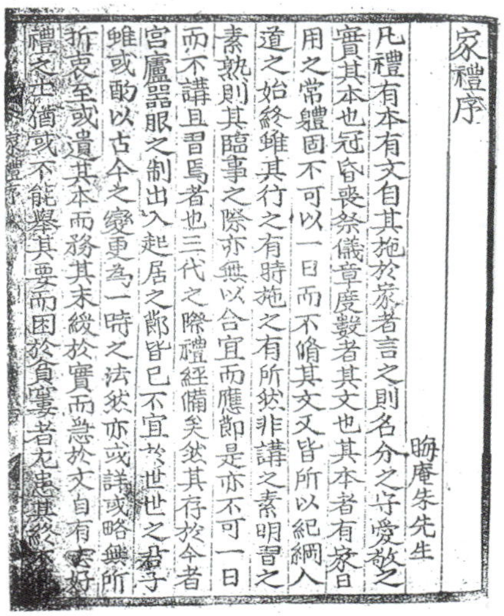

家禮序

晦庵朱先生

凡禮有本有文自其施於家者言之則名分之守愛敬之
實其本也冠昏喪祭儀章度數者其文也其本者有家日
用之常體固不可以一日而不脩其文又皆所以紀綱人
道之始終雖其行之有時施之有所然非講之素明習之
素熟則其臨事之際亦無以合宜而應節是亦不可一日
而不講且習焉者也三代之際禮經備矣然其存於今者
宮廬器服之制出入起居之節皆已不宜於世世之君子
雖或酌以古今之變更為一時之法然亦或詳或略無所
折衷至或遺其本而務其末緩於實而急於文自有志好
禮之士猶或不能舉其要而困於貧窶者尤患其終不

주희, 「가례서(家禮序)」

본(本)과 문(文)의 체용 구조에서 보면, 예는 근본 원리의 '불변성'과 의례 절차의 '가변성'을 동시에 가지고 있다. 따라서 예의 진정한 이해는 의례의 절도(節度)를 시대적 변화에 맞게 조정하면서 그 근거에 깃든 예의 '보편적 근본 원리'[常體]를 인식하는 데서만 가능하다. 17세기의 예학자(禮學者) 허목(許穆, 1595~1682)은 예를 정의(定義)하여, "예는 하늘에서 나오며 성인(聖人)에게서 이루어진다. 예는 때를 따르는 것을 귀하게 여기므로 삼대(三代)의 예가 다르다"[13]라고 하였다. 즉, 허목은 예가 하늘에 근원을 두고 있으며 천명(天命)을 깨달은 성인의 권위에 의해서만 예로서 제정될 수 있음을 강조한다. 그러나 그는 예의 근본 정신이 인간의 자의적 판단에 따라 임의로 변경될 수 없지만, 그 현실적 변화 또한 인정하지 않을 수 없다고 보았다.

이익(李瀷, 1681~1736)도 "가례(家禮)는 옛것에 의거하면서도 변화에 통하는 것이다. 옛것에 의거한 즉 근본이 세워지게 되고, 변화에 통한 즉 풍속에 힘쓰게 된다"[14]라고 말하였다. 그리고 정약용(丁若鏞, 1762~1836) 또한 "예는 천지(天地)의 실질[情

13) 『記言』 「禮說一・禮統」.

14) 『星湖僿說』 「經史門・儒術」.

이다. 하늘에 근본을 두고 땅을 본받으니, 예는 그 사이에서 행해진다”[15]라고 하여, 예가 ‘본질적 근원[天]’과 ‘현실적 제약[地]’을 종합하는 것임을 강조하였다.

즉, 예는 궁극적 실재인 하늘을 근본 원리로 인식하여 그 근원을 확보하고자 추구하는 ‘불변성’과 더불어, 시대적 상황과 사회적 현실의 변화에 따라 이에 적합하도록 절도(節度)의 형식을 바꾸어 가는 ‘가변성’이라는 두 방향의 관심과 추구를 통해 구체화하였다. 그러므로 예의 실천에서는 그 본질적 원리에 바탕하는 것뿐만 아니라, 구체적인 현실에 따라 응용해 가려는 노력 또한 중요하다.

4) 예절(禮節)의 의미와 예절교육의 특성

유교 의례는 경전 전통의 고례(古禮)를 기준으로 삼지만 그 시대의 풍속과 제도인 금례(今禮)를 폭넓게 수용하여 현실적 적합성을 유지해 왔으며, 예의 근본 정신이 불변임을 부단히 확인하면서도 구체적 제도의 가변성을 중시하여 시대에 따라 적응 · 변모해 왔다. 가례(家禮)에 대한 주희(朱熹)의 기본 입장도 고례인 『의례』에 의존하는 범위를 줄이고 적극적으로 당시 사회의 예속(禮俗)을 수용함으로써 실천의 편의성을 추구하였다.[16] 그리하여 주희는 예가 시(時)를 떠날 수 없음을 강조하면서 고례의 전통에만 속박되지 않고 금례를 폭넓게 수용하여 그 시대의 현실에 적합한 『가례』의 독자적 의례 체계를 제시하였다.

오늘의 경우도 마찬가지이다. 과거 예의 전통을 정확하게 재현해 내는 것도 의미 있는 일이지만, 예의 현대적 응용, 즉 시(時)에 따른 예의 모색이 그 이상 중요한 일이다. 전통 예절의 ‘현대적’ 적응 가능성 모색 그리고 바람직한 의례의 시연(試演)과 계몽 및 보급 운동도 적극적으로 필요할 것이다. 1969년 정부에서 ‘가정의례준칙(家庭儀禮準則)’을 제정하여 시행을 권장하기도 했지만, 전통 문화와 괴리가 심하였고, 이로 인해 국민들에게 큰 호응을 얻지 못했기 때문에 지금은 거의 사장(死藏)

15) 『與猶堂全書』 「喪禮四箋 · 喪禮四箋序」.

16) 『朱子語類』 「禮一 · 論修禮書」 참조.

단계에 있다. 그러나 이러한 식의 시도는 해 볼 만한 가치가 충분히 있다. 공권력에 의한 강제적인 방안이 아니라, 민간의 전문가들에 의해 충분한 논의와 협의 및 예비 시행을 거친 뒤에 일반화를 꾀해야 할 것이다. 즉, 예와 관련한 우리 시대의 가장 큰 과제는 바로 예의 '현대적 적응'이라고 할 수 있다. 그리고 예와 관련하여 기본적으로 유념할 것은, 예의 가변성, 즉 예절과 관련해서이다.

'예'와 '예절'을 차별적으로 이해하게 될 때에 '예'에 비해 '예절'의 개념은 훨씬 더 가변성의 의미를 띠게 된다. '예'가 주로 예절의 본질과 정신을 의미한다면 '절(節)'은 행동규범을 말하는 것으로서 공경하는 마음, 정성스러운 마음, 섬기는 마음, 절제하는 마음, 사랑하는 마음의 구체적 표현이다. 예절은 자신이 속해 있는 사회의 구성원들이 약속해 놓은 일정한 생활 방식이다. 그러므로 공자는 『논어』 가장 말미에서 "예(절)를 알지 못하면 제대로 설 수 없다."[17]라고 하였던 것이다. 예의와 범절, 즉 예절은 인간이 지켜야 할 행동규범으로 사람이 사람답게 살아가기 위하여 필요한 도리이고 질서이다.

약속된 생활방식으로서의 예절은 가장 바람직한 가치에 대한 구성원들의 합의를 기본으로 한다. 바람직한 것이란 처해 있는 환경조건에 따라 바뀌어질 수 있으므로 합의된 가치관 역시 바뀌어질 수 있으며, 따라서 예절의 표현방식도 달라질 수 있다. 그러나 특정 시대와 환경 속에서 예절은 눈에 보이지는 않지만 일정한 수준의 규제력을 발휘해 그 사회구성원들의 행동방식을 정해진 방향으로 이끌어 나가며, 사회의 질서를 안정적으로 유지시킨다.

예절에는 크게 두 가지 기능이 있다. 하나는 자기 자신을 수양하는 기능이고 다른 하나는 다른 사람과의 관계에서 원만하게 대처하는 기능이다. 전자의 경우, 예절은 스스로 사람다워지려는 것으로서 자기 자신에게 적용하는 기능을 가지는데 이 경우 예절의 본질은 정성스러움이다. 후자의 경우, 예절은 자신을 벗어나 남에게 활용되는 기능을 가지며 이 경우 예절의 본질은 공경과 사랑이다.

17) 『論語』 「堯曰」. "不知禮, 無以立也."

자기 자신을 수양하는 구체적인 방법은 비록 혼자 있는 경우라 할지라도 스스로 조심하는 것이며, 대인관계에 대처하는 방법의 기본은 남을 편안하게 해 주는 것이다. 즉, 예절에는 모두가 함께 편히 지낼 수 있기 위해 자신의 욕구를 절제하는 마음, 서로의 행복을 위해 자신의 이익을 양보하는 마음이 있어야 한다. 바로 이러한 점에서 예절교육은 에티켓교육과 차별성을 갖는다.

상대방에게 폐를 끼치지 않으려 한다는 점에서는 예절교육과 에티켓교육이 공통점을 갖지만, 자신의 욕구를 절제하고 끊임없는 내적 성찰과 반성을 수행한다는 점에서는 예절교육이 훨씬 더 근본적이고 인성교육의 본래 목표에 가까이 다가간다.

3. 예(禮), 유교의 교학(教學) 이념

1) 성리학과 『소학』

성리학(性理學) · 도학(道學) · 이학(理學) · 주자학(朱子學) · 정주학(程朱學) · 송학(宋學)이라는 용어를 그다지 구분하지 않고 통칭하여 사용한다. 이들 용어의 학문적인 내용이 대체로 서로 통하므로 두루 통용할 수도 있겠으나, 엄밀히 따지면 개념상 차이가 있다.

'성리학' 또는 이학(理學)은 송대 유학이 다룬 핵심개념을 중심으로 붙여진 이름이며, '정주학'과 '주자학'이란 용어는 송대 유학을 집대성한 '정씨(程氏) 형제'와 주희(朱熹)를 중심으로 하여 붙여진 이름이다. 또한 '도학'이란 학문의 정통적인 계보를 잇는 진정한 학문이라는 의미에서 붙인 이름이며, '송학'이란 송나라 시대에 성행한 유학이라는 의미로 사용된 명칭이다.

그러한 의미에서 볼 때 성리학 · 도학 · 정주학 · 이학 · 송학은 서로 혼용해 사용하여도 큰 무리는 없을 듯하다. 정이(程頤)와 주희의 학문 근간이 동일하며, 실제로 주희가 정이의 학통을 계승한다는 점을 고려하면 정주학과 주자학의 개념은 서로 통한다. 또한 정주학 계열의 학자들이 스스로 자부하기를 "맹자 이후 천년 동안 끊어졌던 도통(道統)을 이었다"고 하니 '도학(파)'이라고 할 수 있을 것이다. 그리고 이들 학문의 핵심 개념이 성(性)과 이(理)라는 점에서 '성리학' 또는 '이학'이라고 할 수 있겠다. 그리고 '송학'이라는 명칭도 송대 유학의 근간이 성리학이라는 점에서 통용될 수 있다.

그런데 성리학의 교학이념을 가장 잘 표방한 책이 바로 주희가 집대성한 『소학』이다. 『소학』은 초학자를 대상으로 한 성리학의 입문서이자, 성리학자들이 평생토록 지녀야 할 수신서(修身書)의 역할을 하기도 하였다. 『소학』은 특히 한국성리학에서 중시되었다. 고려 말 성리학의 전래와 함께 우리나라에 보급되기 시작했던 『소학』은 고려 말에 일부 유학자들에 의해 읽혀지다가 조선의 개국과 더불어 성리학의 입문서와 수신서로서 확고한 위치를 구축하게 된다.

성리학은 한국에 수용될 때 이기론(理氣論)보다는 지경(持敬)을 중시한 원(元)의 유학자 허형(許衡, 1209~1281)의 학풍이 첨가됨으로써 수용기의 한국 성리학은 거경(居敬) 쪽이 주류로 인정받게 된다.[18] 이러한 특징은 특히 새로운 국가와 사회 건설에 성리학의 이론적 측면보다는 실천적 면이 훨씬 유용했던 조선 초기에 이르러 더욱 강하게 두드러진다. 허형은 주희가 편찬한 『소학』을 신명(神明)과 같이 믿고 부모처럼 공경했으며 그 제자들에게도 쇄소응대(灑掃應對)로써 진덕(進德)의 기틀을 삼으라고 했고,[19] 또한 『소학』에서 강조하는 '경(敬)'공부와 기본 예절교육을 중시했다. 허형 학풍의 영향으로 여말(麗末) 유학자들 사이에서 『소학』이 읽히게 되었고, 조선왕조의 개국과 더불어 이 책은 15세기 관학(官學)의 필수교과목이 되고 조선 성리학자들에 의해 더욱 중시되었던 것이다.

조선조에 들어와서 『소학』에 대한 강조는 개국 초부터 있어 온 일이나, 특히 주목되는 학자는 권근(權近, 1352~1409)이다. 그는 『소학』의 달통을 강조하면서 먼저

18) 문철영, "조선 초기의 신유학 수용과 그 성격"(『한국학보』 36집, 1984), 32-3쪽 참조.

19) 『宋元學案』, 卷90, 「魯齋學案」 참조.

『소학』을 읽은 다음에야 다른 공부를 할 것이며, 성균관에 입학하고자 하는 자에게는 『소학』의 능통 여부를 확인한 뒤에 시험에 응시할 수 있도록 하라고 태종에게 건의하였다.[20]

그리고 권근 이후 『소학』을 가장 강조했던 학자로는 단연 김굉필(金宏弼, 1454~1504)을 거론할 수 있다. 그는 평소 실천위주의 유학공부를 쌓으며 자칭 '소학동자(小學童子)'라고 말할 만큼 『소학』에 따라 마음가짐을 한결같이 하였다. 그는 『소학』이 모든 학문의 입문이며 기초인 동시에 인간교육의 기본 원리가 됨을 역설하였으며, 평생토록 『소학』을 손에서 놓지 않았다고 한다. 김굉필의 이러한 정신은 그의 제자 조광조(趙光祖, 1482~1519)에게 계승되어 그 또한 『소학』을 중심으로 하여 도학을 실천하는 공부에 힘썼다.

소학은 특히 사림파들이 민중교화의 수단으로 적극 활용하였는데, 김안국(金安國, 1478~1543) 또한 경상도관찰사로 재임할 때 한글판 『소학』인 『소학언해』를 발간하여 민간에 널리 보급하였다. 이언적(李彦迪, 1491~1553)도 『소학』과 경(敬)공부를 강조했던 성리학자이다. 그는 경(敬)이 내 · 외를 포괄하여 천덕(天德)에 이르는 것이며 또한 '하학이상달(下學而上達)'의 정신을 지녔다고 이해하였으며,[21] 바로 이러한 바탕에서 '하학'을 지칭하는 『소학』을 강조하였던 것이다. 이황(李滉)이 평생토록 힘썼던 '경'의 공부가 『소학』에 바탕을 둔 것이며, 그리고 조식(曺植) 또한 『소학』을 강조한 학자로 기억될 만하다. 조식은 평소 제자들에게 글공부는 『소학』 한 권이면 족하다고 했다. 이이(李珥)도 『소학』을 학문의 기본서로 여겼으며, 그래서 『소학』을 『대학』, 『논어』, 『맹자』, 『중용』과 병렬하여 오서(五書)라 칭하고, 학자들이 가장 먼저 읽어야 할 책으로 명기하였다.[22] 그리고 당시 중국에서 만들어진 『소학』의 각종 주석서의 정수만을 가려 뽑아 '집주(集註)'를 만들었으니, 이 책이 바로 조선성리학자들 대부분이 대본으로 삼았던 『소학』의 주석서이다.

---

20) 『조선왕조실록』, 태종 7년 3월 24일, "吉昌君 權近이 勸學에 대한 조목을 아뢴 상소문" 참조.

21) 『晦齋全書』 「答忘機堂」(第1, 2, 3) 참조.

22) 『擊蒙要訣』 「讀書章」 참조.

그런데 『소학』은 유교의 전통예절교육과 관련해서도 중요한 의미를 갖는다. 우선 그 교학이념이 경(敬)이라는 점에서 예의 정신과 상통하며, 또한 '하학이상달'이라는 교학방법을 통해 기본생활 예절교육을 강조하고 있다. 즉, 『소학』은 성리학자들의 중요한 예절이론서이기도 한 것이다. 이제 『소학』의 이념인 '경'의 사상에 대해 고찰해 보고, 이러한 이념이 어떻게 예절교육과 연계되는지에 대해서 살펴보도록 하자.

2) 『소학』의 이념: 경(敬)

『소학』의 핵심은 '경'이다. 경의 실천이 『소학』의 본령이라면, 『소학』은 평생을 통해 추구해야 할 대상이 될 수밖에 없는 것이다. 『소학』에서는 형이상학적 · 관념적인 경을 다룬 것이 아니라, 경의 구체적인 내용을 명시하고 그 내면화를 촉구하였다.[23] 그러한 면에서 『소학』은 예절교육과 밀접한 연관성을 갖고 있다. 경을 강조하는 『소학』의 대표적인 몇 구절을 살펴보도록 하자.

> 군자가 공경[敬]하지 않음이 없으나 자신의 몸을 공경함이 가장 중요하다. 몸은 부모의 가지이니, 감히 공경하지 않을 수 있겠는가? … 공경함이 태만함(怠)을 이기는 자는 길하고, 태만함이 공경함을 이기는 자는 멸한다.[24]

> 일을 함에 시작을 도모함은 한 가지 행동이라도 공경함[敬]을 잊지 않음이요, 말을 냄에 행실을 돌아봄은 한 마디 말이라도 공경을 잊지 않음이다. 정자(程子)의 문하에서 사람을 가르침에 공경으로써 우선을 삼았다.[25]

조선조 숙종 또한 이덕성(李德成)을 시켜 지은 「어제소학서(御製小學序)」에서 『소학』의 교학이념으로 특히 경을 강조하였다.

---

23) 이승연, "『소학』과 성리학"(『동양예학』 4집, 2000), 123-4쪽 참조.
24) 성백효 역주, 『소학집주』(전통문화연구회, 1993), 169-70쪽.
25) 성백효 역주, 『소학집주』, 343쪽. '集解'에서 인용한 熊氏의 말.

> 공경[敬]은 성학(聖學)에서 처음을 이루고 끝을 이루며, 위를 통하고 아래를 통하는 것으로서 공경함과 태만함의 사이에 길함과 흉함이 즉시 판별된다. 이 때문에 무왕이 즉위한 초기에 태사(太師)인 상보(尙父)가 간절하게 경계를 올린 것이 이러한 공경의 뜻에 지나지 않았던 것이다. 배우는 자가 진실로 여기에 맛을 두어 동(動)과 정(靜)을 반드시 공경으로 하고 잠깐이라도 반드시 공경으로 하여, 나의 출입하는 마음을 거두어 들이고 나의 바르고 큰 근본을 세워, 오늘 한 가지 공부를 하고 내일 한 가지 일을 하여, 알지 못하고 깨닫지 못하는 사이에 마음이 편안해지고 표리(表裏)가 밝게 통하게 되면, 대학에 나아가서 이른바 몸을 닦고 집안을 가지런히 하고 나라를 다스리고 천하를 평안히 하는 방법을 다만 한번 들어서 조치하면 되는 것이다. 그 풍화(風化)에 어찌 조금만 도움이 될 뿐이겠는가?[26]

위 인용문의 구절들은 경(敬)공부야말로 성학(聖學)의 핵심이자, 소학공부의 핵심이며, 그리고 대학공부에로 나아가는 것임을 강조하고 있다. 주희의 제자인 진순(陳淳, 1159~1223) 또한 경공부가 성리학의 핵심이며 또한 소학과 대학공부의 핵심임을 설파하였다. "정자(程子)는 경을 주장하는 공부가 소학의 빠진 것을 보충할 수 있다고 하였다. 경을 주장하면 방심(放心)을 거두어 큰 근본을 세울 수 있으니, 큰 근본이 이미 선 뒤에 대학 공부도 순서를 따라 나아가면, 가는 곳마다 통하지 않음이 없다. 대개 경을 주장하는 공부는 시 · 종을 관통하고, 동 · 정을 일관하고, 내 · 외를 합하니, 소학과 대학에 있어서 모두 없어서는 안된다."[27]

조선의 성리학자 성혼(成渾, 1535~1598) 또한 "나의 학문은 늦게야 주워 모아 근본이 서지 못하였으니, 공자의 '오묘한 경(敬)이 무궁하다'는 뜻에 느낌이 있어, 매양 질책해 힘쓰려는 공부로 스스로 마음에 자책함이 오래되었다."[28]라고 하여, 유학 공부의 핵심이 경에 있음을 강조하였다. 그런데 문제는, '경(敬)이란 구체적으로 무엇을 의미하는가' 하는 그 정체 해명이다.

퇴계 이황은 경의 구체 의미를 설명하면서 주희의 학설에 입각하여 자신의 이론을

26) 성백효 역주, 『소학집주』, 11-2쪽.

27) 성백효 역주, 『소학집주』, 28쪽.

28) 성백효 역주, 『소학집주』, 464쪽

전개한다. 일찍이 주희는 경의 의미를 규정하는 요소로서 네 가지의 조목을 말하였다. 주희가 말하는 네 가지의 조목이란 정이(程頤, 1033~1107)가 말하는 '정신을 통일하여 흐트러짐이 없게 한다[主一無適]'는 이론 및 '몸가짐을 가지런히 하고 마음을 엄숙히 한다[整齊嚴肅]'는 이론, 사량좌(謝良佐, 1050~1103)가 말한 '항상 경계하여 깨달으려는 방법[常惺惺法]'에 관한 이론, 그리고 윤돈(尹焞, 1071~1142)의 '마음을 단속하여 한 가지의 잡념도 용납하지 않는다[其心收斂不容一物]'는 이론이다. 이러한 주희의 이론에 입각하여 이황은 경의 의미를 '주일무적', '정제엄숙', '상성성법' 그리고 '기심수렴불용일물' 네 가지로 규정하였다.[29]

이황은 '주일무적'을 설명하면서 다음과 같은 비유를 든다. "어느 한 그림을 두고 생각할 적에는 마땅히 이 그림에만 마음을 오로지 해서 다른 그림이 있다는 것을 알지 못하는 것처럼 하고, 어떤 한 일을 익힐 적에는 마땅히 이 일에 전념해서 다른 일이 있다는 것을 알지 못하는 것처럼 한다."[30] 그리고 '정제엄숙'에 대해서는 정이(程頤)의 말을 인용하여 "정제엄숙하면 마음이 한결 같아지고, 한결 같아지면 저절로 간사함이 생길 수 없다."[31]라고 하며, '상성성법'에 대해서는 "아침저녁으로 정신이 맑고 기운이 안정될 때는 엄연하고 숙연하여, 마음과 몸을 다잡아 주지 않더라도 스스로 보존되고, 사지(四肢)를 단속하지 않더라도 스스로 공순하여지는 상태"[32]라고 해석하였다. 이황은, 이 네 조목의 표현이 비록 다르지만 그 주장하는 바의 의미는 모두 같다고 보며, 그리고 주희의 말을 인용하여 '하나로 붙잡아 들어가는 것은 곧 나머지 세 가지로 통하는 길'임을 강조하였다.

그러나 경의 의미를 규정하는 네 조목을 검토해 볼 때, '주일무적', '상성성', '기심수렴불용일물' 세 조목이 주관의 내심(內心)을 다스리는 치심(治心)의 법이라면, '정제엄숙'은 객관적 외양에 대한 규제이다. 즉, 경의 의미는 '내적 의미'와 '외적 의미'라

29) 『增補退溪全書(一)』 「聖學十圖 · 大學圖」 참조.
30) 『增補退溪全書(一)』 「進聖學十圖箚」.
31) 『增補退溪全書(三)』 「退陶先生自省錄 · 答鄭子中」.
32) 『增補退溪全書(四)』 「退溪先生言行錄 · 論持敬」.

는 두 측면에서 파악할 수 있다. 그러나 경의 의미를 내·외 양면적으로 규정한다고 해서 양자가 분리된 별개의 의미라고 할 수는 없다.

일본의 저명한 성리학 연구자인 우노 데쓰도(宇野哲人)는 주희의 경론(敬論)을 분석하였는데, 그는 주희의 경론이 내·외 양면적으로 전개되고 있음을 잘 지적하였다.[33] 즉 우노 데쓰도는 '바깥'을 바르게[方] 하는 것이 '안'을 곧게[直] 하는 길이며, '안'을 곧게 하는 것이 '바깥'을 바르게 하는 길이라는 논법으로 주희 '경'의 내·외 양면설을 설명하였다. 말하자면 외양을 정제(整齊)하는 것은 내심(內心)이 주일(主一)하게 되는 길이며, 내심을 주일하게 하는 것은 외양을 정제하는 길이라는 것이다. 주희는 내·외를 포괄하며 표·리를 통일하는 원리로서 경의 의미를 사색하였다. 즉, 성찰(省察)이 경의 내적 방면의 공부라면 정좌(靜坐)는 경의 외적 방면의 공부라는 것이다. 따라서 주희에게 있어서 경은 인욕(人欲)을 제거하고 천리(天理)를 보존하는 모든 치심법(治心法)의 근본 원리인 것이다.[34]

주희는 '소학서제(小學書題)' 첫 구절에서 소학공부의 핵심에 대해 다음과 같이 간명하게 정리하였다.

> 옛날 소학교에서 사람을 가르치되, 물 뿌리고 쓸며 응하고 대답하며 나아가고 물러나는 예절과 어버이를 사랑하고 어른을 공경하며 스승을 높이고 벗을 친히 하는 방도로써 하였으니, 이는 모두 몸을 닦고 집안을 가지런히 하고 나라를 다스리고 천하를 평안히 하는 근본이 되는 것이다.[35]

주희는 물 뿌리고 쓸며 응하고 대답하며 나아가고 물러나는 예절, 즉 쇄소응대진퇴지절(灑掃應對進退之節)의 기본 생활예절 공부가 소학공부의 핵심이라고 생각하였으며, 이러한 공부는 더 나아가 수신제가치국평천하(修身齊家治國平天下)의 이상을 지향하는 대학공부의 근간임을 강조하였다. 앞서 언급한 경의 의미를 규정하는

33) 宇野哲人, 『支那哲學史(近世儒學)』(東京: 寶文館, 1954), 194쪽 참조.

34) 吳康, 『宋明理學槪述(一)』(臺北: 中華文化, 1955), 217쪽 참조.

35) 성백효 역주, 『소학집주』, 13쪽.

네 조목 중에서 객관적 외양에 대한 규제인 정제엄숙의 공부는 예절교육과 상통한다. 그리고 "바깥을 바르게[方] 하는 것이 안을 곧게[直] 하는 길이고, 안을 곧게 하는 것이 바깥을 바르게 하는 길이다."는 방식의 사유는 곧 성리학자들이 예절교육을 내면적 심성수양의 중요성과 동등하게 여겼음을 보여 주는 좋은 사례이다. 그러므로 『소학』에서는 예를 강조하여 말하기를, "무릇 사람이 된 까닭은 예의가 있기 때문이다."[36]라고 하였다.

3) 유교의 교학(教學) 이념: 예(禮)

성리학에 있어서 배움[學]과 가르침[教]의 이념은 『대학』과 『중용』에 각각 잘 드러난다. 그런데 이 두 책은 모두 『소학』과 긴밀한 관계를 갖고 있다. 즉, 『대학』은 『소학』과 함께 유가철학의 '학(學)'의 이념과 방법을 설파한다. 다만 순서상 먼저 배울 내용과 궁극적 배움의 내용으로 구분할 수 있을 따름이다. 그리고 『중용』은 유가철학의 '교(教)'의 이념을 잘 보여 주는 저작으로서, 『소학』·『대학』과 함께 교학상장(教學相長)의 관계에 있다. 본래 유학에서는 '배움'과 '가르침'을 이원적 대립관계로서가 아니라 상호보완적인 연계관계로 이해한다. 바로 이러한 측면에서 『소학』·『대학』의 '배움[學]'의 이념과 『중용』의 '가르침[教]'의 이념 또한 상보적인 대응관계를 이루게 되는 것이다. 『소학』과 『대학』의 학문적 관계를 설명하는 이러한 논리와 관련하여 먼저 '소학집주총론(小學集註總論)'의 주장을 들어보도록 하자.

> 옛날의 가르침은 소학(小學)이 있고 대학(大學)이 있었는데, 그 도(道)는 하나일 뿐이다. 소학은 곧 '일'[事]이니, 이를테면 임금을 섬기고 부형을 섬기는 등의 일이요, 대학은 곧 이러한 일의 이치를 밝히는 것이니, 그 위로 나아가 임금을 섬기고 부모를 섬기는 등의 일이 어떠한 것인가를 강구하여 곡진하게 하는 것이다. 옛날 사람들은 소학을 경유하여 대학에 나아가, 물 뿌리고 쓸며 응하고 대답하며 나아가고 물러가는 사이에 잡아 지킴이 굳고 안정되며 함양함이 순수하고 익숙함이 진실로

36) 성백효 역주, 『소학집주』, 179쪽.

> 오래 되었으니, 대학의 순서는 다만 소학에서 이미 이룬 공(功)에 인할 뿐이었다. 옛사람들은 소학에서 〈본심을〉 보존하여 〈性을〉 기름이 이미 익숙하여 기반이 이미 스스로 깊고 두터웠으니, 대학에 이르러서는 다만 그 위로 나아가 약간의 정채(精采)를 변화해 낼 뿐이었다. 옛사람들은 소학에서 스스로 말할 때부터 곧 가르침이 있었다. 그리하여 한 살에는 한 살의 공부가 있어, 20세에 이르면 성현의 자질을 이미 스스로 3분(30%)을 갖고 있으니, 대학은 다만 광채만 낼 뿐이었다.[37)]

즉, 소학공부를 통해 대학공부로 나아가는 것이며, 그러므로 소학공부와 대학공부는 결국 하나일 수밖에 없다는 말이다. 그러므로 이황은 "『소학』과 『대학』은 서로 기대어 이루어진 것이므로 하나이면서 둘이요, 둘이면서 하나이다."[38)]라고 하였다. 그러나 전통 유가, 특히 하학이상달(下學而上達)을 강조하는 성리학에서는 교학방법상 대학보다는 소학의 공부를 더욱 중요시하고 있다. 이황이 『성학십도』를 선정하면서 '대학도(大學圖)'보다 '소학도(小學圖)'를 앞에 두고 있다는 점이 대표적인 사례가 될 것이다.

'학'의 이념과 '교'의 이념이 통한다는 교학상장의 차원에서 볼 때, 『소학』과 『대학』의 '학'의 이념은 곧 『중용』의 '교'의 이념과 통한다. 이황은 『대학』과 『중용』의 차이에 대해 다음과 같이 명확하게 설명해 준다.

> 배우는 사람들이 공부하는 데에는 신(身)과 심(心)보다 더 절실한 것이 없기 때문에 『대학』에서는 마음을 말하였고, 가르치는 사람이 도를 논하는 데에는 성(性)과 이(理)보다 더 우선할 것이 없기 때문에 『중용』에서는 성(性)을 말하였다. 주자가 『대학』 서문을 지으면서 성(性)을 말한 것은 대학의 정심(正心)이 실로 성(性)의 본래 착한 것을 인하여 성(性)의 시초를 되찾는 것이기 때문에, 『중용』의 서문을 지으면서 마음을 말하는 것은 『중용』에서 성(性)을 말하는 것이 본래 마음에 쌓여 있는 것을 꺼내어서 심법(心法)을 밝히는 것이기 때문이다.[39)]

---

37) 성백효 역주, 『소학집주』, 25-6쪽. 이 구절은 程頤의 말을 인용한 것이다.

38) 『增補退溪全書(一)』 「聖學十圖 · 小學圖」 참조.

39) 『增補退溪全書(二)』, 卷40, 「答喬姪問目中庸」.

『소학』의 제일 첫 편인 '입교(立敎)' 첫 구절은 저 유명한 『중용』의 첫 구절을 인용함으로써 『소학』과 『중용』의 관계, 즉 '학'과 '교'의 유기적 연계성을 강하게 암시하고 있다.

> 자사자(子思子)가 말씀하시기를, '하늘이 명령해 준 것을 성(性)이라 하고, 성을 따르는 것을 도(道)라 하고 도를 마름질한 것을 교(敎)라 한다.'라고 하셨다. 하늘의 명명(明命)을 본받고 성인의 법을 따라 이 책을 지어 스승된 자로 하여금 가르칠 바를 알게 하고 제자로 하여금 배울 바를 알게 하노라.[40)]

『중용』의 첫 구절은 '천(天)-성(性)-도(道)-교(敎)'의 연계 구조를 잘 보여 준다. 우선 성(性)과 이(理)에 대해서 주희는 "마음에 있는 것을 성(性)이라 하고 일에 있는 것을 이(理)라 한다"[41)]라고 하였다. 한편 이황은 『중용』과 『대학』의 요체를 비교하여 간결하게 정리하였다.

> 배우는 사람이 공부를 해야 할 곳은 몸과 마음보다 더 절실한 것이 없기 때문에 『대학』에서는 심(心)을 말했고, 가르치는 사람이 도(道)를 논하는 것은 성(性)과 이(理)보다 먼저인 것이 없기 때문에 『중용』에서는 성(性)을 말한 것이다.[42)]

즉, 이황은 『대학』은 주로 배우는 사람의 입장에서, 그리고 『중용』은 가르치는 사람의 입장에서 저술된 책임을 밝히며, 그리고 『대학』의 주제는 심(心)이고 『중용』의 주제는 성(性)이라고 하였다. 이 부분과 관련해서 이존(李存, 호는 番易, 元代 학자) 또한 주목할 만한 발언을 하였다.

---

40) 김수길 역, 『集註完譯 中庸』(대유학당, 2001), 93쪽.

41) 김수길 역, 『集註完譯 中庸』, 93쪽.

42) 김수길 역, 『集註完譯 中庸』, 101쪽.

> 『대학』은 덕에 들어가는 글이니 배우는 사람의 일이다. 그러므로 첫머리에 '대학의 도'라고 말을 했으나 가르침이 그 가운데 있고, 『중용』은 도를 밝히는 글이니 가르치는 사람의 일이다. 그러므로 첫머리에 '도를 마름질한 것을 가르침이라 한다'라고 하였으나 배움이 그 가운데 있는 것이니, 『중용』은 성(性)과 도(道)와 교(敎)라는 세 글자가 한 편의 강령이 되고, 도라는 한 글자가 또한 세 글자(性, 道, 敎)의 강령이 된다.[43)]

이 말은 곧 이황의 생각에서 한 걸음 더 나아가, 배움 속에 가르침이 있고, 가르침 속에 배움이 있다는 유교의 '교학상장(敎學相長)'의 이념을 표현한 것이다. 즉, 『대학』과 『중용』은 유교의 교학이념을 설파하는 상보적인 경전이다. 그렇다면 도(道)란 무엇인가? 우선 호병문(胡炳文, 1250~1333)의 말을 들어 보자.

> 『주역』」에서 말하기를, '한번 음하고 한번 양하는 것을 도(道)라고 이르니, 이 도를 잇는 것이 선(善)이고 이루는 것이 성(性)이다'라고 했으니, 자사(子思)의 이론이 아마 여기에서 근본했을 것이다. 그러나 다만 『주역』은 먼저 도(道)를 말하고 뒤에 성(性)을 말했으니, 『주역』의 '도'자는 곧 전체를 통괄하는 하나의 태극을 말한 것이다. 반면 자사는 먼저 성을 말하고 뒤에 도를 말했으니, 여기의 '도'자는 곧 사물이 각기 갖추고 있는 하나의 태극을 말했을 뿐이다.[44)]

『중용』에서는 '성(性)을 따르는 것이 도(道)'라고 하였다. 그런데 호병문은 이것 외에도 『주역』「계사전」의 언급을 따라 '한번 음하고 한번 양하는 것을 도'라고도 하였다. 『중용』은 '천-성-도'의 구조를 말하며, 『주역』「계사전」은 '도-선 · 성'의 구조를 말한다. 호병문은 두 가지의 차이를 한마디로 통체태극(統體太極)과 각구태극(各具太極)에서 찾았다. 즉, 『주역』의 도는 전체를 통괄하는 '통체태극'으로서의 도이고, 『중용』의 도는 각 사물이 갖추고 있는 내재적 태극으로서의 도라는 것이다. 이러한 호병문의 설명은 대단히 정확하다.

---

43) 김수길 역, 『集註完譯 中庸』, 119쪽.

44) 김수길 역, 『集註完譯 中庸』, 111쪽.

『중용』에서는 '각구태극'의 의미를 지닌 도를 중심으로 성(性)과 교(敎)의 의미를 풀이하고 있다. 솔성(率性)의 의미로서 도(道)는 자연스럽게 수도(修道)의 의미를 지닌 교(敎)와 연결된다. 도를 성과 교의 의미와 연결하여 풀이하고 있는 『중용』 '비지(備旨)'[45]의 설명을 좀 더 들어 보도록 하자.

> 하늘이 명령한 것을 성(性)이라 이른다면 겉만 화려한 것은 성이 아니며, 성을 따르는 것이 도라고 한다면 억지로 하는 것은 도가 아니며, 도를 마름질한 것을 교라 이른다면 도에 지나치거나 미치지 못하는 것은 교가 아니다.[46]

성을 자연스럽게 따르는 것이 도이며, 이러한 도를 마름질한 것을 교라고 한다. 『중용』에 있어서 교, 즉 '가르침'이란 그 스스로 도를 체득하고 또한 도를 전하는 것이라고 할 수 있다.

『중용』에서는 교를 일단 수도(修道)라고 말한다. 그렇다면 '수(修)'는 어떤 의미인가? 이 '닦음[修]' 의미가 특히 예(절)와 관련이 깊기 때문에 유의해서 볼 필요가 있다. '닦음'의 의미에 대해 주희는 '차등을 두어 절차를 매김(品節之)'이라고 풀이하였다.[47] 그리고 반병(潘柄, 宋代 학자)은 '차등을 두어 절차를 매김(品節之)'이라는 말의 의미에 대해 예제(禮制)의 개념을 인용하면서 구체적으로 풀이하였다.

> '차등을 두어 절차를 매긴다'는 것은, 예를 들면 친척 간에 친애하는 예절의 차등과 어진 이를 예우하는 등급에 비유할 수 있다. 이것은 그 두텁고 엷고 가볍고 무거움에 따라 제도를 만들어서 지나치거나 미치지 못하는 치우침을 바로잡는 것이니, 비록 사람이 만들어 낸 것 같으나 실상은 하늘이 명령한 성(性)에 근원한 것이며, 도에 자연스럽게 본래부터 있던 것들이다.[48]

45) 明代의 학자 退菴 鄧林이 『中庸』을 강의한 내용.

46) 김수길 역, 『集註完譯 中庸』, 125쪽.

47) 김수길 역, 『集註完譯 中庸』, 111쪽 참조.

48) 김수길 역, 『集註完譯 中庸』, 111-2쪽.

교(教)란 수도(修道)로 풀이될 수 있고, 수도는 다시 '차등을 두어 절차를 매기는 일'로 이해될 수 있으며, '차등을 두어 절차를 매기는 일'의 가장 대표적 사례가 바로 예(禮)인 것이다. 그러므로 성리학자들이 이해한 『중용』과 유가의 교육에 있어서 교(教)의 의미는 결국 '예의 확립' 및 '예의 교육'이라고 할 수 있다.

그런데 앞서 언급한 것처럼, 예의 정신이 '경'이고 학의 이념을 설파하는 소학과 대학공부의 핵심이 '경'이다. 이러한 사실에서 우리는 '예'를 중심으로 하여 '교'와 '학'의 이념이 상통하고 있음을 다시 한번 확인하게 된다.

4. 한국사회와 예절인성 교육

1) 한국 전통사회와 예(禮)의 문화

우리나라는 예부터 '동방예의지국(東方禮義之國)'이라 일컬어질 만큼 상고(上古)시대부터 예를 좋아하고 예의 실천에 힘썼다. '동방예의지국'이라는 말은 '동방예의지방(東方禮義之邦)'[49]과 통용되기도 하는데, 우리나라를 상징하는 용어가 되었다. 『동이열전(東夷列傳)』의 다음 기록은 '예'와 관련한 우리 민족의 정서를 잘 보여 주고 있다.

> 먼 옛날부터 동쪽에 나라가 있으니 이를 동이(東夷)라 한다. 그 나라에 단군이라는 훌륭한 임금이 태어나니 아홉 개 부족 구이(九夷)가 그를 받들어 임금으로 모셨다. 일찍이 자부선인(紫府仙人)이라는 도에 통한 학자가 있었는데, 중국의 황제(黃帝)가 글을 배우고 내황문(內皇文)을 받아 가지고 돌아와 염제(炎帝) 대신 임금이 되어 백성들에게 생활 방법을 가르쳤다. 동이 사람인 순(舜)이 중국에 와서 요임금의 뒤를 이어 윤리와 도덕을 가르쳤다. 소련(少蓮) · 대련(大蓮) 형제가 부모에게 극진

49) '東方禮義之邦'이라는 말은 『朝鮮王朝實錄』을 비롯한 수많은 문헌에 등장한다.

> 히 효도하더니 부모가 돌아가시자 3년을 슬퍼했는데 이들은 한 민족의 아들이었다. 그 나라는 비록 크지만 남의 나라를 업신여기지 않았고, 그 나라의 군대는 비록 강했지만 남의 나라를 침범하지 않았다. 풍속이 순후해서 길을 가는 이들이 서로 양보하고, 음식을 먹는 이들이 먹을 것을 미루며, 남자와 여자가 따로 거처해 섞이지 않으니, 이 나라야말로 '동쪽에 있는 예의 바른 군자의 나라[東方禮義之國]'가 아니겠는가? 이런 까닭으로 나의 선조 공자께서 '그 나라에 가서 살고 싶다'고 하시면서 '누추하지 않다'고 말씀하셨다.[50]

그런데 문제는 이 기록이 담겨 있는 『동이열전』 자체가 위서(僞書)일 가능성이 높고, 공자의 7대손으로 알려진 책의 저자 공빈(孔斌) 또한 허구의 인물로 추정된다는 점이다. 즉, '동방예의지국'의 출전 자체가 불명확해진다는 뜻이다. 그렇지만 중국의 역사기록에서 일관되게 우리 민족을 예의 민족으로 언급하고 있으며, '동방예의지국'과 비슷한 표현들이 자주 등장하고 있는 점을 고려할 때 우리나라를 '동방예의지국'이라고 부르는 것이 크게 무리한 것은 아니라고 본다.

그리고 우리민족을 의미하는 '이'(夷)자의 모양이 종래 알려진 바처럼 '큰[大]' '활[弓]'을 상징하는 것이 아니라, 무릎을 구부리고 앉아 있는 사람의 측면을 상형한 문자이다. 무릎을 구부리고 쭈그려 앉는 습속은 동이족의 생활습속이다.[51] 그런데 무릎을 구부리고 쭈그려 앉는다는 것은 바로 예를 취하는 자세라고 볼 수 있다. 즉, '夷'라고 하는 말은 야만적인 오랑캐를 의미하기에 앞서 무릎을 구부리고 예를 취하고 있는 동이족의 습속을 표현한 것으로 보아야 한다. '夷'의 이러한 본래적 의미는 예가 우리민족과 불가분의 관계로서 민족성을 상징하는 특징이 되어 왔음을 암시하는 것이기도 하다.

50) 『東夷列傳』.

51) 김경일, 『갑골문이야기』(바다출판사, 1999), 252-3쪽 참조.

『설문해자』에 보이는 이(夷)의 자형

삼국시대 초기에 전통의 제천의례(祭天儀禮)에 유교적 국가의례제도로서 시조묘(始祖廟)의 제도를 도입하고 있다. 삼국시대와 통일신라시대에는 태학(太學)이 설립되고 공자를 모신 사당인 문묘(文廟)의 제도를 수용하면서 의례(儀禮)문화가 발달할 수 있게 되었다. 그리고 고려시대에는 국가의례가 체계적으로 정비되었으며, 특히 고려 말에 주희의 『가례(家禮)』 보급이 시작되면서 본격적인 유교 예절교육이 시행되었다. 조선조에 들어와 가례의 시행이 국가에 의해 확산되고, 국가의례의 체계적 정비를 통하여 『국조오례의(國朝五禮儀)』가 편찬되기도 한다. 이러한 전통을 배경으로 하여 조선 후기에 오면 가례의 저변확대가 이루어지고 그야말로 예학과 예절교육의 대중적 확립을 보게 된다. 특히 17세기에 들어오면 예학의 융성한 발전으로 '예학시대'라 일컬어지기도 하였다. 왕실의 정통성과 연관된 의례문제에 관한 논쟁인 예송(禮訟) 또한 당쟁사(黨爭史) 차원의 그 부정적인 측면은 당연히 비판하더라도, 국가의 근간이 되는 문제들을 예를 기준으로 하여 논의한다는 점에서 당시 우리 사회가 '예치(禮治)'를 지향한 사회였음을 보여 주는 사례라 할 수 있다.

유교 전통에서 예의 실천은 기본적으로 법치(法治)보다는 덕치(德治)를 지향한다. 그런데 현실적인 측면에서 덕치의 낙관주의가 제대로 작동하지 않는다면 어떻게 할 것인가? 그렇지만 도덕주의를 지향하는 유교의 입장에서 법치의 현실주의만을 전적으로 따르기에는 무리가 있다. 바로 이러한 고심에서 덕치의 이상주의와 법치의 현실주의를 조화시킬 방법이 고려되었고, 조선 후기의 실학은 이러한 구상을 예치(禮

治)의 이념으로 구체화했다.[52] 다만 실학자들의 이러한 흥미로운 고민들이 구체적인 정책과 연계되지 못했다는 점이 크게 아쉬움으로 남는다.

1910년, 국권을 상실하고 이후 서양문물의 보급이 폭발적으로 이루어짐에 따라 국가의례와 전통적인 가정의례가 급격한 붕괴를 맞게 되었다. 특히 광복 이후 새로 등장한 대한민국 정부 시절에도 몇 차례나 시대에 뒤떨어진 전통의례의 허례허식을 비판해 왔으며, 이로 인해 유교적 전통에 바탕을 둔 생활 속의 가정의례는 우리들의 현실로부터 더욱 멀어지게 되었다.

그렇지만 유교적 예는 오늘날에도 여전히 우리들의 삶에서 상당한 의미를 지니고 있다. 때로는 자신을 수식하는 품격으로 활용되기도 하고, 때로는 상대방을 비판하는 도구로 활용되기도 한다. 그리고 어떤 경우에는 성숙한 시민의식을 상징하는 서구적 에티켓으로 대체되기도 한다. 어떠한 모습이든, 어떠한 얼굴이든 예는 우리민족과 긴밀한 관계임을 부인할 수 없다.

지금 우리가 전통사회에서 통용되던 예절의 내용과 절차를 그대로 답습할 필요는 없다. 그렇지만 예절이란 것이 일정한 생활문화권에서 오랜 생활관습을 통해 하나의 공통된 생활법으로 정립되어 관습적으로 행해지는 생활규범이란 점을 고려한다면, 전통사회의 예절 또한 지금 우리들에게 상당한 의미를 지닐 수밖에 없다. 예절의 구체적 내용이 무엇이든지 간에 자신의 품격을 스스로 고양시킬 수 있고, 타인을 존중하며 더불어 살아갈 수 있는 규범적 의미라면 이것은 적극 수용되어져야 한다. 바로 이러한 기준에서 우리는 '오늘' '한국사회'에서 유용한 예(절)가 무엇이며, 이러한 예(절)를 도대체 어떻게 교육해야 할 것인지에 대해 진지하게 고민해 보아야 한다.

52) 박종천, 『예, 3천년 동양을 지배하다』(글항아리, 2011), 169쪽 참조.

2) 국적 다문화 사회와 예절교육

단일민족을 자랑하던 한국사회도 현재 다문화사회로 점차 나아가고 있다. 다문화교육에 있어서 가장 기본적인 태도는 '다름'의 인정과 이것에 대한 포용이다. 그런데 전통예절문화의 교육과 관련하여 '거꾸로 보기'가 가능하다. 즉, 한국사회의 다문화적 상황과 관련하여 문화적 갈등을 치유할 수 있는 방안으로 여러 가지가 고려될 수 있지만, 전통예절교육을 통해 유교문화의 보편성과 연속성을 확인하고 이로써 문화적 갈등 요인을 줄여 나가는 것도 좋은 방법이 될 것이다.

현재(2008년) 우리나라에 거주하는 국적별 국제결혼 이주자 중에서 유교문화권 국가출신의 국제결혼 이주자가 전체의 80% 가까이 차지한다.[53] 이들에게 한국 고유의 전통문화와 그들 모국의 전통문화가 그 뿌리를 같이 하고 있음을 확인시켜 주는 것은 문화적 정체성을 확보하게 하고 연속성을 확인하게 하는 중요한 계기가 될 것이다. 특히 유교문화권 국가들의 경우, 관혼상제(冠婚喪祭) 사례(四禮)를 중심으로 한 전통 예절에 있어서 많은 부분이 유사하기 때문에 이주민들이 우리문화에 훨씬 친근하게 접근할 수 있는 매개가 될 수 있다. 즉, 한국사회에 있어서 전통 예절문화는 다문화교육의 중요한 주제가 되며, 한국인과 외국인들에게 다문화적 감수성을 증진시키고 상호문화적 이해를 돕는 유용한 소재가 될 수 있다.

유교문화권 국가에서 중국은 말할 것도 없고, 베트남의 경우에도 우리나라의 전통예절과 많은 공통점을 지니고 있다. 베트남은 남월(南越) 이후 한무제(漢武帝)에 의해 천 년 간(B.C. 111~A.D. 939) 그리고 명나라 때 호시왕조 이후 20년 간(1407~1427) 중국의 직접지배를 받았으며, 다른 시기에 있어서도 조공(朝貢)관계에 의해 중국문화의 영향권 아래에 있었다. 그런데 베트남 사회에 있어서 유교의 통치이념이 체계화된 것은 15세기 레왕조(黎朝, 1428~1788)에 와서이다. 당시 베트남은

53) 행정안전부에서 2008년에 발표한 통계 자료에 따르면, 중국 61.9%(재중동포 38.6%, 기타 23.3%), 베트남 14.6%, 일본 4.5%, 대만 2.6%이다. 그런데 2024년의 통계 자료는 앞의 경우와 비교할 때 차이가 크다. 외국인 아내의 주요 국적은 베트남 27.6%, 중국 19.0%, 태국 16.1%이며, 외국인 남편의 주요 국적은 미국 29.6%, 중국 16.1%, 베트남 12.6%이다.

중국 명나라의 영향을 받아 많은 학교를 세우고 상당수의 관리를 선발하였다. 베트남 정부는 중국과 차별화되는 문명국임을 강조하면서도 중국의 예(禮)문화를 대단히 강조하였다. 특히 레왕조 4대 임금인 탕통(聖宗, 1460~1497)은 베트남의 유교화를 자신의 사명으로 생각하였다. 19세기 초에 이르러 베트남은 유교이념이 더욱 강화되었다. 특히 베트남 마지막 왕조인 응우옌왕조(阮朝, 1802~1945)의 창건자 자롱(嘉隆, 1802~1820)은 중국 청나라의 제도에 준하여 중앙과 지방의 통치기구를 개편하고, 유교식 예제(禮制)를 실행하였다.

이러한 역사적 관계를 보더라도 중국의 유교가 베트남에 끼친 영향력은 대단하다. 특히 베트남이 중국의 예(禮)문화로부터 직접적 영향을 받은 것은 주지의 사실이다. 베트남은 전통 가정의례에 있어서 중국의 의례삼서(儀禮三書)인 쭈레(周禮), 응이레(儀禮), 레끼(禮記)를 기본으로 삼았으며, 이에 따라 전통혼례 또한 중국식 육례(六禮)를 기본으로 삼았다.[54) 『주자가례』의 전래 이후에는 이에 따라 전통의례를 행하였는데, 혼례의 규모와 방법 및 절차상의 세부적인 사항에 대해서는 생활여건 및 지방풍속에 따라 변용이 있었다. 베트남에서 현재까지 전해지는 가례집(家禮集)은 『호상서가례(胡尙書家禮)』, 『첩경가례(捷徑家禮)』, 『수매가례(壽梅家禮)』 등인데, 『주자가례』에 포함되어 있지 않는 독자적인 가례들이 더해지면서 민중들에게 보급되었다.[55) 이것은 당시 베트남의 지배자들이 유교를 이념적으로 받아들였지만 피지배자인 일반서민층에서는 여전히 전통적인 가례를 전승해 왔기 때문이다.

베트남과 한국은 모두 유교의 의례와 『주자가례』를 존숭했기 때문에 양국의 전통의례에는 상당한 공통점이 있다. 그러므로 혼례에 있어서도 관념과 의식 양면에서 모두 유사점을 내포하고 있다. 즉, 한국과 베트남의 전통 혼례는 주나라의 육례(納采, 問名, 納吉, 納徵, 請期, 親迎)와 주희의 사례(議婚, 納采, 納幣, 親迎)의 영향을 강하게 받아들여 정신과 큰 흐름에 있어서 기본적으로 상통하고 있다.

베트남어로 ① 납타이(nạp thái)는 납채(納采), ② 번산(vấn danh)은 문명(問名),

54) 김현재, “베트남의 전통혼인관념”(『베트남연구』 4권, 2003), 132쪽 참조.

55) 김현재, “베트남의 전통혼인관념”, 133쪽 참조.

③ 납깟(nạp cat)은 납길(納吉), ④ 납테(nạp te)는 납폐(納幣), ⑤ 튼끼(thinh ky)는 청기(請期), ⑥ 텅응인(than nghinh)은 친영(親迎)을 의미한다. 한국과 마찬가지로 베트남 또한 중국으로부터 오랫동안 광범위한 문화적 영향을 받았음에도 불구하고 자신의 토착적 문화와 전통을 잃지 않았다. 그래서 이들은 육례를 변형하여 ① 정혼(訂婚), ② 문명(問名), ③ 납징(納徵), ④ 영혼(迎婚), ⑤ 이희(二喜)로 실시하며, 또 어떤 경우에는 더욱 간소화하여 ① 문명(問名), ② 납폐(納幣), ③ 친영(親迎) 세 가지만 실시하기도 한다.[56] 그렇지만 전통 혼례의 근간이 유교적 의식이라는 점은 분명하다.

전통 장례의 경우에도 우리의 전통의식과 유사성이 많다. 베트남의 장례는 대략 "발상(發喪) - 성복(成服) - 조문(弔問) - 발인(發靷) - 하관(下棺) - 성분(成墳)"의 순으로 진행되는데, 구체적인 의미를 살펴보면 『주자가례』에 따른 중국 · 한국의 전통 장례의식과 일치하는 부분이 많다.

베트남 전통사회에서 유교의 영향은 비단 관혼상제의 의식에만 영향을 끼친 것이 아니라, 의식과 실생활에까지 강한 영향을 미쳤다. 예를 들면, 한국사회에 익숙한 삼종지덕(三從之德), 칠거지악(七去之惡) 같은 규범들이 역시 베트남 사회에서도 친숙하다.[57] 이러한 사례는 두 국가가 모두 유교문화권에 속한 '보편성'을 확보하고 있음을 잘 드러내 준다. 최근 베트남 여성을 포함한 외국여성들의 결혼으로 인한 한국이주가 늘어나고 있는데, 이들 이주여성과 그들의 자녀들에게 유교문화권 국가의 전통예절이 지니고 있는 공통적 문화기반을 제대로 교육한다면 문화적 상근성(相近性) 확인과 더불어 이주민과 그들 자녀들의 문화적 정체성 확립에 대단히 좋은 효과를 거둘 수 있을 것이다.

56) 한국외국어대학교 외국학종합연구센터 편, (『세계의 혼인문화』, 한국외국어대학교출판부, 2005), 128쪽 참조.
57) 김현재, "베트남의 전통혼인관념", 147-8쪽 참조.

5. 바람직한 예절문화와 인성교육

예절은 우리가 더불어 살아가기 위한 약속이며, 인간에 대한 상호 존중의 표시이다. 모든 사람이 인간 관계 속에서 때와 상황에 적합한 예절을 지켜 나간다면 상대의 인격을 존중해 주면서 내 인격을 존중받을 수 있게 된다. 그렇지만 '가가례(家家禮)'라는 말처럼 다양하고 이질적인 예(禮)의 문화에서 예절의 문제를 문화 상대적인 관점에서도 이해할 수 있어야 한다. 일반적으로 전통 예절교육을 담당하는 사람들은 '가가례'라는 말을 싫어한다. 그들은 가가례라는 말이 일제시대 식민정책의 하나로서 우리의 전통예절을 파괴할 목적으로 생겨난 말이라고 주장한다. 그러나 가가례라는 말은 '집집이 서로 다르게 행하는 예법'을 의미하는 말로서 이미 우리 전통 사회에서 익숙하게 사용하던 용어이다.[58] 심지어 영조(英祖) 임금조차 "옛부터 가가례라고 하였으니, 〈肇慶廟의 祭享에 대해서도〉 일체 경기전(慶基殿)의 예를 준수하여 거행토록 하라."라고 하였다.[59] 가가례라는 말은 전통예절의 존재자체를 부정하거나 그 의미를 훼손하려는 의도에서 생겨난 것이 아니다. 예절의 다양성을 기본적으로 인정하고, 더 나아가서는 자신과 다른 전통을 가진 상대방을 배려하고 존중하라는 의미로 해석해야 한다.

문화와 역사를 전제로 하지 않은 예절의 논의는 그 자체가 맹목적일 수 있다. 예절은 사회를 하나로 묶어 주는 끈이기도 하다. 그러나 자기 문화 중심주의에만 빠져서는 안 된다. 즉, 그 사회에서 필요한 예절을 가르치는 이상으로 다른 문화의 예절을 이해하고 포용하며 관용할 줄 아는 사람을 기르는 것이 중요하다. '차이'에 대한 포용과 '다름'에 대한 이해는 모든 예절교육의 전제이다. 그리고 상대에 대한 존중과 배려는 모든 예절교육의 기본정신이다. 자신의 삶의 방식이 존중받고 싶을수록 타인

58) 『松南雜識(林氏本)』 「李, 方言類, 近取篇」, '家家禮' 참조.

59) 『조선왕조실록』, 영조 47년(1771년) 10월 8일 기사 참조.

의 삶의 방식과 문화를 이해하고 배려해야 함은 '예' 이전에 모든 윤리와 도덕의 근간이기 때문이다.

그리고 예절교육의 성공을 위해서는 무엇보다도 부모와 선생의 모범교육이 중요하다. 모든 교육이 그러하지만, 특히 예절교육은 본보기교육의 효과가 극대화된다. 즉, 부모와 교사, 선배 그리고 동료들의 의식과 행동이 피교육자의 삶에 절대적인 영향을 끼치게 된다. 우리는 모두 내 자식이 나보다 낫기를 바란다. 그렇지만 자신의 삶은 바꾸지 않은 채 자녀들만이 올바른 삶을 살아가도록 강요하는 것은 아무런 교육적 효과도 가져올 수 없다. 동서고금의 역사기록을 보면 부모의 삶이 놀라울 정도로 자식에게 유전되고 있는 점을 확인할 수 있다. 그러한 의미에서 우리는 '그 아버지에 그 자식'이라는 말을 자주 사용하게 된다.

성경에 보면 아브라함이 애굽의 바라오 앞에서 자기 아내를 누이라고 거짓말을 하게 된다. 그런데 그의 아들 이삭이 블레셋왕 앞에서 동일한 거짓말을 한다. 그런데 이삭의 아들 야곱은 축복을 받기 위해 아버지를 속이게 되고, 심지어 야곱의 아들들은 동생 요셉을 애굽에 팔아넘긴 뒤에 그 아버지 야곱에게 동생이 짐승에게 물려가 죽었노라고 엄청난 거짓말을 하게 된다. 거짓말이 4대째나 상속되고 있으며, 거짓말의 죄성 또한 점점 더 강해지고 있다.

부모(선생)의 생각과 행동은 자식(학생)교육의 텍스트이다. 특히 예절교육은 어린 시절부터 바른생활의 습관화와 바른 가치의 내면화가 절대적인 영향을 끼친다는 점에서 부모와 선생의 역할이 강조될 수밖에 없다. 부모와 교사가 먼저 예절의 가치를 충분하게 인식하고 실천적인 측면에서 자녀와 제자의 모범이 될 때 비로소 피교육자 또한 예절생활을 실천하고 이를 통해 건전하고 올바른 인성(人性)을 내면화할 수 있을 것이다.[60] 하루가 다르게 급속하게 변화하는 시대를 살아가면서도 여전히 '예'를 강조하고 예절교육을 거론하는 가장 큰 원인은 예절의 대상과 목적이 되는 인간 삶의 원리가 여전하기 때문이다. 바로 그러한 이유에서 "다른 사람이 나를 존중히 여겨

60) 「인성교육진흥법」 또한 건전하고 올바른 인성을 갖춘 국민을 육성하여 국가사회의 발전에 이바지함을 목적으로 하는 데에 있다.[「인성교육진흥법」 제1조 '목적']

주기를 바란다면, 내가 먼저 그를 존중히 여겨 주는 것보다 나은 게 없다."[61]고 하는 예절교육의 격언은 예나 지금이나 우리들의 가슴을 깊게 울린다.

61) 『明心寶鑑』「遵禮篇」. "若要人重我, 無過我重人."

읽을거리

〈백불암 최흥원 선생과 예(禮)〉

백불암(百弗庵) 최흥원(崔興遠, 1705~1786)선생은 18세기 대구지역의 대표 학자이자, 또한 당시 영남지역의 주요 학자이기도 하다. 백불암 선생이 남긴 서신에서는 예(禮)에 관한 언급이 가장 많다. 선생이 살던 시대배경이 '예학적 성리학의 시대' 끝부분이었기 때문이다. 선생은 천성적으로 논쟁을 싫어하였지만 유독 예(禮)에 관해서는 자신의 의견을 비교적 소상하게 밝히고 심지어 타인의 견해를 반박하기까지 하였다.

당시의 예론은 상당수가 실천적 지반을 상실하고 그야말로 '예'의 형식이 인간의 실질을 구속하는 본말전도의 상황에 이르렀다. 그렇지만 백불암 선생의 경우는 달랐다. '예'의 본질을 실천성에서 찾았던 것이다.

어머니의 장지(葬地)를 정하는 과정에서 마을 사람들과 송사(訟事)가 일어나게 되자, 선생은 "사람을 상하게 하면서까지 그 땅에 장례를 치르는 것은 돌아가신 분을 편하게 모시는 도리가 아니다"라고 하면서 처음 정한 장지를 버리고 다른 곳에 묘소를 정하였다.

이 예화는 백불암 선생이 무엇보다 인간을 소중히 여긴 인도주의적 사상가였음을 웅변적으로 말해 준다. 또한 그의 예론이 이론만을 위한 예론이 아니라 진정 남을 배려하고 더불어 살아가는 지혜에 바탕한 실천적 예론이었음을 알려 준다. 오늘날 예절교육을 담당하는 이들은 '예'의 형식성보다는 '예'의 본질에 충실하였던 백불암 선생의 예론(禮論)을 깊이 새겨 보아야 할 것이다. (장윤수)

PART

2

전통 예절: 관혼상제

Chapter 02

관례(冠禮)

1. 전통예절 교육의 중심: 사례(四禮)
2. 관례의 뜻과 의의
3. 관례의 역사
4. 관례의 의식 절차
5. 현대의 성인 의식

Chapter

02 관례(冠禮)

1. 전통예절 교육의 중심: 사례(四禮)

'사례'(四禮)란 관혼상제(冠婚喪祭)를 말하는 것으로서 관례(冠禮) · 혼례(婚禮) · 상례(喪禮) · 제례(祭禮)를 합하여 이르는 말이다. 사례(四禮)의 전통적 의식은 근세 200여 년 동안 우리나라 가례(家禮)의 기준이 되어 온 『사례편람(四禮便覽)』[1]에 바탕을 두고 있다.

'관례'(冠禮)는 남자의 경우 성인(成人)이 되었다는 상징으로 '갓'을 씌우는 것을 의미하며 여자의 경우에는 머리를 올리고 비녀를 꽂는 의식을 의미한다. 그러나 '관례'는 근대 우리나라 예속(禮俗)에서 그 의미를 잃어버리게 된다. '혼례'(婚禮)는 오래전부터 잡다한 형식으로 전해져 내려오다가 고려시대에 이르러 번잡한 풍습이 일원화되고 조선시대에 이르러서는 좀 더 규례화되었다. '상례'(喪禮)는 부모가 별세한 후 상주(喪主)가 3년 동안 거상(居喪: 喪中에 있다는 말)하고 대상(大祥: 돌아가신 뒤 두 돌 되는 제사), 담제(禫祭), 길제(吉祭)를 지내고 나서 탈상(脫喪)하게 되는 시점까지의 모든 절차를 총칭하는 말이다. 그리고 '제례'(祭禮)는 조상에 대한 제사(祭祀) 의식인데 우리나라의 전통 제례법은 매우 까다로운 절차로 이루어져 있다.

1) 李縡(1680~1746)가 편찬한 禮論書이다.

어느 나라 국민생활에 있어서나 '의식'(儀式)이 차지하는 비중은 대단하다. 서구사회는 기독교 의식에 기초를 두며, 일본은 불교 의식에 그리고 중국은 유교 의식에 근거해 있다. 그런데 우리 한국인의 의식은, 조선시대에 이르러 주자학을 국시(國是)로 받아들였기 때문에 전통적인 관혼상제가 『주자가례(朱子家禮)』에 매우 가깝게 행해지고 있으며, 그 저변에는 무속 신앙이 뿌리를 박고 있다. 그런데 우리 조상들이 『주자가례』를 전통적인 '관혼상제'의 의례로 전부 받아들이지 못한 것에는 두 가지 이유가 있다. 첫째, 『주자가례』에서 설명되는 절차가 아주 까다롭고 번잡해서 그대로 다 시행하기가 어렵기 때문이다. 둘째, 역사의 변천에 따라 생겨나게 되는 여러 다른 상황들 때문에 『주자가례』의 규범 또한 그 실제적 요청에 따라 상당 부분 바뀔 수밖에 없었기 때문이다.

그러므로 우리가 지켜 온 관혼상제는 『주자가례』에 바탕해 있기는 하지만, 실상은 우리 식의 변용과 적용을 거친 우리 한국인의 독특한 의례라고 할 수 있다. 즉, 관혼상제의 의식이 인간 삶의 중요한 과정들과 직결되어 있기 때문에 유교와 불교의 영향을 받았다 하더라도 우리나라의 의례는 중국과 일본에 비교해 볼 때 상당부분 차이나게 된다.

유교나 불교가 우리나라에 들어오면서 우리 민속의 의식에 틀을 형성시켜 주고 신앙적 내용을 추가시켜 줄 뿐 아니라, 관혼상제 의식의 저변에 흐르고 있는 기복(祈福)신앙에도 이것들의 영향이 크게 작용했다. 우리 한국인들에게 있어서 관혼상제 의식은 세계 어느 나라, 민족의 경우보다도 더욱 중요한 문제가 되어 왔다. 특히 우리 한국인들의 관혼상제는 민속 문화의 영역을 넘어서 정치, 경제, 사회의 문제로까지 비화되기도 하였다.

천주교가 이 땅에 전파되면서 제일 먼저 부딪힌 문제는 제사 문제였다. 제사 문제는 천주교 박해시대 근 100년간 한국 천주교회의 숨통을 조이는 가장 큰 박해의 명분이었다. '효'(孝)를 중히 여기고 '죽은 사람을 산 사람 섬기듯이 하라'는 유교의 입장에서 천주교의 제사 거부는 있을 수 없는 일이었고, 성리학적 유교 사회를 위태롭게 하는 일로 여겨졌기 때문에 순교자만도 무려 1만 명이 넘었다. 기독교 또한 관혼상제 문제 때문에 큰 박해를 받았다.

오늘날에는 제사 문제가 과거만큼 심각한 문제이지는 않지만 여전히 상당수 기독교인들에게는 장애물이 되고 있다. 그러므로 전통 의례에 대한 범(汎)종교적인 접근 혹은 이해가 이 시점에서 반드시 필요할 것이라 생각한다.

관혼상제 의식은 철저하게 가족과 지역 사회의 의례에 속한 일이므로 우리 고유의 가족 제도와 상부상조의 정신을 보유해 온 이러한 유산을 어떠한 경우에 있어서라도 전면 부인하려 해서는 안 될 것이다. 바른 가정의례의 정신을 통해서 참다운 가족 공동체의 형성과 상부상조의 미풍양속을 살리면서, 관혼상제의 전통 의식을 각 종교와 집단 간의 특수한 이해방식들과 적절한 조화를 이루어 내는 것이 반드시 필요하다.

2. 관례의 뜻과 의의

관례는 성년례(成年禮)로 어른이 되었다는 것을 상징하는 의식인데, 주인공으로 하여금 사회적 구성원으로서 책임감을 갖게 한다. 이 의식에는 남자는 상투를 틀어 올리고 관(冠, 모자)을 쓰며, 여자는 머리를 올려 비녀[笄]를 꽂고 '쪽을 지게'[結髮] 된다. 남자가 관을 쓰는 의식이라 해서 관례(冠禮)라 하고 여자가 비녀를 꽂는 의식이라 하여 계례(笄禮)라 하지만, 일반적으로 성년례를 통칭하여 넓은 의미로 관례라 부르기도 한다.

관례의 시기는 일반적으로 정신적 · 신체적으로 성인이 된 20세로 정해졌으나 집안에 혼사(婚事)나 상사(喪事)가 있을 때는 유동적으로 15~20세에 실시하였다. 길일(吉日)을 택하여 시행하였는데, 대체로 정월 어느 날을 택하거나 결혼 전에 행하였다. 관례는 조상의 신위(神位)를 모셔 놓은 사당(祠堂)에 고하는 것으로 시작되는데, 관례가 이루어지면 성인으로서의 권리와 의무를 동시에 자각하게 된다. 비록 미혼이라 하더라도 관례를 마치면 성인의 대우를 받게 되었다.

계례는 원칙적으로 혼인을 정하면 하였으나 15세가 지나도록 혼인을 하지 못할 경우에는 15세에 계례를 행하였다. 여자는 음(陰)이고 15는 양수(陽數)이다. 음이 음다움은 양과 합하는 데에 있기 때문에 15세에 계례를 하는 것이라고 하는데, 대략 15세는 여자의 구실을 할 수 있는 생식기능이 성숙한 시기이기 때문이었을 것으로 짐작된다. 계례의 경우에 어머니가 주장을 하고, 친척 중에서 어질고 예법에 밝은 부인을 주례로 정한다. 차례로 설 때는 어머니가 주인의 자리에 선다. 이어서 제사를 지내고 자(字)를 부르고 나면 사당에 데리고 가서 참배를 시킨다. 끝으로 손님을 대접한다.

그런데 성년례는 우리나라에서뿐만 아니라 세계의 거의 모든 민족과 사회에서 널리 행해져 왔다. 현재에도 '성년식'(成年式)이라는 이름으로 형태는 좀 바뀌었지만 여전히 행해지고 있다. 일반적으로 남자의 성년식은 집단적으로 행해지는 데 반해, 여자의 성년식은 주로 가족적으로 행해졌다.

시대가 변함에 따라 관례 의식은 우리 사회에서 점차 그 전통적 형태를 잃어버리고 지금에 와서는 다만 '성년의 날'(매년 5월 셋째 월요일)이라 해서 해마다 만 20세가 되는 젊은이들에게 단체로 기념식을 베풀어 주는 정도의 행사만 남아 있다. 그렇지만 성인식의 의미가 줄어들 수는 없다. 바람직한 성인식은 완전한 인격체로서의 자부심과 또한 그에 걸맞는 책임감을 다지는 계기가 될 수 있다.

3. 관례의 역사

우리나라에서 언제부터 관례 의식이 행해졌는지는 확실하지 않으나 『주자가례』가 수입된 이후부터 사대부 양반 사회에서 일반화된 것으로 보인다. 문헌상으로는 965년(高麗 光宗 16年)에 왕세자에게 관례를 행하였다는 기록이 있지만, 관례는 조선시대에 들어와 보편화되었다. 그러나 당시 모든 사대부 집안에서 관례를 실천하지는 않았던 것으로 보인다.

세조(世祖) 때에 집현전(集賢殿) 직제학(直提學) 양성지(梁誠之, 1415~1482)가 관례를 행해야 한다는 상소문을 올린 바 있는데, 이러한 기록에 의거해 볼 때 조선 초기까지도 관례가 보편화되지 않았음을 알 수 있다. 중종 14년(1519) 이후부터 왕세자의 관례가 집중 논의되면서 비로소 관례는 사대부의 의례로 정착되기 시작하였다. 중종 17년(1522) 10월 19일에 세자의 관례가 조선 개국 후 처음 공식적인 행사로 치루어지게 된다. 그 이후 조선조 말기까지 궁중에서는 궁중 법도에 맞추어 관례를 행하고자 하였으며 사대부가에서도 가문에 따라 가감되면서 시행되었다. 조선시대의 관행으로는 대체로 혼례 전날이나 당일 아침에 신랑과 신부의 집에서 각각 관례를 행하기도 하였다.

관례 의식은 우리나라에서 오랫동안 전해 내려오는 동안 지역과 가문에 따라 조금씩 변모되어 조선 말기에 이르면 더 이상 원형의 의식을 그대로 따르기 힘들게 되었다. 이로 인해 갑오경장(甲午更張, 1894~1896)을 전후하여 개화사상이 퍼지면서 그 의의를 점차 잃어가다가 고종(高宗) 32년(1895)에 단발령을 선포함으로써 상투가 잘리게 되자 그 형식적인 의식 절차마저 완전히 사라지게 되었다.

4. 관례의 의식 절차

주로 관례는 삼가(三加)의 절차에 의해 행해졌다. 삼가는 시가(始加), 재가(再加), 삼가(三加)를 일컫는 말로, 관을 세 번 갈아 씌우고 옷을 세 번 갈아 입히는 절차를 말하는데, 그 때마다 빈객(賓客)이 축사(祝辭)를 낭독한다. 관례는 사당고유(祠堂告由), 진설(陳設), 영빈(迎賓), 시가례(始加禮), 재가례(再加禮), 삼가례(三加禮), 내초례(乃醮禮), 자관자례(字冠者禮), 현우존장(見于尊長)의 순서로 진행된다.[2)]

2) 安鼎福(1712~1791)의 『冠禮酌儀』를 토대로 삼고 『朱子家禮』, 金長生(1548~1631)의 『家禮輯覽』, 李瀷(1681~1763)의 『禮說類編』 등을 참고하여 의식 절차를 정했음.

가) 사당고유(祠堂告由): 관례 3일 전이나 당일 아침에 자손 누가 장성하여 관례를 하게 되었음을 조상신(祖上神)에게 고하는 절차이다.

維歲次 某年某月某朔某日 孝曾孫
(繼曾祖以上之宗隨改屬稱)某敢昭告于
顯曾祖考 某官府君 顯曾祖妣 某封某貫某氏
顯祖考 某官府君 顯祖妣 某封某貫某氏
顯考 某官府君 顯妣 某封某貫某氏
某之子某 年漸長成
將以某月某日 加冠於其首
謹以酒果 用伸虔告 謹告
유세차 모년 모월 모삭 모일에 모는
증조부 모관 부군, 증조모 모봉 모관 모씨,
조부 모관 부군, 조모 모봉 모관 모씨,
부 모관 부군, 모 모봉 모관 모씨께 감히 고하옵니다.
모의 아들 모가 점차 나이가 들어
모월 모일에 관례를 하려고 하옵기에,
삼가 술과 과일로써 경건히 고하옵니다.

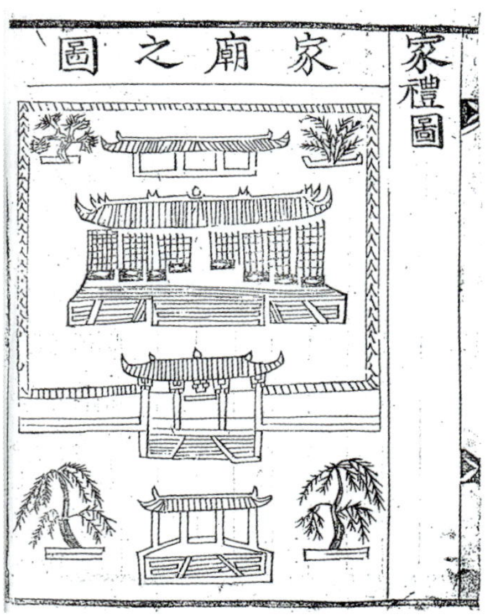

가묘(사당)

나) 진설(陳設): 관례 하루 전 대청에 휘장을 쳐서 관례를 올릴 장소를 마련하고 관례일에 식장에 병풍을 치고 돗자리를 깔며 탁자에 주안상을 마련하는 과정이다.

다) 영빈(迎賓): 빈객을 초청하는 절차이다. 빈객은 의식을 주관하는 사람으로 주인의 친구나 관례를 받는 당사자의 스승 가운데 학문과 덕망이 있고 예법을 잘 아는 분으로 모신다.

***영빈의 절차**

① 찬(贊: 의식 진행을 도와주는 사람)은 대문 밖에서 서쪽을 향해 서 있는다. 손님이 오면 '빈'(儐: 인도하는 사람)이 안으로 들어가 주인에게 알린다. 주인은 문 밖으로 나와 손님(賓)을 맞이하는데, 주인이 서쪽을 향해 두 번 절하면 손님도 그에 답배(答拜)한다. 이때 주인이 찬에게 읍(揖)하면 찬도 읍한다.
② 주인이 읍하면서 앞서서 들어가면, 빈과 찬도 읍하면서 주인을 따라 안으로 들어간다.
③ 주인은 동쪽 계단으로 올라가 동쪽에서 서쪽을 향해 서고, 손님은 서쪽 계단으로 올라가 서쪽에서 동쪽을 향해 선다.
④ 찬은 대청 안에 들어서면서 서향하여 주인과 마주 대하여 서고, 빈은 대청의 한가운데 못 미쳐 약간 동쪽에 자리를 깐다.

라) 시가례(始加禮): 집사(執事)는 갓 또는 비녀와 초가축(初加祝)을 상에 담아 가지고 나아가 계단 아래에 이른다. 그러면 빈이 한 계단 내려와 갓과 비녀를 잡고 용모를 단정히 하고 천천히 걸어 관자(冠者) 앞에 이르러 동쪽으로 향해 선다. 그리고 찬자는 축사(祝辭)를 가지고 종종걸음으로 관자의 왼쪽에 이르러 서쪽 방향으로 향해 서서 두 손으로 축사를 펴서 빈이 그것을 읽을 수 있도록 빈을 향해 펼친다. 빈이 그것을 읽고 나면 찬자가 축사를 받아서 관자에게 주고, 관자는 그것을 읽어 보고 말아서 소매 속에 넣는다. 그런 뒤에 빈이 꿇어 앉아 치포관(緇布冠[3])을 관자의 머리에 씌우고 찬자에게 비녀를 주면 찬자

가 꿇어 앉아 비녀를 받아서 꽂아 주고는 일어나 다시 관자의 왼쪽으로 돌아온다. 빈이 일어나 제자리로 돌아온다. 관자가 일어나면 빈이 읍을 한다. 찬자가 관자를 인도하여 방으로 들어간다. 관자는 상의(上衣)를 입고 검은 띠를 하고서 방을 나와 자리의 오른쪽에 남쪽으로 향해 서서 용모를 단정히 하고 기다린다.

〈初加祝辭〉
吉月令日 始加元服
棄爾幼志 順爾成德
壽考維祺 以介景福

〈첫 번째 관을 씌워 줄 때의 축사〉
좋은 달 좋은 날, 처음으로 갓을 씌우니,
너의 어린 뜻을 버리고, 순리롭게 너의 덕을 완성하여라.
오래오래 살면서, 큰 복을 누릴지어다.

마) 재가례(再加禮): 갓을 씌워 주고 재가축사를 읽어 주는 절차이다. 읍하면 관자는 자리에 나아가 서쪽을 향해 꿇어 앉고, 집사는 갓과 재가축(再加祝)이 담긴 상을 들고서 나아가 계단에 이르면 빈이 두 계단을 내려와 갓을 받아 가지고 올라가 관자의 앞에 이르러서 동쪽으로 향해 선다. 찬자가 재가축사를 가지고 올라가 관자의 왼쪽에 이르러서 서쪽으로 향해 서서 그것을 펼친다. 그러면 빈이 그것을 읽는데, 읽고 난 다음 찬자가 축사를 받아서 관자에게 주면 관자는 받아서 읽어 보고 말아서 소매 속에 넣는다. 찬자가 꿇어 앉아 관을 벗겨서 (비녀를 뽑아) 빗상자 동쪽에 둔다. 빈이 꿇어 앉아 갓을 관자의 머리에 씌워 준다. 이때에 찬자가 갓끈을 매어 주고 일어나면 빈은 일어나 제자리로 간다. 관자가 일어나면 빈은 그에게 읍하고, 찬자는 관자를 데리고 방으로 들어간다.

3) 선비가 평상시에 머리에 쓰던 검은 베로 만든 冠.

관례하는 사람은 흰 도포에 가죽띠를 띠고서 방을 나와 자리 오른쪽에 서서 남쪽을 향해 용모를 단정히 하여 기다린다.

〈再加祝辭〉
吉月令辰 乃申爾服
謹爾威儀 淑愼爾德
眉壽永年 享受遐福

〈두 번째 관을 씌워 줄 때의 축사〉
좋은 달 좋은 때에, 거듭 너의 관을 씌운다.
삼가 너의 거동을 의젓하게 할 것이며, 착실하고 조심스럽게 덕을 이루어라.
눈썹이 샐 때까지 오래 살아서, 길이 큰 복을 누릴지어다.

마) 삼가례(三加禮): 유건(儒巾)[4]을 씌워 주고, 삼가축사를 읽어 주는 절차이다. 빈이 관자에게 읍하면 관자는 자리에 나아가 서쪽 방향으로 꿇어앉는다. 집사가 유건과 삼가축(三加祝)을 상에 담아서 나아가 계단에 이르면 빈이 세 계단을 내려와 유건을 받아 잡고서 올라가 관자의 앞에 이르러 동쪽으로 향하여 선다. 찬자는 삼가축을 가지고 올라가 관자의 오른쪽에 이르러 서쪽으로 서서 그것을 펼쳐 빈이 읽을 수 있도록 한다. 빈이 읽고 난 다음 찬자가 축사를 받아서 관자에게 주면 관자가 그것을 받아서 읽어 보고 말아서 소매 속에 넣는다. 찬자가 꿇어앉아 갓끈을 풀고 갓을 벗겨서 관(비녀)의 동쪽에 둔다. 빈은 꿇어앉아 유건을 관자의 머리에 씌운다. 그러면 찬자는 끈을 매어 주고 일어난다. 빈도 일어나 제자리로 간다. 관자가 일어나면 빈이 그에게 읍하고 찬자는 관자를 인도하여 방으로 들어간다. 두 번째 입은 흰 도포를 벗기고 푸른 도포와 실띠, 푸른 신을 착용한다. 집사는 올라가 관과 갓(또는 비녀와 빗통)을 거두어 방에 들어가 탁자 위에 놓고 내려와 다시 제자리로 간다. 그러면

4) 검은 베로 만든 儒生의 禮冠. 民字巾 또는 民字冠, 緇布巾이라고도 한다.

관자가 방을 나와 남쪽을 향해 선다.

〈三加祝辭〉
以歲之正 以月之令 咸加爾服
兄弟俱在 以成厥德
黃耇無疆 受天之慶

〈세 번째 관을 씌워 줄 때의 축사〉
좋은 해 좋은 달에, 어른의 관을 다 갖추었다.
형제가 함께 살며, 네 덕을 이룰지니,
건강하게 오래오래 살아, 하늘의 복을 받을지어다.

바) 내초례(乃醮禮): 관자에게 술을 마시게 하고 초축사(醮祝辭)를 읽어 주는 절차이다. 빈자가 마루 가운데로 자리를 옮겨 펴고는 조금 서쪽으로 붙어 남쪽으로 향해 선다. 찬자는 방 가운데서 술을 따라서 관자의 왼쪽에 나와 선다. 빈은 관자에게 읍하고 자리 오른쪽에 서서 남쪽으로 향한다. 찬자는 술을 받들어 빈에게 주고 빈은 그것을 받아서 초례(醮禮) 자리로 나아가 북쪽을 향해 선다. 찬자가 초사(醮辭)를 가져와 관자의 왼쪽에 이르러 남쪽으로 향해 서서 그것을 펼치면 빈이 그것을 읽는다. 찬자가 다시 초사를 관자에게 주면 관자가 그것을 받아서 읽어 보고 말아서 소매 속에 넣고, 엎드렸다가 일어나서 재배(再拜)한다. 그리고 자리에 올라 남쪽으로 향해 서 있다가 술을 받는다. 그러면 빈은 제자리로 돌아가 동쪽으로 서서 답례(答禮)로 재배한다. 찬자는 방에 들어가 포(脯)접시를 들고 나와 서고 관자는 자리 앞에 나아가 무릎을 꿇고 제포(祭脯)[5]하고, 제주(祭酒)[6]하고, 일어나서 물러나 자리 끝에 나아가 꿇어앉아 술을 조금 마신다. 그러고는 일어나 자리에서 내려와 잔을 찬자에게 준다. 집사는 포접시를 치운다. 관자는 남쪽으로 서서 재배하고, 빈도 동쪽을

5) 冠者가 왼손으로 술잔을 들고 오른손으로 포접시를 잡아 자리 앞의 빈 땅 위에 두는 것을 말함.
6) 땅에 조금 기울이는 것을 말함.

향해 답례로 재배한다. 관자는 몸을 틀어서 서쪽으로 찬자를 향하여 재배하고 찬자는 절을 받는다. 찬자는 빈의 왼쪽에 동쪽으로 향해 서서 조금 물러나 답례로 재배한다.

〈醮祝辭〉
旨酒旣淸 嘉薦令芳
拜受祭之 以定爾祥
承天之休 壽考不忘

〈술을 줄 때의 축사〉
좋은 술이 맑으며, 좋은 안주가 향기롭도다.
절하고 받아 제사 지내고, 너의 상서로움을 굳게 할지니,
하늘의 복을 받아, 오래오래 살며 그 은혜를 잊지 말지어다.

사) 자관자례(字冠者禮): 빈이 관자에게 자(字)를 지어 주고, 자사(字辭)를 읽어 주며, 관자가 대사(對辭)[7]를 읽는 절차이다. 빈이 관자에게 자(字)를 지어 준다. 빈은 서쪽 계단을 내려와 동쪽으로 향하고, 주인은 동쪽 계단을 내려와 서쪽을 향한다. 관자는 서쪽 계단으로부터 내려와 약간 동쪽으로 붙어 남쪽을 향한다. 찬자는 자사(字辭)를 가지고 빈에게 나아간다. 빈은 받아서 펴서 읽은 뒤에 그것을 찬자에게 준다. 찬자가 받아서 관자에게 주면, 관자는 그것을 받아서 읽어 보고 말아서 소매 속에 넣는다. 찬자가 대사(對辭)를 취하여 관자한테 주면 관자는 그것을 받아서 읽고, 읽기를 끝내고는 재배한다.

字辭
禮儀旣備 令月吉日 昭告爾字 爰字孔嘉 士攸宜
宜之于 永壽保之 字曰○○

7) 冠者가 드리는 謝禮의 말씀.

冠者對辭
某雖不敏 敢不夙夜祗奉

〈자(字)를 지어 줄 때의 축사〉
예의가 이미 갖추어졌도다.
좋은 달 좋은 날에 너의 자를 분명히 알리노니,
이 자는 매우 아름다워, 훌륭한 선비에게 마땅하도다.
그 뜻에 맞게 행동하여, 오래도록 그 의미를 보전할지어다.
자를 ○○라고 하노라.

〈관자(冠者)가 자사(字辭)에 대답하는 말〉
제가 비록 불민하지만,
이른 새벽부터 늦은 밤까지 삼가 받들지 않겠습니까?

아) 현우존장(見于尊長): 관례를 마쳤음을 조상신에 고하는 절차이다. 주인이 관자를 사당에 알현(謁見)시킨다. 사당에 이르러 차례로 선다. 세수를 한 뒤, 위패(位牌)를 열고 음식을 드리고 잔을 드린다. 강신(降神)과 참신(參神)을 하고 술을 따르고 젓가락을 가지런히 한다. 주인이 재배하고 꿇어앉고, 축관(祝官)이 주인의 왼쪽에 꿇어앉아 동쪽을 향해 축(祝)을 읽은 후 일어나 제자리로 돌아간다. 주인이 엎드리고 있다가 일어나 제자리로 돌아온다. 관자는 양쪽 계단 사이에 나아가 재배한다. 젓가락을 거두어 들이고 사신(辭神)하고 위패를 닫고 물러난다.

〈見祠告辭〉
某之子某 今日冠畢 敢見

〈사당에서 조상을 뵐 때 고하는 말〉
모의 아들 모가 오늘 관례를 마쳤기에 감히 뵈옵습니다.

차) 견전장례(遣奠長禮): 사당에 가서 현우존장(見于尊長)을 행한 뒤 집안 어른과 그 날 참석한 어른들에게 성인(成人)이 되었다는 인사를 하는 예를 '견전장례'라고 한다.

5. 현대의 성인 의식

지금은 옛날과 달리 머리를 땋아 상투를 틀거나 쪽 찌는 일이 없기 때문에 엄밀히 말하여 '관례'나 '계례'라는 명칭을 붙일 수는 없다. 그러나 옛 풍습이 사라졌다고 해서 어른이 되는 의식이 중요하지 않은 것은 아니다. 예전이나 지금이나 성인이 된다는 것에는 많은 상징이 따른다. 그러므로 예전의 형식을 모두 갖추기는 힘들다 해도 그 정신을 계승하여 현 시대에 적합한 의식을 거행하는 것이 바람직하다.

우리나라의 법적 성인의 연령은 만 20세이며, 미국 · 영국 · 프랑스 · 이탈리아가 21세이고, 네덜란드가 23세, 인도가 18세이다.

성인이 되는 법적 연령은 국가에 따라 다양하지만, 성인으로서의 책무를 일깨워 주고 법률적 · 사회적으로 정당한 권리를 행사하며 신성한 의무를 다할 수 있도록 한다는 성인식의 의미는 모두 동일하다. 국가마다 한 사람의 성인으로서 누리는 권리와 그에 따른 의무를 법적으로 규정하고 있는데, 국가의 장래를 짊어질 젊은이들에게 자긍심과 책무, 또 성인으로서의 자각을 심어 주기 위해 '성년의 날'을 제정 · 시행하고 있다.

우리나라의 경우, 전통 관례라는 이상적인 성인 의례가 있어 왔지만 그 절차가 복잡하고 또한 현 시대와 맞지 않는 부분도 있어서 현재에는 거의 계승되지 않고 또한 그 의미도 대부분 상실되었다. 그렇지만 이를 간소화하거나 아니면 현대식으로 재구성하여 재현해 볼 필요가 있다. 왜냐하면 우리의 전통 관례가 성인이 되는 의식을 가장 의미 있게 표현해 내고 있으며 또한 상징성 있는 절차들로 이루어져 있기 때문이다.

성인 의례를 집집마다 실행하기가 곤란하다면 학교, 종교단체, 문중(門中) 등에서 주관하여 공동으로 '성년의 날' 행사를 의미 있게 가져 보는 것도 좋은 방안이 될 것이다. 어떠한 방식, 어떠한 절차의 성인의식을 거치든 간에, 일정한 나이가 되면 모두 성인이 되는 것이 아니라 그에 따른 책임과 의무를 다할 수 있을 때만 진정한 성인이 될 수 있다는 사실을 분명하게 인식시킬 수 있어야 한다.

읽을거리

〈영문 이니셜과 아호(雅號)〉

『예기(禮記)』「곡례(曲禮)」는 "남자는 20세에 관례(冠禮)를 하고 자(字)를 지으며, 여자는 혼인을 약속하면 계례(笄禮)를 하고 자를 짓는다"라고 쓰고 있다. 관례는 머리에 관(冠)을 쓰는 의식이고, 계례는 비녀를 꽂는 의식인데, '자(字)를 짓는 것은 그 이름을 공경해서'라고 설명하고 있다. 자는 보통 부모나 존장자(尊長者)가 지어 주었는데, 원래는 손아랫사람도 부를 수 있었다. 그렇지만 자(字)도 아랫사람이 부르기를 꺼리게 되면서 호(號)가 사용된다. 당초 호는 세상에 뜻을 잃은 은자(隱者)들이 이름을 감추기 위해서 지었다. 『한서(漢書)』「왕공량공포(王貢兩龔鮑) 열전(列傳)」에는 동원공 · 기리계 · 하황공 · 녹리선생 4인은 한나라 부흥에 공이 있어서 한 고조(高祖)가 불렀으나 숨어서 나오지 않았다고 기록하고 있다. 누구나 호를 갖게 되면서 아랫사람도 부를 수 있게 되었다.

기록상 우리나라에서 가장 먼저 호를 사용한 인물은 원효(元曉, 617~686)로서 『삼국사기』에는 "환속하여 자호(自號)를 소성거사(小性居士)라고 했다"고 전한다. 호는 사는 집이나, 마을, 또는 산이나 하천 등을 가지고 짓는 등 작호(作號)에는 제한이 없었다. 다수가 좋아하는 호도 있어서 '한국인명 자호(字號)사전'에 따르면 중경(重卿)은 10명, 자화(子和)는 11명, 달부(達夫)는 12명, 효백(孝伯)은 13명, 대이(大而)는 14명, 자고(子固)는 15명, 여명(汝明)은 16명, 호연(浩然)은 17명, 길보(吉甫)는 18명이 사용했고 가장 많은 명중(明仲)은 21명이었다.

임금도 호가 있었다. 정조는 홍재(弘齋)이니, 그의 문집이 '홍재전서'인 이유를 자연히 알게 된다. 태조 이성계는 재위 7년(1398) 동북면 도선무순찰사 정도전에게 군신관계를 뛰어넘는 친근감의 표시로 '송헌거사'(松軒居士) 명의로 편지를 보냈다. 언제부터인지 유력 정치인들을 영문 이니셜이나 이름으로 부르는데, 이니셜은 무의미한 발음체계에 불과하고 성인 이름 부르기에는 민망하다. 아호(雅號)를 사용하면 서로 말을 조심할 것이니 그만큼 우리 정치의 품격도 높아질 것이다. (이덕일)

Chapter 03

혼례(婚禮)

1. 혼례의 의미
2. 혼례의 유래
3. 전통 혼례의 절차
4. 현대식 혼례의 절차
5. 종교식 혼례
6. 다른 나라의 전통 혼례
7. 바람직한 혼례 문화

Chapter 03

혼례(婚禮)

1. 혼례의 의미

남자와 여자가 만나 부부가 되는 일을 혼인(婚姻)이라 하는데, '혼'(婚)은 장가든다는 뜻이고, '인'(姻)은 시집간다는 뜻이다. 장가든다는 뜻의 글자가 혼(婚)이 된 까닭은 저녁 때[昏]에 여인[女]을 만난다는 사실 때문이고, 시집간다는 뜻의 글자가 인(姻)이 된 까닭은 고례(古禮)에 여자의 집에서 신랑감을 구하는 데는 반드시 중매하는 부인인 매씨(媒氏)가 필요했기 때문에 여자[女] 매씨로 인(因)해 남자를 만나서 시집간다는 글자의 합성어가 되었다.

혼인은 음(陰)과 양(陽)이 합하여 삼라만상이 창조되는 자연의 섭리에 순응하는 일이며, 또한 자연의 섭리에 따라 짝을 찾는 순수한 인정(人情)에 합하는 일이기 때문에 옛사람들은 혼인을 일컬어 "천지의 이치에 순응하고 인정의 마땅함에 합하는 것"(順天地之理, 合人情之宜)[1]이라고 하였다.

그러므로 혼인은 대자연의 신성한 이치이며 순수한 인정(人情)이다. 혼인을 통해 한 가정을 형성하여 독립된 세대를 이루게 되고, 정신적 · 인격적 결합체로 서로를 도와 자기 완성의 기틀을 완성하게 된다. 이러한 의미에서 동서고금을 막론하고 혼

1) 『朱子家禮』, 卷3, 「昏禮」, '議昏'.

인의 의식은 대단히 중요하게 여겨졌으며, 특히 우리나라 전통 혼례의 경우 남녀가 하나 되고 한 가정을 이룬다는 많은 상징성과 의미들로 이루어져 있어서 좋은 의식의 본보기가 된다.

2. 혼례의 유래

혼인이란 양(陽)인 남자와 음(陰)인 여자가 만나는 의식이다. 따라서 그 의식을 올리는 시각도 낮과 밤이 교차되는 해 질 무렵에 거행하였다. 『대대예기(大戴禮記)』와 『공자가어(孔子家語)』에 기록된 내용을 미루어 볼 때 혼인 제도는 기원전부터 시작되었던 것으로 보인다.

배우자 선택에서 부여 · 고구려에서는 형이 죽으면 아우가 형수(兄嫂)를 취하는 풍습이 있었고, 신라 · 고려의 왕족은 계급적 내혼(內婚)의 형태를 취하여 혈족혼(血族婚), 인척혼(姻戚婚) 등이 행해지기도 했다.

그러나 유교의 영향이 점차 강화됨에 따라 고려 말에는 이성재종자매(異姓再從姉妹)와의 혼인이 금지되고, 조선조에 와서 동성동본(同性同本)의 금혼(禁婚)은 물론 모계 및 처족과의 혼인이 법으로 금지되었으며 배우자의 계급적 제한도 엄격해졌다. 즉, 왕실과 서민, 양반과 평민, 양민과 천민, 적자(嫡子)와 서자녀(庶子女) 간의 결혼을 금하였다.

한편 가계(家系)의 존속을 위하여 첩 제도를 공인하였으나 처(妻)와 첩(妾)의 구별이 엄격하고, 부녀자에게 정조 관념을 강요하여 재가(再嫁)를 허락하지 않았다. 또한 왕가(王家)의 간택(揀擇), 원(元)나라와 명(明)나라에 대한 헌녀(獻女) 등으로 말미암아 조혼(早婚)의 관습이 생겼고, 당파 간의 금혼(禁婚), 사주(四柱)와 궁합(宮合)에 의한 불혼(不婚) 등의 극히 복잡한 금혼 조건으로 많은 가정적 비극을 초래하기도 했다.

고구려에서는 데릴사위 제도가 있어 혼례를 마친 신랑이 신부와 처가(妻家)에 함께 기거하다가 그들이 낳은 아들이 장성하면 본가(本家)로 돌아갔다. 고려에도 이와 유사한 제도가 있었는데 고구려와 다른 점은 신랑이 일정한 기간을 처가에서 노동으로 봉사한 후에 본가로 돌아가는 일종의 봉사혼(奉事婚)이었다는 점이다. 이 밖에도 교환혼(交換婚)의 한 변형인 회전혼(回轉婚), 즉 갑은 을의, 을은 병의, 병은 갑의 자매를 취하는 혼인을 행하는 경우도 있었다. 또 과부의 재혼을 금지하였으므로 약탈혼이 민간에서 성행하였다.

그러나 유교 사상이 생활양식의 규범이 된 이래 우리나라의 가족주의적 혼인 형태는 결혼 당사자의 의사보다 가족의 의사를 중요시하고 쌍방 가족의 허락에 의한 중매(仲媒) 결혼이 이상적인 혼인 방법으로 인정받아 왔다.

그렇지만 갑오경장으로 모든 제도가 개편되면서 혼인에 있어서도 전통 제도의 단점을 시정하기에 노력하였다. 즉, 조혼(早婚)의 폐지를 비롯하여 과부의 재가 등을 법적으로 허용하게 되고, 복잡한 혼인 예식을 금하였다. 전통적 혼인 제도들은 다른 정치적인 변혁과는 달리 오랫동안 유교 사상에 젖어 온 생활문화였기 때문에 쉽사리 시정되지 않았지만 시대적인 자각과 여권(女權)의 신장 및 일제 시대에 들어와 민사령(民事令)의 실시로 인해 전통적인 혼인제도 또한 점차 현대화하여 갔다.

3. 전통 혼례의 절차

① 의혼(議婚)

남자는 15~30세, 여자는 14~20세에 이르면 그 부모는 자녀의 혼인을 의논하였다. 그러나 혼인할 사람이나 혼인을 주장하는 호주가 부모가 돌아가신 후 채 일 년이 되지 않은 경우에는 혼인하지 않았다. 혼기를 맞이한 신랑 또는 신부감을 둔 집에서는 먼저 사람(중매인)을 상대편에 보내서 당사자의 인물, 성품,

행동, 학식, 가법(家法) 등을 알아본 후에 조건이 맞아 두 댁이 서로 합의가 이루어지면 먼저 남자 측에서 청혼서(請婚書)를 보내고, 그 다음 여자의 집에서 마음이 있으면 혼인을 허락하는 허혼서(許婚書)를 보내 정혼(定婚)한다. 이것을 의혼(議婚) 또는 면혼(面婚)이라고 한다.

② 납채(納采)

납채는 혼약(婚約)이 이루어져 사주(四柱)를 보내고 연길(涓吉)을 청하는 절차이다. 신부집에서 허혼 편지나 전갈이 오면 신랑집에서는 신랑의 사주와 납채문을 써서 홍색 보자기에 싸 보낸다. 신부집에서는 사주를 받으면 신랑과 신부의 운세를 가늠해 보고 결혼식 날짜를 택하여 신랑 측에 통지한다. 이것을 연길이라 한다. 요즘에는 납채를 납폐로 대신하고 있다.

- 사주의 전달: 사주를 보낼 때 신랑집에서는 아침 일찍 일어나 신부집으로 보낼 편지를 받들고 사당에 고한다. 신부집에서도 주인이 의관을 정제하고 나와 신랑집에서 보내온 편지를 소반 위에 공손히 받은 다음 역시 사당에 고한다. 그리고 나서 편지에 답장을 써 주고, 사주를 가져온 사람을 후하게 대접한다. 신랑집 주인은 답장을 받으면 이것을 다시 사당에 고한다.
- 연길(涓吉): 사주를 받은 신부집에서 혼인 날짜를 받아 백지(白紙)에 써서 연길 편지와 함께 싸서 신랑집에 보내는 절차이다.
- 의양(衣樣, 衣製): 연길서장(涓吉書狀)을 받은 신랑 측에서는 신랑의 의복 길이와 품의 치수를 신부 측에 알리는 의양장(衣樣狀)을 보낸다.

③ 납폐(納幣)

연길과 의양장을 보내는 절차가 끝난 뒤, 신랑집에서 보통 결혼식 전날 신부용 혼수(婚需)와 혼서(婚書) 및 물목(物目)을 넣은 혼수함을 보낸다. 이것을 납폐라 한다. 혼서는 신부에게는 무척 소중한 것으로서 일부종사(一夫從事)의 의미로 일생 동안 간직하였다가 죽을 때 관 속에 넣어 가지고 가기도 한다. 신랑집이 가난한 경우 혼서와 함께 채단(采緞)만을 보낸다. 채단은 보통 청색과 홍색의 비단 치마감을 일컫는다. 여유가 있는 집에서는 다른 옷감을 더 넣어 보내기도 하는데 이를 봉채(封采)[2]라 한다.

- 혼서(婚書): 납폐만 보내면 여자 측에서 어디에서 온 것인지를 모를 것이다. 그러므로 누가 누구에게 왜 보내는 예물인가를 정중하게 글로 써서 함께 보내야 한다. 그것을 혼서(婚書)라 한다. 혼서는 신부 측에서 함(函)을 받기 전에 먼저 받아서 읽어야 하기 때문에 함 속에 함께 넣으면 안 되고 따로 상자에 넣어 붉은 보로 싼다.
- 혼수를 봉하는 법: 혼수함 안에 청결한 종이를 깔고 함 밑에 예장(禮狀)과 물목(物目)을 넣은 다음, 혼수를 차례로 넣는데 옷감을 접어서 함에 홍단(紅緞)을 먼저 담고 그 위에 청단(靑緞)을 담고 종이를 덮고 싸리나무 가지나 수수대를 사용하여 혼수감이 놀지 않게 하여 함을 닫는다. 이것을 다시 빨간 보자기[紅袱]로 싸되 네 귀를 맞추어 싸매고 남은 귀를 모아 매고 종이를 감는다. 그리고 그 곳에 근봉(謹封)이라 쓰고, 지고 갈 수 있게끔 걸방을 맨다. 걸방은 무명 여덟 자로 된 함을 질 끈을 마련하여 석 자는 땅에 끌리게 하고 나머지로 고리를 만들어 함을 지도록 한다.
- 봉치떡(봉채떡): 신부와 신랑집에서는 찹쌀에 팥고물을 넣은 찰떡을 만드는데 가운데 대추와 밤을 박아서 찐다. 이것을 봉치라 하는데, 이 떡이 설지 않도록 정성껏 찐 뒤 시루를 마루 위에 있는 소반에 떼어다 놓고 이 위에 함을 올려놓았다가 지고 가게 한다. 또 신부집에서도 화문석을 대청에 깔고 소반에 봉치떡을 해서 함이 올 때 내놓은 뒤 함을 받도록 한다. 함을 받은 뒤에는 가운데 묻은 대추와 밤은 색시의 주발 뚜껑에 퍼서 혼인 전날 색시가 먹도록 한다. 그러나 가문에 따라서는 봉치떡을 하지 않는 경우도 있다.
- 납폐의 내용
  ㉠ 함(函): 채단을 넣는 상자로서 쇄개금(鎖開金: 열쇠통)을 갖추어 거기에 주황색실로 술을 만들어 매단다.
  ㉡ 현훈(玄纁): 폐백(幣帛)의 본물(本物)로서 신(神)께 드리는 검은빛과 분홍빛의 비단 헝겊 조각인데 혼례 때는 이것을 청색과 홍색으로 한다.
  ㉢ 청홍사(淸紅絲): 청실과 홍실의 묶음으로 홍실에는 청실을, 청실에는 홍실을

2) '봉치'라고 부르기도 함.

묶되 매듭을 짓지 않는다.

㉣ 청홍지(靑紅紙): 청색지 두 장 사이에 홍색지 두 장을 넣는데 함의 길이와 같게 접어서 현훈(玄纁) 속에 넣는다.

㉤ 네 폭의 붉은 비단 보자기: 네 귀퉁이에 푸른 금전지(金錢紙: 금종이를 세모나게 접어 명주실 술을 물린 것)를 단다.

㉥ 다섯 폭 붉은 비단 보자기: 네 귀퉁이에 푸른 금전지를 단다.

㉦ 혼서보: 혼서지를 넣는 보자기로서 붉은 금전지를 달고 '근봉'(謹封)이라 쓴 종이 띠를 갖춘다.

㉧ 부용향(芙蓉香): 손가락 크기로 5, 6치 되는 큰 모양으로 신행길에 향꽂이에 꽂아 족두리 하님이 가지고 색시에 앞서 가는데 주위를 정화시키고 잡귀를 쫓는다는 민속이다. 이것을 큰 것 또는 작은 것으로 두 쌍을 마련해 홍색 종이로 위 아래를 봉한다.

④ 친영(親迎)

대례(大禮) 또는 초례(醮禮)라고도 한다. 신랑이 신부집에 가서 혼례를 치르고 신부를 맞아 오는 예로서 요즘의 결혼식에 해당한다. 친영은 전안례(奠雁禮), 교배례(交拜禮), 합근례(合巹禮)의 순서로 진행된다. 주례자가 홀기(笏記: 식순)에 따라 식을 진행한다.

- 전안례(奠雁禮): 신랑이 기러기를 드리는 의식을 전안례라 하며 홀기에 따라 진행한다. 이것은 기러기가 가지고 있는 세 가지 덕목을 사람이 본받자는 뜻인데, 기러기의 속성을 살펴보면 다음과 같다. 첫째, 사랑의 약속을 영원히 지킨다. 둘째, 상 · 하의 질서를 지키고 날아갈 때도 행렬을 맞추며 앞서가는 놈이 울면 뒤따라가는 놈도 화답을 하여 예를 지킨다. 셋째, 기러기는 왔다는 흔적을 분명히 남기는 속성이 있다.
- 교배례(交拜禮): 전안례가 끝나면 신랑과 신부는 초례청에서 처음으로 상대방을 상견(相見)하게 된다. 상견이 끝나면 신랑과 신부가 서로 상대방에게 절을 하는데, 이것이 교배례로써 두 사람은 상대방에게 백년해로(百年偕老)를 서약하는 것이다. 신부가 먼저 두 번 절하고 이에 답례하여 신랑이 한 번 절을 하는 행위를 두 번 반복한다. 절을 하는 횟수에서 남녀 차별의 상징적인 의미를 부여할 수도 있겠으나, 사실 이것은 음양의 조화를 맞추다 보니 그렇게 된 것일 뿐 남녀 차별

과는 관계가 없다.

- 합근례(合巹禮): 신랑과 신부가 한 표주박을 둘로 나눈 잔에 술을 따라 마시는 의례이다. 술은 부부로서의 인연을 맺는 것을 의미하며 표주박에 따라 마시는 술은 부부의 화합을 의미한다. 표주박은 그것이 반으로 쪼개지면 그 짝은 이 세상에 하나밖에 없게 되며, 그 둘이 합쳐짐으로써 온전한 하나를 이룬다는 뜻이다. 합근례 때, 신랑과 신부는 세 번 술을 나누어 마시는데, 그 첫째 잔은 지신(地神)에게 감사하는 뜻으로 고수레[3]하는 잔이며, 둘째 잔과 셋째 잔은 표주박에 담아 나누어 마심으로써 부부의 화합을 기원하는 잔이다.
- 신방(新房): 혼례식이 있은 뒤 신랑과 신부가 한 방에서 처음으로 함께 지내는 방을 신방이라 하고, 그 날 밤을 첫날밤이라고 한다. 밤이 되면 신랑의 자리는 동편, 신부의 자리는 서편에 편다. 고례(古禮)에는 신랑의 자리는 신부의 하녀가 펴고, 신부의 자리는 신랑의 하인이 펴고, 신랑이 벗은 옷은 신부의 하녀가, 신부가 벗은 옷은 신랑의 하인이 받고, 촛불을 물리면 하녀만이 문밖에서 모시고 있는다. 이것을 신방이라고 하는데, 우리나라 풍속에 신방을 지킨다는 말이 있다. 신랑과 신부가 첫날밤에 무슨 변을 당하지 않을까 하는 염려와 호기심에서 나온 풍속일 것이라 추측된다.

⑤ 폐백(幣帛)

현대 예식에서도 폐백의 의식은 남아 있는데, 이것은 원래 우리 전통 혼례의 한 부분이다. 전통 혼례에서는 신부의 집에서 혼례를 치르고 나서 1~3일이 지난 뒤 시댁으로 가서 친정 어머니가 싸 준 대추, 밤, 마른 안주 등을 차려 놓고 시부모와 시댁 식구들에게 처음으로 인사를 드리는 예식을 말한다.

- 폐백 드리는 절차: 첫 번째, 대추를 시아버지에게 드리고 큰절을 올린다. 두 번째, 포(脯)를 시어머니에게 드리고 큰절을 한다. 세 번째, 시아버지는 대추를 며느리에게 던져 주는데, 이것은 아들을 낳아 가계를 계승하라는 의미이다. 네 번째, 백부와 숙부 내외, 시삼촌, 시고모 순으로 절을 하고 시누이와 시동생과는 맞절을 한다. 다섯 번째, 시조부모가 있다 하더라도 시부모에게 먼저 절을 하고 나서 그 다음에 시조부모에게 절하는 것이 원칙이다.

3) 민간 신앙에서 귀신에게 먼저 바친다는 뜻. 야외에서 음식을 먹기 전에 음식을 조금 던지면서 함.

- 폐백을 드릴 때 시부모가 신부에게 하는 교훈과 전하는 예물: "너는 이제 내 집 사람이 되었으니 우리의 가례(家禮)와 가법(家法)을 지키되 부모에게 효도하고 남편을 잘 섬기며, 일가친척과는 화목하여 우리 가문을 빛내기 바란다. 그리고 아들 딸 낳아 우리 가문을 더욱 번창케 해 다오"라는 교훈을 한다. 또 시부모는 교훈과 더불어 금은, 패물, 비단 같은 것을 예물로 신부에게 주기도 한다. 물론 지나친 허례(虛禮)는 금물이나 조상 전래의 유물로써 신부에게 전할 것이 있거나 기념될 물건이 있으면 이 때 전해 준다.

4. 현대식 혼례의 절차

일반인들은 대개의 경우 서구에서 들어온 신식(新式) 결혼식을 거행하지만 각자가 믿는 종교나 가치관에 따라 그에 상응하는 결혼식을 거행하는 경우도 있다. 그러나 옛날에 견주어서 자유로운 편이다.

결혼의 절차

① 혼수(婚需) 준비

② 청첩장(請牒狀) 발송

③ 결혼식

- 개식사(開式辭): 사회자가 결혼식의 시작을 선언한다.
- 신랑 입장: 앞으로 걸어 나온 신랑이 주례(主禮)에게 인사를 한 뒤 돌아선다.
- 신부 입장: 신부가 결혼 행진곡에 맞춰 보호자의 인도를 받으며 천천히 입장한다.
- 신랑 신부 맞절
- 신랑 신부 서약: 주례의 혼인 서약서 낭독에 신랑 신부의 대답을 듣는다.
- 예물 교환: 신랑은 신부에게 반지를 끼워 준다.
- 성혼 선언문(成婚宣言文) 낭독: 주례는 결혼의 원만한 성립을 선포한다.
- 주례사(主禮辭): 결혼을 축하하며 두 사람의 생활에 도움이 될 만한 내용의 권면

의 말을 한다.

- 양가(兩家) 대표 인사: 인사말 대신에 내빈(來賓)에게 인사를 드리기도 한다.
- 신랑 신부 인사: 신랑 신부는 내빈에게 감사의 마음을 담아 인사한다.
- 신랑 신부 퇴장

④ **폐백**: 혼례가 끝난 뒤 시부모와 시댁 친지들에게 정식으로 첫 인사를 드리는 절차로서 대개 예식장의 폐백실을 이용한다. 전통 혼례는 신부의 집에서 혼인식을 치루는 것이기에 시부모와 시댁 친지들에게 정식으로 인사하는 순서를 별도로 가졌던 것이다. 그렇지만 현대의 혼인식은 양가 친지들이 모두 모여서 함께 예식을 치루기 때문에 폐백을 드리려면 양가 부모와 친지 모두에게 행하는 것이 바람직하다. 예복으로 차려 입은 신랑과 신부가 부모에게 큰절을 올린다. 부모는 신부의 치마에 대추를 한 움큼 던져 준다. 이는 아들을 낳으라는 기원의 표현으로 전통 혼례에서 유래한 풍습이다. 부모에게 절을 올린 뒤에는 조부모, 백(숙)부모에게 차례로 절을 올리고 같은 항렬의 친지들과는 맞절을 한다.

5. 종교식 혼례

1) 기독교[4] 혼례

혼례식 장소는 대개 교회가 되고, 사회와 주례는 목사(牧師)가 전담한다. 예식비는 헌금(獻金)으로 대신한다.

4) 기독교는 그리스도교의 한자식 표기이다. 그러므로 기독교란 신교와 구교를 포함한 모든 그리스도교를 통칭하는 말이다. 그렇지만 우리나라에서는 개신교 측에서는 스스로를 '기독교'라고 표현하고 천주교에서는 자신의 종교를 '천주교' 또는 '카톨릭'이라고 한다. 그러므로 여기서는 일반적인 용례를 따라 신교와 구교를 '기독교'와 '천주교'로 표기하기로 한다.

〈식순〉

주례(목사) 등단: 주악(奏樂)에 맞추어
신랑 신부 입장
찬송가
성경 봉독
기도
성례문(聖禮文) 낭독
예물 교환(생략 가능)
찬송가
축사(주례사)
축가
축도
양가 대표 인사
신랑 신부 퇴장

2) 천주교 혼례

천주교 신자로서 남녀 간에 혼인 의사가 있을 때, 당사자들이 혼인 신청서와 세례 증명서, 호적 등본 등을 제출하면 본당 신부는 당사자들의 혼인 전 진술서를 작성한 다음, 본당 게시판이나 주보(週報)에 혼인 공시를 낸다. 천주교에서는 결혼식으로 혼인미사를 드린다.

〈식순〉

신랑 신부 입장: 입당송
말씀의 전례: 기도, 성경 봉독, 강론

혼인예식: 혼인 동의, 반지 축성 및 교환
신자들의 기도
성찬의 전례
신랑 신부 퇴장

3) 불교 혼례

불교에서는 결혼식을 혼식(婚式)이라 하며, 사찰의 본당인 대웅전(大雄殿)에서 식을 거행한다. 주례자는 사혼자(司婚者)라고 일컫는다.

〈식순〉

개회식: 종을 5번 친다.
하객 좌정
사혼자(司婚者: 주례) 등단
신랑 신부 입당
사혼자 분향, 삼귀의례(三歸依禮)
신랑 신부 불전(佛殿)에 진배(進拜)
사혼자 고유문 낭독
신랑 신부 상견례(반절)
헌화
예물 교환(생략 가능)
유고(諭告) 및 선서
신랑 신부 분향
독경
내빈 축사
양가 대표 인사
폐회식

6. 다른 나라의 전통 혼례

1) 일본의 전통 혼례[結納式]

① **장소**: 결혼식은 신부집에서 거행하는데, 이 자리에서 양가(兩家)가 첫 대면을 하게 된다.

② **의복**: 신부는 기모노를 입고, 신랑은 양복(예복)을 입는다. 참가하는 타인들은 증인 역할을 한다.

③ **결납(結納)**: 신랑이 신부가 될 여자에게 보내는 결혼의 증표임과 동시에 신부를 지금까지 길러 준 양친(兩親)에 대한 감사의 의미가 포함된 것으로 일명 '납채'(納采)라고도 한다. 맞선을 본 뒤 남녀가 몇 번의 교제를 거쳐 결혼하겠다는 의사를 표명하게 되면 양가가 결납을 교환함으로써 약혼이 성립된다.

2) 영국의 전통 혼례

① **장소**: 주로 교회나 성당에서 거행되고, 귀족은 그들 저택의 '마당'(court yard)에서 한다.

② **의복**: 신부는 예복으로 웨딩드레스를 입고, 신부의 들러리는 이와 동일한 드레스를 입는다. 또한 신부의 들러리는 신부와 같은 부케를 들어 전체적인 분위기를 신부와 맞춘다. 신랑은 예복으로 연미복(燕尾服)을 입고, 신랑과 신랑의 들러리, 신랑 신부의 아버지는 동일한 예복을 입는다. 이 때 모자는 반드시 갖추어야 한다.

③ 결혼 의식

- 배경: 영국인들의 90% 정도가 성공회 등의 종교를 믿고 있으므로 결혼식은 그들의 종교 의식에 따라 행해진다. 종교를 가지고 있지 않을 경우는 결혼 등록소

등의 공공장소를 이용하여 결혼식을 올린다.

- 피로연: 장소는 레스토랑이나 카페에서 이루어진다. 신부의 아버지가 하객(賀客)들에게 짤막한 인사말을 하며 결혼을 축하하는 축배를 제의한다. 하객들은 차려진 음식을 먹으며 새로 탄생한 신혼부부를 축복해 준다. 이어서 신랑은 하객들 앞에서 자신의 아내로 맞이한 신부의 아름다움에 대해 찬사를 보낸다. 몇몇 사람들의 연설이 끝난 뒤 신랑 신부가 함께 웨딩 케이크를 자른다. 그 뒤 신랑 신부는 제일 먼저 연회장을 빠져 나와 신혼 여행길에 오른다.

3) 나이지리아의 전통 혼례

① **신랑 자격**: 나이지리아 요루바 부족의 청년들이 아내를 얻으려면 적어도 20세 이상이 되어야 하고, 농장을 소유하거나 또는 사냥꾼으로서 총을 잡을 수 있을 정도의 생활 자립 능력을 갖춰야만 그 자격이 주어진다.

② **결혼 과정**: 자기 아들이 처녀를 만난다는 사실을 알게 되면 부모는 처녀의 부모에게 중매쟁이를 보내 "당신들의 정원에서 꺾었으면 싶은 아름다운 꽃을 보았다"라는 말을 전한다.

③ **결혼 풍습**: 결혼식에서는 양가 모두 특별한 의미를 갖는 독특한 의식을 행한다. 신랑과 그의 가족들은 전통적인 복장인 아소오케를 차려 입고 신부집으로 간다. 신부집은 설탕, 꿀, 물 등의 전통 음식을 차려 놓고 신랑측을 맞는다. 시댁으로 떠나기 전에 신부는 어머니한테서 마지막 축복을 받는데, 이것이 오늘날까지 전해 내려오는 눈물 흘리기 풍습이다. '기쁨의 눈물' 또는 '예기치 않은 눈물'이라고 불리는 이 풍습은 지금까지도 딸을 떠나 보내는 어머니의 안타까움을 나타내는 의식으로 남아 있다.

7. 바람직한 혼례 문화

『문중자(文中子)』에 이르기를 "시집가고 장가드는 데 재물을 말하는 것은 오랑캐가 하는 짓이다"(婚娶而論財, 夷虜之道也)라고 하였다. 또 『가례원류(家禮源流)』[5] 납폐편(納幣編) '서문'에서는 "납폐는 간단함을 따른다"라고 하였다. 이것을 보면 전통 예절 또한 간결하면서 성스러운 혼례 의식을 중요하게 여겼음을 알 수 있다.

요즘 혼례에 있어 예물의 폐단은 막심하여 젊은이들에게는 사치와 허영심을 길러 주는 계기가 되고, 부모들에게는 감당하기 힘든 부담이 되고 있다. 원래 전통 혼례에서 신랑집에서 신부집에 보내는 봉채(封采)는 함 속에 채단(采緞)과 혼서지(婚書紙)만 넣어서 보내는 것이 원칙이었는데, 최근에는 혼수함이 트렁크로 바뀌고 그 속에 갖가지 사치스러운 물품들을 채워 넣고 있다. 그리고 함을 가지고 가는 사람도 옛날에는 태도가 정중하고 엄숙히 예를 행하였는데, 오늘날에 와서는 무례한 행동을 하고 과다한 요구를 하는 악습이 생겨나 혼인 예식의 참뜻을 잃어버리는 경우가 많다.

전통 혼례의 의식과 절차가 사라지면서 국적 없는 의례가 범람하고 있다. 혼례 때에 사회자가 신랑에게 만세 삼창을 시키거나, 기합을 주는 행위 심지어는 신부에게 곤혹스런 행위를 요구하거나 혼례 식장을 삼류 공연장으로 만들어 버리는 행위는 자제되어야 한다. 혼인 예식을 통해 결혼 당사자들은 부부됨의 도리를 마음 깊이 새겨 보고 하객들은 새 부부와 혼주를 진심으로 축하하고 축복을 빌어 주어야 한다. 그런 의미에서 아무리 절차와 방식이 바뀐다 할지라도 혼례는 거룩하고 신성하면서도 다 함께 즐거워할 수 있는 의미와 상징의 예식이 되어야 한다.

---

5) 조선시대 현종 때의 문신인 兪棨(1607~1664)가 『朱子家禮』를 비롯한 집안 禮法에 관한 여러 글을 분류하고 정리한 책.

읽을거리

〈퇴계 이황이 혼례 의식을 치른 손자에게 보낸 편지〉

부부란 인륜의 시작이고 만복의 근원이므로 지극히 친밀한 사이이기는 하지만, 또한 지극히 바르게 하고 지극히 조심해야 한다. 그러므로 '군자의 도는 부부에서부터 시작된다'라고 하였다. 그러나 세상 사람들은 부부간에 서로 예를 갖추어 공경해야 함을 잊어버리고 너무 가깝게만 지내다가 마침내는 서로 깔보고 업신여기는 곳에까지 이르고 만다. 이 모두 부부간에 서로 예를 갖추어 공경하지 않았기 때문에 생겨나는 일이다. 그래서 자기 가정을 바르게 하려면 마땅히 그 시작부터 조심해야 하는 것이다. 거듭 경계하기 바란다. (1560년, 이황 60세, 손자 이안도 20세, 9월 20일)

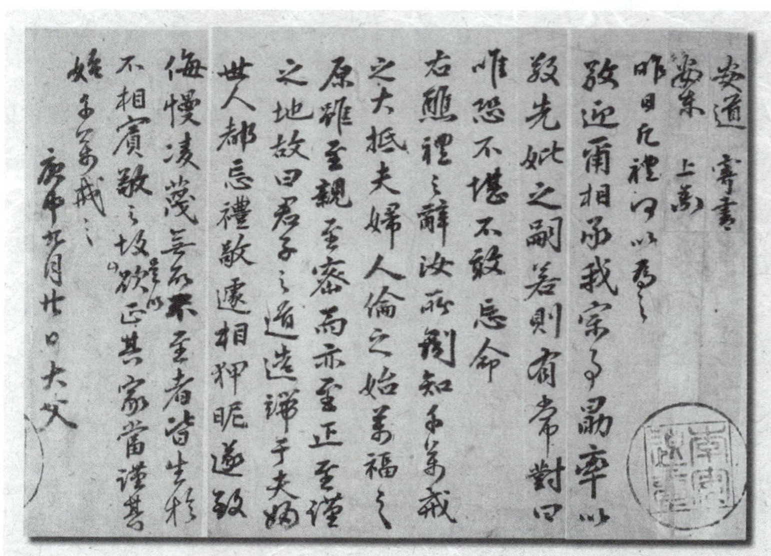

Chapter 04

상례(喪禮)

1. 상례의 의의
2. 상례의 유래와 변천
3. 상례의 절차
4. 조문(弔問) 예절
5. 다른 나라의 상례
6. 다른 나라의 장묘 문화
7. 바람직한 상례 문화

Chapter

04 상례(喪禮)

1. 상례의 의의

전통적으로 상례란 사람이 운명(殞命)하여 땅에 묻힌 다음, 대상(大祥)을 지내고 담제(禫祭), 길제(吉祭)를 지내고 나서 탈상(脫喪)하게 되는 3년 동안의 모든 의식을 말한다. 상례의 본질은 죽은 사람에 대한 '추모'와 산 사람에 대한 '위로'라고 할 수 있다.

원래 '상'(喪)이란 '잃다', '상실하다'라는 의미를 지녔다. 그런데도 사례(死禮)라 하지 않고 상례(喪禮)라고 한 것은 효자의 마음에 차마 '사'(死)라는 직접적인 표현을 쓸 수가 없었기 때문이었을 것이다.

죽음만큼 슬프고 비통한 것은 없다. 그러기에 우리 관습에 관혼상제(冠婚喪祭)의 의례 중에서도 가장 엄숙하고 정중하며 그 절차가 까다롭고 복잡한 것이 바로 상례이다. 특히 죽은 이의 자손은 부모의 은혜를 마음에 새겨 근본에 보답하는 자세로 근신하며 상례의 절차를 정성껏 이행해야 한다.

2. 상례의 유래와 변천

『예기』에 상례에 대한 설명이 있는 것으로 보아 상례의 유래는 대단히 오래되었음을 알 수 있다. 우리나라에서도 상례는 관례와 혼례처럼 『주자가례』에 의거하면서 조선조 500년 동안 준수되어 왔다. 그러나 근세로 내려오면서 상례 또한 점차 간소화되어 현재에는 간단한 의식으로 치러지고 있으며, 더욱이 기독교식에 의한 상례에서는 일체의 제사 의식이 폐지되고 기도와 찬송을 위주로 하는 의식으로 대체되었다. 상기(喪期)도 3년 복을 입는 경우는 거의 없고, 백일 만에 탈상(脫喪)하는 것이 대부분이며, 따라서 소상(小祥), 대상(大祥)은 물론 담제(禫祭), 길제(吉祭)의 의식도 거의 사라지고만 상태이다.

전통 사회에서 상례는 유교에 의한 예법을 준수했다고 하나, 장례 절차에서는 우리의 토속 신앙, 민간 신앙과 불교 의식이 많이 가미되었다. 특히 현대에는 다양한 종교에 의해 많은 변화가 일어났다. 장례 절차에 민간 신앙이 가미된 예로는, 첫째, 관(棺)을 무덤에 묻기 위해 장지(葬地)로 출발하기 전에 죽은 이가 평소 사용하던 사기그릇을 깨뜨리는 경우가 있는데, 이것은 죽은 이가 집안의 액운(厄運)을 다 가져가라는 뜻으로 행하는 민간 신앙의 한 형태이다. 둘째, '반혼'(返魂)이라는 절차를 행할 때에 처음에 올라갔던 그 길을 그대로 따라 내려오는 행위이다. 이것은 죽은 이의 영혼이 집으로 돌아오는 길을 찾지 못할지도 모른다는 생각에서 그 길을 그대로 따라 내려오는 민간 신앙의 한 형태이다. 또 장례 절차에 불교 의식이 가미된 대표적 사례가 바로 49재(齋)이다. 이것은 장례일로부터 49일 되는 날 올리는 제사로, 원래 불교 의식이었는데 유교 방식의 상례를 거행하는 가정에서도 흔히 지낸다. 보통 고인(故人)이 생전에 다니던 절에서 거행하며, 영혼을 극락으로 인도한다는 뜻에서 49재를 지낸다.

3. 상례의 절차

1) 전통 상례의 절차

전통 상례는 농경문화를 바탕으로 하고 있는데, 그 절차는 임종(臨終), 수시(收屍), 초혼(招魂), 발상(發喪), 전(奠), 염습(殮襲), 소렴(小殮), 대렴(大殮), 성복(成服), 치장(治葬), 천구(遷柩), 발인(發靷), 운구(運柩), 하관(下棺), 성분(成墳), 반곡(反哭), 초우(初虞), 재우(再虞), 삼우(三虞), 졸곡(卒哭), 부제(祔祭), 소상(小祥), 대상(大祥), 담제(禫祭), 길제(吉祭)의 순서로 치른다. 총 25가지의 절차로 이루어지는데 임종, 수시 고복, 발상, 전을 합쳐 초종(初終)이라고 부르기도 한다.

(1) 임종(臨終)

임종은 운명(殞命)이라고도 하는데 환자가 마지막 숨을 거두는 것을 말한다. 평상시 거처하던 방을 깨끗이 치우고 환자의 머리를 동쪽으로 해서 방 북쪽[1)]에 눕힌 다음 요나 이불을 새것으로 바꾸고 옷도 깨끗한 것으로 갈아입힌다. 여기서 망자(亡者) 또는 고인(故人)이라 하지 않고 환자(患者)라고 하는 이유는 아직 사람이 죽은 것이 아니라고 생각하기 때문이다.

(2) 수시(收屍)

우선 고인의 명복을 빌고 눈을 곱게 감겨 주고, 고인의 몸 전체를 깨끗이 씻기고 깨끗한 솜으로 입과 귀와 코를 막는다. 사람이 죽으면 모든 구멍에서 물이 흘러나오게 되는데 그렇게 되면 고인의 모습이 추해져서 보기가 안 좋기 때문에 이를 막기 위해서 솜으로 막는다. 그 다음 머리가 방의 윗목으로 가도록 하여 머리를 높고 반듯

1) 방 북쪽에 눕히는 이유는 전통적 생활 습관과 관련되어 있다. 대부분 背山臨水의 지형에서 살았기 때문에 방위로는 북쪽이 산이고 남쪽이 강이다. 묘자리는 일반적으로 북쪽 산에 있었기 때문에 북쪽에 눕힌 것으로 추측된다.

하게 괸다. 고인의 유해가 굳기 전에 고루 손과 발, 다리를 주물러서 반듯하게 편 다음 흉사공수(凶事拱手), 즉 남자는 오른손을 위로 여자는 왼손을 위로하여 두 손을 한데 모아 백지로 묶는다. 발도 가지런히 하여 백지로 묶는다. 이는 사지를 뒤틀리지 않고 반듯하게 하기 위함이다. 그리고 백지로 얼굴을 덮은 뒤에 칠성판(七星板)[2] 위에 눕히고 희고 깨끗한 홑이불로 머리에서 발끝까지 덮는다. 이 절차는 매우 정성껏 해야 한다. 그렇지 않으면 수족이 오그라들어서 나중에 수의(囚衣)를 입힐 때 큰 어려움이 있기 때문이다.

(3) 초혼(招魂)

고복(皐復)이라고도 한다. 남자의 초상에는 남자가, 여자의 초상에는 여자가 죽은 사람의 상의를 가지고 동쪽 지붕으로 올라가 왼손으로는 옷의 깃을 잡고 오른손으로는 옷의 허리를 잡고서 북쪽을 향해 옷을 휘두르면서, 먼저 죽은 사람의 주소와 성명을 윈 다음에 "복(復)! 복! 복!" 하고 세 번을 부른다. 이는 영혼을 부르는 것인데 다시 살아나라는 소망을 표현한 것이다. 이렇게 해도 살아나지 않아야 비로소 죽은 것으로 인정하고 곡(哭)을 한다.

- 사자밥(사자상): 밥상에 밥 세 그릇, 술 석 잔, 백지 한 권, 명태 세 마리, 짚신 세 켤레, 동전 몇 닢, 간장을 얹어 놓고 촛불을 켜서 뜰 아래나 대문 밖에 차려 놓는다. 임종한 사람을 데리러 온다고 믿는 저승사자를 대접함으로써 망자의 황천길을 순조롭게 하기 위한 염원에서 이 상을 차린다. 밥 세 그릇과 술 석 잔, 짚신 세 켤레를 준비하는 이유는 두 가지의 해석이 가능하다. 한 가지는 두 명의 저승사자와 망자의 영혼을 위한 것이라는 설이고 다른 한 가지는 세 명의 저승사자를 위한 것이라는 설이다. 그리고 간장을 얹어 놓은 이유는 짠 간장을 들이켜서 저승사자가 망자의 영혼을 데리고 갈 때 물을 마시기 위해서 자주 멈추어 서라는 의미이다. 죽은 이를 조금이라도 붙잡고 싶어 하는 소박한 마음을 엿볼 수 있다.

2) 입관하기 전에 시신을 반듯하게 누이고 움직이지 않게 고정시키는 역할을 하는 얇은 널조각. 북두칠성을 본떠서 일곱 개의 구멍을 뚫어 놓음.

(4) 발상(發喪)

사람이 죽은 뒤에 초상을 알리고 상례를 시작하는 의식 절차를 말한다. 이 절차부터 공식적으로 사람을 죽은 것으로 인정한다. 근조(謹弔)라고 표시된 등을 달고 기중(忌中) 또는 상중(喪中)이라고 쓴 종이를 대문에 붙여 상가(喪家)임을 알린다. 우선 상주(喪主)와 주부(主婦)를 세우는데, 아버지가 돌아가시면 큰아들이 상주가 되지만 큰아들이 없을 때는 장손(長孫)이 상주가 된다. 주부는 원래 죽은 사람의 아내이지만, 아내가 없으면 상주의 아내가 주부가 된다.

(5) 전(奠)

전이란 고인을 생시와 똑같이 섬긴다는 의미에서 제물을 올리는 것을 말한다. 시신의 동쪽에 놓인 제상 위에 집사자(執事者)[3]가 포와 젓갈을 올려놓는다. 다음으로 축관(祝官)이 손을 씻고 잔에 술을 부어 제상 위에 올린다. 호상(護喪)[4]은 목수를 시켜 관을 만들게 하고 친척이나 친지들에게 부고(訃告)[5]를 보낸다.

(6) 염습(殮襲)

염습은 시신을 닦고 수의(壽衣)[6]를 입힌 뒤 염포(殮布)[7]로 묶는 절차로서 습(襲) 또는 습렴(襲殮)이라 한다. 이 절차가 끝나면 제물을 올리고 곡을 한다[襲奠]. 이어 시신의 입에 쌀을 물려 준다[飯含].

---

3) 일을 맡아서 실제로 처리하는 사람.

4) 친지들 중에 예법을 가장 잘 아는 사람으로 정해서 초상과 관련된 일을 모두 그에게 물어서 한다. 호상은 장례의 모든 절차를 주관함.

5) 고인의 사망을 알리기 위한 글.

6) 비단, 麻織, 베 등 자연 섬유를 소재로 흰색으로 만든다. 매듭이 없고 산 사람의 옷보다 크게 만드는 것이 특징적임.

7) 시신을 묶는 베.

(7) 소렴(小殮)

소렴은 시신을 옷과 이불로 싸는 것을 말한다. 이 의식이 끝나면 친족과 친지들이 들어가서 곡을 한다. 임종 다음 날 아침에 한다.

(8) 대렴(大殮)

대렴은 소렴이 끝난 뒤 시신을 입관하는 의식으로서, 생시에 빠진 이빨이나 생시에 깎아 놓은 손톱과 발톱을 담은 주머니를 관 귀퉁이에 넣는다.

(9) 성복(成服)

정식으로 상복을 입는 의식이다. 조곡(朝哭)을 하고 서로 조상(弔喪)하는 절차이다. 전통의례에서는 임종 4일째 하는 의식이나, 요즘의 3일장에서는 앞당기거나 생략한다.

(10) 치장(治葬)

옛날에는 석 달 만에 장사를 지냈는데, 이에 앞서 장사를 지낼 만한 땅을 고른다. 묘자리를 정하면 이어 장사 지낼 날짜를 잡는다.

(11) 천구(遷柩)

영구(靈柩)[8]를 장지(葬地)로 모시기 위해 상여나 영구차에 모셔서 싣는 일을 '널을 옮긴다'는 뜻으로 '천구'라고 한다. 그런데 실제로는 영구를 상여나 영구차에 옮겨 싣기 전에 행하는 의식절차부터 직접 옮겨 싣는 일까지를 모두 '천구'라고 한다. 옮기기 위한 의식절차는 발인(發靷) 전날 행한다. 고례에는 의식절차가 복잡했으나 현

8) 시신을 넣은 관을 말함.

대는 간략하게 행한다. 가장 대표적인 의식은 조상에게 고하는 의식이다. 사당이 있으면 사당에, 사당이 없으면 임시로 선조의 위패를 모시고 고한다. 해가 지면 조전(祖奠)[9]을 올리고 이튿날 날이 밝으면 영구(靈柩)를 상여로 옮긴다.

(12) 발인(發靷)

영구가 장지를 향해 떠나는 것을 말한다. 이 때 견전(遣奠)[10]이라 하여 조전 때와 같이 제물을 올리고 축문을 읽는데 이것을 요즘은 발인제(發靷祭)라 한다.

(13) 운구(運柩)

영구를 운반하여 장지까지 가는 것을 말한다. 운구하는 도중에는 상주 이하 상복을 입은 모든 자들이 곡하면서 따른다. 이때 노제(路祭)를 지내기도 한다.

(14) 하관(下棺)

관을 음택(묘)의 지실로 내리는 절차다. 상주들은 곡을 그치고 바르게 하관하는지 살핀다. 하관이 끝나면 관을 깨끗이 닦고 구의(柩衣)와 명정(銘旌)을 관 한복판에 덮는다. 산신께 드리는 폐백인 현훈(玄纁)을 상주는 집사자에게 받아 축관에게 주어 관의 동쪽이나 고인의 왼편에 받치게 한다. 현훈은 흑색과 홍색의 비단으로 만든다. 이때 상주는 두 번 절하고 머리를 조아린다. 참례자 모두가 곡한다.

(15) 성분(成墳)

흙과 회로 광중(壙中)을 채우고 봉분(封墳)을 만드는 절차다. 지석(誌石)은 광중 남쪽 가까운 곳에 묻는다. 성분이 끝나면 제물을 올리고 제사를 지낸다. 혼백은 집으

9) 발인 전에 영결을 고하는 祭式.

10) 遣奠祭라고도 하며, 발인할 때 문 앞에서 지내는 제사를 말함.

로 모셔 온다[反魂].

(16) 반곡(反哭)

장례가 끝난 뒤 상주 이하 모든 상복 입은 자들이 요여(腰輿)[11]를 모시고 귀가하면서 곡하는 것을 말한다.

(17) 초우(初虞)

장례를 치른 날 집으로 돌아와서 지내는 첫 제사다.

(18) 재우(再虞)

초우가 지난 뒤 유일(柔日)[12]을 당하면 재우를 지내는데, 유일이란 을(乙), 정(丁), 기(己), 신(辛), 계(癸)에 해당하는 날이다. 제사 지내는 법은 초우 때와 마찬가지이다. 요즘에는 생략하는 경우가 많다.

(19) 삼우(三虞)

재우를 지낸 뒤 강일(剛日)[13]을 당하면 삼우를 지낸다. 강일이란 갑(甲), 병(丙), 무(戊), 경(庚), 임(壬)에 해당하는 날이다. 제사 지내는 절차는 초우 때와 마찬가지이다. 요즘에는 장사 지낸 셋째 날에 하는 경우가 많다.

(20) 졸곡(卒哭)

삼우가 끝난 뒤 3개월이 지나서 강일(剛日)을 당하면 지낸다. 제사 지내는 절차는

11) 시신을 묻은 뒤에 혼백과 神主를 모시고 돌아오는 작은 가마.

12) 陰에 해당하는 날로서 집안일을 하기 좋은 날이다.

13) 陽에 해당하는 날로서 바깥일을 하기 좋은 날이다.

삼우 때와 다를 것이 없고, 다만 이때부터는 비록 슬픈 마음이 들어도 수시로 곡하지 않고 조석곡(朝夕哭)만 한다. 졸곡이 지난 뒤부터는 밥을 먹고 물도 마신다. 잠을 잘 때는 목침(木枕)을 사용한다.

(21) 부제(祔祭)

졸곡을 지낸 다음 날 지내는 제사로서 새 신주(神主)를 조상 신주 곁에 모실 때 지낸다. 이 제사도 졸곡 때와 같이 차리지만 다만 사당에서 지내는 것이 다르다.

(22) 소상(小祥)

초상을 치른 지 만 1년이 되는 날 지내는 제사이다. 소상은 윤달과 상관없이 13개월 만에 지낸다. 옛날에는 날을 받아서 지냈으나 요즘은 첫 기일(忌日)에 지낸다. 제사 절차는 졸곡과 같다.

(23) 대상(大祥)

초상이 난 뒤 만 2년 만에 지낸다. 그러므로 초상이 난 뒤 25개월 만에 지내는 셈이다. 남편이 아내를 위해서는 13개월 만에 지낸다. 제사의 절차는 소상 때와 같다.

(24) 담제(禫祭)

대상을 지낸 뒤 한 달을 지나 두 달이 되는 달에 지낸다. 초상으로부터 27개월에 지내고 윤달도 역시 따진다. 남편이 아내를 위해서는 15개월 만에 지낸다. 전달 하순(下旬) 중으로 택일을 하는데 정일(丁日)이나 해일(亥日)로 고른다. 이 제사가 끝나면 비로소 술을 마시고 고기를 먹는데, 술을 마시기 전에 먼저 식혜를 마시고 고기를 먹기 전에 건육(乾肉)을 먹는다.

(25) 길제(吉祭)

담제를 지낸 이튿날 날짜를 정해서 지내는데, 담제를 지낸 달 중에서 정일(丁日)이나 해일(亥日)로 정한다. 이 절차가 끝나면 길제를 지내는데, 제사 절차는 대상 때와 같다. 길제를 지내면 상례가 끝난다.

2) 현대 상례의 절차

현대 상례의 절차는 「가정의례준칙」에 따라 간소화되었다. 임종, 수시, 발상, 부고, 염습, 입관, 성복, 발인, 운구, 하관, 성분, 위령제[14], 삼우, 탈상[15]의 순으로 한다. 초우와 재우가 생략되고 삼우와 탈상으로 모든 절차가 끝난다.

3) 종교식 상례

(1) 기독교 장례

기독교식 장례는 처음부터 끝까지 목사의 집례 아래 진행된다. 운명하는 사람의 영혼을 운명 순간부터 찬송과 기도 속에서 하나님께 맡기는 것이다. 장례식도 물론 예배로 거행한다. 구체적인 장례 순서는 천주교와 불교에 비해 통일성이 약하다. 교파도 다양하고 교회마다 나름대로의 전통이 있기 때문이다.

〈식순〉

① 영결식순(永訣式順)

- 개식사

14) 성분이 끝나면 묘소 앞으로 靈座를 옮기고 간소하게 祭需를 차린 뒤 고인의 명복을 비는 제사를 지내는 것을 말한다.

15) 喪期가 끝나 상복을 벗는 절차이다. 탈상은 부모, 조부모, 배우자의 경우 별세한 날로부터 100일까지이고, 그 밖의 경우는 장례일까지이다.

- 찬송
- 기도
- 성경봉독 [고린도후서 5:1. "만일 땅에 있는 우리의 장막 집이 무너지면 하나님께서 지으신 집 곧 손으로 지은 것이 아니요 하늘에 있는 영원한 집이 우리에게 있는 줄 아느니라." ; 디모데전서 6:7. "우리가 세상에 아무 것도 가지고 온 것이 없으매 또한 아무 것도 가지고 가지 못하리니."]
- 시편 낭독 [시편 90편. "주여 주는 대대에 우리의 거처가 되셨나이다 / 산이 생기기 전, 땅과 세계도 주께서 조성하시기 전 곧 영원부터 영원까지 주는 하나님이시니이다 / 주께서 사람을 티끌로 돌아가게 하시고 말씀하시기를 너희 인생들은 돌아가라 하셨사오니 / 주의 목전에는 천 년이 지나간 어제 같으며 밤의 한 순간 같을 뿐임이니이다 / 주께서 그들을 홍수처럼 쓸어가시나이다 그들은 잠깐 자는 것 같으며 아침에 돋는 풀 같으니이다 / 풀은 아침에 꽃이 피어 자라다가 저녁에는 시들어 마르나이다 / 우리는 주의 노에 소멸되며 주의 분내심에 놀라나이다 / 주께서 우리의 죄악을 주의 앞에 놓으시며 우리의 은밀한 죄를 주의 얼굴 빛 가운데에 두셨사오니 / 우리의 모든 날이 주의 분노 중에 지나가며 우리의 평생이 순식간에 다하였나이다 / 우리의 연수가 칠십이요 강건하면 팔십이라도 그 연수의 자랑은 수고와 슬픔뿐이요 신속히 가니 우리가 날아가나이다 / 누가 주의 노여움의 능력을 알며 누가 주의 진노의 두려움을 알리이까 / 우리에게 우리 날 계수함을 가르치사 지혜로운 마음을 얻게 하소서 / 여호와여 돌아오소서 언제까지니이까 주의 종들을 불쌍히 여기소서 / 아침에 주의 인자하심이 우리를 만족하게 하사 우리를 일생 동안 즐겁고 기쁘게 하소서 / 우리를 괴롭게 하신 날수대로와 우리가 화를 당한 연수대로 우리를 기쁘게 하소서 / 주께서 행하신 일을 주의 종들에게 나타내시며 주의 영광을 그들의 자손에게 나타내소서 / 주 우리 하나님의 은총을 우리에게 내리게 하사 우리의 손이 행한 일을 우리에게 견고하게 하소서 우리의 손이 행한 일을 견고하게 하소서"]
- 기도

- 약력 보고
- 설교(목사)
- 주기도문
- 출관(出棺)

② 하관식순(下棺式順)

- 기도
- 성경 낭독 [고린도전서 15:51~58. 고린도전서 15:51~58: "보라 내가 너희에게 비밀을 말하노니 우리가 다 잠 잘 것이 아니요 마지막 나팔에 순식간에 홀연히 다 변화되리니 / 나팔 소리가 나매 죽은 자들이 썩지 아니할 것으로 다시 살아나고 우리도 변화되리라 / 이 썩을 것이 반드시 썩지 아니할 것을 입겠고 이 죽을 것이 죽지 아니함을 입으리로다 / 이 썩을 것이 썩지 아니함을 입고 이 죽을 것이 죽지 아니함을 입을 때에는 사망을 삼키고 이기리라고 기록된 말씀이 이루어지리라 / 사망아 너의 승리가 어디 있느냐 사망아 네가 쏘는 것이 어디 있느냐 / 사망이 쏘는 것은 죄요 죄의 권능은 율법이라 / 우리 주 예수 그리스도로 말미암아 우리에게 승리를 주시는 하나님께 감사하노니 / 그러므로 내 사랑하는 형제들아 견실하며 흔들리지 말고 항상 주의 일에 더욱 힘쓰는 자들이 되라 이는 너희 수고가 주 안에서 헛되지 않은 줄 앎이라"]
- 선고(宣告)[16)]
- 기도(명복을 비는 기도)
- 주기도문
- 축도(祝禱)

16) 상주들이 흙을 집어 관에 던지고 목사는 고인이 하나님께로부터 왔다가 다시 돌아감을 선언하는 의식.

(2) 천주교 장례

천주교식 장례는 그 규범을 정해 놓은 "성교예규"(聖教禮規)에 따라 행한다. 병자의 임종이 가까워지면 가족들은 나중에 성유(聖油)를 바를 환자의 얼굴, 손, 발 등을 깨끗이 씻기고 준비한 옷으로 갈아입힌다. 또한 병자의 머리맡에 상(床)을 하나 마련하여 그 위에 백포(白布)나 백지를 깔고 십자고상(十字苦像)[17]과 촛대 두 개를 놓고 발치에 성수(聖水) 그릇과 성수채(수저)를 준비해 둔다. 그러고 병자의 의식이 남아 있을 때 신부(神父)에게 연락하여 성사(聖事)[18]를 받게 한다.

〈식순〉

① **병자성사(病者聖事)**: 운명(殞命)할 때 행하는 성사이다. 신부가 오면 상 위의 촛대에 불을 켜고 병자가 고해성사(告解聖事)[19]를 할 수 있도록 다른 사람은 모두 물러가 있는다. 고해성사가 끝나면 신부는 병자성사를 행하고 노자성체(路資聖體)[20]를 영해 준다.

② **운명**: 임종이 다가 오면 "임종경"(臨終經)을 읽으며 그 영혼을 위하여 기도한다. 염경(念經: 기도의 경문을 외는 것)은 숨이 그친 뒤에도 잠시 동안 계속하는 것이 좋다. 큰 소리로 통곡을 하거나 흐느끼게 되면 죽는 이의 마음에 불안을 주게 되므로, 거룩한 기도문이나 성가를 들려주어 평온한 마음으로 눈을 감게 한다.

③ **초상(初喪)**: 숨을 거두면 시신에 깨끗한 옷을 입혀 손발을 제자리에 정돈해 준

---

17) 십자가에 못 박힌 예수의 수난을 그린 그림이나 새긴 형상.

18) 가톨릭교회에서 신자들에게 하느님의 특별한 은총을 베풀어 주는 종교의식. 가톨릭교회에는 그리스도가 제정한 7가지 성사가 있는데, 성세성사(聖洗聖事) · 견진성사(堅振聖事) · 성체성사(聖體聖事) · 고백성사(告白聖事) · 병자성사(病者聖事) · 신품성사(神品聖事) · 혼인성사(婚姻聖事)이다.

19) 7성사의 하나인 고백성사와 같은 말이다. 가톨릭 신자가 알게 모르게 범한 죄를 성찰 · 통회 · 고백 · 補贖 등의 절차를 통하여 죄를 용서받는 성사.

20) 이 말은 원래 삶과 죽음의 여행을 위한 영적인 준비, 즉 세례와 마지막 영성체를 의미한다. 그러나 요즈음에는 죽음이 임박한 신자에게 마지막으로 영해 주는 성체를 말함.

다. 손은 합장을 시켜 묶거나 십자고상을 쥐어 주고, 눈은 감기고 입은 다물게 한다. 머리맡의 상 위에는 고상을 모시고 그 좌우에 촛불을 켜며 성수를 놓는다. 입관할 때까지 이런 상태로 두며, 가족들은 그 옆에 꿇어앉아 연도(煉禱)[21]를 한다. 염경이 끝날 때마다 시신에 성수를 뿌린다. 만 하루가 지나면 정해진 경을 왼 뒤 성수를 뿌리고 시신을 염(殮)한다.

④ **연(煉)미사**[22]: 병자가 세상을 떠난 사실을 본당 신부에게 보고하고 연미사를 청한다. 또 신부와 의논하여 장례일과 장례미사 시간을 결정한다.

⑤ **장례식**: 장례일이 되어 출관(出棺)할 때는 모든 이가 함께 관 앞에 십자고상을 향하여 꿇어앉아 경을 외운다. 원래 천주교에서는 기본적으로 매장(埋葬)을 원칙으로 하나 화장(火葬)을 금지하지는 않는다. 다만 천주교의 교리에 반대되는 화장의 형식에 대해서는 금한다.[23]

(3) 불교 장례

불교에서는 "석문가례"(釋門家禮)에 따라 장례를 치른다. 이 장례를 다비(茶毘)[24]라 한다. 임종에서 입관에 이르는 절차는 일반 전통 장례의 절차와 비슷하다. 다만 영결식은 일정한 순서에 따라 행한다.

〈영결식순〉

- 개식 선언
- 삼귀의례(三歸依禮)[25]를 주례승이 행한다.

---

21) 慰靈 기도를 말함.

22) 가톨릭 · 성공회 · 루터 교회 등에서 죽은 이를 위하여 드리는 미사. '慰靈 미사'라고도 함.

23) 현재 한국의 천주교에서는 장례법으로 화장을 권장하는 추세이다. 심지어 많은 성직자들이 그들의 장기를 기증하고 있음.

24) 茶毘(Jhapita)는 불교의 장례 의식으로서 시신을 불사르는 것임.

25) 佛 · 法 · 僧의 三寶에 돌아가 의지한다는 의식.

- 약력 보고
- 착어(着語)[26]
- 창혼(唱魂)[27]
- 헌화
- 독경(讀經)[28]
- 추도사
- 분향(焚香)
- 사홍서원(四弘誓願)[29] [지역과 종파에 따라 약간씩 차이가 있으나 현재 법회에서 행하는 일반적인 형식은 다음과 같다. ① 가없는 중생을 다 건지오리다(衆生無邊誓願度), ② 끝없는 번뇌를 다 끊으오리다(煩惱無盡誓願斷), ③ 한없는 법문을 다 배우오리다(法門無量誓願學), ④ 위없는 불도를 다 이루오리다(佛道無上誓願成)]
- 폐식 선언

영결식이 끝나면 장지로 향한다. '다비'란 말의 뜻 그대로 불교에서는 화장을 원칙으로 하는데, 시신을 분구(焚口)에 넣고 다 탈 때까지 염불을 한다. 장례 뒤의 제의(祭儀)로는 49재(齋), 백일재, 3년상이 있다.

26) 부처의 교법의 힘을 빌어서 고인을 평안하게 하는 말.

27) 고인이 극락에 가서 고이 잠드시라는 뜻으로 주례승이 요령을 흔들며 혼을 부르는 의식.

28) 주례승과 모든 참례자가 고인의 혼을 안정시키고, 부처님의 세계에 고이 잠들라는 경문을 소리 내어 읽는 의식.

29) 불교에 귀의한 모든 사람들이 세워야 할 4가지 큰 서원을 말한다. 四弘誓, 四弘願, 四弘行願, 四弘願行, 四弘 등으로 불린다. 법회를 비롯한 모든 불교 의식의 마지막에는 반드시 이 '사홍서원'을 하게 되는데, 이것은 보살행의 목표이자 불교의 궁극적인 이념이기 때문이다.

4. 조문(弔問) 예절

(1) 가까운 친지가 상을 당했을 경우

가까운 친척이나 친지가 상을 당하면 연락을 받는 즉시 상가에 가서 상주(喪主)를 도와 장례 준비를 도와야 한다. 그러나 상가의 일에 지나치게 참견하는 태도는 바람직하지 못하다. 복장을 바르게 하고 영위(靈位)에 재배하며, 상주에게 정중하게 문상(問喪)하는 예절을 잊지 않도록 해야 한다.

(2) 조문 시 옷차림

남자는 검정색 양복이 원칙이다. 갑자기 통지를 받았거나 미처 검정색 양복이 준비되지 못한 경우 감색(紺色)이나 회색(灰色)도 실례가 되지 않는다. 와이셔츠는 흰색으로 차려 입고 넥타이, 구두는 검정색으로 통일한다.

여자는 검정색 상의(上衣)에 검정색 스커트를 입는 것이 가장 무난하다. 주름치마는 폭이 넓어서 앉아도 신경이 쓰이지 않아 편리하다. 검정색 구두에 무늬가 없는 검정색 스타킹이 좋다. 그 밖에 장갑이나 핸드백도 가능한 한 검정색으로 통일시키고, 또한 되도록 색채 화장은 피하는 것이 바람직하다. 그리고 남녀 모두 코트 등은 빈소 바깥에 벗어 두고 들어가도록 한다.

(3) 부의(賻儀)

부의란 초상집에 부조(扶助)로 금품을 내는 것을 말한다. 보통 현금으로 하게 되는데 자기의 형편에 따라 무리가 안 되는 범위 안에서 성의를 표하는 것이 좋다.

(4) 조문 가는 시간

초상의 기별을 듣고 즉시 달려가서 도와주어야 하는 처지가 아닌 사람은 상가에서 성복(成服)을 끝내기를 기다려 문상하는 것이 예의이다. 상을 당한 직후에는 아직 조문객을 맞을 준비가 안 되어 있기 때문이다. 그렇지만 친한 사이라면 염습이나 입관을 마친 때도 괜찮다.

(5) 조문 시 삼갈 일

장례 진행에 불편을 주고 유족에게 정신적 피로감을 주기 때문에 유족에게 많은 말을 시키지 않도록 한다. 특히 사고로 죽은 경우 고인의 사망 원인, 과정 등을 상세하게 묻는 것을 조심해야 한다. 상가에서 반가운 친구나 친지를 만나더라도 큰 소리로 이름을 부르지 말고 낮은 목소리로 조심스럽게 말한다.

(6) 조문 절차

조문 절차는 기본적으로 자신의 방식에 따라 행하게 되지만 최근에는 점차 문상객 위주가 아닌 상가 댁 위주의 문상예절이 확산되고 있다.

① **전통적인 방법**: 빈소에 도착하면 먼저 상주에게 목례를 한다. → 영정 앞에 무릎을 꿇고 앉아 분향을 한다.[30] 향에 붙은 불을 끌 때, 손가락으로 가만히 잡아서 끄든가 왼손을 가볍게 흔들어 끄고, 꽂을 때는 두 손으로 하나씩 향로에 정중히 꽂는다. 불을 입으로 불어 끄는 것은 실례되는 행동이다. → 영정을 향해 두 번 절한다. 경우에 따라 조문할 때 고인과 생전에 대면한 일이 없는 조문객이거나 여자 조문객일 경우에는 상주에게만 인사하기도 한다. → 상주와 조문객 중에서 나이가 적은 사람부터 약간 먼저 허리를 굽혀 인사를 해야

30) 분향이 상주의 고유 권한이기 때문에 조문객이 문상해서는 안된다고 주장하는 이들도 있다.

하며, 상주와 같은 연배이면 맞절을 한다.

② **기독교식 방법:** 빈소에 들어서서 상주와 가벼운 목례를 하고 준비된 국화꽃을 들고 고인(故人)의 영정 앞에 헌화한 후 뒤로 한 걸음 물러서서 고개 숙여 잠시 동안 묵념을 드린 후 상주와 맞절을 하고 상중 위로의 말씀을 드린다.

③ **천주교식 방법:** 빈소에 들어서서 상주와 가벼운 목례를 하고 준비된 국화꽃을 들고 영정 앞에 헌화한 후 뒤로 한 걸음 물러서서 고개 숙여 잠시 동안 묵념을 드린 다음 준비된 향을 집어서 불을 붙인 다음 향을 좌우로 흔들어 불꽃을 끈다. 한쪽 무릎을 꿇고 향로에 향을 정중히 꽂고 일어나 한 걸음 뒤로 물러서 절을 올린다. 절을 올린 후에 상주와 맞절을 하고 상중 위로의 말씀을 드린다.

④ **불교식 방법:** 빈소에 들어서서 상주와 가벼운 목례를 한 다음, 영정 앞에 무릎을 꿇고 앉아 준비된 향을 집어서 불을 붙인 다음 향을 좌우로 흔들어 불꽃을 끄고 향로에 향을 정중히 꽂은 뒤 일어나 한 걸음 뒤로 물러나 두 번 절한다. 절을 올린 후에 상주와 맞절을 하고 상중 위로의 말씀을 드린다.

(7) 조장(弔狀)과 조전(弔電)

불가피한 사정으로 문상을 갈 수 없을 때에는 '위로의 편지'[弔狀]나 '전보'(弔電)를 보내기도 한다.

(8) 조문 인사말

문상을 가서 어떤 위로의 말을 해야 할지 몰라 망설이게 되는 경우가 많다. 실제 문상의 말은 조문객과 상주의 나이, 평소의 친소(親疎) 관계 등 상황에 따라 다양하다. 굳이 말하기 어렵다면 고인에게 재배하고 상주에게 절한 뒤 아무 말도 하지 않고 물러나오는 것도 예의에 어긋나지 않다. 상을 당한 사람에게는 그 어떤 말도 위로가 될 수 없기에 오히려 아무 말도 안 하는 것이 더욱 깊은 조의를 표하는 방식이 될 수도 있다. 그러나 말을 해야 할 상황이라면 다음 몇 가지 인사말이 무난하게 사용될 수 있다.

> "상사에 얼마나 애통하십니까?", "이렇게 상을 당하시어 얼마나 망극(罔極)[31]하십니까!", "환중(患中)이시라는 소식을 듣고도 찾아 뵈옵지 못하여 죄송하기 짝이 없습니다", "망극한 일을 당하셔서 어떻게 말씀드려야 좋을지 모르겠습니다", "뭐라 위로 드릴 말씀이 없습니다", "상사에 어떻게 말씀 여쭐지 모르겠습니다".

5. 다른 나라의 상례

(1) 중국

죽은 사람의 시신을 처리하는 상례법(喪禮法)의 원형은 주대(周代)에 형성되고, 이후 불교, 도교 및 각종 민간의 미신 사상이 결합하여 오늘날의 상례와 같은 종합적인 형식으로 변천되었다. 일반적으로 명(命)을 다하고 자손이 많은 사람일수록 융숭한 상을 치른다. 중국의 속담에 "초상을 치르는 것은 산 사람에게 보이기 위한 것이다"라는 말이 있다. 죽은 사람이야 그만이고, 장례를 통해 좋은 교육적 효과를 얻을 수 있다는 것이다. 전통적인 장례의 절차는 다음과 같다.

① **도두(倒頭)[32]와 소렴(小殮)**: 중국인들은 방바닥이나 침상에서 죽는 것을 기피한다. 따라서 죽기 직전 문짝을 떼어 실내에 환자를 문짝에 올려놓고(倒頭), 모든 면에서 원만한 사람을 청해 몸을 씻기고 수의를 갈아입힌다(小殮). 죽기 전에 수의를 입히지 않으면 맨몸으로 저승에 간다고 생각했다. 또한 죽기 전에 입에다 붉은 실로 꿴 진주, 돈, 찻잎 등을 넣어 빈 손으로 이승을 뜨지 않게

31) '망극'이란 말은 부모상에만 쓴다.

32) '눕히다'라는 뜻.

하고, 머리맡에 탁자를 놓고 등을 밝혀 저승길을 가는 데 길을 밝히도록 한다. 아울러 등 옆에 사잣밥을 놓고 젓가락을 꽂아 놓는다.

② **보상(報喪)과 조상(弔喪)**: '보상'은 망자의 친지에게 초상을 알리는 것이며, '조상'은 이 소식을 접한 친지들이 종이 돈, 향, 음식 등의 예물을 들고 조문하는 것이다.

③ **대렴(大斂)**: 시신을 입관하는 것으로 매우 엄격하다. 관 바닥에 붉은 천과 동전을 깔고 장자나 장손자가 망자의 머리를 들고 나머지 자손이 팔과 다리를 들어 천천히 시신을 관 안으로 옮긴다. 그리고 관 안에 망자가 좋아하던 물건을 넣고 손에 손수건이나 은전(銀錢) 등을 쥐어 준다. 마지막으로 장자는 젖은 솜을 젓가락으로 집어서 망자의 눈가, 귀, 입 등을 닦고 면이나 종이로 얼굴을 덮는다. 목수는 관의 뚜껑을 덮고 세 개의 대못을 박는다. 이때 자손은 곡을 한다.

④ **송장(送葬)**: 망자의 식구와 친지들이 관을 따라 묘지로 가서 안장하는 것을 말한다. 송장하는 사람이나 악대(樂隊)의 수와 규모는 경제적 사정이나 신분에 따라 다르며, 흰색의 상복을 입고 손에는 흰종이로 만든 조기(弔旗)와 지팡이를 든다.

이상의 절차는 전통적인 일반 상례를 소개한 것이다. 이 외에도 55개 소수민족이 있는 만큼 지방별 · 민족별로 독특한 장례 문화가 있다. 그렇지만 중국 공산화 이후, 특히 문화대혁명 기간 동안에는 전통 장례 절차가 봉건적 미신행위라고 하여 일제히 금지되었고, 시신을 간단히 인민공원묘지에 안장하고 매년 청명절(淸明節)에 성묘하는 정도에 그쳤다. 그러나 최근에는 농촌 등지에서 전통적인 상례가 점차 부흥되고 있다.

(2) 티벳의 장례 절차

조장(鳥葬), 즉 시신을 분해하여 짐승의 먹이로 던져 주는 장례 관습이 있다. 이는 남을 위해 살고자 하는 대승 불교의 정신을 티벳인 나름으로 철저하게 실천하는 것이라 할 수 있다.

(3) 터키

옛날이나 지금이나 상가(喪家)에서는 조문객에게 음식을 후하게 대접해 왔다. 대접해야 할 음식을 이웃집에서 마련해 주는 것이 매우 특징적이다. 상주는 임의대로 편리한 날을 정해 참석했던 조문객들에게 대접한다.

(4) 북한

북한을 다른 나라의 사례에 포함시키는 것이 적절하지 않을 수도 있겠으나, 북한의 예절을 이해하는 것이 중요하다는 측면에서 포함시켰다.

북한의 장례는 사회주의 방식에 따라 지극히 간소화되어 있다. 어떠한 종교 의식도 없으며 향이나 양초도 사용하지 않는다. 장례 기간은 3일장이 일반적이지만 당국은 1일장이나 2일장을 권장하고 있다. 원래 북한에서는 김일성이 화장(火葬)을 비판한 이래 화장을 하지 않았지만, 묘지 난으로 인해 화장을 권장하고 있으며 이에 따라 화장터와 납골묘 건설을 확대해 가고 있다.

특히 화폐개혁과 경제난으로 인해 최근 북한에서는 민족 고유의 장례문화가 급속히 무너지고 있으며, 심지어 '직파'라는 신조어까지 등장하고 있다. '직파'라는 말은 농사를 지을 때 종자를 그대로 밭에 묻는 방법을 가리키는데, 장례비용을 마련하기 어려운 사람들이 시신을 관(棺) 속에 넣지 않고 심지어 수의도 입히지 않은 채 그대로 묻는 것을 의미한다.

장례식과 매장은 도시의 경우, 녹화사업소나 편의협동조합이 담당하며 농촌의 경우, 협동농장에서 치러 준다. 상복은 따로 없고 남자는 팔에 상장(喪章)이나 검은 천을 두르며, 여자는 흰 옷 또는 머리에 흰 리본을 단다. 운구(運柩)는 상여 대신에 트럭이나 달구지 등으로 하며 운구 시 곡(哭)은 금지되어 있다. 장지는 해당 소재지의 공동묘지로 되어 있으나 북한 역시 적지 않은 묘지 난을 겪고 있다. 직계 존속 사망 시에 상주에게는 5일간의 휴가와 인민봉사위원회에서 약간의 장례 보조로 옷(수의), 쌀, 술 등이 지급된다.

6. 다른 나라의 장묘 문화

(1) 중국

중국은 매년 남한 크기 정도로 엄청난 규모의 땅이 묘지터로 변해 갔다. 이러한 상황에서 모택동의 중국 공산당 정부는 1956년 화장을 법으로 정하고 시신을 관에 넣어 매장하는 토장(土葬) 제도를 금지시키는 '장묘 문화 혁명'을 시작했다. 망자를 화장하지 않으면 상주를 처벌하게 하고, 의복 등 장구의 사용을 엄금하는 등 장례 절차를 간소화시켰다. 그렇지만 현재도 농촌 일부지역에서는 매장의 풍속이 그대로 유지되고 있다.

(2) 홍콩

홍콩은 경제 수준이 우리와 비슷한데, 묘지 제도는 우리보다 30~40년쯤 앞서 있다. 홍콩은 63년부터 적극적인 화장 권장 정책을 실시해 현재 화장률이 70% 이상이다. 또 묘지 순환을 위해 6년 동안만 매장토록 하는 시한부 묘지 제도를 70년에 이미 도입했고, 묘 면적도 0.65평 이하로 엄격히 제한하고 있다. 홍콩의 장묘제도가 간략해지고 화장률이 높아진 가장 큰 이유는 묘지로 쓸 만한 땅이 거의 없기 때문이다.

(3) 일본

“천황 이외는 모두 화장한다”라고 할 정도로 높은 화장률, 검소한 장례식과 오래 전부터 국가 주도로 정비돼 온 깔끔한 공원묘지 등의 모습은 유교 영향권에 들어 있는 우리나라나 대만의 현실과는 크게 다르다. 1,000년 이상 유교 영향을 받아 온 일본이 화장률이 높아진 것은 부동산 가격의 엄청난 상승에 따른 묘지난, 국민의 경제 의식과 위생 관념 등에서 비롯됐다고 할 수 있다. 그리고 유교문화의 영향을 받았으면서도 불교와 전통 신앙의 영향도 민중의 문화에 강력한 영향을 끼쳤는데, 현재 일본의 장례의식은 대부분 불교와 전통 신앙의 방식을 따르고 있다. 검은색 양복이나 흑색 개량 기모노를 입은 남녀 유족들이 단출하지만 엄숙하게 화장장에서 고별식을 치른 뒤 유골을 챙겨 납골당이나 납골묘로 떠나는 게 이들의 일반적인 장례식의 모습이다.

(4) 영국

유럽 대륙 서북부의 섬나라 영국은 깨끗하고 아름다운 자연 경관과 함께 간소한 장례식, 공원 같이 잘 가꾸어진 묘지도 빼놓을 수 없는 자랑거리다. 남북한 면적의 1.1배(약 244,000㎢)인 땅에 5,700여만 명이 살고 있는 영국에서는 지방 자치 단체가 의무적으로 주민들에게 묘지를 분양, 시신 처리 문제를 해결토록 하고 있다.

이런 제도는 아무 곳에나 무덤을 쓰지 않고 생전의 숨결과 추억이 깃든 주거지 가까이에 묘지를 만들어 죽은 자와 산 자가 공존하는 문화를 만들어 냈다. 신분과 지위, 재산의 많고 적음에 관계없이 죽어서는 모두가 잘해야 한 평 남짓 차지한 공간에 비석만 세운다. 현재 영국의 화장율은 70% 정도로 유럽에서 가장 높은 편에 속하며, 정부에서는 더욱 적극적으로 화장을 권장하고 있다.

(5) 프랑스

10년, 30년, 50년을 단위로 한 시한부 임대 묘지 제도를 시행하고 있다. 임대 기간이 만료되면 자치구는 유골을 화장해 납골당에 안치하거나 다른 방법으로 처리한다. 임대 기간이 만료되면 재계약을 통해 기간을 연장할 수도 있다. 그러나 30년이 대부분이고 길어야 50년이다. 유족들이 고인을 추모하고 무덤을 관리할 수 있는 기간이 사실상 한 세대 또는 두 세대임을 뜻한다.

묘지에는 항상 성묘객과 산책 나온 시민들의 발길이 이어진다. 시민들은 벤치에 앉아 명상에 잠기거나 독서를 한다. 묘지 입구에는 묘역을 번지로 표시한 지도가 게시되어 있고 4절지 크기의 지도를 쉽게 구할 수 있다. 자기 가족의 묘도 찾기 어려울 정도인 우리의 공동묘지와 너무 다르다. 프랑스 정부는 묘지난을 해결하기 위해 시한부 묘지 제도를 실시하는 것 외에 아파트식 무덤과 가족묘 사용, 화장 등을 장려하고 있다.

카톨릭의 영향권에 있는 프랑스는 유럽 어느 나라보다도 매장 풍습이 강한 나라로 화장률은 아직 9%에 불과하다. 그렇지만 정부가 지속적으로 화장을 권장하고 있다. 화장은 공간과 위생 문제를 동시에 해결하고 장례비용을 절감할 수 있어서 갈수록 호응을 얻어 가고 있다.

(6) 오스트리아

인구의 노령화로 곧 죽음을 맞이할 노년층이 늘고 있지만 사후 관리는 국가 차원에서 이뤄지기 때문에 걱정이 없다. 수도 빈의 경우 관광 명소로 자리 잡은 중앙묘지를 비롯해 46개의 크고 작은 공동묘지들이 구역별로 자리 잡고 있다. 1970년 제정된 오스트리아 장묘법은 국민이면 누구나 동등한 조건으로 땅에 묻히는 선진 장묘 문화의 모체다.

90%에 가까운 국민이 가톨릭 신자인 오스트리아에서도 이제 교회 묘지만으로 망자를 묻기엔 역부족이다. 이에 따라 1965년부터 현대식 화장 시설이 등장하고 정부

에서 관리하는 납골당이 본격적으로 보급되기 시작했다.

7. 바람직한 상례 문화

죽음에 대해서는 모든 국가와 민족이 가장 큰 슬픔으로 생각하지만, 조상 대대로 동일 지역에 거주하며 이별에 익숙하지 못했던 농경문화 사회는 슬픔의 정도가 더욱 심하다. 우리나라 또한 전통사회가 대부분 농경문화에 근거하였기에 고인의 죽음을 추모하고 이별의 슬픔을 덜어 내기 위해 상례 절차를 강화했다.

그렇지만 어떠한 경우에도 본질이 형식으로 인해 왜곡되는 일은 없어야 한다. 공자 또한 "예는 그 사치함보다는 차라리 검소함이 낫고, 초상은 그 절차보다는 차라리 슬퍼함이 낫다"라고 말하였다.[33] 상례의 본질은 고인에 대한 추모와 유족에 대한 위로에 있다. 지금에 와서도 전통 상례의 정신은 살려야 하겠지만 형식은 현대에 맞게 간소화할 필요가 있다. 형식은 정신을 담는 그릇과도 같다. 정신을 잘 지켜 나가기 위해서 형식과 절차를 제대로 이해하는 것이 필요하다. 단순히 "옛날 방식이어서 옳다"라는 생각보다는 왜 그렇게 하는지 그 의의를 제대로 알고 전통의 정신을 잘 계승하는 것이 무엇보다 중요하다.

변화하는 시대정신을 전통에 담아 살아 있는 형식으로 재현해 낼 때 비로소 그 형식은 우리의 얼과 정신을 담는 충실한 그릇이 될 것이다.

33) 林放問, 禮之本, 子曰, 大哉問. 禮, 與其奢也, 寧儉, 喪與其易也, 寧戚. (『論語』「八佾」) 참조.

읽을거리

〈퇴계 선생의 고종기〉

유교 경전 『서경』에서는 오복(五福)의 하나로 고종명(考終命)을 들고 있다. 고종명은 명대로 살다가 편안하게 죽어 가는 것을 뜻한다. 즉, 병이나 재난이나 사고로 죽는 것이 아니라 태어날 때부터 받은 명대로 살다가 죽는 것을 뜻한다. 그러므로 '고종기'(考終記)의 의미는 '명대로 살다가 편안하게 죽어가는 사람에 대한 기록'쯤으로 이해할 수 있다.

우리 전통 유교 문화에서는 부형이나 선생의 임종 장면을 기록하는 문화가 있는데, 그 기록을 '고종기'라고 한다. 죽음이 갖는 비장함과 상징성 때문에 고종기의 의미가 클 수밖에 없다. 죽음의 순간은 생애 마지막 순간으로서 삶의 집약이라고도 할 수 있다. 아무리 장난기가 넘치고 유머가 풍부한 사람이라 하더라도 죽음의 순간만은 엄숙하고 진실해질 수밖에 없다. 어떤 모습으로 죽음을 맞는가 하는 것은 그 사람의 사람됨을 평가하는 가장 중요한 척도이기도 하다.

퇴계 선생의 고종기를 읽어 보면 선생의 마지막 모습이 너무나 일상적이라는 점에서 오히려 우리들에게 큰 감동을 준다. 기록에 따르면, 퇴계 선생은 1570년 11월 9일 병세를 느끼기 시작한 후 12월 8일에 작고한다. 그런데 선생은 인생을 마감하는 절체절명의 순간에도 평정심을 흩뜨리지 않고 절제된 삶을 보여 주었다. 병석에 누워서도 제자들에게 답서를 보내고, 자제들에게는 다른 사람들로부터 빌려 온 서적을 잊지 말고 돌려주라고 명한다. 그리고 자신이 교정한 서적의 잘못된 곳을 고치라 말하고, 자신의 장례를 어떻게 치를 것인지에 대해서도 소상하게 지시한다.

선생의 여상(如常)함은 돌아가시는 날의 기록에서 더욱 빛을 발한다. "8일 아침에 매화 화분에 물을 주라고 하셨다. 이날, 날씨는 맑았다. 유시(酉時:오후 5~7시) 초에 갑자기 흰 구름이 지붕 위로 모여들고 눈이 한 치쯤 내렸다. 잠시 뒤에 선생은 와석(臥席)을 정돈하라 말씀하셨는데, 부축하여 몸을 일으켜드리자 앉아서 돌아가셨다. 그러자 구름은 흩어지고 눈이 개었다."

사람은 누구나 죽음 앞에서는 약해진다. 평소 강했던 사람일수록 더욱 약한 모습을 보이는 경우가 많다. 그렇지만 퇴계 선생의 경우 죽음을 목전에 두고서도 평상심을 잃지 않고 의연했다. 요즘 유행어로 '웰다잉'(Well-dying)이라는 말이 있다. 진정한 유학자에게 있어서 삶은 죽음의 순간에 완성된다. 그리고 삶과 죽음이 결코 이분법적으로 이해되지 않는다. 평상과 일상의 모습으로 맞이한 퇴계 선생의 죽음이야말로 진정한 웰다잉일 것이다. (장윤수)

Chapter 05

제례(祭禮)

1. 제례의 의의
2. 제사의 유래와 변천
3. 지방과 축문
4. 종교식 제사 의식
5. 다른 나라의 제례 풍속
6. 바람직한 제례 문화

Chapter

05 제례(祭禮)

1. 제례의 의의

제사는 조상을 향한 후손의 공경심과 효성(孝誠)의 표현이다. 일찍이 공자는 제자 계로가 '죽은 사람'(귀신) 섬기는 문제에 대해 묻자 "살아 있는 사람 섬기는 것도 잘 하지 못하면서 어떻게 죽은 사람을 섬기겠느냐?"라고 대답했다. 연이어 '죽음'에 대해 묻자 "아직 삶도 제대로 모르는데 어찌 죽음을 알겠느냐?"라고 답하였다.[1)]

한대(漢代)의 저명한 유학자 왕충(王充)은 이러한 공자의 뜻을 더욱 발전시켰다. 그는 "제사의 뜻은 주인이 스스로 은혜로움과 정성스러움을 다하는 것일 뿐이니, 귀신이 반드시 그것을 흠향(歆饗)하는 것은 아니다"[2)]라고 하였다. 이 말은 제사에 있어서 귀신의 흠향 여부가 문제가 아니라 제사를 드리는 사람의 정성이 문제된다는 뜻이다.

비록 공자와 전통 유학자들이 내세(來世)와 귀신의 존재에 대해 이러한 불가지론(不可知論)의 입장을 피력하기는 했지만, 동양전통 사회에서 사람이 죽는다는 것은 곧 육체로부터 영혼이 분리되는 것이라 여겨졌다. 그러므로 비록 육체적인 작동은

1) 『論語』「先進」. "季路問事鬼神, 子曰. 未能事人, 焉能事鬼. 敢問死, 曰, 未知生, 焉知死." 참조.

2) 王充, 『論衡』「祀義」. "祭祀之意, 主人自盡恩懃而已, 鬼神未必歆享之也."

없으나 영혼의 힘은 살아 있는 인간에게 계속해서 영향을 미친다고 생각해 왔다. 따라서 죽은 이와 산 사람과는 끊임없이 연결된다고 생각했다.

그러므로 제사는 산 자가 죽은 자를 대접하고 그 관계를 지속시켜 나가는 행위이며, 보다 근본적으로는 자식이 부모에 대해 효(孝)를 실천하는 행위로 여겨졌다. 또한 제사는 흩어져 살던 가족과 자녀들이 함께 모여 한 혈족이고 한 가족임을 확인하는 계기가 된다는 점에서도 중요한 의미를 갖는다. 그리고 자녀들에게는 자신의 뿌리의 근본에 대해 생각해 볼 수 있게 하고 효심(孝心)을 키우는 계기가 된다는 점에서 여전히 중요한 가치를 지닌다.

나를 있게 해 준 조상에 대해 감사하고 효심을 표현하는 것은 후손의 당연한 도리이다. 이를 단순히 미신적인 차원에서 취급하거나, 아니면 까다로운 격식이나 복잡한 절차에만 갇혀 근본정신을 잃어버리게 되는 일은 지양되어야 한다.

우리 사회가 점점 더 산업화되어 가고 가족의 형태가 핵가족으로 바뀌며 가치관 또한 많은 변화를 겪었다. 이에 따라 제례 문화 또한 많은 변화를 거쳤다. 그렇지만 자신의 생명의 뿌리에 대한 인식과 조상의 은혜에 대한 감사의 마음은 변할 수 없다. 시대가 아무리 바뀌어도 보본(報本)의 의식은 항상 존재할 것이며, 또한 그에 적합한 제례 문화 또한 여전히 필요할 것이다.

2. 제사의 유래와 변천

1) 제례의 기원

우리나라 제사 문화의 기원으로 삼국 시대 이전의 기록은 남아 있지 않다. 다만 이 시기에 신명(神明)을 받들어 복을 빌고자 하는 의례로서 자연 숭배의 제사의식을 행하였을 것으로 짐작된다. 삼국 시대에 들어와서야 자신의 조상을 제사 지내는 의례로 발전하기 시작된 것으로 추정되는데, 왕가(王家)에서 먼저 시행되었다. 삼국 시대의 제사 의례는 중국 문물의 영향을 크게 받았다. 즉, 중국과의 문화적 접촉으로 우리 고유의 제사 의례가 정착되어 갔던 것으로 생각된다.

우리나라의 제사 문화는 성리학의 도입과 더불어 체계화된다. 특히 조선 시대에 이르게 되면 『주자가례』에 따라 가묘(家廟)를 설치하려는 운동이 사대부 사이에서 활발해지면서 조상에 대한 제사가 사회적 관습으로 정착되어 갔다. 조선 시대 예법의 표준은 왕실의 경우 『국조오례의(國朝五禮儀)』였고, 민간의 경우에는 『주자가례』가 일반적인 예법서(禮法書)였다. 이러한 조선 시대의 제사 문화는 조선 말기까지 유교 문화 속에서 사회 전반에 걸쳐서 생활의 중요한 한 부분이 되어 왔다.

2) 제례의 변천

조선 시대에 이르러 유교 사상의 영향으로 인해 조상에 대한 존경과 애모(哀慕)의 표시로 집집마다 제사를 드리게 되었다. 일반 민가에서는 4대 봉사(奉事)를 하며 맏아들이 조상의 제사를 지내 왔고, 이 전통은 최근까지 계승되어 오고 있다.

전통 사회에서 제사의 폐단 또한 컸다. 다른 사람의 이목이나 자신의 체면 때문에 많은 제수(祭需)를 차려 놓아야 했고, 이로 인한 부작용이 심각했다. 우리나라에 들어온 초기 기독교 선교사들이 제사를 금한 이유도 우상숭배의 반기독교적 요소보다 오히려 제사의 현실적 폐해에 있었으니, 도박과 술, 담배를 금한 이유와 같은 맥락에서 찾을 수 있다.

그렇지만 현대에 와서 제사는 대단히 간소화되었다. 제사의 종류도 대략 기제(忌祭)[3], 묘제(墓祭), 절사(節祀)[4]에 한하고 있다. 그것도 기제의 경우 조부모, 부모의 2대 봉사(奉祀)를 원칙으로 하고, 제사 시간도 일반적으로 기일(忌日) 일몰(日沒) 뒤에 지내고 있다. 그리고 종교인의 경우에는 자신들의 종교방식에 따라 제사를 지내

3) 해마다 고인이 돌아가신 날에 드리는 제사. '기제사'라고도 함.

4) 계절이나 명절에 따라 지내는 제사.

는데 전통 방식의 제례에 비하면 훨씬 간소화되었다.

3) 제사의 종류

(1) 기제(忌祭)

고인이 돌아가신 날에 해마다 한 번씩 지내는 제사이다. 기제의 봉사 대상은 과거에는 『주자가례』에 따라 4대조까지였으나 요즘에는 "가정의례준칙"에 의거, 2대조까지의 직계 조상과 후손이 없는 3촌 이내의 친족에 한해서만 기제를 지낸다.

전통적으로 제사 시간은 고인이 돌아가신 날 자정부터 새벽 1시 사이였다. 그러나 요즘은 시간에 크게 구애받지 않고 그 날 해가 진 뒤 어두워지면 아무 때나 적당한 시간에 지낸다. 제사는 제주(祭主)의 집에서 지내는데 고인의 장자(長子)나 장손(長孫)이 제주로서 제사를 주재한다. 장자나 장손이 없을 때는 차자(次子)나 차손(次孫)이 주관한다. 제사에 참석하는 사람은 고인의 직계 자손을 원칙으로 하나 가까운 친척도 참석할 수 있다.

『주자가례』나 『사례편람(四禮便覽)』에는 기일을 맞은 당사자 한 분만을 모신다고 되어 있는데, 우리나라에서는 오래 전부터 부부인 경우에 함께 모시기도 했다. 여기에 대해 전통사회에서부터 이미 옳다 그르다 하는 논쟁이 빈번하였으나 퇴계(退溪) 이황(李滉)도 "함께 지내는 것이 예법에 어긋날 것이 없고, 인정(人情)에도 합당한 일"이라고 지지하고 있으며, 또한 "가정의례준칙"에서도 (조)부모가 모두 별세하였을 경우 합설(合設)하는 것을 원칙으로 삼고 있다.

(2) 차례[茶禮]

차례는 가정마다 설날과 추석(가풍에 따라 정월대보름, 초파일, 단오, 백중, 동지를 포함시키는 경우도 있음) 아침 일찍 지내는 제사를 말한다. 제수와 절차는 기제에 따르지만 무축단작(無祝單酌)이라 하여 축문은 읽지 않고 술은 한 잔만 올린다.

- **설날 차례:** 연시제로 설날 아침에 지낸다. 봉사 대상은 직계 조상으로 여러 신위(神位)를 한 번에 모시는 합사(合祀)로 한다.
- **추석 차례:** 음력 8월 15일 추석에 지내는 차례다. 설 차례와 절차는 같으나 제수(祭需)는 햇곡식과 햇과일로 하고 메[飯] 대신 송편을 올린다. 지방이나 가문에 따라 메를 올리기도 한다. 봉사 대상은 직계 조상이다.

(3) 사시제(四時祭)

철을 따라 1년에 네 번 드리는 제사로서, 매 중월(仲月)[5] 상순(上旬)의 정일(丁日)이나 해일(亥日)을 가리어 지낸다. 보통 날짜는 전(前)달 하순(下旬)에 정한다.

(4) 묘제(墓祭)

산소를 찾아가서 드리는 제사이다. 제찬(祭粲)은 기제와 마찬가지로 준비하고, 토지신에게도 따로 제수를 마련하여 제사를 지낸다. 전통적으로 묘제는 설날, 한식, 단오, 추석 등 네 번 지냈으나 요즘은 1년 중 적당한 날을 하루 잡아서 산소를 찾아가 문중이 모두 함께 제사를 드리는 것으로 대신하고 있다.

(5) 한식 성묘(寒食省墓)

청명(淸明) 다음 날로 동짓날부터 105일째 되는 날이다. 예전에는 이 날 조상께 제사를 올리고 성묘했다. 집에서 제사를 모셨을 때는 성묘를 생략한다.

4) 전통 제례 절차

전통적으로 내려오는 제사의 절차는, 영신(迎神), 강신(降神), 참신(參神), 초헌(初

5) 仲朔이라고도 하며, 그 계절의 가운데 달 곧 음력 이월 · 오월 · 팔월 · 십일월 등을 이르는 말.

獻), 독축(讀祝), 아헌(亞獻), 종헌(終獻), 첨작(添酌), 삽시정저(揷匙正箸), 합문(闔門), 계문(啓門), 헌다(獻茶), 철시복반(撤匙覆飯), 사신(辭神), 철상(撤床), 음복(飮福)의 순으로 진행한다.

(1) 영신(迎神)

먼저 대문을 열어 놓는다. 제상의 뒷쪽(북쪽)에 병풍을 치고 제상 위에 제수를 진설한다. 지방(紙榜)을 써 붙이고 제사 준비를 마친다. 고례(古禮)에는 출주(出主)라 하여 사당에서 신주를 모셔 내오는 의식이 있었다.

(2) 강신(降神)

영혼의 강림을 청하는 의식으로 제주(祭主)가 신위 앞으로 나아가 무릎을 꿇고 앉아 향로에 향을 피운다. 집사가 제상에서 잔을 들어 제주(祭酒)에게 건네주고 잔에 술을 조금 따른다. 제주는 두 손으로 잔을 들고 향불 위에서 잠시 멈추었다가[6], 모사(茅沙 혹은 茅砂) 그릇[7]에 붓는다. 빈 잔을 집사에게 다시 건네주고 일어나서 두 번 절한다. 향을 피우는 것은 하늘에 계신 신에게 알리기 위함이고, 모사 그릇에 술을 따르는 것은 땅 아래 계신 신에게 알리기 위함이다.

(3) 참신(參神)

고인의 신위에 인사하는 절차로서 모든 참사자(參祀者)가 일제히 두 번 절한다. 신주인 경우에는 참신을 먼저 하고, 지방인 경우에는 강신을 먼저 한다. 미리 제찬을 진설하지 않고 참신 뒤에 진찬(進饌)이라 하여 제찬을 올리기도 한다. 진찬 때는 주인이 육(肉), 어(魚), 갱(羹, 국)을 올리고 주부가 면(麵), 편[餠], 메[飯]를 올린다.

6) 집안의 가풍에 따라 향불 위에서 잔을 세 번 돌리고, 모사 그릇에다 세 번 나누어 붓는 경우도 있음.

7) 제사에서 술을 따르는 그릇에 담는 모래와 거기에 꽂은 띠의 묶음.

(4) 초헌(初獻)

제주가 첫 번째 술잔을 올리는 의식이다. 제주가 신위 앞으로 나아가 꿇어앉아 분향한다. 집사가 잔을 제주에게 주고 술을 붓는다. 제주는 오른손으로 잔을 들어 향불 위에서 잠시 멈추었다가 모사그릇에 부은 다음 두 손으로 받들어 집사에게 준다. 집사는 그것을 받아서 밥그릇과 국그릇 사이의 앞쪽에 놓고, 제물 위에 젓가락을 올려놓는다. 제주는 두 번 절한다. 잔은 합설(合設)인 경우 고위(考位)[8] 앞에 먼저 올리고, 다음에 비위(妣位)[9] 앞에 올린다.[10]

(5) 독축(讀祝)

초헌이 끝나고 참사자가 모두 꿇어앉으면 축관(祝官)이 옆에 앉아서 축문(祝文)을 읽는다. 축문은 제주가 읽어도 되는데, 엄숙한 목소리로 천천히 읽어야 한다. 축문 읽기가 끝나면 모두 일어나고 제주만 홀로 두 번 절한 뒤 물러선다.

(6) 아헌(亞獻)

두 번째 술잔을 올리는 의식으로 원래는 주부(主婦)가 올린다. 주부가 올리기 어려운 경우에는 제주의 다음 가는 근친자가 올린다. 절차는 초헌 때와 같으나 독축을 하지 않고 모사에 술을 따르지 않는다. 주부인 경우에는 네 번 절한다.

(7) 종헌(終獻)

세 번째 술잔을 올리는 의식이다. 아헌자(亞獻者)의 다음 가는 근친자가 아헌 때와 같이 한다. 술은 잔의 7부쯤 따른다.

---

8) 돌아가신 아버지로부터 그 윗대 할아버지들의 位.

9) 돌아가신 어머니로부터 그 윗대 할머니들의 位.

10) 집안에 따라서는 술을 올린 뒤 밥그릇의 뚜껑을 열기도 함.

(8) 첨작(添酌)

종헌이 끝나고 조금 있다가 제주가 다시 신위 앞으로 나아가 꿇어앉으면 집사는 술 주전자를 들어 종헌 때 7부쯤 따라 올렸던 술잔에 첨작한다.

(9) 삽시정저(插匙正箸)

첨작이 끝나면 주부가 밥그릇의 뚜껑을 열고 숟가락을 밥그릇의 중앙에 꽂는다. 젓가락을 고른 뒤 어적(魚炙)이나 육적(肉炙) 위에 가지런히 옮겨 놓는다. 삽시정저가 끝나면 제주는 두 번, 주부는 네 번 절한다.[11)]

(10) 합문(闔門)

참사자가 모두 잠시 밖으로 나가 문을 닫고 기다린다. 대청마루에 제상을 차렸으면 뜰 아래로 내려가 읍(揖)한 자세로 잠시 기다린다. 단칸방의 경우에는 제자리에 엎드려 몇 분 동안 있다가 일어선다.

(11) 계문(啓門)

닫았던 문을 여는 절차이다. 축관이 헛기침 세 번을 하고 문을 열고 들어가면 참사자가 모두 뒤따라 들어간다.

(12) 헌다(獻茶)

탕국을 내리고 숭늉[12)]을 올린 뒤 밥 세 술을 떠서 물에 말아 놓고 저를 고른다. 이때 참사자는 모두 머리를 숙이고 잠시 동안 조용히 앉아 있다가 고개를 든다.

---

11) 첨작과 삽시정저 두 절차를 통틀어 侑食이라 하는데, 이는 식사를 권하는 의식임.

12) 숭늉은 맑은 물에 몇 알의 밥을 띄운 것임.

(13) 철시복반(撤匙覆飯)

숭늉 그릇에 놓인 수저를 거두어 제자리에 놓고 밥그릇의 뚜껑을 덮는다.

(14) 사신(辭神)

고인의 영혼을 전송하는 절차로서 참사자가 신위 앞에 일제히 두 번 절한 뒤, 지방과 축문을 불사른다. 지방은 축관이 모셔 내온다. 신주일 때는 사당으로 모신다. 이로써 제사를 올리는 의식 절차는 모두 끝난다.

(15) 철상(撤床)

제상 위의 모든 제수를 집사가 뒤쪽에서부터 차례로 물린다.

(16) 음복(飮福)

참사자가 한자리에 앉아 제수를 나누어 먹는데 이를 음복이라 한다. 음복을 함으로써 조상님들의 복을 받는다는 속신(俗信)이 있다. 옛날에는 참사자뿐만 아니라 가까운 이웃들에게 제사 음식을 나누어 주고 이웃 어른들을 모셔다가 대접하기도 했다.

5) 현대식 제례 순서

(1) 신위 봉안(神位奉安)

제상 위에 흰 종이를 깔고 제수를 진설한 뒤, 지방을 써서 붙인다. 제주가 분향하고 모사그릇에 술을 부은 뒤 제주와 참사자가 일제히 신위 앞에 두 번 절한다.

(2) 초헌(初獻)

고인에게 첫 술잔을 올리는 절차이다. 술잔을 채워 두 손으로 받들고 향불 위를 거쳐 밥 그릇과 국 그릇 사이 앞쪽에 놓는다. 집사가 없이 제주 혼자서 해도 무방하다. 잔을 올린 뒤 두 번 절한다.

(3) 독축(讀祝)

초헌이 끝나면 제주는 축문을 읽고 두 번 절한다. 축문을 읽는 동안 다른 참사자들은 모두 꿇어앉아 머리를 약간 숙이고 경건한 마음으로 듣는다.

(4) 아헌(亞獻)

축문 읽기가 끝나면 주부가 두 번째 술잔을 올리고 네 번 절한다.

(5) 종헌(終獻)

제주의 근친자가 세 번째 술잔을 올리고 두 번 절한다.

(6) 삽시(揷匙)

제수를 많이 드시라고 비는 의미로 숟가락을 밥에 꽂고 모든 참사자가 고개를 숙여 묵념한다.

(7) 헌다(獻茶)

탕국을 내리고 숭늉(혹은 냉수)을 올리고, 수저로 밥을 조금씩 세 번 떠서 물에 만 다음 수저를 물그릇에 가지런히 놓고 잠시 국궁(鞠躬)[13]하고 서 있다가 일어난다.

13) 존경의 뜻으로 몸을 굽힘.

(8) 사신(辭神)

참사자 일동이 일제히 신위 앞에 큰 절을 올린다. 안녕히 가시라는 작별의 인사를 드리는 의미이다.

(9) 철상(撤床)

지방을 거두어 축문과 함께 불사르고 상을 물린다.

(10) 음복(飮福)

참사자들이 제사 음식을 나누어 먹는다.

6) 제수 진설(祭需陳設)

제수 진설은 제사상 차림을 말하는데 제기(祭器)와 제수(祭需)를 격식을 갖추어 제상(祭床)에 배열[14]하는 것을 말한다. 우리나라에서는 제사상 차림의 형태가 지방마다 가정마다 각기 달라 일명 '가가례'(家家禮)라 할 만큼 다양하다.

이처럼 제수 진설이 다양한 것은 각종 예서(禮書)에 나타나는 진설법이 각각 다르다는 데 가장 큰 원인이 있다. 그러나 상차림의 기본 원칙은 공통적이며 관행적으로 지켜지고 있는 격식이 있다. 제사상 차림의 기본 원칙은 죽은 사람의 좌우 위치를 산 사람의 경우와 바꿔 놓고 좌우의 균형을 잡는 데에 있다. 제사에서는 신위가 놓인 곳을 북쪽으로 한다. 신위 편에서 보면 오른쪽은 동쪽, 왼쪽은 서쪽이다. 제사 지내는 사람의 편에서 보면 오른쪽은 동쪽, 왼쪽은 서쪽이 된다.

14) 진설은 정확하게 자를 재어서 놓는 것이 아니기 때문에 대략 列을 잡은 다음에 공간 배치를 함.

- **제1열:** 메와 갱을 진설하고 잔을 놓는다.

  메(밥)는 왼쪽, 갱(국)은 오른쪽에 올리며, 잔은 메와 갱 사이에 올린다. 시접(匙楪: 수저와 대접)은 단설(單設)의 경우는 메의 왼쪽에 올리며, 양위(兩位) 합설(合設)의 경우에는 고위(考位)와 비위(妣位)의 사이에 놓는다.

- **제2열:** 적(炙)과 전(煎)

  '적'은 불에 굽거나 찐 제수를 일컫는 말이고, 전은 기름에 부친 제수를 일컫는 말이다. '적'은 소고기, 닭고기, 생선 등 세 가지를 올린다. 고기부침(육전)과 생선부침(어전)을 '적'의 좌우에 올린다. 면(국수)은 건더기만 담아 왼쪽 끝에 올리며 편(떡)은 오른쪽 끝에 올린다. 그리고 어동육서(魚東肉西)라 하여 어류를 동쪽에, 육류를 서쪽에 진설한다. 또 두동미서(頭東尾西)라 하여 어류의 머리는 동쪽으로, 꼬리는 서쪽으로 향하게 진설한다.

- **제3열:** 탕(湯)

  어동육서(魚東肉西)의 격식대로 물고기 탕은 동쪽에, 육류탕은 서쪽에 진설하고 그 가운데 채소, 두부 등으로 만든 소탕(素湯)[15]을 올린다. 단(單)탕, 삼(三)탕, 오(五)탕 등 홀수로 쓴다.

- **제4열:** 반찬류

  좌포우혜(左脯右醯)라 하여 포를 왼쪽에, 식혜를 오른쪽에 놓는다. 포의 종류에는 북어포, 대구포, 오징어포, 문어포 등이 있다. 숙채(熟菜: 익힌 채소)로는 삼색나물(고사리, 도라지, 콩나물, 숙주나물, 무나물 등에서 색깔이 다른 세 가지)을 올린다. 생채를 올리기도 하는데 그 재료로는 무를 쓴다. 침채(沈菜: 김치)[16]는 그 다음에 진설한다.

---

15) 고기나 생선을 넣지 않고 끓인 국. 흔히 제사음식으로 사용함.

16) '채소를 소금물에 담근다'는 의미의 '沈菜'는 '팀채' 혹은 '딤채'로 발음되었는데 구개음화로 인해 '짐치'가 되었다가 오늘날의 '김치'가 된 것으로 추정된다. 우리나라의 '김치'류에 관한 최초의 기록은 중국의 『삼국지』「위지·동이전」 '고구려조'로 "고구려인은 술빚기, 장담그기, 젓갈 등의 발효음식을 매우 잘한다."라고 쓰여 있어 이 시기에 이미 저장 발효식품을 생활화하였음을 알 수 있다.

- **제5열:** 과실(果實)과 조과(造果)[17)]

  조율이시(棗栗梨柿) 진설법으로 왼편으로부터 조(棗: 대추), 율(栗: 밤), 이(李: 배), 시(柿: 곶감)의 순서로 진설한다. 끝으로 조과류인 다식(茶食), 산자(饊子)[18)], 약과(藥果)를 진설한다. 그런데 조율시이(棗栗柿梨)의 순서로 진설하는 집안도 있고, 홍동백서(紅東白西)로 진설하는 집안도 있다.

- **향안(香案):** 향로(香爐)와 향합(香盒)을 올려놓는 상

  향안 위에 향로, 향합, 모사그릇을 올려놓으며 향안 옆에 퇴주(退酒) 그릇, 제주(祭酒) 주전자 등을 놓는다.

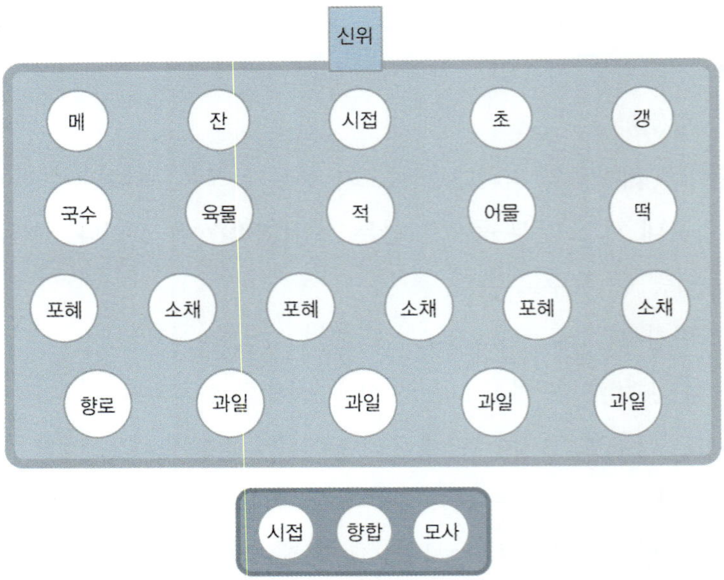

『주자가례』 제찬도(朱子家禮祭粲圖)

17) 인공적으로 만든 과자라는 의미로서, 자연적 소산인 과실에 대비된다.

18) 宴禮나 祭禮에서 필수음식으로 쓰이는 유밀과의 하나. '饊子'라는 이름은 고물로 묻히는 쌀알의 꽃처럼 부푼 모습에서 붙여졌다.

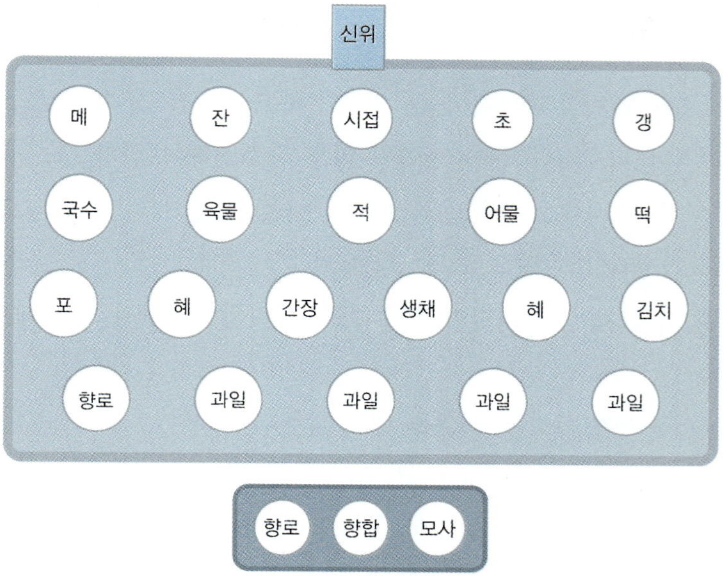

『사례편람』 제찬도(陶庵四禮便覽祭粢圖)

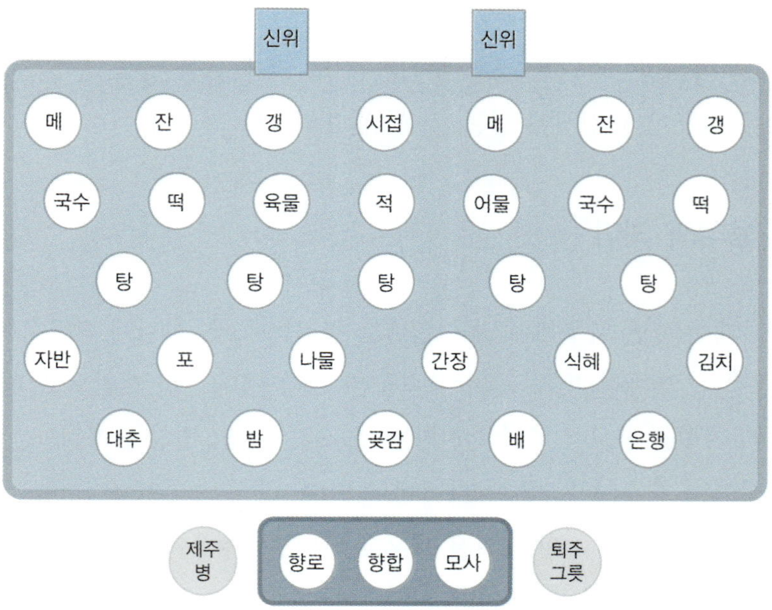

『격몽요결』 제찬도(栗谷擊蒙要訣祭粢圖: 合設의 경우)

7) 제수 조리법

- 제수를 조리(調理)할 때에는 몸을 깨끗이 하고 기구를 정결한 것으로 사용하며 침이 튀거나 머리카락 등이 섞이지 않도록 조심해야 한다.
- 모든 제수의 조리에는 향신료(香辛料)인 마늘, 고춧가루, 파 등의 조미료를 쓰지 않고 간장과 소금만으로 조미(調味)한다.
- 꽁치, 갈치, 삼치 등 '치' 자가 끝에 들어가는 생선과 복숭아는 제사상에 쓰지 않는다.
- 색소를 이용하여 화려한 색깔을 내지 않는다.
- 잘게 칼질하거나 각을 뜨지 않고 가급적 통째로 조리한다.
- 메, 갱, 탕, 전, 적, 면, 편과 같이 뜨겁게 먹어야 할 음식은 식지 않도록 한다.
- 제상에 올릴 제수는 자손이 먼저 먹어서는 안 된다. 제상에 올릴 만큼 따로 담아 놓고 남는 것을 먹는 것은 괜찮다.
- 밤은 껍질을 벗기고, 기타의 과일은 담기 편하게 아래와 위를 도려낸다.
- 배, 사과와 같은 과일은 꼭지 부위가 위로 가게 담는다.
- 제수를 그릇이나 접시에 담는 것을 '괸다'라고 표현한다.

8) 제례 음식의 의미

- **대추:** 대추는 한 나무에 수많은 열매가 열리는데, 꽃 하나에 반드시 열매 하나가 열린다. 열매를 맺지 못하는 헛꽃은 절대 없다. 즉, 사람으로 태어났으면 반드시 자식을 낳고서 죽어야 한다는 뜻으로 자손의 번창을 기원하는 의미에서 제사상에는 대추가 첫 번째 자리에 놓인다.
- **밤:** 대부분의 식물 씨앗은 싹을 틔우고 나면 땅 속에서 썩어 없어지지만, 밤은 생밤인 채로 뿌리에 달려 있다가 나무가 자라서 열매(밤)를 맺어야만 씨밤이 썩는다. 이런 연유로 밤은 자손과 조상 간의 영원한 연결을 상징하여 자손이

수십 수백 대를 내려가도 조상은 언제나 자손과 연결되어 이어진다는 의미로 제사상에 꼭 오르며, 같은 이유로 신주도 밤나무를 깎아서 만든다.

- **감:** 감의 씨앗을 심으면 감나무가 나지 않고 대신 고욤나무가 자라난다. 그래서 3~5년쯤 지나 그 고욤나무에 감나무 가지를 잘라 접을 붙여야 그 다음 해부터 감이 열린다. 즉, 사람으로 태어났다고 다 사람이 아니라 가르치고 배워야 비로소 사람이 된다는 뜻으로, 가르침을 받아 배우고 깨우치는 데에는 칼로 생가지를 자르듯 아픔이 따르지만 그 아픔을 이기고 선조의 유업을 이어 받아 올바른 사람이 되는 것을 의미한다.
- **배:** 배는 껍질이 누렇다. 황색은 오행(五行)에서 우주의 중심을 뜻한다. 그리고 배의 속살이 흰 것을 우리 백의(白衣) 민족에 빗대어 순수함과 밝음을 의미하여 제물로 쓴다는 설도 있다.
- **명태(북어포):** 우리나라 동해의 대표적인 어물(魚物)로 머리가 크고 알이 많아 훌륭한 자손을 많이 두고, 또 수많은 알처럼 부자가 되게 해 달라는 뜻으로 제사상에 빠지지 않고 오른다.
- **조기:** 조기는 서해안에서 나는 대표적인 어물로 옛부터 생선의 으뜸으로 생각하여 제물에는 빠지지 않았다.

9) 제물로 피해야 할 음식과 그 이유

- **복숭아:** 복숭아는 귀신을 쫓는다는 속설이 있음. 그래서 복숭아를 제사상에 올리게 되면 조상이 찾아오지 못한다고 한다. 무덤 주위에 복숭아 나무를 심지 않는 것도 같은 이유에서이다.
- **진한 향이 나는 향료나 나물:** 불교 의식에서는 진한 향이 나는 마늘, 파, 고추, 부추, 미나리 등의 음식은 제물로 쓰지 않는다. 이러한 영향으로 전통 제례 음식에도 고추, 마늘, 파를 양념으로 사용하지 않는다.
- **천하다고 여긴 음식:** 갈치, 참치, 꽁치, 멸치 등과 같이 이름의 끝 자가 '치'로

끝나거나 고등어, 방어, 정어리 등과 같은 등 푸른 생선은 흔하고 천하다고 여겨 제사상에 올리지 않았다.

3. 지방과 축문

1) 지방(紙榜)

지방은 제사를 모시는 대상자를 상징하는 것으로 흔히 상아나 나무로 만드는 신주(神主) 대신으로 사용한다. 지방은 제사 직전에 만들었다가 제사를 마친 직후 태워 버린다. 옛날에는 사진이 없어서 돌아가신 분에 대한 상징을 글로 표시하여 지방을 썼다. 지금은 사진이 있으니 사진을 모시고 제사를 지내면 더욱 좋다. 보통 지방은 한자로 작성하여 왔지만 요즘 들어서는 쓰기 쉽고 이해하기도 쉬운 한글 지방을 사용하는 경우도 크게 늘고 있다.

(1) 지방 작성법

지방의 규격은 원래 정해진 것이 없고, 전통적으로 깨끗한 한지를 가로 5~7㎝, 세로 20~25㎝ 정도의 직사각형으로 절단하여 위쪽을 둥글게 오려서 사용한다. 위를 둥글게 하고 아래쪽을 평평하게 하는 까닭은 천원지방(天圓地方: 둥근 하늘과 평평한 땅)의 사상 때문이다. 한 장의 지방에 남녀 조상 두 분의 신위를 쓸 때는 참사자(參祀者)의 위치에서 중앙을 기준으로 왼쪽은 남자 조상을 쓰고, 오른쪽은 여자 조상을 쓰며 세로 쓰기를 한다. 만약 여자 조상이 두 분 이상이면 남자 조상의 바로 오른쪽에서부터 계속 쓴다.

(2) 남자 조상의 지방 해석과 용례

- **현(顯):** 존경의 의미로 지방 첫 글자에 항상 붙는다.
- **고(考):** 모시는 대상을 표시하는 말이다. '고'는 돌아가신 아버지를 의미한다. 따라서 아버지는 현고(顯考), 할아버지는 현조고(顯祖考). 증조할아버지는 현증조고(顯曾祖考), 고조할아버지는 현고조고(顯高祖考), 백부는 현백부(顯伯父), 형은 현형(顯兄)이 된다.
- **학생(學生):** 조상의 지위 표시하는 말이다. '학생'은 관직이 없는 경우이고, 관직, 사회 직함, 학위 등이 있다면 그 명(名)을 쓴다. 예를 들면 동래부사, 국회의원, 대법관, 법학박사 등이다.
- **부군(府君):** 제사 대상이 자신의 윗사람인 경우에 사용하는 말이다. 제사 대상이 자신의 아랫사람인 경우는 직접 대상의 이름을 쓴다.
- **신위(神位):** 조상의 자리를 의미하는 말이다.

(3) 여자 조상의 지방 해석과 용례

- **현(顯):** 존경의 의미로 지방 첫 글자에 항상 붙는다.
- **비(妣):** 모시는 대상을 표시하는 말이다. '비'는 돌아가신 어머니를 의미하는 말이다. 그러므로 어머니는 현비(顯妣), 할머니는 현조비(顯祖妣), 증조할머니는 현증조비(顯曾祖妣), 고조할머니는 현고조비(顯高祖妣)가 된다. 아내는 망실(亡室)이라 표기한다.
- **유인(孺人):** 조상의 지위를 표시하는 말이다. '유인'은 지위가 없는 경우에 쓴다. 관직, 사회 직함, 학위 등이 있다면 그 명칭을 쓴다. 예를 들면 정부인(貞夫人), 시인, 문학박사 등이다.
- 본관과 성 씨를 표시한다. 예를 들면, "전주(全州) 이씨(李氏)" 등으로 표기한다.
- **신위(神位):** 조상의 자리를 의미하는 말이다.

〈지방 예시〉

顯考學生府君神位 (부)

顯妣孺人密陽朴氏神位 (모)

2) 축문

축문이란 제사를 받드는 자손이 제사를 받는 조상에게 제사의 연유와 정성스러운 감회, 그리고 간략한 제수이나마 이를 드시기를 권하는 글이다. 살아 계신 어른에게 색다른 음식을 올릴 때 의당 권하는 말씀을 올리는 것처럼 조상에게도 제수를 올리면서 그 연유를 고하는 축문을 작성한다. 축문을 작성하는 과정은 작축(作祝)과 수축(修祝)으로 이루어져 있다. 작축은 축의 내용을 짓는 것을 의미하고 수축은 종이에 축문을 쓰는 것을 의미한다.

축문의 내용은 그 제사를 지내게 된 연유를 '언제', '누가', '누구에게', '무슨 일로', '무엇을'의 형식으로 고하고, 제사를 받으시라는 줄거리로 이루어진다.

4. 종교식 제사 의식

1) 기독교 추도식

기독교에서는 우리가 전통적으로 행하는 유교식 제사를 지내지 않고, 조상의 기일을 맞으면 가족 그리고 친지들이 함께 모여 추도식(追悼式)이라 불리는 예배를 드린다. 기독교에서 제사를 지내지 않는 것은 죽은 사람을 신격화하여 숭배하지 않는다는 뜻이다. 이것은 기독교 신앙에서 신(神)은 오직 한 분뿐이며, 하나님 이외의 신은 일체 섬기지 말라는 성경 말씀을 따르기 때문이다. 일반적으로 추도식은 목사나 전도사 등 교역자가 주례(主禮)가 되어 진행하지만, 가족들만 모여 추도식을 드릴 때에는 가족 중에서 주례를 선정하여 진행한다. 식순은 먼저 찬송으로 시작하여 기도, 성경 봉독, 기념추도, 찬송, 주기도문의 차례로 하며 대략 다음과 같다.

① 찬송: 곡목의 주례가 임의로 선정하고 일동이 같이 부른다.
② 기도
③ 성경 봉독: 주례가 대표로 봉독하거나 참례자가 다 함께 봉독한다.
④ 찬송
⑤ 기념추도: 고인의 행적이나 유훈(遺訓)을 주례자가 소개한다.
⑥ 찬송
⑦ 주기도문(主祈禱文): 참례자 일동이 함께 주기도문을 외우면 추도식이 끝난다.

2) 천주교 추도식

천주교에서 행하는 미사는 예수의 '최후의 만찬'을 본받아서 진행하는 성제(聖祭)이다. 이 미사는 천주교 최대의 성찬(聖餐) 의식으로 천주(天主)를 찬미하고 속죄(贖罪)를 간청하며 은총을 간구하는 일종으로 제사라 할 수 있다.

천주교에서는 장례를 치른 날로부터 3일, 7일, 30일째 되는 날에 연(煉)미사를 드린다. 또 첫 기일이 되면 연미사를 드리며, 온 가족이 다 같이 고해성사(告解聖事)와 성체성사(聖體聖事)를 받도록 권한다. 추도 미사에 참여하는 사람들에게 간소한 음식을 대접하기도 한다. 특히 고인을 위하여 미사를 드리는 일은 '파티마의 성모(聖母)'께서 부탁하신 일이라 하여 근래에 성당에서 크게 강조하고 있다.

천주교에서는 11월 2일이 일종의 묘제(墓祭)에 해당되는 날인데 이날을 '위령의 날'이라 하여, 연옥(煉獄)에 있는 모든 영혼을 위하여 올리는 '위령미사'를 드리고 교우들이 단체로 묘지를 찾아가 고인의 영혼을 위하여 기도를 드린다. 서양에서는 이날에 냉담자(冷淡者)[19]도 다 묘지에 모이고, 그 묘지와 관계가 없는 교우들도 모인다.

3) 불교 추도식

불교에서는 고인의 명복을 비는 재(齋)로 49재와 백일재(百日齋)가 있고, 소기(小朞)[20]와 대기(大朞)[21]를 맞이하거나 고인의 생일을 맞이하면 재를 올린다. 위패를 절에 모실 경우, 유가족이 어떤 사정에 의해서 참석하지 못해도 절에서 기일과 생일에 맞추어 재를 올려 준다. 일반적인 추도식의 절차는 다음과 같다.

① **개식(開式)**: 주례 스님이 개식을 선언한다.

② **삼귀의례(三歸依禮)**: 불법승(佛法僧)의 삼보(三寶)에 귀의한다는 의식을 거행한다.

③ **독경(讀經)**: 주지스님이 『반야심경』을 읽는다.

④ **묵도(黙禱)**: 참석자 일동이 입정(入定: 방에 들어가 앉음)한 상태에서 드린다.

⑤ **추도문(追悼文) 낭독**: 생전에 고인과 친분이 두터웠던 사람이 고인의 약력을 소개하고 추도문을 읽는다.

⑥ **추도사**: 주례 스님이 고인에 대한 추도사와 유가족의 위안을 겸한 추도사를 한다.

⑦ **감상(感想)**: 내빈 중 대표자가 나와 위로의 말을 한다.

⑧ **소향(燒香)**: 유족이 먼저 분향하고, 다음에 참석자가 차례로 분향한다.

⑨ **답사(答辭)**: 내빈에 대한 답례로 제주가 한다.

⑩ **폐식**: 개식을 선언한 주례 스님이 폐식을 선언한다.

19) '冷淡者' 또는 '쉬는 교우'는 교회에 나가지 않는 신자를 뜻하는 천주교의 용어이다. 한국천주교에서는 判功聖事, 즉 1년에 두 번 의무적으로 해야 하는 고해성사를 3년(6회) 이상 보지 않은 신자를 냉담자 또는 쉬는 교우라고 함.

20) 초상을 치른 지 만 1년이 되는 날 지내는 제사이다. 小祥이라고도 함.

21) 초상을 치른 지 만 2년이 되는 날 지내는 제사이다. 大祥이라고도 함.

5. 다른 나라의 제례 풍속

1) 중국

(1) 춘절(春節)

음력 1월 1일로 이 날은 중국 각 민족이 가장 중시하고 즐거워하는 전통 명절이다. 농촌에서는 음력 정월 보름까지 쉬면서 즐긴다. 춘절은 겨울이 지나가고 봄이 다가옴을 의미하며 사람들은 천지 귀신과 조상에게 제사를 지내며 오곡이 풍성하고 만사가 뜻대로 되기를 기원한다. 매년 음력 12월이 되면 춘절의 분위기가 무르익기 시작한다. 음력 선달 초파일에는 라빠쪼우(臘八粥)[22]라는 죽을 먹는다. 그리고 음력 선달 스무 사흗날은 조왕신(竈王神)에게 제사 지내는 날로서 부엌에 모신 신상 앞에 엿을 받친다. 그러면 조왕신이 엿을 받아먹고 집주인을 위하여 덕담을 해 주고 행운을 내려 준다고 한다. 그러나 지금은 일부 농촌 지역을 제외하고는 이러한 관습이 사라지고 없다.

(2) 원소절(元宵節)

역사적 기록에 따르면 한(漢) 무제(武帝) 때 한 나라 왕실에서 원소절인 정월 대보름날에 태일(太一)이라는 신에게 제사를 지냈다고 한다. 태일은 당시의 유명한 신으로 그 지위가 오제(五帝)보다도 높고 한 나라 황제들에게 많은 은덕을 입혔다고 믿기 때문에 그 제사가 매우 성대했다고 한다.

22) 중국 춘절에 먹는 8가지 곡식, 즉 쌀, 좁쌀, 쌀, 수수, 붉은콩, 대추, 호도, 땅콩으로 만든 죽을 말함.

(3) 청명절(淸明節)

청명절은 양력 4월 5일 전후의 날이다. 한식(寒食)과 하루를 사이에 두고 있다. 그래서 옛사람들은 항상 한식절의 행사를 다음 날인 청명절까지 이어서 하곤 하였다. 세월이 지나면서 사람들은 한식절과 청명절을 하나로 생각하게 되었다. 현대 중국에서도 청명절이 한식절을 대신하고 있다. 이 날 사람들은 일반적으로 조상의 묘지 앞 혹은 혁명 열사의 묘지 앞이나 기념비 앞에서 성묘와 헌화를 하고 애도를 표시한다.

(4) 단오절(端午節)

음력 5월 5일로 단오의 기원으로는 여러 가지 설이 있는데 그중에서도 '굴원설'(屈原說)이 가장 대표적이다. 즉, 단오절은 전국 시대 초(楚) 나라의 충신 굴원이 간신들의 모함으로 억울하게 귀양을 가 한을 품은 채 멱라강에서 투신 자살을 한 날을 기념하는 것으로서, 백성들이 그의 억울함과 애국심을 기리기 위해 용선(龍船)의 노젓기 경기와 쫑즈(粽子)[23]를 제물로 강에 던지는 풍습이 있다.

(5) 중추절(仲秋節)

음력 8월 15일이다. 고대 중국의 제왕들은 봄에는 태양에 제사를 지내고 가을에는 달에 제사지내는 의식을 거행하였는데, 그 뒤 민간에서도 달에 제사를 지내는 풍속이 이루어졌다. 사람들은 중추절날 달을 보며 안녕을 기원하고 풍년을 감사한다. 이 날은 달처럼 동그란 월병(月餠)을 먹으며 달을 감상한다.

23) 대나무 잎에 싼 주먹 찰밥을 말함.

2) 일본

(1) 보시(布施)

일본의 제사는 대개 불교식으로 행해지며, 승려가 제사를 주관한다. 여기에서 말하는 '보시'(布施)는 제사를 주관하는 승려에게 사례하는 것을 말하지만, 원래 '보시'는 고대 인도의 말인 산스크리트어의 '다나'(dana)의 뜻으로 '널리 베푼다'라고 하는 의미이다. 불교에서 보시행(布施行)은 가장 중요한 수행의 하나로 생각되고 있다. 후세에는 다양한 종류가 있지만 설법(說法), 재시(財施), 무외시(無畏施)의 세 가지 분류가 가장 일반적이다.

첫째, 설법(說法)은 승려가 불교의 진리를 전해 무형의 정신적인 베풂을 행하는 것이고, 둘째, 재시(財施)는 돈이나 재물 등을 베푸는 것으로 불교의 가르침을 받은 것에 감사의 뜻을 표하는 것이다. 셋째, 무외시(無畏施)는 불안(不安)이나 두려움을 안고 살아가는 사람들에게 두려움을 없애 주고 평안한 마음을 주는 것이다.

승려에게 사례를 하는 것은 재시(財施)에 해당하는 것이다. 본래 의도가 자신이 할 수 있는 범위 내에서 최선을 나타내는 것이므로 금액에 대한 특별한 기준은 없다.

(2) 시주(施主)

보시를 행하는 주인을 말한다. 제사 또는 장례식 등에서 공양을 하는 사람을 '시주'라고 하는데, 산스크리트어에서는 '다나 파티'(dana-pati)라고 한다.

제사의 경우 안내장을 발송하는 일이나 승려와 협의를 하는 것은 시주의 역할이다. 제사에서는 시주를 중심으로 모든 일이 전개되므로 필요 사항을 메모해 두면 좋다. 이 때 주의할 점은 다음과 같다.

- 제사 장소와 일시의 결정 문제
- 안내문 준비

- 선물, 요리의 결정
- 불사리(佛舍利)를 안치하는 탑 건립자의 사전 안배
- 시주의 준비, 공물의 준비
- 분향의 차례 정하기
- 제사 때의 인사문 준비

(3) 회향(廻向)

자신이 닦은 선근공덕(善根功德)을 다른 중생이나 불과(佛果)에 돌려 함께 불도(佛道)를 성취하려는 일이다. 일체의 중생을 이익되게 하고 보리(菩提: 깨달음)를 이루게 한다는 이타(利他)가 곧 자리(自利)라는 대승불교의 근본 사상에서 나온 정신이다.

(4) 추선공양(追善供養)

공양이란 '공급(供給)하여 자양(資養)한다'는 뜻을 지닌 불교 의식이다. 원래 공양이란 말은 부처님과 스님들에게 의복이나 음식 등을 받들어 올리는 행위를 일컫는 것이었지만, 점차적으로 공경하고 찬탄하는 정신적인 의미까지 포함하게 되었다. 또한 공양의 대상에 따라 다양한 의식이 행해졌다. 부처님께 공양 올리는 것을 불공(佛供)이라 하고, 새로 조성한 불상이나 탱화 등에 종교적인 생명을 불어넣기 위해 공양 올리는 것을 개안(開眼)공양이라 하며, 돌아가신 분을 위해 공양 올리는 것을 추선(追善)공양이라고 한다.

(5) 합재(合齋)

2명 이상의 제사를 한 번에 하는 것을 말한다. 추선공양을 하는 경우, 통상 고인 한 사람 한 사람에 대해서 법회(法會)를 영위한다. 이런 경우 시간적으로도 경제적으로도 상당히 큰 부담이 되기 때문에 둘 혹은 그 이상의 법회를 맞추어 한 번에 실시하기도 하는데, 이것이 바로 '합재'이다.

(6) 분향(焚香)

향(香)은 인도에서는 악취를 막아 심신을 상쾌하게 하는 생활의 필수품이었다. 불교에서도 향은 매우 존중되었다. 특히 불교에서 향은 부처의 차별 없는 자비를 기리는 상징물로서 부처를 공양할 때 빠뜨릴 수 없는 것이 되었다. 이러한 불교예절에서 연유하여 유교의 전통 상례나 제사 때도 향을 피워 공양하는 것이 행해지는데, 이것을 분향이라고 한다.

(7) 선물

참석자에게 주는 선물을 말한다. 법회에 참례해 준 사람들에게 시주가 주는 선물을 말한다. 제사 때 선물을 반드시 제공해야 되는 것은 아니지만 오늘날에는 관습으로 정착되어 있다.

3) 북한

북한에서도 1945년 해방 이전까지는 전통의 풍습대로 제사가 이어져 왔으며, 특히 해방 이후 1950년 한국 전쟁 이전까지도 전통의 제례 방식이 전면적으로 금지되지 않았다. 그렇지만 종전(終戰) 이후 전통적 제례는 타파되어야 할 봉건 유산으로 간주되어 철저하게 단속되어 왔다. 북한 정부는 제사를 물자 낭비와 분파주의(分派主義), 종파주의(宗派主義)를 조장하는 행위라 하여 강력하게 비판하였다. 그러나 시간이 지남에 따라 통제의 강도가 느슨해지게 되고 농촌을 비롯한 일부 가정에서는 간단히 음식을 차려 놓고 은밀하게 제사를 지내는 풍습이 이어져 왔다고 한다.

그러던 중 1960년대에는 직계 존속의 사망 시부터 탈상 때까지의 제사를 묵인하는 등 부분적으로 허용되었으나 이마저 전통적 제례의 내용에서 크게 변질되었다. 예를 들면 부분적으로 제사를 묵인하면서도 전통적인 제사 방식인 큰절을 하는 모습이 사라졌으며, 그 대신 혁명적 생활 방식에 따라 일어선 채로 묵념하는 관행이 보편화되어 있다. 또 지방이나 축문이 사라진 지 오래이며 '사회주의식 제사'라는 새로운 제사 양식이 자리를 잡고 있다.

'사회주의식 제사'란 1974년 1월 13일 김일성이 전국농업자대회에서 한 연설에서 비롯된 것이다. 그는 이 연설에서 "많은 음식물을 차려 놓고 절을 하는 것은 아무런 의미도 없다. 제사 지내는 것은 죽은 사람을 잊지 않기 위한 것이다. 그러므로 제삿날에 무덤에다 꽃을 가져다 놓던가, 가족들이 한자리에 모여서 경건한 마음으로 죽은 사람의 지난날을 회상하면서 그가 다하지 못한 일을 살아 있는 사람들이 마저 하기 위하여 노력하는 결의를 다지면 된다"라고 하였다.

현재 북한에서 제사는 돌아가신 조상에 대한 순수한 공경 의식이 아니라, 사회주의 건설을 위한 사상 교양의 한 방법으로 이용되고 있다.

6. 바람직한 제례 문화

제사는 돌아가신 조상을 추모하고 그 은혜에 보답하는 상징으로서, 효심(孝心)의 표시이다. 그렇기 때문에 유교 전통이 강하였던 우리나라 전통사회에서는 특히 제사가 강조되었고 그 절차와 형식 또한 다른 어떤 예절보다 체계적으로 발달되었다.

그렇지만 지금에 와서 전통의 제사 형식을 그대로 재현하는 것에는 여러 가지 어려움과 무리가 따른다. 근본정신과 기본적인 틀은 유지하되 구체적인 형식에 있어서는 간소화되어야 할 것이다. 예를 들면, 제사상에 올리는 음식을 고인이 생전에 즐기던 것을 중심으로 간소화하는 것도 한 가지 사례가 될 것이다. 특히 젊은 세대들은 제사의 복잡한 형식과 절차 때문에 제사에 대해 부담감을 가지게 되는데, 축문이나 지방을 누구나 알아볼 수 있는 한글로 적으면 제사에 참여하는 사람들이 훨씬 더 친근하고 의미 있게 생각할 수 있을 것이며, 특히 어린아이들에게도 제사의 의미를 쉽게 전해 줄 수 있을 것이다.

또한 장자(長子) 중심으로 제사를 지내는 문화에도 변화가 있어야 한다. 그리고 남녀차별이 없어지고 외동딸이 많아진 시대환경을 고려하여 여자도 제주(祭主)를 할 수 있게끔 바뀌어야 한다. 제사의 형식도 단일 형식만을 고집할 것이 아니라 자신의 종교, 신념 등에 따라 세부적인 표현 방식을 재구성하여 실시할 수도 있다.

그렇지만 제례의 근본 정신은 변할 수 없다. 최근 신문 등 언론매체의 광고를 통해 제수(祭需)를 대신 장만해 주고 장소까지 대여해 주는 제례서비스 업체를 자주 접하게 된다. 시대가 아무리 바뀌었다 해도 어떻게 제사 서비스를 받겠는가? 일찍이 공자는 "예(禮)라, 예라 이르는 것이 옥과 비단을 말하는 것이겠느냐? 악(樂)이라, 악이라 이르는 것이 종과 북을 말하는 것이겠느냐"[24]라고 하였다. 예(禮)와 악(樂)을 행하는 사람들에게 경건한 마음이 결핍되면 의례에 쓰이는 시설이 아무리 크고 규모 있게 잘 갖추어졌다 하더라도 무의미하다는 뜻이다. 제례 또한 마찬가지다. 그 절차와 제물(祭物)도 의미가 있겠지만, 조상을 추념(追念)하는 보본(報本)의 효심이 없는 제사라면 더 이상 제사라고 할 수 없을 것이다.

24) 『論語』「陽貨」. "子曰, 禮云禮云, 玉帛云乎哉. 樂云樂云, 鐘鼓云乎哉."

읽을거리

〈제사! 어떻게 지내면 좋을까〉

다섯 사람의 젊은 주부들에게 각자 제사의 장점과 단점에 대해 말해 보라고 하였다.

[장점]

- 선조를 회상하고 그 은덕에 감사한다.
- 후손들이 함께 모여 친족 간의 우의를 다진다.
- 제사를 통해 예를 익히고, 위계질서를 바로 잡는다.

[단점]

- 제사의 절차가 지나치게 형식적이고 번다하다. 그러다 보니 의미도 모르면서 습관적으로 하는 듯한 느낌이 강하다.
- 여자의 일이 많고, 제사에 대한 부담이 크다.
- 음식을 준비하는 시간에 비해 먹을 게 없고, 음식쓰레기가 많이 나온다.
- 경제적으로 낭비요소가 많다.
- 남성 위주의 가부장적 문화가 강하다.

주부들이 지적한 제사의 장점은 주로 원론적인 것인 데 반해, 단점은 구체적이고 실제적이며 특히 결혼한 여성의 부담과 관련된 내용이 많다. 제사의 장점을 유지하면서도 단점을 최대한 줄여 나가는 것이 제사 유지의 관건이다. 우선 주부의 부담을 줄여 주어야 하고, 지나치게 낭비적인 요소를 줄여 나가야 한다. 이 두 가지 목표는 서로 상관된다. 즉, 제수 용품을 현실에 맞게 간소화하는 것이 곧 제수 준비를 하는 여성의 부담을 줄여 주는 것이기도 하다. 그리고 제사의 절차와 용어를 일부 현대화하고 그 의미를 젊은 세대들에게 설명해 주어야 한다. 제기의 용도부터 시작하여 제수 진설의 원칙, 제례의 절차 등에 대해 참사(參祀)하는 젊은 세대가 충분히 알고 있어야 한다.

제수(祭需)를 온 가족이 함께 즐겁게 준비할 수는 없을까? 그리고 기성세대는 의무감에서 벗어나고, 젊은 세대는 지루함에서 해방될 수 있는 그러한 제사를 드릴 수는 없을까? 그러기 위해서는 전통 제례문화가 갖는 부정적 요소, 즉 정통과 비정통을 위시한 각종 차별적 문화요소를 탈피하고 외형적 규범에 치중하는 형식주의를 벗어나야 한다. 우리가 꿈꾸는 미래형의 제사는 수직적으로는 효자(孝子)의 마음을 일깨우고, 수평적으로는 서로 소통하고 배려하며 화합하는 그러한 의미 있는 장(場)이다. 우리 모두 그런 아름다운 제사를 그려 보자. (장윤수)

PART

3

생활 예절

Chapter 06

인사 예절

Chapter

06 인사 예절

인사(人事)란 말 그대로 '사람'(人)의 '일'(事)이다. 사람이 마땅히 해야 할 일을 뜻한다. 따라서 인사란 사람이 해야 할 일의 시작이요 끝이며, 모든 사람의 일 중에서도 가장 으뜸이다. 또한 스스로를 낮추고 남을 높이는 인사를 통하여 '사람다운 사람'이 될 수 있다. 상대방을 인정하고 존경하며 반가움의 표현을 행동으로 나타내는 인사 예절은 지역에 따라 생활 습관과 의복 차림에 따라 그 방법이 다르다.

유교적인 전통을 간직하고 있는 우리나라에서는 인사 예절이 특히 중요시되어 왔다. 우리는 예절이라는 것이 격식을 따지고 방법도 매우 까다로운 규칙이라고 생각하기 쉽다. 하지만 예절은 좀더 인간답게 살기 위하여 우리 스스로가 우리의 착한 심성을 바탕으로 오랜 세월을 거쳐 자연스럽게 만들어 놓은 약속이다. 물론 우리의 전통예절에는 형식을 지나치게 강조한 나머지 다소 복잡하고 까다로운 부분이 있었던 것도 사실이다. 그러나 이를 외면하기에 앞서 그 근본정신을 알려고 노력하면 한결 쉽게 이해할 수 있다. 하지만 무엇보다 중요한 것은 전통 인사든, 외국식 인사든 항상 상대방을 향한 존경심과 반가움이 전제되어야 한다. 형식에만 얽매여서 무엇이 '주'(主)인지를 알지 못하는 인사법은 그 진정한 의미가 없기 때문이다. 그렇지만 마음만 있고 표현하지 않는 것 역시 비정상적이다.

세계화 시대를 맞이하여 국가 간의 교류뿐 아니라 개인 간의 교류도 빈번해지면서 세계인으로서 지켜야 할 인사예절의 중요성이 커지고 있다. 각 나라마다 자기들의 전통과 생활양식을 가지고 있고 그에 따른 관습과 예절이 조금씩 다른데 상대의 예절을 모르면 실례를 하게 되고 오해를 빚게 된다. 우리가 볼 때 다른 나라의 예절이 조금은 낯설고 불편할지라도 그들의 풍속을 존중해야 한다. 그것은 삶의 다양성에서 비롯된 형식의 차이일 뿐이지 예의범절의 근본은 일치하고 있기 때문이다.

인사의 형식에는 크게 배례(拜禮), 경례(敬禮), 악수(握手)가 있다.

1. 배례(절)

우리나라에서는 기쁠 때나 슬플 때 먼저 절을 하고 인사를 건네는 정중한 예절이 전래되어 오고 있다. 절은 우리 고유의 인사법이다. 그리고 어떤 인사법보다도 정성이 갖추어져 있고, 보기에도 품격이 있다. 절은 또한 매사에 감사하고 성실하고 겸손한 태도를 만들어 주며 나아가서 마음의 안정과 침착성을 길러 준다. 절은 상대편에게 공경을 나타내 보이는 가장 기초적인 행동 예절이다. 절하는 대상은 사람뿐만 아니라 공경을 해야 할 상징적인 대상에 대해서도 적용되어야 한다. 예를 들면 국기, 돌아가신 조상의 표상(表象), 신앙의 상징, 본받을 옛 어른의 상징 등에 절을 하는 것은 그 상징이 지닌 의미에 대한 공경의 표시이다. 그러므로 절은 한 민족, 한 국민이라면 그 방법이 통일되어야 마땅하다. 그리고 절의 예절에는 절을 하는 예절과 받는 예절이 있다. 즉, 절할 때에 아랫사람만 예절을 지켜야 하는 것이 아니라 웃어른도 역시 예에 맞게 아랫사람의 절에 답례를 해야 한다. 아랫사람과의 관계에서도 상호 존중해야 하기 때문이다.

우리나라 예학의 대표학자 사계(沙溪) 김장생(金長生) 선생이 1599년에 편집한 『가례집람(家禮輯覽)』은 기본적인 예서(禮書)로서 그림까지 곁들여 그 예법을 설명하고 있다. 이후 상당수 학자들이 배례법(拜禮法)에 있어서 이 책을 전거로 삼고 있다. 그렇지만 이 책 또한 부분적으로 설명이 미진하거나 그림이 상세하지 않으며,

심지어 영남학자들의 경우 사계의 당색(黨色)이 영남과 다르다는 이유를 내세워 그의 예론 자체를 무시하기까지 한다. 이러한 이유로 인해 배례의 방법은 지역에 따라, 학자에 따라 달리 전승되어 오고 있으며, 자신의 전통과 다른 차별성에 대해서는 서로가 "예의 없다"고 힐난한다. 가장 대표적인 예로 남자의 큰절을 들 수 있다. 큰절을 할 때에 바닥을 짚은 손이 공수(拱手)한 채로 그대로 내려오는가, 아니면 공수를 풀고 어깨넓이로 손을 바닥에 짚는가 하는 것이 통일되어 있지 않다. 심지어 초등학교 교과서 삽화에서조차 통일되어 있지 않다. 『가례집람』에서는 배례의 종류별로 도해(圖解)를 곁들이고 있으나, 바닥을 짚은 손의 모양에 대해서는 제대로 판별하기 어렵다. 대체로 기호지역에서는 공수한 채로 손을 바닥에 짚는 경우가 많고, 영남지역에서는 공수한 손을 편 채로 바닥을 짚는 경우가 많다. 그렇지만 집안과 개인에 따라 큰절의 방식이 다양하게 행해지고 있다. 전통 예절 교육 방면의 관계자들이 이 점을 충분히 고려해서 다 함께 지켜 나갈 만한 배례법을 현대적으로 재구성해야 한다.

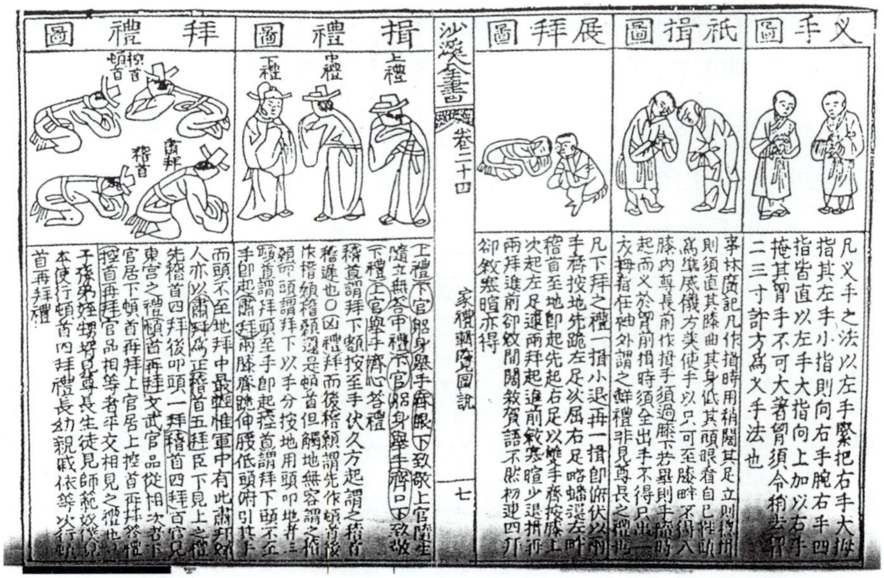

『가례집람』

1) 공수법(拱手法)

우리가 어른을 모시거나 의식 행사에 참석하면 공손한 자세를 취해야 하는데 그 방법은 두 손을 앞으로 모아 잡고 다소곳하게 서든지 앉는 것이다. 이때 두 손을 모아 잡는 것을 공수(拱手)라 한다. 공수의 방법으로는 위에 올리는 손의 바닥으로 아랫손의 등을 덮어서 포개 잡고, 두 엄지손가락은 깍지 끼듯이 교차시킨다.[1)] 소매가 넓은 예복을 입었을 때는 공수한 팔이 수평이 되게 올린다. 한복을 입었을 때는 반드시 공수하며, 공수한 손의 엄지가 배꼽 부근에 닿도록 자연스럽게 내린다. 일반적으로 양복이나 평상복을 입었을 경우, 여자는 공수하고 남자는 공수하지 않으나 경건한 자리에서는 모두 공수한다.

(1) 남좌여우(男左女右)의 이유

일반적인 주거 환경에서 집이 남향이기 때문에 사람들이 앉을 때도 남쪽을 향하여 앉는 것이 기본이다. 남쪽을 향해 앉은 사람을 기준으로 하여 왼편이 동쪽이 되고 오른쪽이 서쪽이 된다. 동쪽은 해가 뜨는 곳이므로 양(陽)을 상징하고, 서쪽은 해가 지는 곳이므로 음(陰)을 상징한다. 결국 남자는 양이므로 방위는 동쪽이고 왼편[左]이다. 반대로 여자는 음이므로 방위는 서쪽이고 오른편[右]이다. 이런 연유에서 공수에 있어서도 남자의 경우 왼손을 위에 올라가게 하고, 여자의 경우 오른손이 위에 올라가게 한다.

(2) 길사(吉事)와 흉사(凶事)의 구분

공수한 손의 모양은 길사와 흉사로 구분해서 달리 한다. 즉, 길사에서는 남좌여우(男左女右)를 취하지만 흉사에서는 반대로 남우여좌(男右女左)의 형태를 취한다. 흉

1) 그 이유는 넓고 긴 예복의 소매가 흘러 내려 맨살이 드러나지 않도록 맞은 편의 소매끝을 누르고 큰 의식 때의 홀(笏)을 쥐기 위해서라고 한다. 홀이란 조선 시대 벼슬아치가 조회를 할 때에 조복(朝服)에 갖추어 손에 쥐던 패를 말한다.

사란 사람이 죽은 때를 말한다. 따라서 자기가 상주 노릇을 하거나 다른 사람의 상가에서 인사할 때나 영결식에 참가하는 것이 흉사이다. 그렇지만 제례는 흉사가 아니다. 제사는 돌아가신 조상을 만나는 날이며 자손이 있어서 조상을 받들게 되는 것이므로 길사로 여긴다. 따라서 제사에서는 흉사 시의 공수를 하면 안 된다. 현대에는 대개 49재를 지내고 탈상을 하거나, 100일 탈상을 하는 예가 많으므로 그 때까지만 흉사 시의 공수로 하면 된다.

2) 절(배례)의 종류와 방법

<table>
<tr><th colspan="2">구분</th><th>남자</th><th>여자</th></tr>
<tr><td rowspan="2">큰절</td><td>명칭</td><td>계수배(稽首拜)</td><td>숙배(肅拜)</td></tr>
<tr><td>대상</td><td colspan="2">자기가 절을 했을 때 답배를 하지 않아도 되는 높은 어른께 하는 절(직계 존속, 배우자의 직계 존속, 8촌 이내의 연장 존속, 의식 행사)</td></tr>
<tr><td rowspan="2">평절</td><td>명칭</td><td>돈수배(頓首拜)</td><td>평배(平拜)</td></tr>
<tr><td>대상</td><td colspan="2">절을 받는 상대가 답배를 해야 하는 어른(선생님, 연장자, 상급자)이거나 서로 정중하게 맞절을 할 때 하는 절이다.</td></tr>
<tr><td rowspan="2">반절</td><td>명칭</td><td>공수배(控首拜)</td><td>반배(半拜)</td></tr>
<tr><td>대상</td><td colspan="2">웃어른이 아랫사람의 절에 대해 답배할 때 하는 절이다.</td></tr>
</table>

(1) 큰절[稽首拜]

남자의 큰절은 계수배(稽首拜), 여자의 큰절은 숙배(肅拜)라고 한다. 큰절은 일반적으로 절을 받는 상대가 답배를 하지 않아도 될 정도로 높은 어른께 절을 하거나 아니면 의식 행사에서 절을 하는 경우에 행한다.

남자의 큰절은 예전에는 관복, 사모관대, 도포, 갓, 두루마기 등의 예복을 갖춰 입어야 하는 것이 원칙이었으나, 요즘에는 대개 간편한 양복차림으로 한다. 남자의 큰절은 맞잡은 손을 절을 시작할 때와 끝날 때에 눈높이까지 들어 올리는 천읍(天揖)의 자세를 취하고, 몸을 엎드린 정도를 깊고 정중히 한다.

여자의 큰절을 하는 순서는 다음과 같다. ① 공수한 손을 어깨 높이로 수평이 되게 올린다. ② 고개를 숙여 이마를 공수한 손등에 붙인다. 눈은 엄지 안쪽으로 바닥을 볼 수 있어야 한다. ③ 왼쪽 무릎을 먼저 꿇는다. ④ 오른쪽 무릎을 왼쪽 무릎과 가지런히 꿇는다. ⑤ 왼발이 앞(아래)으로 가게 발등을 포개며 뒤꿈치를 벌리고 엉덩이를 내려 깊이 앉는다. ⑥ 윗몸을 반쯤(45도) 앞으로 굽힌다. 이때 손등이 이마에서 떨어지면 안 되며, 엉덩이가 들려서도 안 된다. ⑦ 잠시 머물러 있다가 윗몸을 일으킨다. ⑧ 오른쪽 무릎을 먼저 세운다. ⑨ 일어나면서 왼발을 오른발과 가지런히 모은다. ⑩ 공수한 손을 원위치로 내린다.

(2) 평절[頓首拜]

남자의 평절은 돈수배(頓首拜), 여자의 평절은 평배(平拜)라고 하며, 답배 또는 평절로 맞절을 해야 하는 웃어른에게 한다. 남자의 평절은 큰절과 같은 동작으로 하되, 이마가 손등에 닿으면 머물러 있지 않고 즉시 일어난다. 즉, ① 공수한 자세로 선다. ② 허리를 굽혀 공수한 손을 바닥에 짚는다. ③ 왼쪽 무릎을 먼저 꿇는다. ④ 오른쪽 무릎을 왼쪽 무릎과 가지런히 꿇는다. ⑤ 왼발이 앞(아래)이 되게 발등을 포개며 뒤꿈치를 벌리고 엉덩이를 내려 깊이 앉는다. ⑥ 팔꿈치를 바닥에 붙이며 이마를 공수한 손등에 댄다.[2)] 이때 엉덩이가 들리지 않도록 한다. ⑦ 잠시 머물러 있다가 머리를 들며 팔꿈치를 바닥에서 뗀다. ⑧ 오른쪽 무릎을 먼저 세운다. ⑨ 공수한 손을 바닥에서 떼어 오른쪽 무릎 위에 얹는다. ⑩ 오른쪽 무릎 위에 힘을 주며 일어나서 왼발을 오른발과 가지런히 모은다.

여자의 평절[平拜]을 순서대로 설명하면 다음과 같다. ① 공수한 손을 풀어 양옆으로 자연스럽게 내린다. ② 왼쪽 무릎을 먼저 꿇는다. ③ 오른쪽 무릎을 왼쪽 무릎과 가지런히 꿇는다. ④ 오른쪽 발이 앞(아래)이 되게 발등을 포개며 뒤꿈치를 벌리고 엉덩이를 내려 깊이 앉는다. ⑤ 손가락을 가지런히 붙여 손끝이 밖(양옆)을 향하게

2) 일부 집안의 경우에 공수한 손을 풀어 바닥을 짚은 뒤 고개를 어깨 높이로 숙이며 절을 하기도 함.

무릎과 가지런히 바닥에 댄다. ⑥ 윗몸을 반쯤(45도) 앞으로 굽히며 두 손바닥을 바닥에 댄다. ⑦ 잠시 머물러 있다가 윗몸을 일으키며 두 손바닥을 바닥에서 뗀다. ⑧ 오른쪽 무릎을 먼저 세우며 손끝을 바닥에서 뗀다. ⑨ 일어나면서 왼발을 오른발과 가지런히 모은다. ⑩ 공수하고 원 자세를 취한다.

위에서 설명한 여자 평절의 경우에도 앉는 방법에 따라, 지방과 가문에 따라 몇 가지로 나뉜다. 가령 오른쪽 무릎을 세우고 왼쪽 무릎을 꿇어서 두 손을 양옆으로 하여 손끝을 짚어 절하는 방법, 양쪽 다리를 비스듬하게 꿇어 바닥에 다리의 측면들이 닿게 좌향하여 무릎을 꿇어서 엉덩이를 바닥에 댄 채로 앉아 절하는 방법도 있다.

(3) 반절[控首拜]

남자의 반절은 공수배(控首拜), 여자의 반절은 반배(半拜)라 한다. 윗사람이 아랫사람, 즉 제자, 자녀의 친구, 친구의 자녀, 동생 등의 절에 답례할 때 하는 절이다.

남자의 반절은 큰절과 같은 동작으로 하되, 팔꿈치를 바닥에 대지 않고 공수한 손등에 이마를 대지 않으며 깊이 앉지도 않는다. 공수한 손을 바닥에 대고 무릎을 꿇은 자세에서 엉덩이에서 머리까지 수평이 되게 엎드렸다가 일어나는 절이다. 반절은 아랫사람의 절에 윗사람이 답변하는 형식이므로 아랫사람이 절을 시작해서 무릎을 꿇는 것을 먼저 본 뒤에 시작하여서 절을 끝내기 전에 머리를 들도록 한다.

여자의 반절은 오른쪽이나 왼쪽의 한쪽 무릎을 세우고 세워진 무릎의 반대편 손을 바닥에 짚으면서 상체(上體)를 가볍게 숙이는 방법을 취한다. 반절을 받는 상대가 연하자이고 비교적 허물없는 사이일 경우엔 자세를 편히 하고 한 손을 바닥에 짚고 머리 숙이는 정도로 하여도 무방하다.

(4) 절을 받는 예절

- 절을 하는 데에도 예절이 있지만, 절을 받는 데에도 예절이 있다. 상대방이 절을 하려 할 때 우선 편안하게 절을 할 수 있도록 배려해야 한다.

- 절을 받을 때에 누워 있었으면 일어나야 하고, 음식을 먹던 중이면 상을 한쪽으로 치워 두고 바른 자세로 절을 받아야 한다.
- 절할 사람의 입장이 절을 하기에 불편하거나, 아니면 자신이 절을 받을 준비가 제대로 되어 있지 않다고 여길 경우에는 절을 하지 말라고 권유할 수 있다. 그렇지만 절을 받지 않겠다고 지나치게 사양하는 것도 오히려 실례가 될 수 있다.
- 친척관계가 아닌 아랫사람이 절을 하는 경우에 상대방이 미성년자가 아니라면 반드시 정중한 답배를 해야 한다.

(5) 절을 할 때의 주의 사항

- 혼례나 제사를 모실 때 하는 절은 원래 하는 절 횟수의 두 배를 한다. 즉, 남자는 두 번, 여자는 네 번을 하게 되며, 이때의 절은 반드시 큰절을 해야 한다.
- 집안의 부모나 어른들께서는 큰절을 해야 하지만, 큰절의 절차가 다소 까다로운 여자의 경우엔 웃어른이 평절을 권유하면 평절로 해도 무방하며 형제 자매간이라도 손위라면 친소(親疎)와 대상에 구분 없이 절하도록 한다.
- 살아 있는 사람에게 절을 할 때는 전통적인 방식에 따라 남자는 한 번을 하고 여자는 두 번을 기본적으로 하게 했으나 요즘엔 남녀평등 추세에 따라 똑같이 한 번씩 한다.
- 서열상으로 비슷한 남녀 어른에게 절을 하게 될 경우는 남자 어른에게 먼저 하고 그 다음에 여자 어른에게 한다.
- 누워 있는 어른에게는 절대 절을 하지 않는다.

2. 경례

조선시대의 인사는 '절'이 유일하다. 그렇지만 갑옷 입은 무장이 인사를 하는 경우에 절을 하는 대신 허리를 45도 이상 굽혀 인사를 하기도 했다. 그리고 일제시대 때 궁성요배(宮城遙拜)[3]를 할 때에도 허리를 숙이고 두 팔을 늘어뜨려 인사했다. 궁성요배 또한 야외에서 행하는 '절'로 보아야 한다.

궁성요배(宮城遙拜)

'절'과 구분되는 경례는 일제강점기에 정착되어 오늘날에까지 이어지고 있다. 일제강점기 때 근대적인 학교교육이 실시되면서, 교사가 교실에 들어와 교단에 서게 되면 학생 대표의 호령에 따라 모든 학생들이 일제히 교사에게 윗몸을 굽히고 공손히 머리를 숙여서 하던 인사이다.

3) 궁성요배는 일본 제국과 그 식민지의 주민들이 皇宮이 있는 방향으로 고개를 숙여 절을 하던 예법을 말함.

이것은 오늘날 우리 사회에서 가장 일반적으로 행해지는 인사법인데, 특히 어린이 예절교육의 중심을 이루는 부분의 하나이다. 그런데 문제는 이러한 인사법 또한 통일되지 않고 제각각 행해진다는 점이다. 인사할 때 몸을 굽히고 머리를 숙이는 정도라든지, 특히 손의 위치와 모양 등은 통일된 형식이 제시되지 않아 현장 교육에 있어서 많은 혼란을 주고 있다. 어느 때부터인지 유치원 어린이들의 인사법이 남녀 모두 '배꼽인사'라는 국적 불명의 인사로 변해 버렸다. 심지어 초등학교에서조차 제대로 된 경례법이 무엇인지, 어떻게 행해야 하는지에 대한 교육이 불충분한 현실이다.

1) 큰경례

사무실이나 응접실 같이 양식(洋式)으로 되어 있는 실내에서 대개 집안의 웃어른이나 나이가 있는 분들에게 하는 정중한 인사로서 윗몸을 45도 정도 굽혀서 공손히 머리를 숙여서 인사를 하고 서서히 윗몸을 일으킨다. 표정은 밝게 하고 시선은 인사를 올리는 분을 부드럽게 바라보는 자세가 좋다.

2) 평경례

길거리나 직장, 학교 등의 복도에서 웃어른이나 상사를 만났을 때 바르게 서서 상대방을 바라본 후 상체를 30도 정도 굽힌다. 그리고 몸을 천천히 바르게 세운 뒤 상대를 부드럽게 바라본다. 그러나 웃어른이나 상사를 복도나 계단에서 하루에 여러 번 만나는 경우에 목례를 한다. 아랫사람에게나 친구에게는 상체를 15도 정도 굽혀 같이 인사한다.

3) 거수경례

주로 제복 차림일 때 하는 인사 방법인데, 군인, 경찰, 보이스카우트 내에서 볼 수 있다. 거수경례를 할 때는 윗사람이 인사를 받고 손을 내린 뒤에야 자신의 손을 내리는 것이 예의이다. 팔을 똑바로 몸에 붙이고 주먹을 쥐고 바르게 선 자세로 상대방을 바라보아야 한다. 오른손의 손가락은 모두 모아 오른쪽의 눈썹 위에 가장 가까운 거리로 옮겨야 한다. 그리고 손바닥이 정면에서 손등과 바닥이 보이지 않아야 한다.

4) 목례(目禮)

길을 걸어가거나 실내, 복도에서 자주 만나는 사람에게 건네는 인사로 가벼운 미소를 띠며 고개를 약간 숙여 예의를 표하는 방법이다. 대개 가까운 친구나 동년배 사이에는 괜찮지만 웃어른들에게는 실례가 될 수도 있다는 점을 염두에 두어야 한다. 시간적인 여유가 없을 경우에라도 상대가 윗사람일 경우에는 가던 걸음을 멈추고 가볍게 고개를 숙여 예의를 표하는 것이 좋다.

5) 배꼽인사

일명 배꼽인사라 불리는 인사법은 두 손을 모으고 배꼽 앞에 붙인 상태에서 경례를 하는 것을 말한다. 이것은 원래 서비스업계의 직원교육에서 유래된 것으로 짐작되는데, 이후 유치원과 초등학교 인사교육에서도 사용되고 있다. 그렇지만 배꼽인사라는 말은 사전에도 없는 잘못된 표현이다. 굳이 이름 짓는다면 '공수(拱手)인사' 혹은 '공경(恭敬)인사'쯤으로 부르면 좋을 것 같다.

남자의 경우에는 경례를 할 때 주먹 쥔 손을 바지 재봉선 옆에 붙인 상태에서 하는 것이 좋겠고, 여자 경례의 경우에는 배꼽인사라 불리는 공경인사의 형태를 도입해 볼 만도 하다. 그렇지만 이 경우라 하더라도 일반 공수(拱手)의 예법과 마찬가지로 오른손이 위로 올라가게 한 상태에서 배꼽 앞에 붙이는 것으로 통일하는 것이 좋겠다.[4)]

4) 아랫사람의 인사에 답하는 경우이거나, 아니면 동년배의 허물없는 사이에 서로 인사하는 경우라면 굳이 공수를

3. 악수

1) 악수의 의미

악수는 만나거나 헤어질 때 정을 표시하는 현대사회의 가장 일반적인 인사 방법이다. 이는 손을 마주 잡는 인사법으로 상대방과의 사이에 일정한 거리를 유지하면서 신체적으로 접촉하는 결합의 표현으로서 형식적 · 의례적인 표현 동작이다. 따라서 악수는 존경, 친애, 우정, 애정 등을 나타낸다. 악수는 원래 동양에는 없었던 관습이나[5] 서양 문물이 유입되면서 오늘날에는 가장 일상적인 인사의 하나가 되었다. '절'이라기보다는 '정'(情)의 표시이지만 절을 하는 대신 관례적으로 하기 때문에 인사 예절에 포함시킬 수 있다.

악수 또한 나름대로의 격식과 방법이 있다. 제대로 된 격식과 방법은 자신의 품격을 높여 줄 뿐만 아니라, 상대에 대한 존중과 호의의 표시로서 상호 간의 '정'을 더욱 돈독하게 할 수 있다. 그러므로 일부 특수학교와 공공기관에서 악수법을 일반 예절 교육의 하나로 취급하고 있다. 공교육에서도 이 부분을 생활예절의 하나로 다루어 볼 만하다.

2) 악수의 기본 동작

악수는 서로 얼굴을 마주 보고 상대방의 오른손을 가볍게 쥠으로써 친밀감을 표시한다. 가볍게 아래위로 몇 번 흔들어 정을 두텁게 하기도 한다. 상대가 아플 정도로 힘을 주어서는 안 된다. 그리고 경우에 따라 친밀감의 표시로 자신의 왼손으로 악수

취하지 않아도 무방함.

5) 우리나라를 비롯한 중국의 기록에 '握手'라는 표현이 자주 등장한다. 그렇지만 정식 예법(인사법)의 하나로 체계화되거나 일반화된 것이 아니라 주로 윗사람이 아랫사람에 대한 사랑이나 감사 또는 친애의 뜻으로 손을 부여잡는 일반적인 행동을 표현하는 말로 사용됨.

하고 있는 상대방의 손을 감싸는 경우가 있는데, 상대방이 부담을 느낄 수 있기 때문에 막역한 사이가 아니라면 자제하는 것이 좋다. 주로 웃어른이 깊은 정을 표시하는 방식으로 하게 된다.

3) 악수하는 예절

- 웃어른이 먼저 청한다. 남녀 간의 악수도 상하의 구분이 있을 때에는 웃어른이 먼저 청한다.
- 같은 또래의 남녀 간에는 여자가 먼저 청한다.
- 아랫사람은 악수를 하면서 허리를 약간 굽혀 경의를 표해도 좋다.
- 남자는 장갑을 벗고 악수하는 것이 예의이지만, 여자의 경우에는 여성 배려의 차원에서 장갑을 끼고 악수해도 무방하다

4. 다른 나라의 인사 예절

동양과 서양에서 그 인사법은 크게 구분된다. 동양은 우리나라와 같은 문화권 안에 있기 때문 대개 허리를 숙이는 인사로 표준화되어 있고, 서양의 경우 키스와 포옹 그리고 악수로 통한다. 그러나 나라마다 그 생활 문화가 달라서 그 형식과 방법이 약간씩 차이를 보인다. 동양의 절이 존경의 뜻을 담아 상하 구별을 하는 데 반해 서양식 인사는 친근감과 평등 의식을 공유할 수 있도록 한다. 서양에도 '바우'(bow)라고 하는 일종의 목례가 있지만 그저 고개를 가볍게 숙이는 수준이다.

- **중국, 일본:** 우리나라와 같은 유교 문화권이므로 허리를 숙여 인사하는 것이 기본이다. 특히 일본의 경우에는 허리를 거의 직각에 가까울 만큼 깊게 숙인다. 그런데 중국은 사회주의화된 이후 허리를 깊게 숙여 인사하는 방식보다는 악수

하거나 가까운 사이에는 포옹하는 방식이 점차 보편화되었다.

- **태국:** '와이'(wai, 합장)는 생활 최고의 규범이자 존경 또는 고마움의 표시다. 상위자가 하위자의 와이에 응할 때는 양손을 합장하되 머리는 숙이지 않는다. 같은 서열 사이의 인사인 경우는 양손 끝이 목 근처로 올라오되 코 높이를 넘지 않는다. 하위자가 상위자에게 하는 인사는 하위자가 먼저 합장하며 동시에 머리를 숙이며 이때 손끝을 코 높이까지 올린다.
- **티베트:** 친근감의 표시로 혓바닥을 길게 내밀거나 자신의 귀를 잡아당기며 동시에 혓바닥을 길게 내민다.
- **에스키모(이누이트):** 반갑다는 뜻으로 서로의 뺨을 친다.
- **폴리네시아:** 코를 서로 비벼 댄다.
- **미국:** 손을 힘 있게 쥐고 흔들며 손윗사람일 경우 격려의 뜻으로 손아랫사람의 어깨를 두드리기도 한다.
- **영국:** 일반적으로 악수를 하는데, 짧게 악수를 끝낸다. 여자들끼리 하는 인사로 '미스-키스'(miss-kiss)라는 것이 있는데 상대방의 뺨에 키스하는 시늉만 내면서 귀언저리에다가 '쪽'하는 소리만 낸다. 남자도 여자에게 키스를 할 수 있지만 한 쪽 뺨에만 해야 한다. 남자와 남자끼리는 절대로 서로 껴안거나 키스를 하지 않는다.
- **프랑스:** 일반적으로 악수를 한다. 그러나 하루에 두 번씩 악수를 청하는 것은 상대방을 무시하는 것으로 오해될 수 있기 때문에 결례이다. 인사로 볼에 입을 맞출 경우는 먼저 왼쪽 뺨, 다음에 오른쪽 뺨의 순서로 한다. 이때 입술을 스치는 것은 대단한 실례이다.
- **독일:** 일반적으로 악수를 한다. 독일인들의 기질은 다른 유럽인들에 비교해 볼 때 일부 거친 점이 있는데 인사 예절에서도 드러난다. 즉, 손아귀가 뻐근할 정도로 힘을 주어 하는 악수는 반가움을 강조하는 것이고, 한참이나 손을 잡고 흔들면 친밀감이나 감동을 느낀다는 표시이다.
- **이탈리아:** 육체적 접촉을 좋아하기 때문에 악수와 키스를 아주 즐기는 편이다.

하루에 몇 번이고 할 수 있다. 만날 때마다 남자들끼리도 이런 식으로 인사가 가능하다. 이탈리아는 아침과 오후의 구분이 적어서 아침 인사를 오후까지 할 수 있으나 오후와 밤은 구분을 명확히 하여 그 인삿말이 달라진다. 아침과 낮인사는 '부온 죠르노'(Buon giorno)이고, 저녁인사는 '부오나 세라'(Buona sera)이다.

- **러시아:** 악수도 일반적으로 통용되지만 친한 사람들 사이에서는 서로 억세게 껴안는 것이 인사의 한 방법이다.
- **헝가리:** 헝가리의 인사말은 라틴어의 '세르부스'(servus)에서 유래한 것인데, "난 당신의 종입니다"라는 뜻이다. 상대를 그만큼 존중한다는 의미를 담고 있다. 전통 사회에서는 손에 키스를 하는 것이 일반적인 방식이었지만, 현재는 "그대의 손에 키스를 보냅니다"라는 말로 인사를 대체하고 있다.

5. 인사의 본질과 형식

유교적인 전통을 간직하고 있는 우리나라에서는 예절과 인사가 강조되어 왔다. 특히 인사는 예절이 가장 기본적으로 바깥으로 표현된 것이기에 일상사에 있어서 강조된다. 예절은 우리 사회를 보다 살 만한 사회로 만들기 위해 우리 스스로가 오랜 세월을 거쳐 만들어 놓은 일종의 약속이다.

인사도 결국 우리 스스로를 위한 것이다. 그러므로 우선 그 형식성에 얽매이기보다는 근본정신을 이해하려고 노력해야 한다. 동양의 인사든, 서양의 인사든 간에 상대방에 대하여 항상 마음속에서 우러나오는 존경심과 반가움이 전제되어야 한다. 즉, 형식에만 얽매여서 그 본질을 잃어버린 인사법은 아무런 의미도 찾을 수 없기 때문이다.

그렇지만 마음이 있다 하더라도 표현하지 않거나 표현의 방식이 오해를 줄 수 있는 경우도 문제가 있다. '개와 원숭이 사이'(犬猿之間)라는 말이 있는데, 흔히 원수지간을 일컫는다. 동물학자들은 개와 원숭이 사이가 좋지 않은 이유를 양자 간의 행동방식이 다르기 때문이라고 해석한다. 예를 들면, 개는 기분이 좋으면 꼬리가 위로 올라가고 불안하거나 두려움에 가득 차 있을 때는 다리 사이로 말려 들어간다. 그런데 원숭이는 이와 반대이다. 어느 한쪽이 좋다고 달려드는 데 상대방은 이것을 자신에 대한 거부로 받아들인다면 의사소통이 제대로 이루어질 수 없다. 사람 간에도 마찬가지다. 만나게 될 때에 우선은 상대방에 대한 존중과 반가움의 마음이 있어야 하겠지만, 이를 적절한 형식에 담아 표현해 내는 것 또한 필요하다.

읽을거리

〈좌(左)와 우(右)〉

(1) 이때 초장왕은 진나라 중군이 숙영하고 있던 본영을 점령한 채 필 땅에 주둔하고 있었다. 그를 호위하는 친위 장수는 좌광 대장인 굴탕이었다.

원래 초장왕의 친위부대인 양광은 우광이 좌광보다 선임이었다. 따라서 원칙대로라면 초장왕은 양유기가 이끄는 우광의 호위를 받으며 진군 진영으로 들어와야 했다. 그런데 애초 조전을 쫓을 때 굴탕이 앞장서서 초장왕을 병차에 태웠다. 뒤늦게 초장왕이 우광 소속의 병차로 옮겨 타려 하자 굴탕이 나서서 말했다. "왕께서는 처음 좌광의 병차를 타고 전투를 시작했습니다. 싸움은 시작과 끝이 같아야 합니다. 굳이 우광의 병차로 갈아타실 필요 없습니다. 좌광의 병차로 이번 전투의 끝을 맺으십시오."

이에 초장왕은 굴탕의 말을 받아들여 자신의 호위를 좌광에게 맡겼던 것이다. 이때부터 초나라에서는 좌(左)가 우(右)보다 우위를 차지하게 되었고, 이후 다른 나라에서도 이 제도를 본받게 되었다. (출전: 이문열, 『평설 열국지』 제7권, 71쪽)

(2) "군자는 평소에 거처할 때는 왼쪽을 귀하게 여기고, 군사를 쓸 때는 오른쪽을 귀하게 여긴다. … 길한 일에는 왼쪽을 숭상하고 흉한 일에는 오른쪽을 숭상하니, 부장(副將)이 왼쪽에 자리잡고 대장(大將)이 오른쪽에 거하는 것은 상례(喪禮)로써 처함을 말한 것이다." (출전: 노자, 『도덕경』 31장)

(3) "왼쪽은 양이 되는데 양은 살리기를 좋아하고, 오른쪽은 음이 되는데 음은 죽이기를 주로 한다." (출전: 동사정, 『도덕진경집해』 31장 주해)

Chapter 07

일상생활 예절

1. 생활 예절의 중요성
2. 언어 예절
3. 복장 예절
4. 식사 예절
5. 음주 예절

Chapter

07 일상생활 예절

1. 생활 예절의 중요성

우리나라 전통 예절의 중심은 관혼상제 사례(四禮)이다. 그렇지만 사례는 특수한 경우에 이루어지고 대부분의 일상생활은 밥 먹고, 옷 입고, 사람 만나서 이야기하는 행위들로 이루어진다. 즉, 우리가 일상에서 접하는 예절은 사례보다는 오히려 생활 예절이다.

"말 한 마디로 천 냥 빚을 갚는다"는 속담이 있다. 거꾸로 말하면 말 한 마디로 큰 일을 망치는 사례도 있을 것이다. 즉, 사소하게 여기는 부분이 의외로 커다란 결과를 가져올 수도 있다. 바로 이러한 면에서 우리 선조들은 먹고 입고 말하는 모든 일상에 있어서 예절에 맞게 행동하고자 애썼던 것이다. 그렇지만 전통적인 생활 예절 중에서도 일부는 현대 생활에 적용하기 까다롭거나 불편한 부분이 있다. 이러한 점들은 시대에 맞게 변형시켜 나갈 필요가 있다.

어떤 경우라 하더라도 예절은 자신의 인격을 상징하며 또한 상호 존중의 약속이다. 이런 마음가짐으로 생활 속에서 사소한 부분일지라도 정성과 최선을 다해 지켜 나가려고 하는 자세를 잃지 말아야 한다.

2. 언어 예절

1) 언어 예절의 중요성

'언어'는 인격의 상징이다. 그러므로 인디언들은 언어를 생명의 숨결이자 자신의 영적 상태를 보여 주는 상징으로 여겼다. 그렇지만 지금 우리의 현실은 영적 통찰로서의 언어는 고사하고 즉흥적 배설을 위한 상스러운 말들이 난무하고 있다. 이러한 품격 없는 언어의 배설은 일상 생활뿐만 아니라, 인터넷과 언론매체를 통해 전방면으로 확산되고 있다. 특히 자극적인 효과를 위해 습관적으로 사용하는 언론매체의 막말은 규범적이고 정상적인 언어체계에 대한 우리의 잣대를 허물어뜨리고 있다.

품격 있고 예의 바른 사회란 바로 언어의 품격이 있고 소통의 품격이 있는 사회이다. 이러한 측면에서 언어예절의 중요성은 강조되지 않을 수 없다. 그리고 언어예절과 관련하여 호칭(呼稱)과 지칭(指稱)에 관한 바른 예절 교육도 필요하다. 전통 농경사회의 배경을 갖고 있던 우리나라는 대가족제도하에서 많은 호칭과 지칭이 생겨났다. 이러한 호칭과 지칭은 가족과 문중(門中) 간에 적절한 질서를 익히게 하며 또한 서로 간의 기본적인 예의를 일깨워 준다.

그런데 문제는 현대에 이르러 전통 사회에서 사용되던 호칭과 지칭이 상당 부분 깨어지거나 무의미해지게 되면서 그에 따른 친족 간의 예절 또한 그만큼 흐려지게 되었다는 점이다. 호칭과 지칭의 예절 교육 또한 어릴 적부터 자연스럽게 익혀져야 그 교육적 효과를 극대화할 수 있다.

초 · 중등학생 시기의 인격형성은 또래집단과 언론매체의 영향을 강하게 받는다. 언어의 경우 이들이 가장 쉽게 따라하는 사회 동화(同化)의 매개이다. 언어가 곧 자신의 인격이라는 사실을 자각하고, 언어에도 지켜야 할 예절이 있다는 점을 충분하게 교육해야 한다.

2) 가족 간의 지칭(指稱)과 호칭(呼稱)

지칭은 어떤 사람을 다른 사람에게 말할 때 가리키는 말이고, 호칭은 어떤 사람을 직접 부르는 말이다.

본종(本宗)

지칭	호칭	지칭	호칭	지칭	호칭
증조부 (曾祖父)	큰할배 큰할아버지 증조할아버지	제수氏 (弟嫂)	새아지매 새아주머니	종숙부 (從叔父) 재종숙부 (再從叔父)	택호(宅號) ○○아재 ○○아저씨
증조모 (曾祖母)	큰할매 큰할머니 증조할머니	자(姉)	출자지명 누님. ○○누님	종숙모 (從叔母) 재종숙모 (再從叔母)	택호(宅號) ○○아지매 ○○아주머니
조부 (祖父)	큰아배 큰아버지 할아버지	자형(姉兄)	○○새형님 (거주지명)	존고모 (尊姑母) 왕고모 대고모	출가지 택호 ○○할매 ○○할머니
조모 (祖母)	큰어매 큰어머니 할머니	매(妹)	결혼 전: 이름 결혼 후: ○실	존고모부 (尊姑母夫)	출가지 택호 ○○새할배 ○○새할아버지
부(父)	아배, 아버지	매부(妹夫)	○서방(書房)	형부(兄夫)	새아재 새아저씨
모(母)	어매, 어머니	질(姪) 조카	이름 ○실(室)	제부(弟夫)	○○서방님
백부 (伯父)	맏아배 맏아버지	질녀(姪女)	결혼 전: 이름 결혼 후: ○실	생질(甥姪)女	이름 출가 후 ○실
백모 (伯母)	맏어매 맏어머니	질부(姪婦)	새아가, 새사람 ○어미	고종형 (姑從兄)	○○형님
숙부 (叔父)	작은 아배 작은 아버지	질서(姪壻)	○○서방(書房) 이름	고종제 (姑從弟)	이름 부름

지칭	호칭	지칭	호칭	지칭	호칭
숙모 (叔母)	작은 어매 작은 어머니	손자(孫子) 손녀(孫女)	이름 ○○실(室)	고종형수 (姑從兄嫂) 제수(弟嫂)	새아지매 새아주머니
자녀 (子女)	이름 ○실(室)	손부(孫婦)	새아가 아가	고종자(姑從 姉)	○○누님
자부 (子婦)	새아가 자생후(子生後) ○어미	손서(孫壻)	이름 ○○서방	고종자형 (姑從姉兄)	○○새형님
여서 (女壻)	○서방, 이름	고모(姑母)	출가지명 ○○아지매	고종매 (姑從妹)	이름 부름 출가 후 ○○실
형(兄)	형님	고모부 (姑母夫)	○○새아재 ○○새아저씨	고종매부 (姑從妹夫)	이름 부름 ○○서방(書房)
형수씨 (兄嫂)	새아지매 새아주머니	종조부 (從祖父)	종조할아버지	증손(曾孫)女	이름 출가 후 ○○실
제(弟)	이름 부름	종조모 (從祖母)	종조할머니	증손서 (曾孫壻)	이름 ○○서방(書房)

시가(媤家)

지칭	호칭	지칭	호칭	지칭	호칭
시조부 (媤祖父)	할아버님	시숙부 (媤叔父) 시삼촌	작은 아버님	시누이 (夫의 姉)	○○택호(宅號)[1] 형님
시조모 (媤祖母)	할머님	시숙모 (媤叔母)	작은 어머님	시누이 (夫의 妹)	아가씨 출가 후 ○서방댁
시종조 (媤從祖)	작은 할아버님	시고모 시이모	아주머님	시매부 (媤妹夫)	○○서방님
시종고모	작은 할머님	시고모부 시이모부	새아재	夫의 형수 동서(同壻)	형님
시부(媤父) 시아버지	아버님	시종숙 (媤從叔) 촌수불문	○○택호 아저씨	夫의 제수 동서(同壻)	동서

지칭	호칭	지칭	호칭	지칭	호칭
시모(媤母) 시어머님	어머님	시종숙모	○○택호 아주머님	夫의 4촌 이상 자매	아가씨 ○○택호, 형님 서방댁
시백부 (媤伯父)	맏아버님	시숙(媤叔) 夫의 兄	아주버님		
시백모 (媤伯母)	맏어머님	시숙(媤叔) 夫의 弟	결혼 전: 도련님 결혼 후: 아주버님		

외가(外家)

지칭	호칭	지칭	호칭	지칭	호칭
외조부 (外祖父)	외할아버지	외종제 (外從弟)	이름 부름	이종제 (姨從弟)	이름 부름
외조모 (外祖母)	외할머니	외종형수 (外從兄嫂)	새아주머니	이종자 (姨從姊)	○○누님
외숙(外叔) 외삼촌	외아저씨	외종자 (外從姊)	○○누님	이종자형 (姨從姊兄)	○○새형님
외숙모 (外叔母)	외아주머니	외종자형 (外從姊兄)	○○새형님	이종매 (姨從妹)	이름 출가 후 ○○실(室)
이모(姨母)	○○아주머니	외종매 (外從妹)	이름 결혼 후 ○○실(室)	이종매부 (姨從妹夫)	이름 ○○서방(書房)
이모부 (姨母父)	○○새아저씨	외종매부 (外從妹夫)	이름 ○○서방(書房)		
외종형 내종형	○○형님	이종형 (姨從兄)	○○형님		

1) 宅號는 주로 여성에게 붙이며, 성명 대신에 그 사람의 출신지 이름에 '댁'을 얹어 부르는 호칭을 말한다. 예를 들어 부산 출신에게는 부산댁, 대전 출신에게 대전댁 등으로 호칭하는 방식이다. 주로 결혼한 여성의 시집오기 전 친정의 지명에 붙여 본명 대신에 부르는 명칭으로 사용하였다. 지명 외에 남편의 직업이나 직함 등에 붙이기도 하나, 엄밀히 말해 이는 택호는 아니다.

처가(妻家)

지칭	호칭	지칭	호칭	지칭	호칭
장조부(丈祖父)		처숙부(妻叔父)	처숙부 처삼촌	처형(妻兄)	처형
장조모(丈祖母)		처고모(妻姑母)	처고모	처제(妻弟)	처제 (존댓말 사용)
장인(丈人) 빙부(聘父)	장인어른	처고모부 (妻姑母夫)	처고모부		
장모, 빙모	장모님	처남(妻男) 부제(婦弟)	처남 이름		
처백부(妻伯父)	처백부, 처삼촌	처남의 처 (妻男妻)	처남댁		

친족어(親族語) 지칭

관계	자기		타인	
	생존	사망	생존	사망
할아버지 (祖父)	조부(祖父) 왕부(王父)	조고(祖考) 선왕고(先王考)	왕존장(王尊丈) 조부장(祖父丈)	선조부장(先祖父丈) 선왕고장(先王考丈) 선왕대인(先王大人)
할머니 (祖母)	조모(祖母) 왕모(王母)	조비(祖妣) 선조모(先祖母)	왕대부인(王大夫人) 존왕대부인 (尊王大夫人)	선왕대부인 (先王大夫人) 선왕모부인 (先王母夫人)
아버지 (父)	가친(家親) 엄친(嚴親) 부친(父親)	선고(先考) 선친(先親)	춘부장(春府丈)	선고장(先考丈) 선대인(先大人) 선부군(先父君)
어머니 (母)	모친(母親) 자친(慈親)	선비(先妣)	훤당(萱堂) 대부인(大夫人)	선대부인(先大夫人)
처 (妻)	내자(內子) 가인(家人) 형처(荊妻)	망처(亡妻) 망실(亡室)	합부인(閤夫人) 현합(賢閤)	선합부인(先閤夫人)

관계	자기		타인	
	생존	사망	생존	사망
아들 (子)	가아(家兒) 장남(長男) 장자(長子) 차자(次子)	망자(亡子)	자사(子舍), 윤군(胤君) 영윤(令胤), 차윤(次胤)	고자사(故子舍)
손자 (孫)	손아(孫兒) 장손(長孫) 차손(次孫) 손자(孫子)	망손(亡孫)	영포(令抱) 현포(賢抱)	고영포(故令抱)
삼촌 (三寸)	백부(伯父) 숙부(叔父) 중부(仲父) 계부(季父)	선백부(先伯父) 선계부(先季父)	완장(阮丈) 백완장(伯阮丈)	선숙부장(先叔父丈) 선백부장(先伯父丈)
숙모 (叔母)	숙모(叔母) 백모(伯母) 중모(仲母) 계모(季母)	선백모(先伯母) 선숙모(先叔母)	존백모부인 (尊伯母夫人) 존숙모부인 (尊叔母夫人)	선백모부인 (先伯母夫人) 선숙모부인 (先叔母夫人)
형 (兄)	백형(伯兄) 중형(仲兄) 숙형(叔兄)	선형(先兄) 선백형(先伯兄)	백씨장(伯氏丈) 중씨장(仲氏丈)	선백씨장(先伯氏丈) 선중씨장(先仲氏丈)
형수 (兄嫂) 제수 (弟嫂)	형수씨(兄嫂氏) 백수씨(伯嫂氏) 계수씨(季嫂氏)	선백수씨(先伯嫂氏) 선계수씨(先季嫂氏)	존백수씨부인 (尊伯嫂氏夫人) 존계수씨부인 (尊先季嫂氏夫人)	선백수씨부인 (先伯嫂氏夫人) 선계수씨부인 (先季嫂氏夫人)
아우 (弟)	사제(舍弟) 가제(家弟) 아제(阿弟)	망제(亡弟)	영제씨(令弟氏) 영계씨(令季氏)	선제씨(先弟氏) 선계씨(先季氏)
질 (姪)	종자(從子) 유자(猶子) 질아(姪兒)	망질(亡姪)	함씨(咸氏) 영함씨(令咸氏) 현함씨(賢咸氏)	고영함씨(故令咸氏)
종형 (從兄) 종제 (從弟)	종형(從兄) 종제(從弟)	선종형(先從兄) 선종제(先從弟)	종씨장(從氏丈) 종백씨장(從伯氏丈)	선종씨장(先從氏丈)

3) 흔히 잘못 쓰이는 호칭과 지칭

- **선친(先親):** 선친은 '별세한 자기의 아버지'를 가리키는 말로 자기의 살아 있는 아버지나 남의 아버지를 선친이라고 지칭하는 것은 잘못이다. 선고(先考)라고 하기도 한다.
- **아버님:** 며느리가 시아버지를 직접 부르거나 다른 사람들에게 자신의 시아버지를 가리킬 때 사용하는 말이다. 자신의 아버지를 아버님이라고 호칭하거나 지칭하는 것은 잘못이다.
- **빙장(聘丈), 빙장 어른:** 빙장은 '남의 장인을 높여 부르는 말'로 자기의 장인을 빙장 또는 빙장 어른으로 부르는 것은 잘못이다.
- **부인(夫人):** 부인이라는 다른 사람의 아내를 높이는 말이므로 자신의 아내를 부인이라고 호칭하거나 지칭하는 것은 잘못이다.
- **작은 아버지:** 작은 아버지는 아버지의 친동생을 일컫는 말이므로 아버지의 사촌 형제인 당숙을 작은 아버지로 부르는 것은 잘못이다. 당숙(堂叔)은 아저씨로 불러야 하며 자신보다 5년 이상 연하라면 그냥 당숙이라고만 불러도 무방하다.
- **외삼촌(外三寸):** 외삼촌은 어머니의 친오빠나 동생을 일컫는 말로 외당숙이나 외7촌 아저씨를 외삼촌이라 부르는 것은 잘못이다.
- **삼촌(三寸):** 자기 아버지의 형제는 삼촌이 되고, 시아버지의 형제들은 시삼촌이 된다. 그러므로 시동생을 자녀들의 호칭에 따라 삼촌이라고 부르는 것은 잘못이다. 시동생을 부를 때는 미혼이면 도련님, 기혼이면 서방님으로 불러야 한다.
- **고모(姑母):** 시아버지의 자매들은 시고모가 되는데, 부를 때는 고모님이라고 부른다. 그러므로 시누이 보고 고모라고 하는 것은 잘못이다.
- **형님:** 여자는 시집을 가면 남자의 서열을 따르므로 손위 동서의 나이가 연하라도 형님으로 불러야 한다. 반면 남자는 여자의 서열을 따르지 아니하고 나이를 따르므로 손위 처남이라도 연하라면 형님이라고 부르지 않고 처남이라고 부르

는 것이 일반적이다.

- **여사(女史):** 여사라는 말은 시집간 여자의 존칭으로 사용하거나 사회적으로 저명한 여성의 이름 아래 붙이는 존칭이다. 그러므로 자신을 스스로 '~여사'라고 소개하는 것은 적합하지 않다.
- **주부(主婦)님:** 주부라는 말은 '집안 주인의 아내'라는 표현이다. 그런데 여기에다 존칭의 접미어 '님' 자를 붙여 기혼 여성을 호칭하는데, 주부라는 호칭보다는 개인의 이름을 직접 부르는 것이 시대에 맞다.
- **양(樣):** '양'이란 처녀의 성이나 이름 밑에 붙여 '처녀'의 뜻을 나타내는 말이다. 그렇지만 여성 동료 간, 연상의 미혼 여성, 나이가 지나치게 어린 여자 아이에게는 쓰지 않는 것이 좋다.
- **군(君):** '군'이란 말은 친구나 손아래 남자를 부를 때, 성이나 이름 밑에 붙여 부르는 접미사이다. 그러므로 나이 차이가 없는 손아래 사람에게나, 나이가 비슷하더라도 친구가 아닌 사람이나, 나이가 자기보다 많은 사람에게는 쓰지 않는다.
- **종씨(宗氏):** 종씨라는 호칭은 가깝게 지내는 연배의 종씨는 그렇게 부를 수 있으나, 처음 만나는 종씨는 '일가 양반' 또는 '일가분'으로 호칭함이 옳다.
- **사모(師母)님:** '사모'는 원래 스승의 아내를 일컫는 말이었으나, 이제는 스승의 아내뿐만 아니라 윗사람의 아내를 일컫는 말로 일반적으로 쓰이고 있다. 심지어 기혼 부인이면 아무에게나 사모님이라고 하는 경우도 있다. 윗사람의 아내를 사모님으로 부르는 것은 그렇다 하더라도 남의 아내를 무조건 사모님으로 부르는 것은 적절한 예절이 아니다.
- **형제 · 자매:** 교회에서 성도들이 모두 하나님 안에서 한 형제 · 자매라고 하여 남자 성도를 형제님, 여자 성도를 자매님으로 부르는 경우가 있다. 그렇다 하더라도 자기 스스로를 '~형제', '~자매'라고 소개하는 것은 적합하지 않다.
- **영부인(令夫人):** 영부인이란 말은 원래 남의 부인을 높여 부르던 명칭이었다. 그런데 이 말이 현재는 남의 아내를 일컫는 말로 거의 쓰이지 않고 대통령의

부인을 일컫는 존칭으로만 쓰이고 있다. 남의 아들과 딸을 높여 부르던 영식(令息), 영애(令愛)의 경우도 마찬가지다.

4) 존칭어 사용법

- **경어법(敬語法):** 말하는 사람보다 말의 주체가 되는 사람이 높은 경우에 서술어에 '~시~'를 넣어 존경을 표시한다. 여러 개의 용언이 사용되는 경우에 용언마다 '~시~'를 넣지 않고 대개 마지막 용언에 '~시~'를 사용한다. 예를 들면 "아버지께서 일하시러 가셨다"라 하지 않고 "아버지께서 일하러 가셨다"라고 한다.
- **압존법(壓尊法):** 자신에게 높은 분이라 하더라도 그보다 더 높은 사람 앞에서는 낮추는 것이다. 윗사람에게 윗사람보다 낮은 사람을 지칭할 때 지나친 존대말을 사용하면 오히려 상대적으로 윗사람을 낮추게 되므로 예의에 어긋난다. 그러나 압존법이 전통 언어예절의 기본이기는 하지만 오늘날에는 아버지보다 윗분에게도 아버지를 높이는 것이 일반화되고 있다.
- **겸양법:** 상대를 높이기 위해서 자신을 낮추는 것이다. 대인 관계에서 상대를 높이고 자신을 낮추는 것은 기본 예의이다. 예를 들면, 자신과 관계된 것을 말할 때는 폐사(弊社), 졸작(拙作), 졸고(拙稿), 미력(微力) 등의 표현을 사용한다.

5) 편지 봉투에 기재하는 법

- 받는 사람의 이름은 정자(正字)로 쓰며, 주소의 글씨보다 좀 크게 하여 중앙에 쓴다.
- 보내는 사람의 성명은 받는 사람에 비해 작게 쓴다. 그리고 주소는 생략하지 않고 정확하게 쓴다.
- 받는 사람의 명칭
  - · 귀하(貴下): 상하를 가리지 않고 일반적으로 쓴다.

· 선생님 또는 좌하(座下): 스승이나 사회적으로 이름 있는 사람에게 쓴다.
· 형: 나이나 지위가 자기와 비슷한 사람에게 쓴다.
· 앞 또는 전(前): 아랫사람에게 쓴다.
· '본집' 혹은 본제입납(本第入納)[2]: 부모에게나 본가에 보내는 경우에 자기의 성명 밑에 '본집' 혹은 본제입납(本第入納)이라고 쓴다.
· 귀중(貴中): 회사나 단체 등에 보내는 경우 그 이름 밑에 귀중이라고 쓴다.

3. 복장 예절

1) 복장 예절의 기본

복장은 또 하나의 얼굴이다. 그렇기 때문에 동서양을 막론하고 예절교육에 있어서 단정한 복장을 강조하고 있다. 어린이의 바른 생활 교육에 있어서 복장 예절은 자신의 품격을 스스로 관리하는 좋은 수단이 된다. 우리의 전통 예절에 있어서는 복장 예절이 특히 강조된다. 한복의 경우 단정하게 입는다는 의미를 넘어서서 어떻게 입을까, 무엇을 입을까 하는 착용법과 예절이 중요한 의미를 지녔다. 그렇지만 모든 예절교육이 그러하듯이 복장 예절교육은 특히 옷을 착용하고 있는 사람에게 '구속'의 느낌을 주어서는 안 된다. '자존감'(自尊感)의 의미로 인식될 때 비로소 복장 예절교육의 효과는 극대화될 수 있다.

복장에 특히 관심을 가지고 주의해야 할 점들을 간추리면 다음과 같다. ① 새 옷이 아니더라도 깨끗하고 단정하게 손질해서 입는다. ② 옷은 격식을 갖추어 입는다. ③ 옷은 때와 장소, 용도와 경우에 맞게 입는다. 좋은 일에 참가할 때는 비교적 화사한 옷을 입고 슬픈 일을 당하였거나 그와 관련한 장소에서는 현란한 옷을 입지 않아

2) 本家入納이라고도 쓴다. 그런데 '家'는 사람(혈연) 중심의 개념이고, '第'는 건물 중심의 개념이어서 '본가입납'은 틀린 표현이라고 주장하는 이들도 있지만, 혼용해서 사용해도 크게 무리가 없음.

야 한다. ④ 제복(유니폼)이나 예복을 입어야 하는 단체나 행사에는 정해진 옷을 입는다. ⑤ 의식 행사에 참석할 때는 간소복을 입지 않고 격에 맞는 정장(正裝)을 한다.

2) 한복을 입는 법

① **속옷 입기**: 속바지와 속치마를 입는다. 속치마는 겉치마보다 2~3cm쯤 짧으면 된다.

② **버선 신기**: 버선을 신을 때는 수눅(꿰맨 솔기)의 시접이 바깥쪽으로 가도록 하고, 양발의 수눅선이 발의 중심보다 약간 안쪽으로 들어가도록 잘 잡아당겨 신는다.

③ **치마 입기**: 겉자락이 왼쪽으로 오도록 여며서 입으며, 오른 폭의 치마끈은 겨드랑이 아래로 빼서 앞으로 돌려준다. 치마끈을 앞가슴 중앙보다 약간 왼쪽으로 묶어야 저고리 앞섶이 뜨지 않는다. 치마의 길이는 입었을 때 발등에 약간 닿는 것이 적당하다.

④ **속저고리 입기**: 한복의 속옷은 겉옷의 선을 아름답고 유연하게 나타내 주는 역할을 하므로 겉옷을 맵시 있게 입으려면 속옷을 바르게 갖추어 입어야 한다. 저고리 속에는 대개 엷은 색의 얇은 옷감으로 된 속적삼이나 속저고리를 입는다. 저고리가 얇은 옷감일수록 속적삼이나 속저고리를 갖춰 입어 속이 비치지 않도록 한다.

⑤ **저고리 입기**: 저고리의 동정이 V자가 되도록 동정니와 깃을 잘 맞추고 뒤로 넘어가지 않도록 앞으로 당겨 입는다.

⑥ **고름매기**: 1. 두 고름을 나란히 펴서 양손으로 가볍게 잡은 뒤 짧은 고름을 긴 고름 위로 얹어 X자 모양으로 포갠다. 2. 짧은 고름을 긴 고름 아래로 넣어 위로 빼어 묶는다. 3. 긴 고름으로 적당한 크기의 고를 만들고 위쪽에 있는 짧은 고름을 밑으로 감아 고와 매듭 사이로 잡아 뺀다. 4. 고름의 모양이 나게 묶이도록 긴 고름과 짧은 고름을 같이 붙잡고 가슴 쪽 고름을 살며시 당기면서

적당히 재운다.

⑦ **두루마기 입기**: 외출할 때에는 두루마기를 입고 그 위에 머플러를 단정하게 매는 것이 예의다.

〈여자 한복의 저고리와 바지 명칭〉

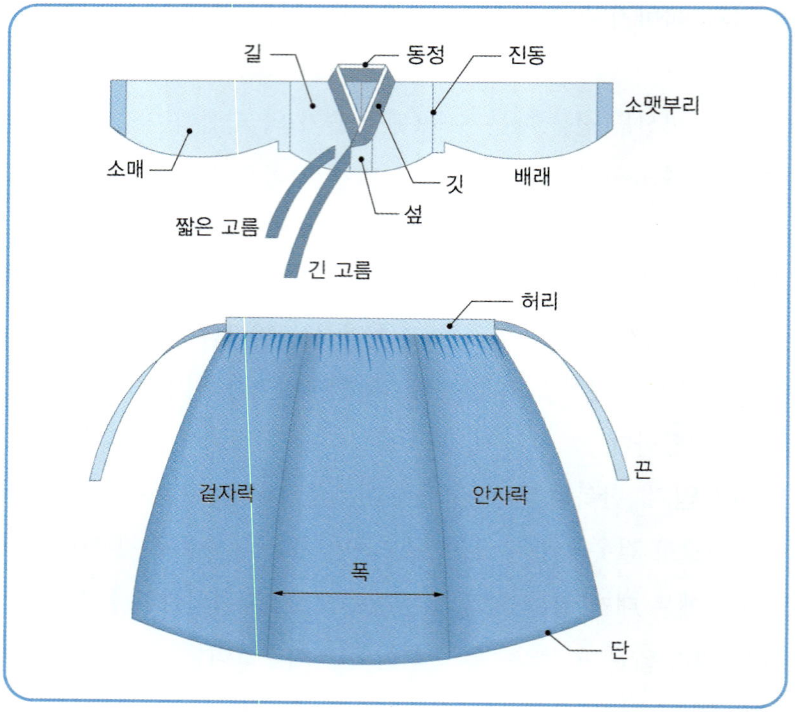

① **바지 입기**: 1. 바지는 큰 사폭이 오른쪽으로 가도록 입는다. 2. 허리의 여유분을 접어 왼쪽(착용자 입장)으로 가도록 한다. 3. 허리띠를 고름 매는 것처럼 매어 여분이 저고리 아래로 내려와 겉으로 보이도록 한다. 4. 바지 아래 부분은 대님 맨 곳을 여유 있게 덮을 수 있도록 내려 준다.

② **대님 매기**: 폭의 솔기를 발목 안쪽 복사뼈에 댄다. 2. 바짓부리의 여분을 뒤로 돌려 바깥쪽 복사뼈에 댄다. 3. 대님을 발목 안쪽에 대고 두 번 돌려서 안쪽

복사뼈에서 한 번 묶는다. 4. 나머지로 고를 만들어 묶어 주고 바지 끝을 내려서 보기 좋게 정리한다.[3)]

③ **조끼와 저고리 입기:** 저고리를 입고 고름을 맨 다음 조끼를 입는다. 이때 저고리가 조끼 밖으로 나오지 않게 입는다. 조끼는 여름철이 아니라면 반드시 입는다.

④ **마고자 입기:** 저고리가 마고자의 소매 끝이나 도련 밑으로 보이지 않게 하고, 조끼와 마찬가지로 여름철이 아니면 반드시 갖추어 입는다.

⑤ **두루마기 입기:** 남자 두루마기는 의례적인 옷이므로 외출할 때에는 반드시 갖추어 입고, 머플러를 단정히 매는 것이 예의이다. 실내에서도 절을 하거나 각종 행사 의식에서는 계절에 관계없이 반드시 두루마기를 갖추어 입는다.

〈남자 한복의 저고리와 바지 명칭〉

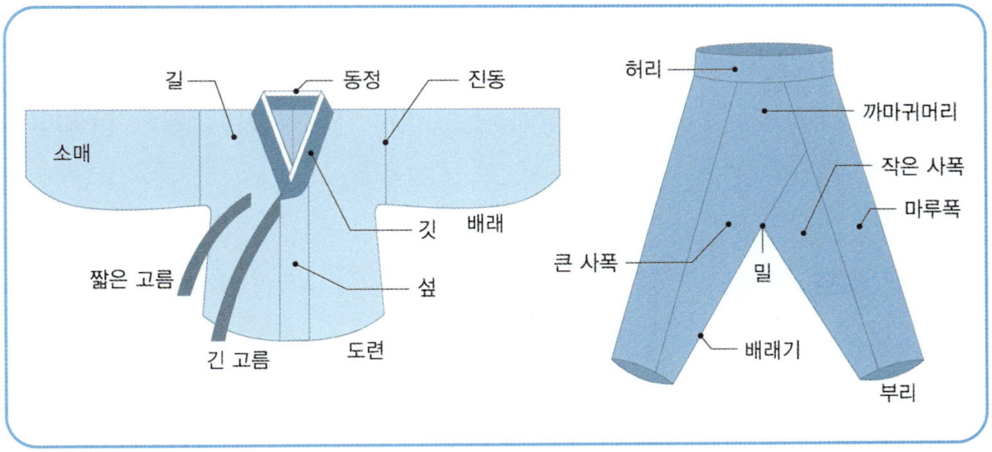

3) 요즘에는 대부분 허리띠를 고무줄로, 대님을 단추와 단추 고리로 대체하고 있음.

4. 식사 예절

1) 식사 예절의 중요성

예절은 사람들이 함께 있을 때 의미를 가진다. 식사란 기본적으로 함께 모여 한다는 점에서 이것 또한 예절의 한 부분이 된다. 우리의 전통예절에 있어서 식사예절은 주로 타인을 존중하고 배려하는 측면에서 이루어진다. 서양의 경우에도 식사는 에티켓의 중요한 부분을 이루게 되는데, 이 때 핵심은 전통의 격식을 지켜 자신의 품격을 지켜 내는 것이다. 현재 초·중등학교의 공동급식이 일반화되면서 학교 현장에서도 나름대로 급식규칙을 만들고 이를 교육하고 있다. 그렇지만 단순한 규칙을 넘어서 자신의 품격을 유지하고 상대를 배려하는 예절의 차원으로까지 나아가지 못한다. 선방(禪房)의 식사 예절을 한번쯤이라도 체험한 학생들이라면 적어도 먹고 마시는 행위의 의미를 간단하게 받아들이지는 않을 것이다. 식사 예절교육을 통해 가족, 친구, 손님들과 함께하는 식사가 서로를 배려하고 더욱 친숙해 가는 체험의 장(場)임을 깨닫게 해 주어야 한다.

2) 한식(韓食) 예절

- 상석(上席)은 출입문에서 떨어진 안쪽의 중앙에 마련한다.
- 손윗사람이 먼저 수저를 든 뒤에 아랫사람이 수저를 든다.
- 국물 마시는 소리, 음식 씹는 소리, 수저 부딪치는 소리가 나지 않도록 조심한다.
- 숟가락과 젓가락을 한꺼번에 쥐고 음식을 먹지 않는다.
- 국물을 그릇 채로 마시지 않는다.
- 돌이나 나쁜 음식을 씹었을 때는 남의 눈에 띄지 않게 처리한다.

- 가능한 한 식사 도중에 자리를 뜨지 않는다.
- 식사는 같이 끝날 수 있도록 속도를 조절한다. 먼저 끝났을 때는 수저를 밥그릇 또는 국그릇 위에 올려놓았다가 상대방이 식사를 끝내면 내려놓는다.
- 윗사람이 자리에서 일어서면 뒤따라 일어선다.

3) 양식(洋食) 예절

- 웨이터가 제일 먼저 내어 주는 의자가 상석이 된다.
- 여성이 먼저 자리에 앉도록 배려한다.
- 팔꿈치는 가볍게 몸에 붙이고, 팔짱은 끼지 않도록 한다.
- 다리는 가지런히 모은다.
- 왼쪽에 포크, 오른쪽에 나이프를 두는데, 각각 3개 이내가 좋다.
- 밖에 놓인 것부터 안쪽으로 들어가며 하나씩 사용한다.
- 나이프는 오른손으로 사용한다. 왼손잡이의 경우도 마찬가지다.
- 스테이크를 먹을 때는 포크는 왼손에 나이프는 오른손에 쥔다.
- 음식을 자른 뒤 나이프는 접시에 걸쳐 두고 포크를 오른손에 바꿔 들고 먹어도 무방하다.
- 상대가 식사 중일 때는 접시 중앙이나 테두리에 팔(八)자형으로 놓고 나이프의 날은 안쪽을 향하도록 한다.
- 식사가 끝나면 나이프는 뒤쪽에, 포크는 앞쪽에 오도록 가지런히 모아 접시 중앙의 오른쪽에 둔다.

5. 음주 예절

어느 사회에 있어서나 교제의 중요한 수단으로 등장하는 것이 술이다. 그런데 술을 잘 마시면 인간관계를 활성화하고 북돋우는 좋은 매개가 될 수 있지만, 잘못 마시면 오히려 상대에게 불쾌감을 주고 서로의 우의를 손상시키는 원인이 되기도 된다. 술을 잘 마신다는 것은 예법에 어긋남이 없이 먹는 것이고, 잘못 마신다는 것은 예법에 어긋나게 먹는 것이다.

우선, 술을 마실 때는 그 자리의 분위기를 흥겹게 유도하도록 하되 넘치고 지나치지 않도록 조심해야 한다. 몇 가지 일반적인 예절을 소개하면 다음과 같다.

① 술의 맛을 음미하며 조용하게 마신다.

② 윗사람에게 먼저 권하고 윗사람이 마신 다음에 아랫사람이 마신다.

③ 윗사람에게 술잔을 드릴 때는 무릎을 꿇고 두 손으로 드리는데, 잔이 넘치지 않게 조심한다.

④ 윗사람이 주는 술잔은 무릎을 꿇고 두 손으로 받으며 "고맙습니다"라고 말하고 마신다.

⑤ 술을 받았으면 반드시 준 사람에게 술을 권해 답례한다.

⑥ 어떤 경우라도 싫다는 사람에게 억지로 술을 권하지 않는다.

⑦ 술에 취하지 않도록 자제하며 조심한다. 만일 과하게 마신 것 같으면 특히 언동(言動)에 주의하고 더 이상 마시지 않도록 자제한다.

그리고 자신이 주인이 되어 다른 사람에게 술대접을 할 때에도 지켜야 할 예절이 있다.

① 손님에게 무슨 술을 드시겠냐고 의견을 묻는다.

② 가능하면 안주도 손님이 좋아하는 것으로 준비한다.

③ 술은 여러 가지 혼합하는 것을 피한다.

④ 손님의 주량(酒量)을 짐작해서 대접하며, 술을 억지로 권하지 않는다.

⑤ 손님이 취한 것 같으면 슬기롭게 절제하도록 유도한다.

⑥ 안주가 식거나 모자라지 않도록 한다.

읽을거리

〈명함 에티켓〉

1. 명함은 원칙적으로 명함집에 넣어야 한다. 명함집에 명함은 거꾸로 넣어 두어 한번에 꺼내어 상대에게 바로 전해질 수 있도록 한다.
2. 상대를 기다리게 하고 명함을 찾는 것은 매너에 어긋난다. 명함은 깨끗한 상태로 여유 있게 준비하며 남성은 가슴 포켓 또는 양복 명함주머니에, 여성은 핸드백에 넣어 둔다.
3. 명함을 주고받을 때는 먼저 자신의 소개를 짤막하게 한 후 명함을 건네주는 것이 좋다. 상대에게 이름이나 소개를 하지 않고 명함만 건네는 것은 자칫 거만한 인상을 줄 수 있다.
4. 명함은 서서 주고받는 것이 매너이다.
5. 명함을 건넬 때는 반드시 상대방에서 읽기 편하게 자신의 이름이 상대방 쪽을 향하게 한다.
6. 지나치게 고급스러운 명함은 피하는 것이 좋다.
7. 명함은 손아랫사람이 윗사람에게 먼저 건넨다.
8. 상대방으로부터 명함을 받았을 경우에는 하의 주머니에 넣지 말고 상의 안쪽 주머니에 넣는다.
9. 명함을 건네는 위치는 상대방의 가슴 높이가 적당하다.
10. 명함은 오른손으로 건네고 왼손 바닥으로 받는다. 받은 명함은 두 손으로 잡고 본다.

11. 상대방이 보는 앞에서 방금 받은 명함에 글씨를 쓰는 것은 예의에 어긋난다. 반드시 메모지를 사용해야 한다. 하지만 상대에게 양해를 얻고 명함에 토를 달아 두는 것은 예의에 어긋나지 않는다.
12. 상대방의 명함으로 자기도 모르게 손장난을 하는 수가 있다. 주의해야 한다. 명함은 사회인에게 제2의 얼굴이며 이름이다. 상대방의 명함을 존중하는 태도로 다루고 깨끗하게 보관해야 하는 것은 기본 예의이다. (이경언)

Chapter 08

다른 나라의 예절

1. 다른 나라의 예절을 익혀야 할 필요성
2. 동양의 예절과 서양의 에티켓
3. 유교 문화권 예절의 보편성
4. 다른 나라 예절의 사례

Chapter

08 다른 나라의 예절

1. 다른 나라의 예절을 익혀야 할 필요성

전통사회에 있어서 예절은 기본적으로 생활양식과 생활공간을 함께하는 사람들 간의 예절이었다. 그렇지만 세계화 시대를 살아가는 오늘날 국가와 국가 간의 교류뿐만 아니라 개인 간의 국제 교류가 빈번해지면서 지구촌 세계인으로서 지켜야 할 예절의 중요성이 시간이 지날수록 더욱 높아지고 있다.

나라마다 자신들의 독특한 전통과 생활양식을 가지고 있고, 그에 따른 관습과 예절이 있기 때문에 상대방의 예절을 모르면 실례를 범하고 서로를 불편하게 만든다. 만나서 불편하면 만나기를 꺼리게 되고, 계속 만나게 되더라도 이해의 폭이 훨씬 줄어들게 되며 오해도 많이 생긴다. 이러한 문제점을 해결해 주고 인간관계를 원만하게 하기 위해서는 상대방의 관습과 예절을 이해하고 이를 존중해 주는 마음을 가져야만 한다. 우리의 예절에 익숙한 외국인에 대해 훨씬 호감을 갖고 바라보게 되는 것과 마찬가지로, 외국인들 또한 자신들의 전통과 예절에 익숙한 사람들에게 친구로서의 태도를 취하게 될 것이다.

다른 나라의 풍습이 매우 낯설지라도 그들의 풍습을 무시하거나 비판해서는 안된다. 문화민족과 야만인이라는 이분법적 시각으로는 우리와 다른 삶의 전통을 제대로 이해할 수도 없고, 받아들일 수도 없다. 예절이 서로 다른 것은 삶의 다양성에서 비롯되었다는 점이 고려되어야 한다. 어떤 나라의 예절이라 하더라도 예절의 근본을 따져 보면 그것은 모두 인류가 지향하는 인간의 근본 이념과 닿아 있다. 그러므로 어느 나라를 막론하고 예절의 근본정신에 있어서는 대부분 일치하고 있다.

2. 동양의 예절과 서양의 에티켓

1) 예절과 에티켓은 다르지 않다

흔히 예절은 진부하고 까다롭고 시대에 뒤떨어진 것으로 생각하고, 에티켓은 현대인이 알아서 행해야 할 것으로 이해한다. 그러나 예절과 에티켓은 본질이 상통하는 점이 많다.

서양 에티켓의 기본개념은, 첫째, 상대방에게 호감을 주라. 둘째, 상대방에게 폐를 끼치지 말라. 셋째, 상대방을 존경하라는 세 가지로 요약될 수 있다. 이 세 가지만 염두에 둔다면 비록 문화적 관습에 익숙하지 않아 실수를 한다 할지라도 크게 문제는 없을 것이다. 상대를 배려하고 존중한다는 점에서 에티켓 또한 우리의 전통예절과 본질상 많은 공통점을 갖는다.

2) 에티켓의 필요성과 기본 정신

과거 서양에서 주로 귀족, 상류 사회를 대상으로 품격 있는 인간을 만드는 데 규칙이 필요하였다. 그러한 규칙이 에티켓이 되었고, 사람을 순화시키는 역할을 하였다.

현재 우리 사회는 복식과 음식 등 여러 문화에 있어서 서양 문화가 유입되어 그에 부합하는 예절이 필요하다. 또 국제화, 세계화의 정도에 따라 그 필요성이 더욱 절실하게 요청되고 있다.

서양 에티켓은 국가와 문화에 따라 다양하게 발전되었지만, 그 기본 정신은 상통하는 바가 많다. 가장 대표적인 정신 몇 가지를 정리해 보면 다음과 같다.

가) 상대방에게 호감을 주라. 사람들에게 언제나 매력적으로 보이도록 노력하라는 뜻이다. 이것은 기본적으로 상대방을 위한 배려이기도 하며 동시에 자기자신을 위한 것이기도 하다. 상대가 나를 어떻게 생각하든 상관하지 않는 것이야말로 어떤 면에서는 가장 큰 무례함일 수도 있다.

나) 상대방에게 폐를 끼치지 말라. 이를 바꿔 말하면, 상대방의 입장을 헤아려서 행위를 하라는 것이다. 이러한 에티켓의 정신은 특히 서양의 에티켓문화가 동양과 비교되는 장점인데, 일본 문화에서도 많이 강조되는 부분이다.

다) 상대방을 존경하라. '존경'은 예의범절의 기본이 되는 것이므로 비단 서양의 에티켓에서만 특히 중요시되고 있는 것은 아니다. 동양 전통의 예절에서는 물론이려니와 그 어느 나라의 예법에서도 가장 중요한 정신으로 여겨지고 있다.

3. 유교 문화권 예절의 보편성

단일민족을 자랑하던 우리나라도 현재 다문화 사회로 점차 나아가고 있다. 문화적 갈등을 치유할 수 있는 방안으로 여러 가지가 고려될 수 있지만, 전통 사례(四禮), 즉 관혼상제(冠婚喪祭)를 활용하여 유교문화의 보편성과 연속성을 확인하고 이것을 통해 문화적 갈등 요인을 줄여 나가는 것도 좋은 방법이 될 것이다.

참고로 행정안전부에서 2008년에 발표한 통계 자료에 따르면, 현재 우리나라에 거주하는 국적별 국제결혼 이주자 중에서 유교문화권 국가출신의 국제결혼 이주자가 전체의 83.6%를 차지한다.[1] 이들에게 한국 고유의 전통문화와 그들 모국의 전통문화가 그 뿌리를 같이 하고 있음을 확인시켜 주는 것은 문화적 정체성을 확보하게 하고 연속성을 확인하게 하는 중요한 계기가 될 것이다. 특히 유교문화권 국가들의 경우, 사례(四禮)를 중심으로 한 전통 예절에 있어서 많은 부분이 유사하기 때문에 이주민들이 우리문화에 훨씬 친근하게 접근할 수 있는 매개가 될 수 있을 것이다.

4. 다른 나라 예절의 사례

1) 중국

예로부터 중국인들은 중국이 세계의 중심이고, 중국을 중심으로 하여 문화가 전세계에 퍼져 나갔다고 믿는 중화(中華) 민족사상을 가지고 있다. 이들은 인간관계를 중요하게 여기고 체면을 중시한다. 1949년 사회주의화가 되면서 상당히 많은 전통예절이 붕괴되었지만, 유가식의 전통예절 또한 여전히 현대 중국인들의 생활문화에 큰 영향을 끼치고 있다. 몇 가지 생활예절을 살펴보면 다음과 같다.

중국인들은 음식을 먹을 때 젓가락을 많이 사용한다. 그런데 젓가락을 사용할 때는 음식을 찔러 먹는 것을 삼가고, 식사 중에 사용하지 않으면 접시 끝에다 걸쳐 놓는다. 식사가 끝난 뒤에는 받침대에 처음처럼 젓가락을 올려놓는 것이 예의이다. 음식점에서 식사 초대를 받을 경우 초대자가 지정하는 자리에 앉는다. 또 음식을 맛있게 많이 먹어 주며 음식이 맛있다고 칭찬하는 데에 인색해서 안 된다. 준비된 음식에는 적어도 한 번씩은 손을 대는 것이 예의이다. 특히 생선 요리의 경우 생선의 머리는 항상 손님 쪽으로 향하게 하고, 먹을 때에는 절대 생선을 뒤집지 않아야 한다.

1) 중국 61.9%(재중동포 38.6%, 기타 23.3%), 베트남 14.6%, 일본 4.5%, 대만 2.6%

술을 마실 때는 첨잔(添盞)을 하는 습관이 있다. 이러한 습관은 차를 마시는 경우에도 동일하다. 즉, 상대방의 잔에 술이나 찻물이 빌 경우에는 계속 따라 주는 것이 예의이다. 그러나 그만 마시고 싶을 때는 잔을 엎어 놓거나 다른 방식으로 그만 마시겠다는 분명한 의사 표시를 해야 한다. 술을 강제로 권하거나 잔을 돌리지 않는 것이 예의로 되어 있다. 다 같이 건배를 할 때에는 한 번에 다 들이켜야 하며, 중도에 잔을 내리면 실례가 된다. 그러나 술이 약한 사람은 미리 양해를 구하면 된다. 또 그들은 술에 취해 실수하는 것을 싫어한다. 일반적으로 중국인들은 한국 사람들의 주량이 대단하다고 생각하여 술을 많이 권한다.

중국인들은 처음 사람을 만날 때 담배를 권한다. 피우지 않더라도 응해 주게 되면 상대방의 호의를 받아들인다는 의사 표시가 된다. 그런데 우리의 관습과는 달리 연령이나 신분에 구애받지 않고 함께 편하게 담배를 피운다.

또 한 가지 특기할 것은 독특한 선물 문화를 가졌다는 점이다. 그들은 초대받을 경우에 일반적으로 선물을 준비하는데, 가능하면 짝수로 하는 것을 좋아한다. 중국인들이 싫어하는 선물은 탁상시계나 괘종시계, 그리고 우산이다. 발음상 불길한 내용을 연상시켜서 싫어한다. 그리고 학(鶴), 거북이 모양의 선물 또한 일반적으로 기피하는데 이것은 상대를 욕하는 의미와 연상되기 때문이다. 반면, 박쥐는 행운을 전해 주는 동물로 생각하고 있다.[2] 즉, 중국인들은 선물의 내용에 상징적인 의미를 많이 부여하고 있다.

2) 일본

일본 예절의 특징을 이해하기 위해서는 우선 그 문화적 특징을 이해해야 한다. 일본 문화의 특징을 몇 가지로 대별해 보면 다음과 같다. 첫째, 집단성을 언급할 수 있다. 섬나라인 일본은 이민족의 침략을 거의 받지 않았고, 촌락을 기본 단위로

2) '암컷 박쥐'를 의미하는 한자어 '蝠(복)'의 발음이 '福'과 같기 때문이다. 박쥐를 무늬로 사용할 때는 통상 다섯 마리를 그려 넣는다. 왜냐하면 『서경』 「홍범편」에서 五福을 말하였기 때문이다.

하여 집단 체제에 순응하여 살아왔다. 이러한 집단성은 자신의 생각을 분명히 하지 않는 일본인의 태도에 영향을 미쳤다고 볼 수 있다. 둘째, 폐쇄성을 들 수 있다. 그렇지만 이러한 폐쇄성은 외부에 대해서는 닫혀 있지만 내부적으로는 열린 사회라는 지역 폐쇄성의 특징을 갖고 있다. 셋째, 일본 문화의 중층성, 다양성을 들 수 있는데, 즉 새로운 것을 빨리 받아들여 자기의 것으로 수용하는 기질이 있다. 넷째로는 일본인의 실제성이다. 즉, 한 종교에만 구속되지 않고 전통, 유행 등의 실제적 필요에 따라 다양한 종교 의식을 행한다.

이러한 문화적 특징으로 인해 일본인의 예절 교육에서 가장 중요하게 생각되는 것은 '남에게 폐를 끼치지 말라'는 것이다. 예절의 기본 전제는 '내가 당하기 싫은 일은 남에게도 하지 않는다'는 것이다. 이것만 염두에 두면 큰 문제가 생기지 않는다. 특히 이웃과 잘 지내는 것이 중요하므로 친하게 지내지 않더라도 최소한의 예의는 지켜야 한다. 예를 들면 정해진 날에 쓰레기 내놓기, 아침 일찍이나 한밤중에 청소나 빨래를 하지 않기, 공공장소에서 소란을 피우지 않기 등의 기본 생활예절을 잘 지켜야 크게 무리 없이 함께 살아갈 수 있다.

그리고 일본인들은 상대방의 부탁이나 제안에 대해 직설적으로 거절하지 않으며, 자신의 생각을 강하게 드러내지 않고 일단 상대의 생각에 동조해 준다. 그러므로 호오(好惡)가 분명하고 감정표현이 직설적인 한국인들의 태도가 본의 아니게 무례한 행동으로 받아들여질 수 있다는 점을 주의해야 한다.

일본 예절의 이러한 특징은 우리의 전통예절보다는 오히려 서구식의 에티켓에 가깝다는 인상을 받게 한다. 그만큼 서구화로 말미암아 서구적 질서와 시민 의식이 발달하였다는 방증일 수도 있다. 그런데 최근 전해 오는 외신(外信)에 의하면 일본 또한 이러한 에티켓 수준의 예절교육을 넘어 좀 더 적극적인 전통예절교육을 강조하는 움직임이 있다. 예를 들면 요코하마 지하철에 '예절 순찰대'가 등장해서 지하철 객차 안을 돌면서 노인, 임산부, 장애인들을 위해 앉아 있는 사람들에게 자리 양보를 권유한다는 것이다. 그렇지만 일본 내 일부 학자들의 주장처럼, 이러한 예절 순찰대의 등장은 일본의 기본예절교육이 붕괴되어 있음을 드러내는 방증이기도 하다.

3) 베트남

베트남 예절의 가장 큰 특징은 우리와 마찬가지로 유교의 영향을 많이 받았다는 점이다. 그러므로 이들 또한 예절 의식이 높으며, 특히 경로(敬老) 사상은 우리보다 더 강조되고 있다. 유교의 영향으로 인해 사례(四禮)의 경우 거의 우리의 의식절차와 유사하다. 최근 베트남 여성의 한국이주가 늘어나고 있는데, 이들 이주여성과 자녀들에게 두 나라의 전통예절이 지니고 있는 유사성을 제대로 교육한다면 문화적 상근성(相近性) 확인과 더불어 문화적 정체성 확립에 대단히 좋은 효과를 거둘 것이다.

베트남의 전통혼례의 경우 대략 "레 납 타이(Le nap thai) - 레 번 자잉(Le van danh) - 레 납 깟(Le nap cat) - 레 납 떼(Le nap te)"의 순으로 진행되는데, 이 중에서 '레 납 타이'는 납채(納采), '레 번 자잉'은 문명(問名), '레 납 깟'은 납길(納吉), '레 납 떼'는 납폐(納幣)를 의미한다.

전통 장례의 경우에도 우리와 유사성이 많다. 대략 "발상(發喪) - 성복(成服) - 조문(弔問) - 발인(發靷) - 하관(下棺) - 성분(成墳)"의 순으로 진행되는데, 구체적인 의미를 살펴보면 우리나라 전통장례예절과의 유사성을 분명하게 확인할 수 있다.

① **발상(發喪)**: 가족과 가까운 친척에게 임종(臨終)을 통보하고 운명(殞命)을 기다린다. 숨을 거두면 곡을 하고 흰색의 수의(壽衣)를 갈아입히고 염(殮)을 한다.

② **성복(成服)**: 상주는 흰색으로 된 상복(喪服)을 입고 허리에 띠를 두르고 머리에는 머리 묶음을 한다.

③ **조문(弔問)**: 조문객은 분향을 하고 절을 세 번 한다.

④ **발인(發靷)**: 아침에 장지로 출발을 하고 앞에는 오색의 깃발을 동네 할머니들이 들고 가는데, 맨 앞에는 짧은 두 개의 막대를 두들기며 동네의 할머니가 앞장을 서고 터종껜[3]은 피리를 불며 뒤를 따른다.

⑤ **하관(下棺)**: 장지(葬地)에 관이 도착하면 무덤 속으로 관을 넣고 할머니들이 주위를 돌며 곡을 하면서 흙을 관 위에 뿌린다. 고인이 쓰던 옷은 태우고 아끼

3) 무당 혹은 악사와 비슷함. 현재는 우리나라의 장의사와 비슷한 역할을 함.

던 물건을 함께 묻는다.

⑥ **성분(成墳)**: 베트남 북부에서는 흙으로만 봉분을 쌓고 잔디를 입히고 국화 등을 심기도 한다.

⑦ 안장 3일 뒤 장지를 찾아 제사를 지내고, 49일 뒤와 100일 뒤에도 제사를 지낸다. 1년 뒤부터는 매년 제사를 지낸다. 상주는 3년간 가슴에 상(喪)을 당했다는 상징으로 흰색 리본을 달고 다닌다.

4) 태국

태국은 불교를 신봉하는 국가로서 불교와 관련된 풍습을 많이 가지고 있다.

- 태국 사람들은 사람의 몸 중에서 머리를 가장 신성한 부분으로 알고 있다. 특히 어린이의 머리에는 정령(精靈)이 깃들어 있다 해서 절대로 손을 못대게 한다.
- 아침 8시, 저녁 6시에 전국적으로 국가가 연주된다. 이때 태국 국민들처럼 일어서서 부동자세를 취하는 것이 이 나라에 대한 기본적인 예의이다.

5) 인도

인도는 인구가 10억이 넘으며 그중 80%가 힌두교를 믿고 있다. 따라서 힌두교에서 실례가 되는 몇 가지 행동을 알고 있는 것이 매우 중요하다.

- 상대방에게 왼손으로 물건을 건네주는 것은 실례가 된다. 인도 사람들은 화장실에서 휴지 대신 왼손으로 용변 뒷처리를 하기 때문이다.
- 인도 사람들은 '예'라는 의사 표시를 할 때 고개를 옆으로 갸우뚱한다.
- 인도에는 카스트라는 사회적 신분 제도가 있다. 인도 사람들에게 카스트에 관한 얘기는 절대로 하지 않는 것이 좋다.

6) 미국

(1) 레이디 퍼스트 정신

- 문을 출입할 때나 엘리베이터, 버스 등에 승하차할 시에 여성을 우선적으로 배려한다.
- 여성과 함께 인도를 걸을 때는 여성은 안쪽에, 남성은 차도 쪽에서 걷는다.
- 차를 탈 때는 여성을 먼저 태우고 밖에서 문을 닫아 주고, 내릴 때는 먼저 내려 문을 연다.
- 여성이 짐을 들지 않도록 한다.

(2) 방문과 연회

- 회사나 가정을 방문하거나 면회할 때는 사전에 전화를 걸어 상대방의 승낙을 얻어야 한다. 약속 없는 방문은 실례가 된다.
- 방문이나 면회할 때 상대방이 남성일 경우는 악수를 하지만, 상대방이 여성일 경우는 여성 쪽에서 악수를 청하는 경우에만 이에 응한다.
- 가정에 초대받았을 때는 간단한 선물을 준비하는 것이 좋다.

7) 영국

전통적으로 영국의 부모들이 예절교육에 있어 가장 큰 가치로 꼽는 것은 '명예'다. 그리고 훌륭한 교육의 결과로 평가되는 것은 그 사람이 얼마나 예의가 바르냐 하는 것이다. 둘째, '원칙'을 중시한다. 가정교육의 바탕에 원칙을 분명하게 정해 놓지만 아이들의 개성까지 무시하는 것은 아니다. 셋째, 규칙적인 생활과 예의범절을 무척 강조한다. 나의 자유가 다른 사람의 권리를 침해해서 안 된다는 의식이 깊이 자리 잡고 있다. 아이들에게 최대의 자율성을 보장하되, 그에 따르는 '의무'와 '책임'도 요구한다. 남에 대한 배려에 각별한 관심을 갖고 또한 양보의 미덕을 발휘할 수 있도록 가르친다.

8) 이슬람 국가

- 술은 절대로 마시지 말아야 한다.
- 길거리나 관광 명소에서 그 지역의 여자들과 악수를 한다든지 동의 없이 사진을 찍어서는 안 된다.
- 기도 시간을 방해해서는 안 된다.
- 이슬람교를 비난하거나 비웃는 말을 해서는 안 된다. 따라서 어떤 장소에서든 누구와의 대화에서나 이슬람교에 대한 이야기는 하지 않는 것이 좋다.
- 이슬람교에서는 왼손을 부정한 손으로 생각한다. 악수를 할 때나 상대방에게 물건을 건네줄 때는 반드시 오른손을 사용해야 한다.
- 어린이의 머리를 쓰다듬는 것은 금물이다. 이슬람교에서는 사람의 머리를 가장 신성시하고 있기 때문에 함부로 손을 댈 수 없다.

9) 북한

북한의 예절을 다른 나라의 예절로 취급할 수 없겠지만, 남북 분단 이후 벌써 70년이 가까워 오면서 우리의 전통예절과 많은 변형을 겪었으며, 이로 인해 남과 북의 예절이 상당 부분 이질성을 띠고 있다는 점에서 언급해 보기로 한다. 특히 이러한 이질성은 통일 이후 우리 민족의 또 하나의 갈등요인이 될 수도 있으므로 현황을 미리 파악하고 이에 대한 적절한 대비를 하는 것이 필요하다.

북한에서도 효도가 기본적으로 강조되고 있으며 경로(敬老)의 모습도 볼 수 있다. 그러나 북한에서 경로효친(敬老孝親)과 같은 미풍양속의 도덕 강조는 혁명적 고취에 비교해 볼 때 상대적으로 미약하다. 그러므로 미풍양속의 도덕도 전통적 모습 그대로는 실행되지 않는다. 실제로 그들은 공산주의 도덕 실천에서 무엇보다 중요한 것은 "공산주의적 의지와 인민적(人民的) 예절을 지키고, 사회주의적 생활양식과 생활규범에 맞게 살며 일하는 것"이라고 강조한다.

그러므로 조상 전래의 미풍양속과 예절 또한 사회주의 조건에 맞게 고쳐 나가야 한다고 주장한다. 이에 따라 부모와 자식들 간의 무조건적인 사랑과 존경을 낡은 봉건 인습으로 보는가 하면, 비록 부모라 할지라도 이른바 '당(黨)의 원칙'이나 '수령의 교시'에 어긋나면 비판하고 보고하는 행위가 자식의 도덕규범이 되고 있다. 그러므로 연장자나 노인에 대한 태도 역시 무조건적인 공경이 아니라 혁명 투쟁과 사회주의 건설에의 기여도에 따라 달라져야 할 것을 가르치고 있다. 다시 말하여 장유유서(長幼有序)는 '혁명의 동지애'로 바뀌었으며, 어떤 면에서 부모와 자식 간에도 평등을 내세워 아버지의 권위가 인정되지 않는다. 우리 전통예절의 핵심이 부자 간의 공경과 사랑에 있다는 점을 염두에 둔다면 이러한 변화는 크게 우려할 만한 현실이다.

읽을거리

〈일본 지하철에 '예절 순찰대'〉

일본 요코하마(橫濱) 지하철에 '예절 순찰대'가 등장한다.

순찰대의 주요 임무는 지하철 객차 안을 돌면서 자리에 앉지 못한 노인, 임산부, 장애인들을 위해 앉아 있는 사람들에게 양보를 권유하는 것이다. 녹색 유니폼을 입고 2인1조로 지하철을 누비는 순찰대원들은 노약자를 보고도 일어나지 않는 젊은이들을 타이르거나 면박을 줘 일어나게 만든다. 영국 일간지 '더 타임스'는 과거에 예의범절을 잘 지키던 일본에서 지하철 좌석을 양보하는 모습이 사라져 가는 가운데 이런 '예절 순찰대'가 등장하게 됐다고 전했다.(2008년 3월 19일자).

주로 60대 이상으로 구성될 순찰대원들이 받는 수당은 하루 1500엔(약 1만 5000원)이다. 순찰대에 선발되려면 인터뷰와 에세이 작성도 거쳐야 한다. 하지만 이들에겐 일반 경찰이 갖는 법적 강제력이나 제재 수단은 따로 없다. 순찰대의 '무기'는 오로지 권유와 설득이다. 이 때문에 승객과 순찰대 사이에 일어날 수 있는 충돌을 방지하기 위해 경호원 한 명이 동행한다.

일본 와세다(早稻田)대 가토 다이조(加藤諦三) 심리학 교수는 "예절 순찰대의 등장은 예절을 중시해 온 일본 정신의 붕괴를 상징한다"며 "시민들이 기본적인 예절도 알지 못하는 지경에 왔음을 보여 준다"고 말했다.

하지만 순찰대에 대한 반대 의견도 있다. 한 80대 노인은 "자리 양보는 각 승객의 자유 의지의 문제"라고 말했다고 '더 타임스'는 전했다. (조선일보, 2008년 3월 20일)

Chapter 09

종교 예절

1. 한국사회와 종교
2. 기독교
3. 천주교
4. 불교
5. 이슬람교
6. 다른 종교에 대한 이해와 배려

Chapter

09 종교 예절

1. 한국사회와 종교

21세기에 접어든 지금 이 지구상에는 우리가 알고 있는 유명한 종교 이외에도 수많은 종교가 존재하고 있다. 이 종교들 사이에는 서로 유사한 부분도 많지만 차이점도 많다.

우리나라는 현재 기독교, 불교, 유교 등 세계 대표 종교의 중심지로 각광받고 있다. 기독교의 경우 그 종교적 열정과 폭발적인 교세확장이 그동안 세계 기독교계의 선망이 되어 왔다. 그리고 불교 또한 선(禪)수행의 엄격한 전통이 그대로 살아 있어서 수많은 외국 수행자들이 우리의 사찰을 찾아들고 있다. 유교의 경우에는 그 역할이 특히 두드러진다. 종래 유교국가의 중심으로 알려져 온 동아시아 3국 중에서도 현재까지 유교의 전통과 문화를 가장 잘 간직하고 있는 나라가 우리나라이다. 심지어 유교의 종주국이라고 하는 중국의 학자들조차 한국의 '살아 있는' 유교문화에 감탄하고 부러워한다.

이러한 점은 아마도 우리의 민족정서에 종교적 정서가 강하게 내재되어 있기 때문일 것이다. 종교적 정서가 강하다는 점은 종교적 전통에 충실하고 교세 확장에 열심이라는 장점도 있지만, 다른 한 편으로는 다른 종교에 대한 독선과 비판으로 이어질 가능성 또한 크다.

현재 우리 사회는 무려 70%에 가까운 사람들이 종교인임을 자처한다. 그만큼 종교는 현대 한국사회의 중요한 부분이 되고 있다. 그런데 종교는 각각의 특유한 전통과 문화를 갖고 있기 때문에 그로 인해 생활예절 또한 상당한 차이가 있다. 종교가 다른 가족들 간에 생겨나는 제사를 둘러싼 갈등은 이미 우리 사회의 익숙한 모습이 되어버렸다. 그렇지만 타 종교의 예절이나 문화를 이해하고 그것을 존중할 수 있을 때 비로소 그 자신도 진정한 종교인이라고 말할 수 있을 것이다. 종교적 독단이 아닌, 종교 본래의 관용과 포용의 시각으로 서로 다른 문화를 이해하고 바라보게 될 때 비로소 우리 사회는 진정한 삶의 공동체를 이룩할 수 있을 것이다. 주요 종교의 기본예절에 대해 배워야 하는 이유를 바로 여기에서 찾을 수 있다.

2. 기독교

1) 기독교의 유래와 한국 기독교

기독교의 근본 가르침은 '사랑'이다. 기독교는 '프로테스탄트'(protestant)라고 불리는데, 루터와 그를 따르던 개혁자들이 1529년 스파이어 회의의 판결에 저항(protest)했기 때문에 붙여진 명칭이다. 그리고 기독교는 천주교와 구분하기 위해 신교라고도 한다. 기독교에도 다양한 교파가 존재하는데 한국에도 장로교, 감리교, 침례교, 성결교 등이 있다.

우리나라 초기 기독교회는 전통과의 이질성 때문에 심한 박해를 받았으나 항일(抗日) 운동을 계기로 하여 민족 교회로 자리 잡게 된다. 꾸준한 교육을 통한 계몽운동으로 민중의 눈을 뜨게 하였고, 그 밖에도 여러 가지 사회사업을 추진하는 가운데 교세를 확장하였다. 1984년에 기독교 선교 100주년을 맞았으며, 현재는 전 세계에서

두 번째로 많이 성경을 간행하고 선교사를 파송하는 국가가 되었다.[1]

2) 예배 순서

묵도(默禱)[2] - 기원(祈願) - 찬송 - 신앙고백(사도신경) - 찬송 - 기도 - 성경 봉독 - 헌금 - 찬양(성가대) - 설교 - 찬송 - 광고 - 축도

3) 기독교와 천주교의 차이점

문화적으로 일반화하여 기독교와 천주교를 비교한다면, 천주교에 비해 기독교는 보수적인 경향이 있고 천주교는 이에 비해 비교적 진보적이다. 기독교와 천주교를 몇 가지 점에서 비교해 보면 다음과 같다.

첫째, 한국의 기독교에서는 아직도 술이나 담배를 금지하는 전통이 강하게 남아 있다. 이러한 전통은 한국 기독교의 초기시대부터 일관되게 이어 온 전통이다. 그런데 초기 선교사들이 술과 담배를 금지한 이유가 종교적 이유에서보다는 당시 한국사회를 빈곤하게 했던 주원인을 술, 담배, 도박, 제사 등에서 찾았기 때문이다. 반면 천주교에서는 금지하기보다는 자제하도록 한다.

둘째, 기독교에서는 우상 숭배에 대해 보다 철저하게 반대하여 어떠한 형상이나 상징도 숭배의 대상으로 삼지 않는다. 반면 천주교에서는 마리아가 아기를 안고 있는 상징물이나 예수가 십자가에 못 박혀 죽은 모습을 형상화한 것을 소중히 여긴다. 천주교에서는 이러한 상징물을 마치 우리가 국기를 국가의 상징으로 여겨서 경의를 표하듯 중요하게 생각한다. 반면 기독교에서는 그러한 문화에 대해 성서적으로 잘못되었다는 입장을 취한다.

---

1) 두 분야 모두 세계 1위는 미국이다.

2) 소리를 내지 않고 마음속으로 기도하는 것.

셋째, 천주교에서는 매일 미사를 통해 예수의 부활을 기념하며 성체(聖體) 성사(聖事)를 거행한다. 그리고 미사 때 빵과 포도주가 실제로 예수그리스도의 몸과 피로 변화된다는 '실체 변화'를 믿고 고백한다. 그래서 천주교에서는 성체를 공경하는 다양한 행사를 한다. 반면 기독교에서는 성사 자체를 인정하지 않기에 성체 성사를 거행하지 않는다. 다만 부활절과 같은 주요시기에 예수의 최후의 만찬을 기념하여 빵과 포도주로 성찬 예식만을 거행한다. 그리고 빵과 포도주가 실제 예수의 몸과 피로 변하는 것이 아니라, 다만 예수의 몸과 피를 상징할 뿐이라고 생각한다.

넷째, 회개하는 방식에 있어서도 차이가 있다. 천주교에서는 신부가 그리스도로부터 사죄권(赦罪權)을 받았기 때문에 고해성사라는 방법으로 사람의 죄를 사한다고 믿는다. 반면 기독교에서는 예수의 죽음으로 인해 하나님과 인간 사이를 가로막던 장벽이 허물어졌다고 생각하며, 이로 인해 회개의 기도는 신앙인 개인이 예수의 이름으로 직접 하나님께 드려야 하고, 죄 사함의 권능도 하나님께만 있다고 생각한다.

다섯째, 종교 의식의 차이점이다. 기독교는 형식적인 종교 의식이 거의 없는 반면 천주교는 의식이 다양하게 발달되어 있다.

4) 비(非)기독교인들이 기독교에 대해 지켜야 할 예절

- 기독교 방식으로 의례(儀禮)를 실시하는 모임에서는 최대한 존중하는 태도로 참여한다.
- 예배당 안에서는 큰 소리로 말하거나 시끄러운 소리를 내지 않는다.
- 제사 혹은 조문 시에 전통의 방식대로 절하기를 강요하지 않는다.
- 교인들에게 술과 담배를 권하지 않는다.
- 예배하는 모습을 구경하지 않는다.
- 예배에 방해가 되는 행동은 하지 않는다.
- 강단에 함부로 오르지 않는다.
- 피아노, 오르간 등 예배당 안에 비치된 물품을 함부로 만지지 않는다.

- 개인적 신앙생활을 비웃거나 조롱하지 않아야 한다.
- 신앙 문제로 기독교인들과 지나치게 논쟁하지 않아야 한다.

3. 천주교

1) 십자성호(十字聖號)

(1) 뜻

- 삼위일체인 하느님에 대한 신앙 고백이다.
- 예수 그리스도가 수난하고 죽던 십자가를 표시한다.
- 천주교 신자임을 나타내는 행위이다.

(2) 긋는 법

왼손을 먼저 가슴에 올리고 바른 손가락을 모두 펴 한데 모아 이마에서 '성부와', 가슴에서 '성자와', 왼편 어깨에서 '성' 오른편 어깨에서 '령의'라고 하며 십자가를 이루어야 한다. 다음 즉시 오른손과 왼손을 가슴에 합장하여 올리면서 남은 부분 '이름으로 아멘'을 염한다. '아멘'할 때 오른손 엄지손가락을 왼손 엄지손가락의 끝부분에 자연스럽게 위로 올려놓고 약간 쳐들어야 한다.

2) 미사

(1) 미사란 말의 유래와 의미

원래 이 말은 로마 시대에 통용된 말로, 법정에서 "이테 미사 에스트"(Ite, missa

est)[3]라고 선언한 데서 비롯되었다고 한다. 미사의 마지막에 사제(司祭)가 회중(會衆)을 향하여 "이테 미사 에스트"[4]라고 선포하였으며, 그것이 발전하여 "미사가 끝났으니 가서 복음을 전하시오"라고 말했다 한다. 또 미사는 성체(聖體)의 제의(祭儀)라고도 한다. 즉, 그리스도가 십자가에 매달리게 되는 전날 밤에 제자들과 함께 최후의 만찬을 가졌을 때 제정한 의식이 그 기원이다.

성경에 의하면(루카복음서 22:14~22; 코린토전서 11:23~29) 그리스도는 빵을 들고 "이는 너희를 위하여 바칠 내 몸이니라."라고 했으며, 또 잔을 비우고 제자들에게 주면서 "너희는 이 예식을 행함으로써 나를 기념하라"고 명하였으므로, 제자들은 그리스도가 승천한 뒤에도 같은 의식을 신자들과 함께 계속하였으며, 그것이 전파되어 오늘날까지 이어지고 있다. 그동안 시대의 변천에 따라 제식(祭式)도 장엄한 모습을 갖추게 되었다. 제식의 집례 방식이 지방이나 국가별로 달라서 다양한 전례(典禮)가 생겨났는데, 그중에서도 로마식(式) 전례와 비잔틴식(式) 및 콥트식이 유명하다. 11세기에 와서 교황 그레고리우스 7세가 여러 가톨릭 교회에 로마식 전례 방식을 권장하였기 때문에 서방 교회에서는 로마식 미사가 일반화되었다.

원래 미사는 라틴어로 행하였으나 1965년(제2차 바티칸공의회) 이후부터는 자국어(自國語)로 행하도록 되어 있어, 오늘날에는 대부분의 교회가 각각 자국어로 실행하고 있다. 미사는 예수 그리스도의 수난을 기념하는 제사이다. 그러므로 가톨릭 교회에서는 예수의 명령에 승복하여 예수가 승천하신 뒤 오늘날에 이르기까지 미사를 매일 봉헌해 왔다.

(2) 미사에 참례할 때의 예절

미사 시작 전 한 시간부터는 공복(空腹)을 지킨다. 성당에 들어가서는 성수(聖水)[5]를 찍어 십자성호를 긋고 제단을 향해 고개를 숙이고 절한다. 미사 참례 시에는 공손

3) "재판이 끝났다"라는 뜻임.

4) 이때는 "미사가 끝났으니 가십시오."라고 하는 뜻임.

5) 聖水는 영원한 생명과 죄 씻음의 상징이다.

한 마음가짐을 가지고 떠들거나 소란스럽게 하지 않는다. 미사가 끝나면 제단을 향해 절하고 나온다. 나올 때에는 성수를 찍지 않는다.

(3) 미사 의식

미사 의식은 크게 두 부분으로 나뉜다.

가) 말씀의 전례: 말씀의 전례는 첫 부분이 개회식으로 시작하여 미사를 집전하기 전에 자신의 생활을 반성하고 하느님에게 용서를 빌고 자비를 청하는 부분이다. 이것은 우리 풍속에 제사를 올리기 전에 재계(齋戒)를 하는 것과 같다. 다음 부분은 미사의 중요 부분인 기도가 있고 이어서 주님의 말씀을 듣는 부분이 있다. 성경의 말씀을 듣고 신부의 강론을 듣는 부분으로 끝난다.

나) 성찬의 전례: 제물을 올리는 부분부터 성찬의 전례가 시작된다. 신자들은 예물(주일 헌금)을 봉헌하고 사제는 포도주와 밀떡을 제단에 제물로 올린다. 봉헌 예절이 끝나면 사제는 제물을 그리스도의 몸과 피로 축성하는 성변화의 의식을 수행하는데, 이 의식을 통해 빵과 포도주가 그리스도의 살과 피로 변화된다고 믿는다. 사제는 이것을 신자들에게 흠숭의 대상으로 제단에서 높이 들어 보인다. 그때 미사 복사를 하는 사람은 종을 친다. 그것은 예수의 몸으로 변했으니 성당의 모든 신자들이 흠숭과 감사와 속죄와 구원의 은혜를 표시하라는 뜻이다. 이것을 '거양성체'(擧揚聖體)라고 한다. 이 의식이 끝나면 교회를 위해서 또는 죽은 이들을 위해서 또한 이 세상에 살아 있는 이를 위해서 기도를 하면서 성찬식이 시작된다. 이것은 성체를 받아먹는 부분인데 제사의 끝부분인 음복의 부분이며 영성체(領聖體)라고 한다. 영성체가 끝나면 마지막 감사 기도를 올리고 주님의 축복을 받는 강복(降福)과 폐회식으로 미사는 끝난다.

3) 영성체(領聖體)를 위한 준비

(1) 영혼의 준비

고해성사를 받아 은총의 상태에 있어야 하며, 바른 지향과 거룩한 정신과 영혼의 유익을 위한 준비를 한다.

(2) 마음의 준비

미사에 열심히 참여하고 예수에 대한 믿음, 희망, 사랑으로 모시기를 기원해야 한다.

(3) 육신의 준비

공복제(空腹濟)[6]를 지킨다. 이것의 의미는 예수 그리스도의 몸인 성체를 신자 마음 안에 받아 모시는 것으로 하느님과 일치하고 또 신자 상호 간의 일치를 이루는 것이다.

4) 봉헌(奉獻)

주일이나 대축일 때 미사에 참례하는 신자들은 미사 도중에 헌금을 한다. 헌금은 예물을 봉헌하는 돈을 말한다. 봉헌은 자발적이고 유쾌한 마음으로 해야 한다.

5) 주요 용어

- **주일(主日):** 주일은 '주님의 날'이라는 뜻이다. 천주교회에서 주일을 일요일(日曜日)이라고도 하는 것은 빛을 주신 '해의 날'(SUNDAY)로 여기기 때문이다. 이

6) 영성체하기 전에 한 시간 동안 다른 음식을 먹지 않는 것을 말함.

빛은 곧 어둠을 이기고 부활한 그리스도의 승리를 상징한다.

- **고해성사:** 고해성사란 하느님과 이웃을 거슬러 저지른 죄를 뉘우치고 교회와 그리스도를 대리하는 사제에게 그 죄를 드러내는 것이다. 고해성사를 받음으로써 우리의 죄가 용서되고 벌을 면제받으며, 그리스도를 통해서 하느님과 화해하고 또한 내 이웃과도 화해할 수 있다고 생각한다. 고해성사를 언제 해야 한다는 법은 없다. 다만, 교회법으로 정한 것은 1년에 적어도 부활축일 전후에 한 번 하라고 권한다. 자기가 죄를 지었다고 생각할 때 언제든 하면 된다.
- **고해성사를 위한 5가지 준비:** ① 성찰(省察): 무엇을 잘못했는지를 살펴보고, ② 통회(痛悔): 잘못을 뉘우치고, ③ 정개(定改): 다시 죄를 범치 않겠다고 결심하고, ④ 고백(告白): 알아낸 죄를 겸손하게 숨김없이 고백하고, ⑤ 보속(補贖): 죄를 사해 주시는 사제가 일러 주는 보속을 실행한다.
- **세례성사(洗禮聖事):** 세례성사를 받으면 원죄를 포함한 모든 죄를 용서받고, 하느님의 자녀가 되며 교회 공동체를 이루는 한 일원이 된다.
- **교명(敎名), 본명, 영명(靈名), 세례명:** 천주교 신자가 세례 때 받는 이름이다. 자기가 특히 존경하는 성인, 성녀나 천사의 이름을 딴다. 과거에 부모가 지어 준 본래 이름은 속명(俗名)이라 하고, 세례명을 본명이라 하는 습속이 있다. 영명축일(靈名祝日) 혹 본명축일(本名祝日)은 자기가 받은 세례명, 성인 혹은 천사의 축일을 기념하는 것이다.
- **대부대모(代父代母):** 천주교에서는 세례를 받고 입교하는 사람에게 장차 신앙생활의 길잡이가 되어 줄 사람을 선정하게 하여 마치 정신적 아버지나 어머니 같은 관계를 맺어 준다. 세례를 받는 사람은 그에게 대자대녀(代子代女)가 된다.

6) 비(非)천주교인들이 지켜야 할 예절

- 천주교 방식으로 의례(儀禮)를 실시하는 모임에서는 최대한 존중하는 태도로 참여한다.

- 가급적 미사전례가 시작되기 전에 성당에 들어가 자리에 앉도록 한다.
- 성당 안에서는 큰 소리로 말하거나 시끄러운 소리를 내지 않는다.
- 성직자들에게 쓸데없이 말을 걸지 않는다.
- 출입이 금지된 곳은 절대 들어가지 않는다.
- 미사전례를 구경하지 않는다.
- 미사전례에 방해가 되는 행동은 하지 않는다.
- 성당 안에서는 사전 동의 없이 사진 촬영을 하지 않는다.
- 제대(祭臺)에 함부로 오르지 않는다.
- 피아노, 오르간 등 성당 안에 비치된 물품을 함부로 만지지 않는다.
- 천주교인들에게 신앙적 문제로 비판하지 않는다.

4. 불교

1) 스님을 대할 때의 예절

스님은 불교의 가르침을 배우고 실천하며 중생 제도를 위해 포교하는 출가 수행자들이다. 우리는 그들을 칭하여 '스님' 또는 '중'이라고 하는데, '스님'과 '중'의 어원에 대해서는 여러 가지 설이 있다. '스님'은 '스승님'의 준말이고, '중'이란 인도어로 '승가'(僧伽, Samgha)라는 말이 번역되는 여러 과정을 거쳐서 우리말 '중'이 되었다고 하는 것이 가장 일반적인 학설이다.

우리나라에서는 승려가 되려고 처음 출가하면, 그 사람이 능히 승려 생활을 할 수 있을지를 점검하고 그 의지를 시험하는 기간인 행자(行者) 생활을 거쳐야 한다. 행자는 상당히 고된 수련을 쌓은 다음 사미계(沙彌戒)를 받아 사미(여자는 '사미니')가 되고, 사미가 20세가 되면 구족계(具足戒)를 받아 비구(여자는 '비구니')가 된다.

승려들은 세속의 직업을 멀리하고 경제 행위가 금지되어 있으며 많은 계율을 철저히 지킨다. 삼의일발(三衣一鉢)[7]의 검소한 생활을 하며 오로지 수행에 전념하고 있다. 겉으로 보기에 스님들이 조용하고 한가롭게 보여도 사실은 여러 가지 소임을 수행하며, 바쁘고 고된 수행 생활을 열심히 실천하고 있다. 그러므로 단순한 호기심 때문에 쓸데없이 스님에게 말을 걸거나 시간을 많이 뺏으면 안 된다.

스님에게 가르침을 받거나 스님과 상담을 할 때 요령 있게 요점만을 이야기해서 빠른 시간 안에 끝내도록 해야 한다. 오랫동안 스님을 잡아 두고 세속의 수다를 늘어놓으면 안 된다. 그리고 스님과 친해졌다고 스님 앞에서 남의 흉을 보거나 다른 절의 흉을 봐도 안 된다. 또한 스님을 대할 때는 적절한 예절을 지켜야 한다.

① 스님을 부를 때

출가하기 전의 이름은 속명(俗名)이요, 출가하여 계를 받고 득도(得道)하면 법명(法名)이 있게 된다. 스님을 부를 때는 속명을 쓰지 않고 법명을 부른다. 즉, "○○스님"이라고 불러야 한다.

스님이 남을 가르칠 수 있고 불법을 펼 만한 경지에 이르게 되면 큰스님한테서 인가(認可)를 받고 법을 전해 받게 된다. 이때를 입실(入室) 또는 건당(建幢)이라 하며 법맥(法脈)을 상속(相續)한다고 말한다. 이때 당호(堂號) 또는 법호(法號)를 받게 되는데, 법을 이어받아 법호를 얻은 스님에게는 법명을 부르지 않고 법호를 부르는 것이 예의에 맞다. 비록 스님이 겸손하여 법호가 있으면서도 법명으로 스스로를 칭한다 하더라도 다른 사람이 스님을 부를 때는 반드시 법호를 사용해야 한다.

스님들에게는 각각 부여된 직책이 있다. 그 절의 모든 운영을 책임지는 주지(住持) 스님, 모든 대중의 수행과 위의(威儀)와 법도를 지도하는 조실(祖室) 스님, 방장(方丈) 스님, 법문을 설하여 주시는 법사(法師) 스님, 경을 가르치시는 강사(講師) 스님,

7) 수행하는 스님들의 의식주의 일상 생활에 필요한 소유물을 석가모니 당시에는 三衣一鉢로 표현하였다. 삼의일발이란 세 가지 옷과 발우(음식 담는 그릇) 하나를 의미한다. 즉, 겉옷, 중간옷, 속옷 세 가지만 있으면 '衣'생활이 충족되고 발우 하나면 '食'생활이 충분하다는 뜻이다.

또 주지 스님 아래서 일을 보는 총무 스님, 교무 스님, 재무 스님, 절 살림을 맡아 하는 원주(院主) 스님, 법당에서 부처님을 받들며 공양을 올리는 부전(副殿) 스님 등이 있다. 이때에는 일반적으로 직책을 붙여서 조실 스님, 주지 스님, 부전 스님 등으로 부른다.

큰스님의 법명을 부르지 않고 법호나 당호로 불러야 하지만 법호를 함부로 부르는 것도 송구하기 때문에 별도의 호칭을 사용하는 것도 가능하다. 예를 들면 큰스님이 계신 곳의 이름을 붙여 ○○산 큰스님, ○○사(암) 큰스님 등 산 이름이나 절 이름으로 대신하기도 하고, 또 그 스님이 있는 건물의 이름을 따라서 ○○실 스님, ○○당 스님, 별당(別堂) 스님 등으로 호칭하기도 한다. 방장 스님이나 조실 스님은 ○○ 큰스님이라 하며 나이 많은 원로 스님들에게는 꼭 노(老)자를 붙여 ○○ 노스님이라 하는 것이 예의에 맞다.

② 스님에게 예배할 때와 하지 않을 때

- **스님에게 예배할 때:** 스님을 만나게 되면 반드시 합장하고 예를 드린다. 밖에서 만났을 때는 그대로 서서 합장하고 인사하는 것도 좋으나 방안에 들어가면 다시 합장하고 오체투지(五體投地[8])의 큰 절을 한다. 설사 밖에서 인사를 했다 할지라도 스님이 자리에 좌정(坐定)하면 다시 큰 절을 하는 것이 예의에 맞다. 또 법문을 청할 때는 큰 절로 삼배하며 법문이 끝나거나 예식이 끝났을 때도 은혜에 감사하는 예를 하여야 한다.
- **스님을 만나 예배를 하지 않아야 할 때:** 스님이 좌선(坐禪)하여 정(定)에 들었을 때, 스님이 공양할 때, 스님이 설법할 때, 스님이 세수하고 양치할 때, 스님이 목욕하거나 누워서 쉴 때, 화장실에서 만났을 때는 절을 하지 않아야 한다. 다만 묵례(黙禮)로써 공손한 태도만 보이면 된다.

8) 불교에서 절하는 방법의 하나. 먼저 두 무릎을 땅에 꿇고, 두 팔을 땅에 댄 다음 머리가 땅에 닿도록 절을 함.

③ 스님을 대하는 예절

- 큰스님의 이름을 부르지 못한다.
- 돌아다니면서 스님의 허물을 말하지 못한다.
- 스님 방에 들어가려 할 때 먼저 허락을 받아야 한다.
- 스님 말씀이 끝나기 전에 말하지 않는다.
- 스님 앞에서 껌을 씹거나 담배를 피우면 안 된다.
- 스님과 나눈 약속은 꼭 지켜야 한다.
- 스님에게 나이나 과거(세속의 인연) 등을 물으면 안 된다.
- 스님을 모실 때 마주 서거나 높은 데 서지 말며, 너무 멀리 서지도 말고 스님의 말씀을 잘 듣도록 해야 한다.
- 스님을 만날 때는 사전에 허락을 받아서 스님 수행에 방해가 되지 않게 한다.
- 스님을 속이거나 스님에게 거짓말을 하면 안 된다.
- 자기의 이익을 위해 스님에게 청탁을 하면 안 된다.
- 스님의 말씀을 주의 깊게 듣고 교훈으로 삼아야 한다.

2) 공양 예절

① 공양의 의미

부처와 절, 스님에게 올리는 정신적 · 물질적인 모든 것을 공양(供養)이라고 한다. 공양이란 '공급(供給)하여 자양(資養)한다'는 의미이다. '공양'이라는 말에는 두 가지 뜻이 있는데, 하나는 '식사를 한다'는 뜻이고, 나머지 하나는 '부처님께 바친다'는 뜻이다.

석가모니는 공양을 받는 분이나 공양을 올리는 사람이나 공양으로 바쳐지는 물건이나 모두가 다 청정해서 그 세 가지가 서로 다름이 없다고 하였다. 그러므로 공양은 매우 중요하고 복을 심는 씨앗이 된다. 많이 심어야 많이 거둘 수 있다.

공양을 잘 살펴보면, 공양에는 물질적인 것과 정신적인 것이 있으며 대체로 다음 세 가지로 구분할 수 있다.

② 공양의 종류

- **경공양(敬供養)**: 사원 건립, 불상 조성, 탑 건립, 종(鐘) 조성 등으로써 공양을 하는 것
- **행공양(行供養)**: 부처님을 참배하거나 사찰에 이르는 길을 닦거나 부처님의 말씀을 전하는 등의 행위를 통해서 공양하는 것
- **이공양(利供養)**: 음식이나 과실, 꽃, 향, 초 또는 불전(佛錢) 등을 바침으로써 공양하는 것

③ 공양 예절

- 사찰을 참배할 때 공양을 반드시 올린다.
- 청정하고 깨끗한 마음으로 오직 심성이 맑아질 것을 생각해야 한다.
- 자기가 올린 공양에 대해서 자랑하거나 교만하지 않는다.
- 공양은 올바른 일을 위해 쓰는 곳에 올려야 한다.
- 부정한 방법으로 얻은 물건을 공양물로 쓰면 안 된다.
- 자기의 분수에 맞게 공양한다.
- 부처님께 올리는 공양물은 향, 초, 꽃, 과일, 백미, 성금 등이 보통이다.
- 공양을 올리고 불공을 드리는 시간은 가급적 오전 10~12시 사이가 좋다. 왜냐하면 옛날 석가모니는 하루에 한 끼만 식사했는데 그 시간이 바로 오전 9시~11시 사이이기 때문이다.
- 기와 불사 등에도 참여한다.
- 종단의 발전과 불교 발전을 위해 정신적이고 물질적인 협조를 한다.

3) 식사 예절

절에서는 식사를 공양(供養)이라고 한다. 집에서 준비해 간 도시락이나 기타 다른 음식을 경내 아무 곳에서 먹으면 안 된다. 절에서 허가하는 곳이나 법당과 멀리 떨어진 계곡, 혹은 나무 밑에서 조용히 먹고 그 자리를 깨끗이 청소해야 한다.

절에서는 공양 시간에 공양을 원하는 사람이라면 누구에게도 공평하게 공양을 마련해 주는데, 절에서 마련한 음식을 먹을 때는 공양 시간에 늦지 않도록 해야 하며, 다음과 같은 규칙과 예절을 지켜야 한다.

- '밥북 소리'나 '밥목탁 소리'를 듣는 즉시 공양간(식당)으로 간다.
- 밥을 받고는 합장을 반 배하고 다섯 가지를 살펴본다.
  가) 이 음식에 공덕이 얼마나 들었으며 어찌하여 여기까지 왔나?
  나) 내 도덕과 행실이 이 음식을 받을 만한가?
  다) 늘 조심하는 마음으로 어리석음과 허물을 벗는다.
  라) 이 음식은 오직 여윈 몸 나누는 데 더없이 약이다.
  마) 오직 성스러운 불도를 이루고자 이 음식을 먹는다.
- 음식을 좋다 나쁘다 탓하지 말라.
- 음식을 떼어서 짐승에게 주면 안 된다.
- 음식을 입에 물고 말하면 안 된다.
- 웃고 이야기하면 안 된다.
- 음식 먹는 소리를 내면 안 된다.
- 음식에 버러지가 있거든 아무도 모르게 치워 버리고 옆 사람이 알아차리지 않도록 한다.
- 앉은자리에서 음식을 다 먹어야 하고 자리를 옮기면 안 된다.
- 너무 빨리 먹거나 너무 느리게 먹지 않는다.
- 음식을 보고 탐내지 말고 먹을 만큼 덜어서 먹으며, 가져온 음식을 남기면 안

된다.

- 대중을 떠나 혼자 먹으면 안 된다.
- 자기가 먹은 그릇은 자기가 깨끗이 치운다.

4) 합장

(1) 합장의 방법

- 손가락이 서로 어그러지거나 벌어지면 안 되며 팔꿈치를 들어 올려도 안 된다.
- 손바닥을 틈이 생기지 않도록 한데 모은다. 손목을 가슴 한가운데의 움푹 들어간 곳에 손가락 두 마디 정도 떨어지도록 한다.
- 두 팔을 겨드랑이에서 약간 떨어지도록 하며, 고개를 반듯하고 공손하게 세워 마음을 한곳으로 모은다. 손끝은 코끝을 향하도록 자연스럽게 세워야 한다. 이와 같은 자세로 몸을 공손히 굽혀서 반절을 하는 것을 합장 예의라고 한다.

(2) 합장의 의미

합장은 부처님께 귀의(歸依)를 뜻하는 동시에 우리의 흩어진 마음을 한곳으로 모아 모든 정성을 다한다는 의미를 갖고 있다. 그리고 오른손은 부처님의 세계를, 왼손은 중생인 자기를 상징하며 부처님의 세계에 자기의 마음을 한데 합함으로써 절대적인 권위를 바친다는 뜻이 있다. 이는 부처님에 대한 우리의 귀의(歸依)를 바깥으로 드러내 보이는 마음의 표현이라고 할 수 있다. 또한 나와 다른 이와의 화합을 의미하기도 한다.

5) 비(非)불교인들이 불교에 대해 지켜야 할 예절

- 사찰 경내까지 차를 몰고 들어가지 않고, 사찰이 지정한 장소에 주차한다.
- 지나치게 노출되거나 화려한 옷차림은 삼간다.
- 예불하는 스님이나 신도들의 의식을 구경하지 않는다.
- 큰 소리로 말하거나 시끄러운 소리를 내지 않는다.
- 경내에서는 뛰어다니지 않는다.
- 스님을 만나면 인사한다.
- 스님에게 쓸데없이 말을 걸지 않는다.
- 사찰 행사에 방해가 되는 행동은 하지 않는다.
- 법당 안에서는 사진 촬영을 하지 않는다.
- 마련해 온 음식은 경내에서 먹지 않는다.
- 탑이나 법당 계단에 걸터앉지 않는다.
- 닫혀 있는 문은 열지 않는다.
- 출입이 금지된 곳은 절대 들어가지 않는다.
- 경내에서 술을 마시지 않고, 껌을 씹지 않는다.

5. 이슬람교

1) 이슬람교에 대한 이해

이슬람교는 기독교, 불교와 함께 세계 3대 종교의 하나이다. 전지전능(全知全能)의 신 알라의 가르침이 대천사(大天使) 가브리엘을 통해 마호메트에게 계시되었다고 믿으며, 유대교, 기독교 등과 비슷한 계열의 여러 종교를 완성시켰다고 자부한다.

유럽에서는 창시자의 이름을 따서 마호메트교라고 하며, 중국에서는 위구르족(回紇族)을 통하여 전래되었다고 하여 회회교(回回敎) 또는 회교(回敎)라 한다. 그런데 중국 회교도들은 이슬람의 본뜻에 따라 스스로의 종교를 청진교(淸眞敎)라 부른다. 청진(淸眞)이라는 명칭은 특히 회교적 예식에 따라 도살된 신성한 고기만을 먹는다는 종교적 관습에서 유래하였다. 그래서 중국에 남아 있는 회교사원의 이름이 청진사(淸眞寺)이다.

현재 이슬람교도의 숫자는 정확하게 알 수 없으나 세계 인구의 약 25%인 12억 내외로 알려져 있다. 지역적으로는 북아프리카, 아라비아반도와 이란에 이르는 이른바 중동 지역과, 동부 러시아, 투르크, 아프가니스탄, 파키스탄 서부, 중국, 인도에 이르는 동남아시아 지역에 주로 분포되어 있으며 기타 지역에도 선교의 손길을 뻗치고 있다.

2) 이슬람교의 '다섯 기둥[五柱]'

이슬람교인(무슬림)들의 삶의 토대가 되고 이슬람교의 기둥을 이루는 구체적인 신앙 행위는 다음 다섯 가지로 이루어진다.

(1) 신앙 고백

무함마드가 하나님의 예언자임으로 모든 무슬림은 무함마드의 삶을 모범적인 표본으로 받아들이겠다는 신앙고백이다. 고백의 내용은 "나는 하나님은 유일하시고, 무함마드는 그 분의 선지자임을 증언합니다"라는 구절로 이루어진다.

(2) 하루 다섯 차례의 예배

무슬림들에게는 하루 다섯 차례의 예배가 의무적으로 부과되어 있다. 예배는 신에 대한 믿음을 강화시켜 주고, 인간의 도덕성을 고양시켜 주며, 마음을 정화하고 유혹과 악행을 자제시켜 준다고 믿는다.

(3) 라마단 한 달 동안의 단식

이슬람교에 따르면, 단식이란 새벽부터 일몰(日沒)까지 먹고 마시는 행위, 담배나 부부 관계, 나쁜 의도와 완전히 단절하는 것을 의미한다. 단식은 사랑과 성실성 그리고 봉사의 정신을 가르치며, 또한 인내와 희생, 사회적 양심은 물론 고통을 극복하는 의지를 강화시켜 준다.

(4) 자카트(종교세)

자카트는 가난한 사람을 위한 종교세금이다. 부자나 여유 있는 사람들로부터 거두어들이는 일종의 사회적 희사금이다. 자카트는 일반적으로 사회의 복지를 위해 사용되는데 특히 가난한 자나 고통 받는 자를 위해 사용된다. 자카트 제도는 사회의 경제적인 균형과 정의를 실현하는 데 도움을 준다.

(5) 하즈(성지 순례)

하즈는 메카에 있는 카바(신전)를 순례하는 것이다. 육체적으로 건강하고 경제적인 여건이 허락될 때 평생에 한 번 이상 메카를 순례하는 것은 무슬림의 의무이다.

3) 예배의 종류

(1) **파즈르(Fazr)**: 해돋이 예배로서, 동틀녘부터 해돋이 전에 실시된다. 이 예배의 명칭은 꾸란 17장 78절과 24장 58절에 언급되어 있는데, 새벽잠에서 깨어났을 때 하는 것으로 되어 있다. 그러므로 무슬림은 해돋이 전에 잠에서 깨어나는 것에 익숙해야 한다. 비록 늦게 일어나 해가 이미 솟아 하늘에 있을지라도 이 예배를 드릴 수 있다.

(2) **주흐르(Zuhr)**: 이른 오후 예배로서, 정오에서 해가 막 기울기 시작하는 오후 중반 사이에 실행된다. 한창 뜨거운 계절에는 폭염이 약간 누그러질 때까지 예배를 늦출 수도 있다.

(3) **아스르(Asr)**: 늦은 오후 예배로서, 오후 중반에서 해가 지기 시작하는 사이에 실행된다. 해가 아직 높이 떠 있을 때 이 예배를 올리는 것이 더 좋다.

(4) **마그리브(Maghrib)**: 일몰 예배로서, 해가 진 직후에 실행된다. 그 시간은 서쪽 하늘에서 붉은 노을이 사라질 때까지 유효하다.

(5) **이샤(Isha)**: 밤 예배로서, 붉은 노을이 서쪽 하늘에서 사라질 때 실행된다. 그 시간은 한밤중까지 유효하다. 이 예배의 명칭은 꾸란 24장 58절에 언급되어 있다. 이 예배는 새벽 예배가 그 날의 맨 처음의 행위인 것과 마찬가지로 그 날의 마지막 행위이다.

4) 예배의 의의

이슬람교의 예배 양식은 단 한 가지 목적, 즉 신의 실재를 깨닫는 데에 관심이 집중되어 있다. 세정식(洗淨式), 정중하게 선 자세, 허리 굽혀 절하기, 땅에 앞이마를 대고 무릎 꿇고 절하기, 공경하는 자세로 앉기 등 모든 절차가 신의 실재를 하나의 사실로 인식하는 데에 집중되어야 한다. 예배자는 말뿐만이 아니라 온몸으로 예배하는 자세를 취함으로써 조물주에게 영광을 바치는 기쁨을 맛보아야 한다. 예배를 볼 때 예배자는 다른 것에 주의를 돌려서도 안 되며, 예배 자세를 흐트러뜨리거나, 주의를 산만하게 하는 어떠한 행위도 해서는 안된다.

이슬람교의 예배는 신에 대한 명상이어서 음악을 연주하지 않고 다만 신의 사랑, 자비, 능력과 지혜에 관한 꾸란 구절의 낭송이 주된 내용을 이룬다. 신자들은 예배 의식 중에 신의 실재를 느끼고, 공경한 몸가짐을 취함으로써 그 분의 위대함과 사랑을 숙고해야 한다. 이슬람교의 예배 형식은 서 있거나, 앉아 있거나, 허리 굽히기나 또는 엎드리는 자세에 있어서 모든 공경하는 자세를 결합한 것이다.

일부 소수 무슬림 사이에서 예배 때의 다양한 자세를 서구의 새로운 도시 생활 상태에 적합하도록 현대화시키려는 움직임이 있기도 하나 아직 일반화되지는 못하고 있다. 왜냐하면 보수적인 대다수의 무슬림들이 교조 무함마드에 의해 예배 형식이 만들어졌기 때문에 이것을 인위적으로 바꿀 수 없다고 생각하기 때문이다. 그러므로 이들은 예배 방식에 어떠한 변화가 오면 그것은 신앙행위에 나쁜 결과를 초래할 것이며 결국 예배가 의도하는 진정한 목적을 이룩하는 데 실패할 것이라고 생각한다.

무슬림은 예배가 인간의 가슴속에 본질적인 진정한 겸손의 자세를 낳게 하고, 인간의 마음속에 신성을 깨닫게 한다고 여긴다. 즉, 이슬람교의 중심은 예배에 있다. 그러므로 그들은 예배를 방해하거나 조롱하는 어떤 행위에 대해서도 용납하지 못한다.

5) 하즈(성지 순례)의 의미와 일정

하즈는 이슬람 신도가 지켜야 할 5대 의무 가운데 하나로 성지 메카를 일생에 한 번 이상 순례하며 정해진 의식을 치르는 것을 뜻한다. 순례 기간은 이슬람력 12월 8일~12일이다. 하지는 '이흐람'이라 불리는 바느질하지 않은 흰 천 두 장을 두르고 메카 주변의 성지를 순례한 다음 메카에 돌아와 기도를 올리는 것으로 끝난다. 이 동안에는 손톱 발톱을 자르지 않으며 면도를 하지 않는 등 금기 사항을 지켜야 한다.

첫날엔 메카 북쪽의 '미나' 평원에서, 둘째 날은 632년 예언자 마호메트가 운명하기 석 달 전에 마지막으로 설교했다는 '아라파트'산에서 기도한다. 셋째 날 오후 메카로 돌아와 '카바' 주위를 돈다. 카바는 이슬람교의 예배와 신앙의 중심이다. 이곳은 이슬람 이전부터 고대 아랍인의 지역적 성역(聖域)이었을 것으로 추정된다. 무함마드는 예배의 방향을 카바로 바꾸고 이곳을 순례하는 일과 결부시켰다. 이에 이슬람 이전의 아랍족 성지가 이슬람교 성지의 중심으로 바뀌게 되고, 동시에 이슬람 이전의 신성한 여러 관념이 변용되어 계승되었다. 『꾸란』에는 아브라함의 종교와 카바가 결부되어 있으며 이를 근거로 이슬람교의 카바 신앙이 발전하게 되었다. 현존하는 건물은 네모꼴이며 네 귀퉁이는 거의 동서남북을 가리키고 있다. 건물 내부에는 숭배 대상이 될 수 있는 것은 아무것도 놓여 있지 않고, 다만 카바 동쪽의 벽에 검붉은 돌이 박혀 있다. 순례자들은 이 돌을 손으로 만지거나 여기에 입 맞춘다. 이슬람의 전설에 의하면 이 돌은 하늘로부터 직접 내려온 돌이라고 한다. 아브라함이 이스마엘의 도움으로 카바를 세웠을 때 천사 가브리엘이 하늘로부터 가져온 것으로서 당시는 흰 돌이던 것이 인간의 죄와 접촉되면서 검은색으로 변했다고 한다.

세계의 모든 이슬람교도는 하루 5차례 이곳을 향해 기도한다. 넷째 날에는 악마를 쫓는다는 뜻에서 미나 평원에 가서 돌기둥에 돌을 던지고, 다섯째 날 다시 메카로 돌아와 카바를 도는 것으로 순례는 끝난다.

6) 비(非)이슬람교인들이 이슬람교에 대해 지켜야 할 예절

이슬람 사회에서 금기되는 사항은 거의 이슬람교리에 따른 것들이 기 때문에 예절의 차원이 아니라 국가의 법으로 되어 있는 경우가 많다. 그러므로 이슬람 국가에서 이러한 금기사항은 반드시 지켜야 한다.

- 이슬람 국가에서 술과 도박은 큰 죄악이다. 그러므로 이러한 행위를 해서도 안되고 신자들에게 권해서도 안된다.
- 이슬람교 신자들은 돼지고기나 짐승의 피를 재료로 한 음식은 먹지 않으며 이슬람식으로(하느님의 이름으로) 도살하지 않은 고기도 먹지 않는다. 이슬람법상 금하는 음식을 '하람 푸드(Haram food)'라 하고, 허용하는 음식을 '하랄 푸드(Halal food)'라고 한다.
- 이슬람교리나 꾸란, 무함마드를 비난해서는 안 된다.
- 무슬림이 5대 의무를 행할 시에 방해하지 않아야 한다.
- 반바지 차림이나 노출이 심한 옷을 입지 않는 것이 좋다.
- 아랍 여성을 희롱하는 행위로 오해될 수 있는 행동은 자제해야 한다.

- 왼손으로 악수하든지 물건을 건네받아서는 안 된다. 이슬람의 경전인 꾸란에서도 오른손은 선과 행운을 상징하고, 왼손은 악과 불행을 상징하고 있다.
- 무슬림들은 허리를 굽히거나 머리를 굽혀 인사하지 않는다. 이것은 그들의 종교적 배경에서 관습화한 것으로 절대신 알라 이외에는 허리나 머리를 굽히거나 엎드려 절하지 않는다.

6. 다른 종교에 대한 이해와 배려

21세기에 접어든 지금 이 지구상에는 우리가 알고 있는 유명한 종교 이외에도 수많은 종교가 존재한다. 이 종교들 사이에는 서로 유사한 부분도 많지만, 서로 다른 문화와 관습을 가진 부분도 많다.

대부분의 종교는 그들만의 신앙과 가치를 갖기 때문에 다른 어떤 문화보다 독선적 구도가 강하다. 그러므로 자칫 종교 간에 갈등이 빚어지기 쉽고, 또한 갈등이 생기게 되면 소통과 화해를 거부하고 자신만의 방식을 고집한다. 그렇지만 종교의 근본이 무엇인가? 종교의 근본은 성스러움과 외경의 감정에 있다. 이 두 가지의 감정은 영성적 관점에서 이해할 수 있다.

영성이라는 개념은 기본적으로 종교의 개념과 밀접하게 연관되어 있지만, 구분되는 측면도 있다. 영성은 개인의 내면적 체험과 관련된 것으로 초월적인 것, 신성(神性), 우주의 본질과 닿고자 하는 인간의 본능적인 추구를 의미한다. 영성은 자기 성찰, 자아 초월, 내적 평화와 같은 내면의 깊은 경험을 중심으로 한다. 그러므로 영성은 특정 종교의 교리나 의식과 반드시 연결될 필요는 없고, 개인의 삶 속에서 자발적으로 일어날 수 있는 경험을 소중하게 여긴다. 영성이 깊은 사람의 경우에는 타인과 갈등을 조장하지 않는다.

그렇지만 종교는 개인이 아닌 공동체적인 특성을 지니며, 신과 인간 사이의 관계를 규정하는 교리와 신앙 체계를 포함하게 된다. 그러므로 종교인의 경우에 자신이 믿는 종교의 교리를 지나치게 배타적으로 강화시키게 되면 타 종교 또는 종교인들과 긴장 관계를 형성하게 된다. 어떠한 종교이든 진실한 종교인이라면 자신의 종교 안에서 영성을 발전시키는 일에 집중해야 한다. 그리고 자신이 믿는 종교만큼이나 다른 종교와 신앙인에 대해서도 배려하고 존중해 주어야 한다. 이러한 의미에서 다른 종교의 특성을 이해하고 그에 합당한 예절을 취하는 것이 글로벌시대의 중요한 시민의식이라 할 수 있다.

읽을거리

〈고통 앞에 중립은 없다〉

선종하신 프란치스코 교황의 장례미사 전체를 TV로 직관했다. 전례(典禮)를 중시하는 가톨릭 장례미사는 지루할 정도로 절차가 길다. 하지만 난 알아들을 수 없는 언어로 진행되는 미사를 끝까지 미동도 하지 않고 지켜보았다.

물론 난 개신교 신자다. 이와는 관계없이 미사를 보는 동안 그에 대한 존경심이 생겨나지 않을 수 없다. 장례미사 과정 자체가 그의 실재를 재현한다. 과정(process)과 실재(reality)는 별개가 아니다. 그의 삶의 과정을 떠나 그의 존재 자체를 언급할 수는 없다.

그의 삶을 대변하는 말이 '고통 앞에 중립은 없다'이다. 중립은 사태와 거리를 두고 관찰자의 입장에 서 있는 것을 의미한다. '관찰'이란 단어는 멀리 떨어져(ob) 본다(serve)는 뜻을 함의한다. 옵저버(observer)가 정회원은 아니지만, 회의에 관찰자 혹은 감시자로서 참석하는 자를 뜻하는 이유이다.

'관찰'이란 영어는 과학용어다. 관찰자는 자신의 주관적 선입견을 버리고 사물을 있는 그대로 읽는 자이다. 그러나 아무리 선입견을 버리고 사물을 대한다고 해도 여전히 자신의 선입견에 의해 사물을 읽는 게 인간의 속성이다. 엄밀히 말하면 중립적 관찰은 불가능하다.

고통받는 소수자를 그냥 관찰하듯 스쳐 지나가는 게 우리의 태도이다. 속으론 참 불쌍하고 안쓰럽다고 생각은 하면서도 그냥 지나가는 게 대부분이다. 하지만 교황은 고통받는 소수자를 그냥 스쳐 지나가는 관찰자가 아니었다. 중립적 태도로 그들을 멀리서 물끄러미 바라보지 않았다. 차를 세우고 내려 세월호 유가족의 고통을 공유하셨다.

타자의 고통 앞에서 중립을 지키고 외면하는 게 우리의 일상이다. 하지만 교황은 그들의 고통에 깊이 관여했다. 그의 이러한 태도가 그의 삶과 무관할 수는 없을 것이다. 그는 남미 아르헨티나의 가난한 가정에서 태어났다. 어린 시절부터 고통과 친구가 되었다.

하지만 그의 삶을 해방신학과 같은 이념적 잣대로 저울질할 필요는 없다. 타자의 고통 앞에선 보수와 진보가 따로 없기 때문이다. 사회적 약자는 사회나 국가가 책임을 져야 할 대상자이다. 그들의 몫이 자본의 논리에 의해 그들에게로 제대로 돌아가지 않았을지도 모른다. 과부와 고아 그리고 소수자에 대해 책임을 져야 할 이유다. 타자를 뜻하는 영어 'alterity'는 제단(祭壇)을 의미하는 'alter'에서 파생된 단어이다. 즉, 사회적 소수자는 종이 아니다. 보살핌을 받아야 할 제단의 주인이다. 우린 소수자의 얼굴에 책임을 져야 한다. 그들을 소수자로 만든 건 어쩌면 우리 사회, 아니 나 자신일지도 모르기 때문이다. 오늘 아침 '고통 앞에 중립은 없다'를 묵상의 화두로 삼아 본다. (김영필)

Chapter 10

정보통신 윤리와 예절

1. 새로운 윤리의 등장
2. 정보화의 두 얼굴
3. 비윤리적 문제의 발생원인
4. 정보통신 윤리의 실질적 문제들
5. 네티즌의 윤리와 정보사회에서의 책임
6. 정보통신 윤리, 우리 모두의 과제

Chapter

10 정보통신 윤리와 예절

1. 새로운 윤리의 등장

1999년 월드 와이드 웹(World Wide Web, 약칭 WWW 또는 WEB, W3)의 도입 이후 인터넷은 빠르게 확산되었고, 이로 인해 이용할 수 있는 지식의 양도 급격히 증가하게 되었다. 특히 2010년대 딥러닝과 컴퓨팅 성능의 급격한 발전 이후 이후 인공지능(AI) 시대가 열리면서, 인공지능은 단순한 기술의 발전을 넘어 인류의 삶과 사회 전반에 걸쳐 심대한 전환을 가져오게 된다. 인공지능은 인간의 지능적 작업(학습, 추론, 문제 해결, 언어 이해 등)을 일부 또는 전면적으로 대체하거나 보조하는 단계에 이르렀다. 이러한 기술적 발전은 2020년대에 이르러 생성형 AI(챗GPT, DALL · E 등)의 대중화 시대를 가능하게 하였다.

그러나 이러한 발전은 단순히 긍정적인 결과만을 가져온 것은 아니다. 지식의 활용과 공유 방식에 있어서 여러 가지 새로운 문제들이 발생하였으며, 이는 사회 전반에 걸쳐 윤리적인 고민을 불러일으켰다. 즉, 인터넷을 비롯한 새로운 정보 매체는 인간의 생활 방식을 빠르게 변화시키고 있으며, 이러한 변화는 기존의 전통적인 윤리학으로는 효과적으로 대응하기 어렵다. 컴퓨터의 등장은 과거에는 상상할 수 없었던 새로운 윤리적 문제들을 만들어 냈고, 그 결과로 정보통신 윤리라는 새로운 분야가 등장하게 되었다. 정보통신 윤리는 컴퓨터와 인터넷 같은 디지털 기술과 관련된 인간의 행동에 대한 윤리적 기준을 탐구하며, 사이버 윤리, 인터넷 윤리, 컴퓨터 윤리와 비슷한 개념으로 사용된다.

'컴퓨터 윤리학'(computer ethics)이라는 용어는 1970년대 중반 미국의 철학자 월터 매너(Walter Maner)에 의해 처음 사용되었다. 그는 컴퓨터 윤리학을 '기존의 윤리학 이론을 컴퓨터 기술로 인해 새롭게 생겨난 윤리적 문제들에 적용하는 것'으로 정의하였다. 즉, 컴퓨터 윤리학은 전통 윤리학의 연장선에 있지만, 동시에 컴퓨터라는 특수한 기술이 만들어 낸 독특한 문제를 다룬다는 점에서 차별성이 있다. 과거에는 존재하지 않았던 기술로 인해 발생한 문제이기에, 과거의 일반적인 윤리 원칙만으로는 충분히 해결할 수 없는 새로운 고민들이 등장한 것이다.

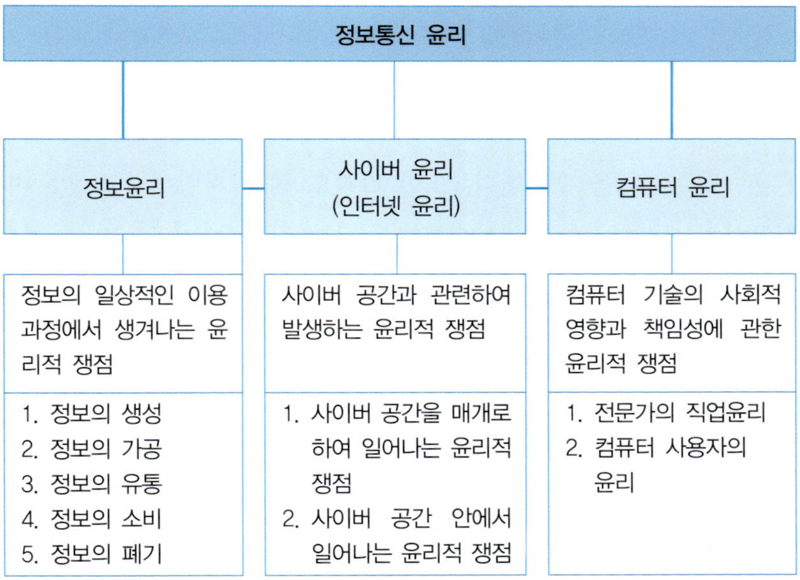

웹(WWW)의 확장은 프라이버시 침해, 지적(知的) 재산권 문제 등 새로운 법적 쟁점들도 불러일으켰다. 이러한 문제들은 기존의 법률로는 해결하기 어려운 경우가 많아졌고, 이에 따라 정보사회에 적합한 새로운 법과 제도의 정비가 필요하게 되었다.

이처럼 정보통신 윤리학은 응용윤리학(applied ethics)의 한 분야로 볼 수 있다. 이 분야는 정보통신 기술이 어떤 성격을 가지고 있으며, 그것이 사회에 어떤 영향을 미치는지를 분석하고, 이러한 기술을 어떻게 윤리적으로 사용할 수 있을지에 대한 원칙과 정책을 마련하는 데 초점을 맞춘다. 정보통신 윤리의 궁극적인 목적은 기술이 인간에게 해가 되는 방식이 아니라, 오히려 인간의 삶을 향상시키고 보호할 수 있는 방향으로 활용되도록 하여, 기술과 인간의 가치가 조화를 이루는 사회를 만드는 데 있다.

2. 정보화의 두 얼굴

우리는 컴퓨터의 놀라운 기능에 감탄하며 살아가고 있다. 컴퓨터는 방대한 정보를 저장하고, 여러 작업을 동시에 처리할 수 있으며, 다양한 분야에 활용될 수 있고, 매우 빠른 속도로 작업을 수행한다. 또한 가격도 점점 저렴해지고 있으며, 정보를 정확하게 무한히 복제할 수 있는 능력까지 지니고 있다. 그러나 이러한 기술의 편리함에 익숙해지면서, 정작 컴퓨터와 정보기술이 초래하는 윤리적 문제에 대해 깊이 고민하는 일은 상대적으로 소홀해지고 있다.

이제는 기술의 밝은 면뿐 아니라 어두운 면도 함께 바라보아야 한다. 컴퓨터 기술의 전능함에 대한 맹신은, 우리가 미래에 마주할 수 있는 위기와 부정적 결과를 미리 예측하고 준비하는 윤리적 감수성을 약화시킬 수 있기 때문이다.

특히 윤리적 대안을 서둘러 모색해야 하는 이유는 다음과 같다.

첫째, 정보기술은 현실과 가상현실의 경계를 흐리게 만든다. 가상현실은 실제 세계를 초월한 것처럼 보이지만, 우리의 감각과 인식을 자극해 현실처럼 느껴지게 만든다. 그 결과, 사람들은 현실에 대한 감각을 잃고, 윤리적 성찰의 기회를 놓치게 될 수 있다.

둘째, 정보기술은 물질과 정신의 구분도 흐려 놓는다. 과거에는 기술을 단순히 인간의 도구로 여겼지만, 이제는 기술이 우리의 삶과 문화 자체를 형성하는 중요한 요소로 인식되고 있다. 그로 인해 정신적 가치조차 물질처럼 소비되고 평가되는 물신주의적 태도가 확산될 우려가 있다.

셋째, 누구나 정보를 쉽게 얻을 수 있다는 믿음은 개인을 공동체로부터 점점 분리시키기도 한다. 정보를 많이 소유할수록 더 자유로워질 수 있다는 생각은, 오히려 정보 패권주의나 정보 물량주의로 이어져, 공동체적 가치나 윤리적 연대감을 약화시킬 수 있다.

정보화 사회는 분명 많은 가능성과 장점을 지니고 있다. 그러나 이러한 순기능에만 주목한 나머지, 정보기술의 부작용을 간과해서는 안 된다. 정보의 편리함이 오히려 획일적 사고를 낳고, 정보의 독점은 새로운 사회적 계급의 형성과 갈등을 초래하며, 정보의 폐쇄적 사용은 사회를 더욱 분열시킬 수 있다. 나아가 정보기술이 잘못 사용될 경우, 정보테러와 같은 새로운 위험도 발생할 수 있다.

결국 우리는 '손끝으로 혁명을 이룰 수 있다'는 기술 만능주의에만 의존할 것이 아니라, 정보사회에서 발생하는 다양한 문제를 진지하게 고민하고, 이를 해결할 수 있는 윤리적 기준과 실천 방안을 함께 마련해 나가야 할 것이다.

3. 비윤리적 문제의 발생원인

1) 속도와 윤리적 판단의 약화

컴퓨터 기술의 발달로 인해 정보의 수집과 전달 속도는 비약적으로 증가하였다. 이로 인해, 비윤리적인 행위 역시 매우 짧은 시간 안에 이루어질 수 있게 되었다. 물론 허가받지 않은 정보에 접근하기 위해서는 일정한 준비 과정이 필요하겠지만,

실제로 정보를 무단으로 탈취하는 행위 자체는 순식간에 이루어질 수 있다. 우리는 어떤 행위를 매우 빠르게 수행할 수 있을 때, 그것이 발각되거나 처벌받을 가능성이 낮다고 생각하기 쉽다. 이러한 인식은 결과적으로 윤리적 판단을 흐리게 만들 수 있다. 특히 컴퓨터 통신 기술의 발달은 정보의 탈취나 무단 전달을 실시간에 가깝게 가능하게 하였고, 그 행위가 일어나는 순간에는 외부에서 이를 탐지하는 것이 거의 불가능해졌다. 이처럼 기술의 속도는 비윤리적 행위의 가능성과 그 은폐성을 동시에 높이고 있다.

2) 익명성과 비윤리적 행위

현대의 컴퓨터 기술은 가정이나 사무실 등 개인적인 공간에서 비윤리적 행위가 외부의 감시 없이 이루어질 수 있는 환경을 제공하고 있다. 이러한 환경은 마치 아무도 보지 않는 곳에서 행동할 수 있다는 일종의 심리적 해방감이나 흥분감을 유발하기도 한다. 특히 컴퓨터를 통해 이루어지는 상호작용에서는 사용자 본인이 아닌, 단지 추상화된 'ID'만이 노출되기 때문에 상대방은 실제 인격체로서의 '나'를 인식하기 어렵다. 이러한 익명성은 비윤리적 행동을 더욱 쉽게 저지를 수 있게 만드는 중요한 요인으로 작용한다. 사생활 보호와 익명성은 원칙적으로 긍정적인 가치이지만, 동시에 사용자의 도덕적 책임감을 약화시킬 수 있으며, 행위의 결과가 자신과는 멀리 떨어진 문제처럼 느껴지게 만들어 윤리적 판단을 흐리게 만든다.

3) 전자 매체의 특성과 윤리적 착각

오늘날의 전자 매체는 정보를 원본 그대로 유지하면서도 그 정보를 복사하거나 무단으로 취득할 수 있는 특성을 지니고 있다. 즉, 다른 사람의 파일을 몰래 열람하거나 무단으로 사용하는 경우에도 해당 파일은 손상되지 않고 원래 소유자에게 그대로 남아 있게 된다. 이러한 매체의 특성은 사용자로 하여금 "실제로 훔친 것은 아무

것도 없다"거나 "피해자는 아무런 손실을 입지 않았다"는 착각을 불러일으킬 수 있다. 그러나 정보나 지적 재산은 단순한 물리적 소유물이 아니며, 그 무단 이용 자체가 명백한 윤리적 침해임을 인식해야 한다. 타인의 창작물이나 지식 자산을 손상시키지 않고도 손쉽게 전용할 수 있다는 사실은 오히려 우리를 비윤리적 선택으로 이끄는 유혹이 되기도 한다. 따라서 전자 매체의 본질을 올바르게 이해하고, 그에 따른 도덕적 책임을 인식하는 태도가 필요하다.

4) 심미적 매료감과 잘못된 성취감

사람은 일반적으로 자신의 능력이나 기술을 활용해 복잡한 문제를 해결했을 때 성취감을 느낀다. 이러한 감정은 긍정적인 동기부여가 되기도 하지만, 때로는 잘못된 방향으로 흐를 수 있다. 예를 들어, 일부 사람들은 다른 이들이 만든 보안 체계를 무력화시키고 처음으로 특정 컴퓨터 시스템에 침투했을 때, 자신이 특별한 일을 해냈다는 왜곡된 성취감을 느끼기도 한다. 이러한 심리적 반응은 심미적 매료감이라고 부를 수 있으며, 이는 해커들이 범죄 행위를 저지를 때 흔히 경험하는 감정이다. 해커는 자신의 기술력을 도전의 수단으로 삼아, 타인의 정보를 침해하거나 보안을 뚫는 행위에서 일종의 쾌감과 만족을 추구한다. 이처럼 기술적 도전을 미화하거나 정당화하는 태도는, 비윤리적 행위를 유혹하는 위험한 심리적 요인이 될 수 있다.

더 나아가, 이러한 범죄에 대한 사회적 인식 역시 문제를 악화시킬 수 있다. 일반 범죄와 마찬가지로 비난을 받는 것이 마땅하지만, 일부 사람들은 해당 범죄자의 '지적 능력'에 주목하며 오히려 관대하게 평가하는 경향을 보인다. 이와 같은 사회적 반응은 결과적으로 기술 기반의 비윤리적 행위를 용인하거나 부추기는 요인으로 작용할 수 있다.

5) 최소 투자로 최대 효과를 노리는 유혹

디지털 기술의 발달은 적은 노력으로도 많은 사람에게 영향을 미칠 수 있는 환경을 만들어 주었다. 이러한 효율성은 긍정적인 방향으로 활용될 수도 있지만, 동시에 비윤리적 행위를 유발하는 유혹으로 작용할 수도 있다. 특히 최소한의 시간과 자원을 투자해 최대의 효과를 얻을 수 있다는 생각은 일부 사람들에게 비도덕적 행동을 정당화시키는 심리적 기반이 되기도 한다. 예를 들어, 최근 급증하고 있는 컴퓨터 기반의 신종 사기 범죄는 이러한 현상을 잘 보여 준다. 예전에는 감언이설로 사람들을 속이기 위해 수많은 전화를 걸거나, 직접 우편물을 보내는 등 상당한 노력이 필요했다. 그러나 오늘날에는 단지 인터넷에 사기성 정보를 게시하는 것만으로도 다수의 피해자를 양산할 수 있다. 그만큼 비도덕적 행위가 쉽게, 그리고 빠르게 실행될 수 있는 구조가 형성된 것이다.

이처럼 디지털 기술은 편리함을 제공하는 동시에, 그 편리함이 오히려 도덕적 판단을 흐리게 만들 수 있다는 점을 항상 경계할 필요가 있다.

정보통신 기술은 인류에게 놀라운 편의와 효율을 제공했지만, 동시에 그것이 오용될 경우 막대한 파괴력을 수반한다. 정보기술의 파괴적 가능성은 일부 사람들에게 오히려 비윤리적 행위를 자극하는 유혹으로 작용하고 있다. 정보통신 기술의 발전은 그 영향력을 한 국가나 지역에 국한시키지 않고 전 세계로 확장시켰다. 이제 개인이 컴퓨터 기술을 활용하여 정보를 탈취하거나 이윤을 추구하는 행위를 지구 반대편의 대상에게도 손쉽게 수행할 수 있게 된 것이다. 이처럼 전 지구적 차원에서 활동이 가능해졌다는 점은 비윤리적 행동을 더욱 유혹하게 만드는 요인 중 하나다. 그러므로 오늘날의 정보윤리는 글로벌한 책임감과 공동의 윤리 기준을 요구하는 시대로 접어들고 있는 것이다.

정보기술은 우리가 하루 중 깨어 있는 대부분의 시간을 점유하고 있으며, 이는 곧 윤리적 자아 성찰의 기회를 감소시키는 결과로 이어진다. 결국 정보통신 기술이 지닌 파괴력은 단순히 기술적 문제가 아니라, 도덕적 자각과 삶의 태도 전체에 영향을 미치는 문제임을 인식할 필요가 있다.

4. 정보통신 윤리의 실질적 문제들

1) 개인의 사생활과 정보통신 윤리

정보화 시대에 우리가 가장 먼저 윤리적으로 고민해야 할 문제는 개인의 사생활 보호이다. 컴퓨터와 인터넷 기술의 급속한 발전은 개인 정보를 거의 무제한적으로 수집 · 저장 · 유통할 수 있는 환경을 만들어 냈으며, 이로 인해 개인의 사생활이 심각하게 위협받고 있다. 인터넷 공간은 누구나 쉽게 접근할 수 있지만, 그만큼 타인의 인격을 보호할 수 있는 '안전지대'는 점점 축소되고 있다.

컴퓨터는 정보를 기록하고 저장하고 조직하고 교체할 수 있는 기능을 갖고 있기 때문에, 개인의 사적 정보가 대량으로 오랫동안 보관될 수 있다. 이 정보는 언제든지 손쉽게 복제되거나 유출될 수 있으며, 심지어 도난의 위험에도 노출된다. 특히 한 번 데이터베이스에 기록된 정보는 다양한 경로를 통해 지속적으로 공유되며, 사생활 침해가 일회성에 그치지 않고 장기적이고 반복적인 문제로 이어질 수 있다.

문제의 핵심은, 정보를 저장할 수 있다는 사실 자체가 아니라 그 정보가 거의 제한 없이 유통될 수 있다는 점이다. 일정한 기간 후에 자동 폐기되는 시스템이 마련되지 않는다면, 개인 정보는 평생 그 사람을 따라다니는 그림자와 같아질 수 있다. 이는 과거 종이문서 중심 사회에서는 상상하기 어려운 차원의 위협이다.

이와 관련하여 영국은 1984년 「데이터 보호법(Data Protection Act)」을 제정 · 개정하며, 다음과 같은 사생활 보호의 원칙을 제시하였다:

데이터는 공정하고 합법적으로 처리되어야 한다.

데이터는 구체적이고 명확한 목적을 위해 수집되어야 한다.

데이터는 수집 목적에 부합하지 않는 방식으로 사용되어서는 안 된다.

데이터는 과도하지 않게, 필요한 범위 내에서 수집되어야 한다.

데이터는 정확해야 하며, 필요에 따라 지속적으로 갱신되어야 한다.

데이터는 목적상 필요한 기간 이상 보관되어서는 안 된다.

그러나 사생활 보호가 언제나 절대적인 가치를 가질 수 있는 것은 아니다. 경우에 따라 사생활 보호가 공익과 충돌할 수 있으며, 때로는 악의적인 은폐 수단으로 남용될 가능성도 있다. 따라서 우리는 사생활을 무조건 보호해야 한다는 관점보다는, 공공의 이익과 개인의 권리 사이에서 균형 있는 기준을 설정하는 것이 중요하다.

개인의 사생활 보호는 단순히 자신에 관한 정보를 통제할 수 있는 권리를 넘어, 인권과 인격적 존엄성에 대한 사회적 존중의 문제이다. 사생활은 한 개인이 다양한 사회적 관계를 유지하며 자율적으로 삶을 설계하는 데 필수적인 요소이며, 존경 · 사랑 · 우정 · 신용과 같은 인간관계의 기초를 구성한다. 결국, 개인의 사생활을 수단이 아닌 목적 그 자체로 존중할 수 있는 사회가 진정한 윤리적 공동체일 것이다.

2) 지적 재산권과 정보통신 윤리

정보화 시대에 들어서면서 정보 그 자체가 가장 중요한 자산으로 떠오르고 있다. 이와 더불어 지식과 창작물을 보호하는 지적 재산권 문제는 더욱 복잡하고 민감한 윤리적 쟁점으로 대두되고 있다. 특히 소프트웨어와 데이터처럼 무형의 창작물은 소유권을 명확히 정의하고 보호하는 데 어려움이 따른다.

소프트웨어는 인간의 창의력에 의해 개발된 결과물이며, 당연히 이를 만든 개인이나 집단의 지적 재산으로 존중받아야 한다. 하지만 토지나 자동차처럼 물리적으로 고정된 대상과 달리, 소프트웨어는 관념적 형태를 띠고 있기 때문에, 소유권의 범위와 한계를 설정하는 일이 매우 어렵다.

[소유권의 배분 문제]

소프트웨어는 종종 여러 사람이 공동으로 개발하거나, 집단이나 기업이 시간과 자본을 투자해 만들어 낸다. 이 경우 소유권을 누구에게, 어떻게 배분할 것인지가 중요한 윤리적 과제가 된다. 개발에 기여한 개인이나 조직은 정당한 보상을 받을 권리가 있으며, 공정성과 평등성, 진취성과 근면성을 보장하기 위해 지적 재산을 통제하고 활용할 수 있는 권리를 가져야 한다. 그러나 이 권리를 어디까지 인정할 것인가는 여전히 논란거리다. 지적 재산권의 과도한 독점은 사회 전체의 기술 발전과 정보 공유를 저해할 수 있기 때문이다.

[저작권 보호의 한계]

소프트웨어에 대한 저작권 보호가 어려운 또 다른 이유는, 그것이 쉽게 유사하게 재현될 수 있다는 점이다. 원저작자의 창작물과 유사한 새로운 프로그램이 제3자에 의해 만들어졌을 때, 어느 선까지가 침해인지 판단하기 어렵다. "현저하게 유사하다"는 개념 자체가 모호하며, 법적으로 그 유사성을 입증하는 데도 현실적인 한계가 많다.

결국, 저작권 보호의 실효성은 기술적 장치보다도 사용자 개개인의 윤리 의식에 상당 부분 의존하게 된다.

[분배의 책임과 공공의 이익]

지적 재산권은 단순히 소유의 권리만이 아니라, 분배에 대한 책임도 수반한다. 충분히 검증되지 않은 소프트웨어를 무분별하게 배포하는 것은 사회적으로 큰 위험이 될 수 있으며, 반대로 공공의 이익에 부합하는 소프트웨어가 경제적 이유로 독점되거나 제한될 경우 사회 전체에 손해를 초래할 수도 있다. 지적 재산권의 보호와 공공의 이익 사이의 균형이 필요하다. 예를 들어, 미국 저작권법은 "사상의 표현은 보호하지만, 사상 자체는 보호하지 않는다"는 유보 조항을 두고 있다. 이 조항은 사적 재산으로서의 권리와 사회 전체의 공동선을 동시에 고려해야 한다는 원칙을 담고 있다.

지적 재산권 문제는 단순한 법적 소유의 문제가 아니라, 윤리적 책임, 공정한 분배, 사회적 가치 실현 등 다양한 측면을 고려해야 하는 복합적인 사안이다. 정보 사회에서 우리는 창작자의 권리를 존중하면서도, 그 권리가 사회의 이익과 조화를 이룰 수 있도록 성찰적인 자세를 가져야 한다.

3) 컴퓨터의 올바른 사용과 직업윤리

현대 사회에서 컴퓨터의 사용은 일상화되었으며, 그에 따라 컴퓨터 오용과 악용의 위험성도 함께 증가하고 있다. 컴퓨터를 잘못 사용하는 사례는 다음과 같이 다양한 형태로 나타난다.

[컴퓨터 오용 및 악용의 사례]

- 허가받지 않은 정보를 입력하여 사기 행위를 저지르거나, 프로그램 실행 결과를 고의로 삭제하거나 변경하는 행위
- 데이터나 소프트웨어를 절도하는 행위
- 불법 복제 소프트웨어를 사용하거나, 허가받지 않은 소프트웨어를 설치·운영하는 행위
- 조직의 허락 없이 컴퓨터 설비를 개인적인 목적으로 사용하는 행위
- 개인의 데이터를 무단으로 수집·공개하는 사생활 침해 행위
- 해킹 등 전자통신 설비를 이용한 불법 접근 행위
- 시스템 설비를 손상시켜 컴퓨터 운영을 방해하는 행위
- 악의적인 바이러스를 퍼뜨려 컴퓨터의 실행을 마비시키는 행위

이와 같은 행위는 단순한 기술적 잘못이 아니라 윤리적 위반이며, 조직과 개인

모두에게 중대한 책임이 따른다. 조직은 보안 시스템을 강화하여 악용의 가능성을 줄일 의무가 있고, 개인은 유혹에 흔들리지 않고 윤리적으로 행동할 책임이 있다. 아무리 결과가 사소해 보여도, 정보 유출이나 지적 재산권 침해는 큰 피해로 이어질 수 있다. 따라서 정보의 안전과 시민의 자유 사이에서 균형을 유지하는 일이 매우 중요하다.

컴퓨터는 강력한 도구인 동시에 윤리적 책임을 요구하는 매체다. 특히 정보사회에서 활동하는 전문가일수록, 자신의 기술이 사회에 미치는 영향과 책임을 깊이 자각해야 한다. 컴퓨터 기술은 능력만큼의 윤리적 성숙을 함께 요구한다.

4) 해킹과 윤리: 기술인가 침해인가?

현대 정보사회에서 해킹은 단순한 기술적 행위를 넘어 도덕적 판단의 대상이 되고 있다. 해킹이 본질적으로 비윤리적인 행위라는 입장과, 해킹이 오히려 컴퓨터 산업 발전과 창의성의 원천이 될 수 있다는 입장이 대립하고 있다. 실제로 많은 유명한 프로그래머들이 해커 출신이라는 사실이 이러한 논의를 뒷받침한다. 심지어 국내에서는 해커 양성을 위한 전문 교육과정이 개설되기도 했다.

해커들은 자신들의 행동에 대해 다음과 같은 윤리적 정당화 근거를 제시하고 있지만, 그 타당성은 비판적으로 검토되어야 한다.

1. 정보는 모두에게 속한다는 주장

일부 해커들은 정보는 인류 전체의 자산이기 때문에 독점되어서는 안 되며, 접근에 제한이 있어서는 안 된다고 주장한다. 그러나 이 주장은 지적 재산권의 개념과 충돌한다. 정보는 창작과 투자의 결과물이므로, 개발자의 권리를 존중하는 것이 윤리적으로 정당하다. 특히 개인의 금융정보, 건강정보, 신용정보와 같은 민감한 데이터는 보호받아야 하며, 모든 정보의 자유로운 공개는 현실적인 위험을 동반한다.

2. 시스템의 안전성을 점검하기 위한 침입

다른 해커들은 실제로 시스템에 침입해 보는 것이 유일하고 효과적인 보안 점검 수단이라고 주장한다. 그러나 이는 마치 화재 위험을 점검한다는 이유로 이웃의 가게에 불을 질러 보는 것과 같은 비합리적 논리다. 보안 점검은 허가받은 방법과 윤리적 절차를 통해 수행되어야 하며, 정당한 승인 없이 침입하는 행위는 범죄에 해당한다.

3. 사용되지 않는 시스템 자원의 이용

해커 중 일부는 사용되지 않는 컴퓨터 용량(idle resources)은 누구든지 자유롭게 사용할 수 있다고 주장한다. 그러나 시스템 자원은 소유자의 목적에 따라 운영되며, 향후 사용을 위한 대기 상태일 수 있다. 무단으로 자원을 사용하는 것은 타인의 고급 자동차가 주차된 상태라는 이유로 허락 없이 운전하는 것과 다름없으며, 이는 명백한 소유권 침해이다.

4. 학습 목적의 침입

경제적 사정으로 개인 장비를 구비하지 못한 학생들이 학습을 위해 시스템에 침입할 수 있다는 주장도 있다. 그러나 진정한 학습은 이론과 설계 원리의 이해를 통해 이루어져야 하며, 무단 침입은 교육 목적의 정당한 방법이 아니다. 오히려 시스템 전체에 손해를 끼칠 수 있으며, 교육의 본질을 훼손하는 행위다.

5. 데이터 악용 방지를 위한 침입

일부 해커는 자신들이 데이터를 보호하기 위해 침입한다고 주장한다. 이른바 '보안관 해커'(ethical hacker) 개념이다. 하지만 목적이 수단을 정당화한다는 이 주장은 매우 위험하다. 보안은 공식적인 절차와 승인된 권한을 통해 수행되어야 하며, 개인의 자의적 판단에 의한 무단 침입은 오히려 새로운 보안 위협이 될 수 있다. 나아가

데이터의 오용을 막는다는 명분 아래 침입 자체가 또 다른 은밀한 악용 행위로 이어질 가능성도 있다.

해킹은 단지 기술의 문제가 아니라 타인의 권리, 사적 소유, 공공의 신뢰에 관한 윤리적 문제이다. 아무리 창의적 동기나 사회적 목적을 내세운다 해도, 허가 없는 침입은 타인의 디지털 공간에 대한 무단 접근이며 침해다. 해킹은 정보사회에서 우리가 반드시 경계해야 할 행위이며, 기술적 능력은 그에 상응하는 윤리의식과 함께 사용되어야 한다.

해킹이 윤리적으로 정당화되기 위해서는 명확한 동기, 승인 절차, 공공성의 판단 기준이 있어야 하며, 이 기준이 없는 자의적 행위는 정당화될 수 없다. 윤리적 해커(ethical hacker)는 기술이 아니라 책임의식과 절제된 행동으로 정의되어야 한다.

5. 네티즌의 윤리와 정보사회에서의 책임

네티즌(netizen)은 '네트워크상의 시민'을 뜻하는 용어로, 정보화 사회의 도래와 함께 탄생한 새로운 사회 구성원이다. 이들은 인터넷을 통해 정보를 공유하고 여론을 형성하며, 때로는 사회적 변화를 이끄는 역할을 하기도 한다. 하지만 그 영향력이 커지는 만큼, 그에 상응하는 윤리적 책임과 반성 또한 요구된다.

사이버 공간은 익명성과 비대면성, 빠른 확산력이라는 특성으로 인해 현실 세계와는 다른 윤리적 문제가 자주 발생한다. 이를 예방하고 바람직한 온라인 문화를 정착시키기 위해서는 네티켓(Netiquette), 즉 네트워크에서 지켜야 할 예절과 규범에 대한 이해와 실천이 필요하다.

[네티켓: 온라인 예절의 기초]

네티켓은 인터넷 이용자들이 지켜야 할 행동 규범을 뜻하며, 단순한 불쾌한 언행부터 공동 자원의 파괴에 이르는 다양한 비윤리적 행위를 예방하는 역할을 한다. 대표적인 예로는 전자우편에서 모든 문장을 대문자로 작성하는 것이 상대에게 고함을 지르는 행위로 인식되며, '행운의 편지'와 같이 과도한 전파성 메시지는 인터넷 자원을 낭비하게 만든다. 또한 온라인상에서 임의로 접속을 종료하거나 대화 상대를 무시하는 행위도 기본 예절에 어긋난다.

셰어(Shea)는 네티켓의 기초 규범을 열 가지로 정리하여 '네티켓 십계명'이라 하였다.

- 당신은 인간과 소통하고 있음을 명심하라.
- 현실 세계와 동일한 윤리 기준을 온라인에서도 준수하라.
- 접속한 공간의 성격과 문화를 이해하고 그에 맞게 행동하라.
- 다른 사람의 시간과 자원을 존중하라.
- 온라인에서도 예의 바르고 성숙한 태도를 유지하라.
- 자신의 지식을 적극적으로 공유하라.
- 감정적으로 격해지는 상황을 피하도록 노력하라.
- 타인의 사생활을 존중하라.
- 온라인에서의 권한이나 권력을 남용하지 마라.
- 다른 사람의 실수에 관대하라.

한편 세버슨(Severson)은 정보통신 윤리의 네 가지 원칙을 제시하였다. 이 네 가지 원칙은 단순한 네티켓을 넘어, 정보사회를 살아가는 디지털 시민으로서의 도덕적 책임과 기준을 설정하는 데 도움을 줄 수 있다.

- 지적 재산권의 존중
- 개인 사생활의 보호
- 정보 표현의 공정성
- 해를 끼치지 않을 것(무해성, Non-maleficence)

정보통신상에서의 비윤리적 행위는 단지 도덕적 위반에 그치지 않고, 불법적인 범죄 행위로 이어질 수 있다. 따라서 사회적 차원에서는 법적 · 제도적 장치를 마련하여 악용을 방지하고, 정보통신 질서를 보호할 필요가 있다. 그러나 인터넷의 특성상 익명성, 간편성, 빠른 속도는 범죄의 은폐와 확대를 용이하게 만들며, 법적 제도로는 근본적인 예방이 어렵다.

바로 이 점에서 정보윤리 교육의 중요성이 강조된다. 바람직한 정보윤리는 단지 규범을 암기하는 것이 아니라, 윤리적 가치에 기반한 사고 능력과 책임의식을 기르는 것이다. 이를 위해 모든 네티즌은 자신의 권리만이 아니라 공동체의 일원으로서의 책임과 타인에 대한 존중을 함께 자각해야 한다.

오늘날 네티즌은 단순한 기술 사용자에 머물지 않고, 사회적 영향력을 가진 디지털 시민으로 기능하고 있다. 따라서 우리는 정보 접근권을 주장함과 동시에 타인의 권리와 공동선을 고려하는 윤리적 자세를 견지해야 한다. 건강한 정보사회를 위해서는 법과 제도, 기술의 발전 못지않게, 성숙한 시민의식과 정보윤리 교육의 내면화가 필수적이다.

[인공지능(AI) 윤리의 기본 원칙]

- 책임성과 투명성
- 공정성
- 개인정보 보호
- 안전성과 인간 통제 가능성

[인공지능(AI) 활용 시 유의 사항]

- **과제에 챗GPT 사용:** "이 글은 챗GPT의 도움을 받아 작성되었습니다"와 같이 명시하라.
- **민감한 사안(예: 건강, 법률) 질문:** 챗GPT의 답변은 참고용으로 활용하고 전문가와 상담을 병행하라.
- **타인의 글 복사 요청:** 표절을 방지하고 저작권을 존중하라.
- **감정 표현(분노, 욕설 등):** 인공지능은 감정이 없으므로 비인격적 대상으로 대화를 진행하라.

6. 정보통신 윤리, 우리 모두의 과제

정보화 사회의 급속한 진전 속에서 정보통신 윤리의식의 확산은 더 이상 미룰 수 없는 시급한 국가적 · 사회적 과제로 떠오르고 있다. 디지털 기술이 인간의 삶에 지대한 영향을 미치는 오늘날, 우리는 단순한 기술적 발전의 논리를 넘어서, 인간의 도덕적 민감성을 회복하고 비인간화의 위험을 극복해야 할 책임을 안고 있다.

오늘날 사회는 주로 정보통신 기술의 발달 가능성과 기술적 효율성에 주목하고 있다. 그러나 이제는 기술 그 자체를 어떻게 다룰 것인가보다 더 중요한 문제, 즉 그 기술을 어떻게 윤리적으로 사용할 것인가에 대해 깊이 있는 논의가 이루어져야 한다. 기술 발전의 방향을 결정짓는 것은 기술 그 자체가 아니라, 그것을 사용하는 우리의 가치관과 윤리적 판단이다.

따라서 우리는 정보기술이 주는 편리함과 흥분에서 잠시 벗어나, 그것이 진정으로 삶의 질을 향상시키는 도구인지, 우리의 도덕적 기준에 부합하는지를 숙고해야 한다. 기술의 발전이 반드시 인간의 발전을 의미하는 것은 아니며, 윤리적 성찰이 없는 기술은 오히려 인간의 존엄성과 공동체의 가치에 위협이 될 수 있다.

정보사회에서 우리는 더 이상 도덕적 방관자로 머물러서는 안 된다. 정보통신 기술을 사용하는 윤리적 행위자로서의 자각이 필요하며, 이를 위해 다음과 같은 실천적 노력이 요청된다.

- **정보윤리 교육의 확대:** 학교, 가정, 사회 모두에서 정보윤리 교육을 강화하여 시민의 윤리적 민감성과 책임의식을 높여야 한다.
- **학제간적 접근:** 윤리학, 정보공학, 사회학, 교육학 등 다양한 학문이 함께 협력하여 정보윤리의 이론과 실천을 함께 발전시켜야 한다.
- **사회적 담론의 활성화:** 정보기술의 사용과 관련된 윤리적 문제에 대한 사회적 토론과 참여를 장려하고, 공공정책에 반영될 수 있도록 해야 한다.
- **법 · 제도의 정비:** 개인의 권리를 보호하고 공동체의 질서를 유지하기 위한 법적 장치 또한 정보윤리의 실현을 위한 기반이 되어야 한다.

정보사회에서 바람직한 삶을 영위하기 위해서는 기술 중심의 사고에서 벗어나 윤리 중심의 사고로 전환하는 노력이 필요하다. 우리 모두는 정보통신 기술의 사용자일 뿐 아니라, 그 방향을 결정짓는 윤리적 주체로서의 책무를 지니고 있다.

읽을거리

〈컴퓨터 십계명〉

'컴퓨터 윤리위원회'(Computer Ethics Institute)에서는 컴퓨터 윤리의 실천을 위한 대표적인 지침으로 '컴퓨터 십계명'을 제안하였다.

1. 다른 사람에게 해를 끼칠 목적으로 컴퓨터를 사용하지 말라.
2. 다른 사람의 컴퓨터 작업을 방해하지 말라.
3. 다른 사람의 컴퓨터 파일을 허락 없이 열람하지 말라.
4. 절도를 위해 컴퓨터를 사용하지 말라.
5. 거짓 정보를 만들거나 퍼뜨리기 위해 컴퓨터를 사용하지 말라.
6. 저작권이 있는 소프트웨어를 무단으로 복제하거나 사용하지 말라.
7. 정당한 허락이나 보상 없이 타인의 컴퓨터 자료를 이용하지 말라.
8. 타인의 지적 창작물을 부정하게 도용하지 말라.
9. 당신이 만드는 프로그램이 사회에 미칠 영향을 숙고하라.
10. 컴퓨터 사용 시 동료를 존중하고 배려하는 태도를 지녀라.

(컴퓨터 윤리위원회, Computer Ethics Institute)

Chapter 11

차생활 예절

1. 차(茶)란 무엇인가?
2. 차의 역사
3. 차의 종류
4. 다기(茶器)의 종류
5. 차생활의 실제
6. 차를 우려내는 방법
7. 차생활의 예절
8. 차와 문화
9. 차의 정신

Chapter

11 차생활 예절

1. 차(茶)란 무엇인가?

'茶'자는 '차(나무)'를 뜻하기 위해 '풀'(艸)과 '사람'(人)과 '나무'(木)를 합해 놓은 글자이다. 사람들이 그 나무의 잎을 말렸다가 달여서 먹는다는 뜻에서 생겨난 글자로 보인다. 다른 어원으로, 풀(艸)과 자라다(余)는 글자의 합성어로서 자란 새싹을 따서 음료로 삼는다는 뜻을 의미한다고도 한다. 원래의 한자 발음은 '다'로 읽히나 속음(俗音)으로 '차'라고 하기도 한다. 대개의 경우에는 첫음절에 쓰일 경우에는 '다'로 발음하고, 독립 음절 또는 마지막 음절에 쓰일 경우에는 '차'로 발음하는 경우가 많다. 그렇지만 관용적인 습관에 따라 '다'와 '차'를 혼용하고 있다.

식물학적으로 보아 차나무는 산다과(山茶科) 혹은 후피향(厚皮香) 나무과에 속하는 상록수이다. 차나무는 서남아시아인 인도 남부에서부터 동남아시아, 중국, 우리나라 남부 일원과 일본 등지에까지 폭넓게 분포되어 있다. '차'는 차나무에서 딴 연한 잎을 덖거나 찌거나 발효시켜서 끓인 물에 우려먹을 수 있도록 만들어 놓은 것을 말한다. 우리나라에서는 곡류로 만든 율무차 · 옥수수차, 식물의 잎으로 만든 두충차 · 감잎차, 과실류로 만든 유자차 · 모과차, 꽃이나 뿌리 · 껍질 등으로 만든 국화차 · 인삼차 · 귤피차, 약재로 만든 쌍화차 등과 같은 기호음료도 차라고 말하고 있다. 그러나 엄밀한 의미에서의 차는 차나무의 잎으로 만든 것만을 지칭하고, 율무차 · 인삼차 등은 '탕'(湯)이라고 하거나[1] 대용차(代用茶)라고 해야 한다.

2. 차의 역사

차의 역사는 대단히 장구하나, 구체적 문헌으로 상고(上古)시대 차의 역사를 분명하게 이해하기에는 역부족이다. 그렇지만 차는 한자문화권, 즉 동아시아 문명권에서는 오랜 시간을 인간과 함께해 왔고 시간이 지남에 따라 발전되고 정형화된 차문화를 이루게 되었다.

『신농본초(神農本草)』라는 책에 의거해 보면, 중국의 경우 선사(先史)시대인 삼황오제(三皇五帝)의 시대부터 차와 관련한 기록을 찾아볼 수 있다. 즉, 삼황의 한 사람인 신농(神農)은 백성들에게 약초와 독초를 알려 주었으며 또한 독초를 씹었을 때에 차로 독을 풀었다고 한다. 그리고 『삼국지연의(三國志演義)』 첫 부분에 유비(劉備)가 어머니를 위해 천신만고 끝에 낙양차를 구해 고향으로 돌아오는 장면이 묘사되어 있다. 이러한 기록들은 사실 여부를 떠나 적어도 상당히 오래 전부터 중국에서 차문화가 보편화되었음을 짐작케 한다.

차에 관한 본격적인 책으로는 당나라 육우(陸羽, 733~804)가 지은 『다경(茶經)』을 들 수 있다. 이 책은 차에 관한 전문서적인데, 약이나 음식의 일종으로 여겨졌던 차를 고유의 문화로 승격시킨 전문 기록이다.

우리나라에 차가 언제 전래되었는지에 대한 기록은 분명치 않다. 그렇지만 최소한 7세기 전반 신라 선덕여왕 때부터는 확실하게 존재했으며, 828년(흥덕왕 3년) 당나라에 사신으로 갔던 김대렴(金大廉)이 소엽종(小葉種) 차 종자를 가져와 왕명으로

1) 다산 정약용 또한 엄밀히 말하여 이러한 것들이 茶가 아니라, 湯이라고 지적한 바 있다.(『雅言覺非』 참고)

지리산 일대에 심은 이후부터 본격적으로 활성화되었다. 이때부터 지리산을 중심으로 하는 영남과 호남 지방이 우리나라 차의 본고장이 되었다. 한편 가야시대에 김수로왕의 왕비로 왔던 인도 출신 허황옥의 일행들로부터 차가 전래되었다는 설도 있지만, 이를 뒷받침할 만한 구체적 사료가 불충분하다. 일본의 경우에는 805년에 사이초(最澄)가 중국에서 종자를 가지고 들어가 재배하였다는 기록이 남아 있다.

우리나라 차의 문화는 특히 통일신라시대에 이르러 승려 및 화랑들에 의해 크게 발전된다. 사복(蛇福)이 원효(元曉)에게 차를 공양했다는 설화, 8세기의 보천(寶川)·효명(孝明) 두 왕자가 오대산에서 수도할 때 문수보살에게 차를 공양했다는 기록, 경덕왕 때의 승려 충담(忠談)이 매년 3월 3일과 9월 9일에 삼화령(三花嶺)의 미륵불에게 차를 공양했다는 기록, 경덕왕이 승려 월명(月明)에게 차를 예물로 주었다는 기록, 진감국사(眞鑑國師)·무염국사(無染國師) 등이 차를 마셨다는 기록 등은 이 시대 승려사회에서 일반적으로 음다(飮茶)의 풍속이 있었음을 알게 해 준다. 또한 화랑들이 경포대·한송정 등지에서 차를 마실 때 사용한 석조(石竈)·석정(石井)·석지(石池) 등의 유물이 조선 초기까지 전해지고 있었으며, 그중에서도 석정은 현재까지 존재하고 있다. 승려나 화랑도의 음다 풍속은 이들의 수행과도 밀접한 연관이 있었다.

고려시대에는 차문화가 보다 보편적으로 확산되었으며, 특히 궁중에서는 연등회·팔관회 등 국가적인 제전이나 왕자·왕비 등의 책봉의식에도 진다의식(進茶儀式)이 행해졌다. 그리고 국제외교에 있어서도 차가 중요한 예물로 사용되기도 하였다. 고려시대 불교의 차문화 또한 단순한 취미생활에 그치지 않고 수행과도 밀접한 연관을 맺고 있었다. 그리고 이인로(李仁老)·이규보(李圭報)·이색(李穡)·이제현(李齊賢)·정몽주(鄭夢周) 등의 문인들 또한 차를 즐기고 차와 관련한 시(詩)를 짓기도 하였다.

그렇지만 조선시대에 들어와 차 문화는 쇠퇴하게 된다. 불교를 배척하고 실용을 강조한 신진사대부들에 의해 품격 높은 차 문화는 제대로 환영받지 못한 존재가 되고 만 것이다. 그렇지만 조선 초기만 하더라도 일부 지식인들과 사찰을 중심으로 고려의 음다(飮茶) 유풍이 상당부분 계승되고 있었으며, 외국 사신을 맞이할 때도 다례(茶禮)가 행해졌던 것으로 보인다.

결정적으로 차 문화의 쇠퇴를 불러온 원인은 왜란(倭亂)과 호란(胡亂)이다. 몇 차례의 전란을 겪으면서 기본적인 의식주마저 절대 빈곤을 겪는 상황에서 차 문화와 같은 여유롭고 고급스러운 문화는 쇠퇴할 수밖에 없었다. 다만 남쪽 지역의 일부 사찰과 승려를 중심으로 차생활 문화가 명맥만 이어오게 된다.

조선시대의 차 문화는 19세기에 이르러 중흥기를 맞게 된다. 전라도 해남 대흥사의 혜장(惠藏)·초의(草衣)·범해(梵海) 등의 다승(茶僧)과 정약용(丁若鏞)·신위(申偉)·김정희(金正喜)·홍현주(洪顯周)·이상적(李尙迪) 등의 문인(文人)들이 차를 즐기고 그 문화를 공유하였다. 특히 초의선사(草衣禪師)는 『동다송(東茶頌)』을 짓고 직접 차를 재배하는 등 다도의 이론이나 실질적인 면에서 우리나라의 차 문화를 크게 진작시켰다. 그리고 저명한 사상가이자 초의선사의 스승이기도 한 다산 정약용은 강진(康津)에서 유배생활을 하는 중에 차를 즐겨 "걸명소"(乞茗疏)와 같은 다시(茶詩)를 남기기도 했고, 또한 유배가 풀려 강진을 떠나면서 그의 제자들과 함께 다신계(茶信契)를 조직하기도 하였다.

일제강점기에 이르러 그동안 음다 문화와 다도 문화를 체계화하고 소중하게 간직해 왔던 일본인들에 의해 차의 생산과 보급, 그리고 한국 차에 대한 연구가 활발히 진행되었다. 광주에 무등다원(無等茶園), 정읍에 소천다원(小川茶園), 보성에 보성다원(寶城茶園) 등이 조성된 것도 바로 이 시기 일본인들에 의해서였다. 그리고 일제시기 일부 여학교에서 다도 교육이 실시되었는데, 일본의 다도 문화를 우리나라에 그대로 옮기려는 식민지교육의 일환으로 이루어졌다는 점에서 긍정적 평가를 받기는 힘들다.

해방 이후 우리나라는 1960년대 이후 차에 대한 관심이 생겨나기 시작했으며 특히 경제적 환경이 크게 좋아진 1970년대 후반부터 활기를 띠면서 크게 발전하였다. 이와 관련하여 의재(毅齋) 허백련(許百鍊, 1891~1977), 효당(曉堂) 최범술(崔凡述, 1904~1979) 등 선구자적인 일부 다인(茶人)들의 기여가 크다.

3. 차의 종류

1) 형태에 따른 분류

- **엽차(葉茶: 잎차)**: 녹차, 오룡차(烏龍茶)[2] 등으로서 잎의 형태를 띠고 있다.
- **말차(抹茶: 가루차)**: 일본 차 문화에서 익숙한 차인데, 분말 형태의 차이다.
- **전차(磚茶: 덩어리차)**: 보이차(潽洱茶)[3] 계열의 차로서, 생긴 모양이 벽돌 같다 하여 전차(磚茶), 떡덩어리 같아 하여 병차(餠茶), 엽전 같다 하여 돈차[錢茶] 등으로 불리기도 한다.

2) 시기 · 계절에 따른 분류

- **명전차(明前茶)**: 청명(淸明, 양력 4월 5일 전후) 이전에 채취한 차이다.[4]
- **우전차(雨前茶)**: 곡우(穀雨, 양력 4월 20일 전후) 이전에 채취한 차이다.
- **우후차(雨後茶)**: 곡우 이후에 채취한 차이다.
- **입하차(立夏茶)**: 입하(立夏, 양력 5월 7일 전후) 무렵에 채취한 차이다.
- **매차(梅茶)**: 망종(芒種, 양력 6월 6일 전후) 무렵에 채취한 차이다.
- **추차(秋茶, 가을차)**: 입추(立秋, 양력 8월 9일 전후) 무렵에 채취한 차이다.

2) 흔히 중국어 발음을 따라 '우롱차'라고 부른다. 製茶한 뒤의 차의 모양이 '검은 용'(烏龍)같아서 생긴 명칭이라는 설이 가장 유력함.

3) 중국어 발음에 따라 '푸얼차'로 부르기도 한다. 이 차의 집산지가 '보이'(潽洱)이기 때문에 생긴 명칭이라는 설이 가장 유력함.

4) 중국의 경우 차밭이 대개 우리나라보다 위도가 낮기 때문에 차의 수확 시기 또한 우리에 비해 빠르다. 즉, 우리나라는 '곡우' 전후의 시기에 첫 차를 따지만, 중국의 경우에는 '청명' 전후에 차 수확이 가능하다. 그러므로 청명절에 앞서 딴 '명전차'라는 용어는 중국 녹차의 분류 기준이다.

3) 발효 정도에 따른 분류

- **불(不)발효차:** 발효 정도가 0~10%로서 녹차가 대표적이다.
- **반(半)발효차:** 반발효차 또한 발효 정도에 따라 세 부류로 구분할 수 있다. 우선 발효 정도가 10~30%인 경(輕)발효차로 쟈스민차[茉莉花茶][5], 청차(淸茶), 백차(白茶)가 있으며, 발효 정도가 30~60%인 중간 단계의 발효차로 동정차(凍頂茶), 철관음차(鐵觀音茶), 무이차(武夷茶) 등이 있다. 그리고 반발효차 중에서 발효 정도가 가장 심한 단계인 중(重)발효차는 발효 정도가 60~90%로서 보이차가 가장 대표적이다.
- **전(全)발효차:** 발효 정도가 90~100%로서 홍차(紅茶)가 대표적이다.

4) 잎의 모양과 크기에 따른 분류

- **작설차(雀舌茶):** 찻잎의 모양이 참새의 혀를 닮았다 하여 생긴 명칭이다.
- **세작(細雀), 중작(中雀), 대작(大雀):** 찻잎의 크기에 따라 붙인 명칭이다.

5) 기타: 만든 사람, 지역, 공장에 따른 분류

- **감로차(甘露茶), 반야차(般若茶), 해탈차(解脫茶):** 스님들이 만든 차에 붙이는 명칭이다.
- **죽로차(甘露茶):** 대나무 숲속에서 자란 차를 의미한다.
- 옥로차, 설록차, 봉로차 등은 생산 공장에 따라 고유하게 붙인 명칭이다.

---

5) 쟈스민차는 말리화차 또는 香片으로도 불리며, 쟈스민의 향을 잎차에 스며들게 하여 만든 花茶이다. 화차는 차에 향을 입힌 것이므로 차가 가지고 있는 효능을 거의 다 가지고 있다. 쟈스민은 그 향이 매우 좋고 차의 쓴맛이 적기 때문에 중국인들이 가장 일반적으로 마시는 차의 하나임.

4. 다기(茶器)의 종류

다기(茶器)라는 용어는 진대(晋代) 이후에 생겨난 말이며, 당대(唐代)에 이르러 비로소 다기와 다구(茶具)의 명칭이 분명하게 정리된다. 특히 당나라 시대 육우(陸羽)는 『다경』에서 '다기'와 '다구'의 용도를 분명하게 구분함은 물론 각 도구의 그림까지 곁들여 설명하였다. 일반적으로 다기와 다구라는 말을 혼용하고 있지만, 엄밀하게 구분하면 다기보다는 다구라는 말이 훨씬 범위가 넓다. 다구의 의미는 차를 따고 만드는 데에 필요한 연장(농기구)의 의미에서부터 차를 우려내고 마시기 위한 도구에 이르기까지 그 의미가 확대되어 사용된다. 반면 다기는 그 의미가 차를 우려내고 마시기 위해 필요한 물건에 국한된다. 일반인들의 입장에서 볼 때 차를 제다하는 도구까지 이해할 필요가 없기에 여기서는 다기라는 용어를 중심으로 살펴보고자 한다.

1) **다관(茶罐)**: 차를 우려내기 위한 용기이다. 다호(茶壺)라고 부르기도 한다. 청차(淸茶)를 마실 때에는 자사호(紫砂壺)계통을 선호한다.[6)]
2) **다배(茶杯) 또는 찻잔**: 우려낸 차를 담아 마실 때 쓰는 작은 그릇이다. 발효차 계열인 청차(靑茶)를 마실 때에는 흔히 자사배(紫砂杯)를 사용한다. 자사배 찻잔의 안쪽은 백유(白釉)를 칠하기도 한다.
3) **다탁(茶托) 또는 차탁**: 찻잔 받침이며 은(銀), 동(銅), 철(鐵), 자기(瓷器), 자사(紫砂), 나무 등 여러 종류가 있는데, 나무로 만든 다탁이 가장 실용적이고 흔히 사용된다.
4) **문향배(聞香杯) 또는 감정배(鑑定杯)**: 우려낸 찻물을 찻잔에 따르기 전에 이곳에 먼저 부은 다음 다시 찻잔에 붓는다. 그리고 나서 비워진 문향배를 코

6) 차를 담아 보관하는 용기를 茶壺라고 하기도 함.

가까이 가져가서 향을 맡는다. 이 잔은 중국차 문화에서 사용되며 우리나라와 일본에서는 거의 사용되지 않는다.

5) **다건(茶巾):** 차를 우려낼 때나 다기를 정리할 때 사용하는 행주이다.

6) **다시(茶匙) 또는 차시:** 우려낼 만큼의 차를 떠낼 때 사용하는 숟가락이다.

7) **숙우(熟盂):** 찻물을 우려내기 전에 물을 부어 온도를 낮추는 역할을 하는 물식힘 그릇이다.

8) **다반(茶盤):** 찻잔을 옮길 때나 다기를 담아 두는 판이다.

9) **탕관(湯罐):** 물을 끓이는 주전자이다.

10) **탕정(湯鼎):** 물을 끓이기 위해 곱돌이나 무쇠로 만든 솥이다.

11) **표자(杓子):** 탕정에서 물을 떠 내는 자루가 달린 바가지이다.

12) **다완(茶碗) 또는 차완:** 가루차[抹茶]를 마실 때 사용하는 큰 사발이다. 일본인들이 특히 좋아한다.

13) **다선(茶筅) 또는 차선:** 가루차를 다완에 풀 때 사용하는 대나무로 만든 '솔'이다.

14) **다망(茶網):** 차를 우려낼 때 차찌꺼기를 걸러 주는 거름망이다.

15) **다침(茶針):** 다관의 물이 잘 흘러나오지 않을 때 주둥이(물이 나오는 곳)쪽으로 넣어서 찌르는 뾰족한 모양의 침인데, 흔히 대나무로 만든다. 중국 차 문화에서 사용되는 다기이다.

16) **다협(茶挾):** 다호에서 차찌꺼기를 집어내거나 찻잔을 집는 용도의 일종의 '집게'를 말한다. 중국 차 문화에서 흔히 사용되는 다기이다.

17) **퇴수기(退水器):** 물을 버리거나 설거지할 때 사용하는 그릇이다.

5. 차생활의 실제

초의선사는 차생활 전반을 간결하게 요약하여 다음과 같이 말한다.

> 차(茶)를 딸 때에는 그 오묘함[妙]을 다해야 하고,
> 차를 만들 때에는 정성[精]을 다해야 한다.
> 물은 참되어야[眞] 하고, 탕(湯)은 중정(中正)을 얻어야 한다. 체(體)와 신(神)이 잘 어울리고 건(健)과 영(靈)이 함께해야 한다.
> 이러한 경지에 이르면 비로소 다도가 온전히 이루어졌다고 할 수 있다.[7)]

그리고 명나라의 유명한 다인(茶人) 장원(張源)은 차를 만들고, 보관하고, 물을 끓이는 과정을 핵심적으로 정리하였는데, 초의선사 또한 이 구절을 『다신전(茶神傳)』에서 인용하였다.

> 차를 만들 때에는 정성을 다해야 하고,
> 차를 보관할 때에는 습기가 차지 않도록 해야 하며,
> 물을 끓일 때에는 청결하게 해야 한다.
> 정성들여 만들고 [精]
> 습기가 들지 않게 하고 [燥]
> 물을 깨끗이 끓이면 [潔]
> 비로소 다도가 완벽하게 이루어지게 된다.[8)]

그렇다면 이제 실제적으로 차를 끓여서 마시는 과정을 좀더 구체적으로 살펴보도록 하자.

1) **좋은 물 마련하기:** 차를 끓일 때 물은 매우 중요하다. 물은 차의 몸체이다.
초의선사는 좋은 물의 여덟 가지 덕(德)으로, 가볍고, 맑고, 차고, 부드럽고, 아

7) 『東茶頌』. "采盡其妙, 造盡其精, 水得其眞, 泡得其中, 體與神相和, 健與靈相併, 至此而茶道盡矣."
8) 張源, 『茶錄』. "造時精, 藏時燥, 泡時潔, 精, 燥, 潔, 茶道盡矣."

름답고, 냄새가 없고, 비위에 맞고, 탈이 없어야 할 것을 지적하면서, 급히 흐르는 물과 고여 있는 물은 좋지 못하고, 맛도 냄새도 없는 것이 좋은 물이라고 하였다. 좋은 샘물이 가까이에 있다면 필요할 때마다 길어서 쓰면 좋지만, 샘물이 가까이에 없을 경우에는 물을 길어다 저장해서 사용하면 된다. 물을 저장하는 용기로는 독이 적당하고, 헝겊으로 입구를 덮는다. 현대의 도시인들은 대부분 수돗물을 사용하는데, 이 경우에 수돗물을 다시 정수하거나 그렇지 못할 경우 수도꼭지를 완전히 열어서 한참 동안 물을 흘려보낸 다음 받아서 사용하는 것이 좋다.

2) **적당하게 물을 끓이기:** 옛날에는 화로나 풍로에 불을 피우고 철병이나 차솥으로 물을 끓였지만, 오늘날은 커피포트 등을 이용하여 간편하게 물을 끓인다. 좋은 차맛을 내기 위해서는 물을 잘 끓여야 하는데, 전기 또는 가스를 이용하여 물을 끓이는 요즘은 예전보다 불의 중요성이 떨어진다. 다만, 녹차처럼 온도를 낮추어 차를 우려내는 경우라도 일단 100℃ 이상으로 끓인 뒤에 다시 식혀서 사용하는 것이 좋다.

6. 차를 우려내는 방법

말차(抹茶)와 잎차에 따라 우려내는 방법이 다르다. 말차는 찻가루 약간을 찻숟가락으로 떠서 다완에 넣고 끓인 물을 부어 다선(茶筅)으로 저어 거품이 잘 일어나게 하여 마신다. 잎차의 경우 다관에 차와 끓인 물을 넣고 차가 잘 우러났을 때 찻잔에 따른다. 차의 품질에 따라 탕수(湯水)의 온도에 차이를 두는데, 대개 80℃ 내외가 적당하다. 그리고 차를 넣는 투차(投茶)의 방식에는 차를 먼저 넣고 물을 붓는 하투(下投), 물을 반쯤 붓고 차를 넣은 뒤 다시 물을 더 붓는 중투(中投), 물을 먼저 붓고 그 위에 차를 넣는 상투(上投) 등의 방법이 있다. 겨울에는 하투, 여름에는 상투,

봄 · 가을에는 중투를 하는 것이 좋다. 다관에서 차를 우려낼 때는 그 시간을 잘 맞추어야 한다. 빠르면 차가 제대로 우러나지 않고, 너무 늦으면 차의 맛이 떫어지고 색깔이 탁해진다.

① 먼저 물을 100℃ 이상으로 끓인다.

② 물을 숙우에 따른 후 차의 종류에 맞게 적절하게 온도를 맞춘다.

③ 적당량의 물을 다관에 부어 다관을 골고루 덥힌다.

④ 다관의 물을 다시 찻잔에 나누어 부어서 찻잔을 골고루 덥힌다.

⑤ 찻잔의 물을 퇴수기에 붓는다.

⑥ 차를 다관에 넣고 물을 붓는다.(下投)
물을 반쯤 붓고 차를 넣은 뒤 다시 물을 더 붓는다.(中投)
물을 먼저 붓고 그 위에 차를 넣는다.(上投)

⑦ 적당한 시간(대략 2~3분)이 지난 후에 다관에 담긴 찻물을 찻잔에 번갈아 가며 따르거나, 숙우에 모두 따른 후에 다시 찻잔에 나누어 따른다. 찻잔에 차를 따를 경우에는 차의 농도를 골고루 하기 위하여 몇 개의 찻잔을 왕복하면서 따른다. 찻잔에 따르는 양은 7, 8부 정도가 적당하다. 다관의 찻물은 마지막 한 방울까지 따라야만 재탕 때 좋은 차맛을 보존할 수 있다.

7. 차생활의 예절

'차생활 예절'이라고 할 때 우선 '차생활'이라고 하는 말의 범위가 문제될 수 있다. 넓은 의미에서는 차를 농사짓고 차를 만들고 차를 보관하고 끓이고 마시고 대접하는 것, 그리고 다기를 선택하고 자리를 정돈하는 일체의 행위를 차생활이라고 명명할 수 있겠다. 그렇지만 여기서는 차를 끓이고 마시고 대접하는 행위를 중심으로 차생활 예절을 살펴보고자 한다.

차는 원래 음료의 일종 혹은 약용(藥用)으로 등장하였으나 점차 기호식품화하면서 취미생활과 연결되었고, 이것이 다시 고급문화와 연계되어 예절과 정신수양의 경지에까지 확장되는 다례(茶禮) 또는 다도(茶道)로 발전하였다. 다례(茶禮)는 차를 마실 때의 예의범절, 즉 차에서 행사하는 예이다. 다실에서 차를 마실 때나 일반 가정에서 손님에게 차를 대접할 때 혹은 어떤 의식에 차를 사용할 때는 그 분위기에 어울리는 예의가 필요한데, 이때에 행해지는 모든 예의범절을 다례라고 한다. 근래에 이르러 다도 또는 다례라고 하면 일본의 차 문화를 연상하기 쉬우나, 원래 다도는 불교문화에서 크게 발전하여 중국과 우리나라의 문화에 강한 영향을 주었다.

다도는 기본적으로 다음 두 가지 면에서 예절의 기본 정신과 상통한다. 즉, 자신을 수양하고 서로를 존중하고 배려하는 마음을 기본으로 한다는 점이다. 이러한 점에서 다도는 예절교육의 좋은 방편으로 자주 활용되고 있으며, 특히 어린이와 청소년의 예절교육에 적용할 경우 큰 효과를 거둘 수 있다.

그렇지만 다도 예절을 전문으로 강의하는 일부 사람들의 경우에 지나치게 번다한 절차를 강요함으로써 차 마시는 즐거움을 잊게 하고 예절의 근본정신을 망각하게 하여 오히려 다도와 예절의 문화로부터 멀어지게 하는 경우가 있다. 다도 예절이야말로 박문약례(博文約禮)의 정신을 잘 살려서 차의 문화를 즐기고 예절의 정신을 내면화할 수 있는 계기가 되어야 한다. 그런 면에서 여기에서는 차를 마시면서 가장 기본적으로 지키거나 알아야 할 예절에 대해 간략하게 설명하기로 한다.

- 차를 대접하는 사람이나 대접받는 사람 모두가 온화하고 평화로운 마음가짐을 가져야 한다.(和)
- 차를 대접하는 사람은 손님을 공경하고 존중하는 마음으로 차를 대접해야 한다.(敬)
- 다기는 항상 깨끗하게 보관해야 한다.(淸)
- 차를 마시는 공간의 분위기는 고요해야 하고, 차를 마시는 사람의 마음 또한

번다하지 않고 평온해야 한다.(寂)

- 손님은 차를 마실 때 주인에게 감사하는 마음을 가져야 한다.
- 팽주(烹主)[9]가 아니면 차를 우려내거나 찻잔에 찻물을 따르지 않는다.
- 차를 마실 때 어른 앞이라도 고개를 돌려 마시지 않고, 또한 고개를 위로 젖혀 마시지도 않는다. 고개를 반듯하게 하여 바로 앉은 자세에서 마신다.
- 소리를 내며 차를 마시지 않아야 한다.
- 차를 마시면서 자기 방식의 차생활 예절을 지나치게 상대에게 강요하지 않는다.
- 차를 마실 때 분위기에 맞추어 서로 간에 화합하고 소통할 수 있는 좋은 이야기를 나눈다. 타인을 비판하거나 평정심을 흔들 수 있는 부적합한 이야기를 해서는 안된다.
- 차를 마실 때 마치 술을 들이키듯이 한 번에 마시지 않고 몇 번에 나누어 조심스럽게 마시도록 한다.
- 차를 조금 더 마실 의향이 있을 때에는 빈 잔을 팽주 앞으로 약간 밀어 놓는다.
- 차를 마시면서 적절한 때에 수시로 팽주에게 "감사합니다", "차가 아주 맛있습니다"라는 인사말을 하고, 또한 헤어질 때는 좋은 차를 잘 마셨다는 감사의 인사말을 전한다.

9) 차를 우려내는 사람이라는 뜻으로 흔히 주인이 이 역할을 맡는다.

8. 차와 문화

1) 차와 선(禪)

동아시아 사회에 있어서 차는 단순한 음료의 기능뿐만 아니라 여러 가지 문화와 어울러져 문학과 정신세계에까지 영향을 끼쳤다. 특히 선(禪)불교의 경우에는 차가 갖는 의미가 대단하다. 처음에는 수행 시에 졸음을 쫓는 차의 약리적 효과 때문에 관심을 가졌지만, 나중에는 다도의 정신과 선의 정신이 서로 부합한다고 보아 다선일미(茶禪一味)의 사상이 생겨나게 되었다.

차와 정신세계를 연관짓는 전통은 우선 육우(陸羽)로부터 비롯된다. 그는 "덕 있는 사람이 마시기에 가장 적당한 것이 차이다"라고 하였는데, 특히 이러한 전통은 선불교의 승려들에 의해 계승되고 발전되었다. 그중에서도 백장(百丈)[10]과 조주(趙州)[11] 선사가 대표적이다. 조주선사는 도(道)를 묻는 제자에게 "끽다거"(喫茶去)라고 대답하였는데, 이 말은 후일 선불교의 유명한 화두(話頭)가 되기도 하였다. 끽다(喫茶)는 평상심(平常心)이고, 평상심이 곧 도(道)이자 선(禪)이라는 다선일미(茶禪一味) 사상은 고려시대 이후 우리나라의 선불교에도 많은 영향을 끼쳤다. 예를 들면 보조국사 지눌(知訥)이 "불법(佛法)은 차를 마시고 밥을 먹는 곳에 있다"고 말한 것이 대표적이다.

---

10) 百丈 懷海(720~814)는 당나라 스님으로서 강남성 남창부의 대웅산 일명 백장산에 살았기 때문에 '백장선사'라고 불렸다. 특히 그는 百丈淸規를 제정한 것으로 유명하다. 禪門의 직책에서부터 식사하는 법에 이르기까지 선종 종단의 규율은 대부분 백장선사에 의해 만들어졌다. 그는 "하루 일하지 않으면 하루 먹지 않는다"(一日不作 一日不食)는 말을 한 사람으로 유명하다. 이 말은 백장선사가 90세가 되어서도 다른 사람들처럼 일을 하므로 주위 사람들이 그의 농기구를 감추었더니, 그때에 한 말로 알려져 있다. 백장의 스승은 유명한 선사 馬祖道一이다.

11) 趙州 從諶(778~897)은 당나라 때 사람으로 고향은 산동성 조주이다. 조주 땅에서 오래 머물렀기 때문에 조주대사로 불리게 되었다. 南泉 普願의 제자가 되어 크게 깨닫고, 여러 곳을 돌아다니다가 80세가 되어서야 조주성 동쪽 관음원에 머물면서 40년 동안 선풍을 드날렸다. 사람들은 그를 古佛이라 칭하였는데, 시호는 眞際이다. 그의 어록으로 『조주록』이 있다. 조주대사에 관한 유명한 일화나 話頭(公案)가 많다. 그중 '喫茶去', '無'자 화두, '조주의 뜰 앞의 잣나무' 화두는 조주와 관련한 수많은 화두 가운데 대표적인 사례이다.

다선일미의 사상은 19세기 초의선사에 의해 더욱 강조되었다. 그는 차란 성품이 속되지 않아 욕심에 사로잡히지 않는다고 하면서 “차의 더러움 없는 정기를 마실 때 어찌 대도(大道)를 이룰 날이 멀다고만 하랴”라고 말하였다. 흰 구름 밝은 달을 벗 삼아 마시는 차의 맛은 바로 푸른 산을 대하여 앉아 삼매(三昧)의 경지에 빠진 선사의 법열(法悅)과도 통한다고 보았다. 추사 김정희(金正喜)가 초의에게 써 보낸 ‘명선’(茗禪)[12]이라는 작품 또한 차와 선이 한 가지로 통한다는 것을 강조한다. 또한 추사의 제자 이상적(李尙迪)이 찻잔에 떨어지는 물방울을 부처님의 수많은 화신(化身)으로 읊었던 것도 차를 통하여 선으로 나아갔던 대표적 사례이다.

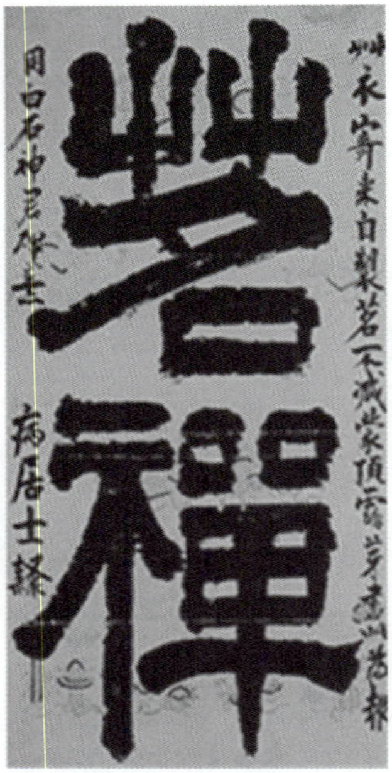

김정희(金正喜), ‘명선(茗禪)’

12) 초의선사와 추사 김정희의 동생 金命喜(1788~?)가 나눈 시에서 “차와 선은 같은 것이니 차를 마시는 것 자체가 자기 수양이며 덕을 쌓는 것이다”(茶禪一致, 茶烟禪榻)라는 구절이 등장한다. 여기서 茶禪은 곧 茗禪과 같은 의미로서 ‘차[茗]와 禪은 같다’, ‘차를 마시는 것이 곧 수양하는 것과 같다’는 뜻이다.

2) 차와 시(詩)

차의 문화는 또한 시와도 많은 관련을 맺고 있다. 끽다(喫茶)나 다기(茶器) 등을 주제로 많은 시가 쓰였다. 이러한 시를 '다시'(茶詩)라고 하는데, 특히 고려시대 이후 우리나라 지식인 사회에서 많이 지어졌다. 당시 승려나 문인들 사이에는 차가 중요한 선물의 하나였고, 차 선물을 받은 이들은 흔히 다시를 써서 화답하곤 했기에 많은 다시가 전해 오고 있다.

고려 후기의 대유학자 이규보(李奎報, 1168~1241) 또한 다시로 유명한 인물이다. 그의 다시 가운데 차를 가는 맷돌을 선물받고 그 고마움을 읊은 "사인증다마"(謝人贈茶磨)라는 시가 있는데 당시 지식인 사회의 차생활 분위기를 짐작해 볼 수 있다.

> 돌을 쪼아서 바퀴 하나 이루었네
> 한 팔로만 맷돌을 빙빙 돌리면 되네
> 그대도 차 마시지 않겠는가마는
> 어찌 나의 초당에 보내주었는가
> 아마도 내가 잠자는 것 즐기는 줄 알아
> 나에게 보낸게지
> 맷돌 갈수록 푸른 향의 차가 나오니
> 그대의 뜻 더욱 고맙구려. (謝人贈茶磨)

이규보와 벗들은 함께 차를 나누고 다시를 교환하기도 했는데, 이들은 모두 차의 연원과 이론에도 밝아 어떤 경우에는 중국의 차 이론서의 지식 수준을 능가하기도 하였다.

그리고 이인로(李仁老, 1152~1220)는 "승원다마"(僧院茶磨)라는 시를 지었고, 임춘(林椿, ?~?)은 "다점주수"(茶店晝睡) 등의 시를 썼는데 특히 임춘의 "다점주수"는 지금까지 사람들의 입에 회자되고 있는 명시이다. 이들은 모두 무신집권기 죽림칠현(竹林七賢)[13]에 속해 있던 문인들인데, 청담(淸談)에 속하던 학자들이 특히 차와 가까이

하였음을 알 수 있다.

몸 던져 평상에 누워 문득 이 몸을 잊었는데
한낮 베개 위로 바람 부니 잠이 저절로 깨네
꿈속의 이 몸 머물 데 없었는데
하늘과 땅 온통 하나의 여관이었으니
빈 누각에서 꿈 깨니 해는 지려 하네
흐릿한 두 눈 먼 봉우리 보노니
뉘 알리 숨어 사는 이의 한가한 멋을
난간에서 자는 봄잠은 수많은 녹봉과도 같을지니. (茶店晝睡)

한편 고려시대의 선승들이 남긴 다시도 상당수 남아 있다. 예를 들면 대각국사 의천은 "화인사다"(和人謝茶)라는 다시에서 "이슬 내린 봄 동산에서 내 무엇 구할 건가, 달밤에 차 끓이며 세속 근심 잊을꺼나"라고 하면서, 선품(仙品)인 차는 수행하는 절간에 어울린다 하였다.

차생활 문화가 상당히 쇠퇴한 조선시대에 들어와서도 다시는 지식인들에 의해 애용되었다. 선다(仙茶)의 묘미를 즐기던 서거정(徐居正)은 김시습(金時習)이 만든 차를 선물받고 나서 "사잠상인혜작설차"(謝岑上人惠雀舌茶)라는 시를 지었으며, 그 외에도 다수의 다시를 지었다. 김종직(金宗直)을 비롯한 그의 문인들도 차를 즐겼고, 또한 상당수의 다시를 남겼다. 김종직의 "다원"(茶園)이라는 다시는 함양 엄천사 북쪽에 다원을 만들고 그 기쁨을 노래한 것이다. 그리고 그의 문인 정희량(鄭希良) 또한 많은 다시를 남겼는데, 특히 "야좌전다"(夜坐煎茶)가 유명하다. 이목(李穆)은 장편의 다부(茶賦)를 지어 차의 5공(功) · 6덕(德)과 일곱 가지 효능(效能) 등을 찬탄하기도 하였다.

13) 우리나라 淸談 시조라 할 수 있는데, 고려 무신집권기에 벼슬 등 세속에 초연하고 도가풍으로 유유자적을 즐기던 문인들을 일컫는다. 가전체 소설인 『孔方傳』을 쓴 林椿, 시와 서예에 능했던 吳世才, 당대의 名儒인 李仁老, 趙通, 皇甫抗, 李湛之, 咸淳이 바로 주인공이다. 중국 죽림칠현과 구별해서 '江左七賢' 또는 '海左七賢'이라고도 함.

밤이 얼마쯤 되었나 눈이 오려 하네
청등고옥(青燈古屋)에 추워서 잠 이룰 수 없으니
상머리에 이끼 돋은 낡은 병 가져다가
푸른 바다 같은 맑은 샘물 쏟아 붇고
문무화력(文武火力)을 알맞게 피우니
벽 위에 달 떠오르고 연기 폴폴 나네
솔바람이 우수수 빈 골짝에 울리는 듯
폭포수가 콸콸 긴 내에서 떨어지듯
뇌성 번개 한참 우르릉 쾅쾅 하더니
급히 가던 수레가 덜거덕 넘어지는 듯
이윽고 구름이 걷히고
바람이 자니 물결이 일지 않고
맑고 잔잔하네
바가지에 쏟아 놓으니 눈 같은 흰 빛
간담이 휑하니 뚫리어 신선과도 통할 듯
천천히 마시며 혼돈 구멍 뚫어내고
홀로 신마(神馬)를 타고 선천(先天)세계 노니네. (夜坐煎茶)

이 밖에도 퇴계 문인 구봉령(具鳳齡)의 "독다경"(讀茶經), 심동구(沈東龜)의 "설수전다"(雪水煎茶), 이단하(李端夏)의 "음다"(飲茶) 등의 시가 유명하다.

조선 후기에 이르러 다산 정약용과 추사 김정희를 비롯하여 이상적, 홍현주(洪顯周) 등의 다시가 현재까지도 전해지고 있다. 이 중에서도 정약용의 "걸명소"(乞茗疏)가 유명한데, 이것은 1805년 겨울, 다산이 자신의 유배지인 전남 강진의 다산초당에 있을 때 인근 사찰 백련사에 거주하던 아암(兒菴)선사 혜장(惠藏, 1772~1811)에게 보낸 글로서 차 보내 주기를 간절하게 부탁하는 내용이다.

나는 요즘 차만 탐식하는 버러지가 되어 약 삼아 마신다우
보내 주신 육우(陸羽)의 『다경』 세 권을 통독하고는
병든 큰 누에처럼 노동(蘆仝)[14]의 칠완다(七碗茶)를 음미하고 있네
아! 아침 햇살 피어날 때 흰 구름이 맑은 하늘에 떴을 때

낮잠에서 갓 깨어났을 때, 밝은 달이 시냇물에 드리워졌을 때
달이는 찻물은 윤택할진저
차 맷돌에 차를 갈 때면 옥구슬이 눈발처럼 휘날리네
산골의 등잔불로써는 좋은 차 가리기 아득해도
어린 찻잎 향내 그윽하네
불 일으키고 새 샘물 길어다 집 밖에서 차를 달이니
산에 나무 하러 가지도 못하는 쇠약한 몸인지라
차를 얻고자 하는 뜻을 전하네
듣건대 고해(苦海)를 건너는 데는
보시(布施)를 가장 중히 여긴다고 하는데
차는 명산의 진액이며 풀 중의 영약으로 으뜸 아닌가
목마르게 바라는 나의 뜻을 헤아려
달빛 같은 은혜 아끼지 말기 바라네. (「乞茗疏」)

이러한 다시의 전통은 한국의 차 문화를 그만큼 풍성하게 했으며, 또한 음다(飮茶)의 풍속을 정신수양의 경지에까지 격상시킨 한 계기가 되었다. 차를 달여 마시고 권하는 생활을 궁극적으로는 깨달음의 경지에까지 연결시킨 다도 문화는 물질문명의 폐해에 병들어 있는 현대인들에게 많은 시사점을 줄 수 있다. 특히 자신의 욕망을 이겨 내고 타인을 존중하는 예(禮)의 정신에서 볼 때에 다도는 예절의 본 정신과도 상통한다. 이제라도 우리의 전통 차 문화를 회복하고, 또한 현대인에게 어울리는 다도 문화를 정립할 필요가 있다.

14) 蘆仝(약 795~835)은 중국 당나라 시인으로 호는 玉川子이다. 작품집으로는 『玉川子詩集』이 있다. 노동은 차 중독이라 할 만큼 차를 좋아하였다. 그가 남긴 〈走筆謝孟諫議寄新茶〉라는 시는 천 년 동안 끊임없이 전해져 오고 있으며, 그중에서도 '七碗茶詩'가 가장 많이 회자되고 있다. 차의 효능과 차에 대한 감동이 시에 잘 표현되어 있다. 노동의 '칠완차시'는 일본에도 널리 전해져 일본 다도의 근간으로 발전하게 된다.

9. 차의 정신

다도의 정신으로 가장 많이 사용되는 말이 정행검덕(精行儉德), 화경청적(和敬淸寂), 중정(中正)이다.

정행검덕(精行儉德)이라는 말은 육우(陸羽)의 『다경』에서 언급된다. 육우는 다도(茶道)정신인 정행검덕(精行儉德)을 소개하면서, "차의 효능을 보면 성질이 매우 차서 이를 음료로 마시기에 알맞은 사람은 행실이 바르고 단정하며 검소하고 겸허한 마음을 가진 사람이어야 한다"고 주장하였다. 즉, 차의 찬 기운은 욕심이 없고 마음이 깨끗하며 조용하여 외부의 다른 영향을 받지 않는 정행검덕하는 사람에게 적합하다는 것이다. 정행검덕은 특히 중국 다도의 정신으로 유명하다.

화경청적(和敬淸寂)이라는 말은 글자 그대로 화합하고, 공경하고, 맑고, 고요하다는 뜻이다. 이 말을 처음 만들어 사용한 사람은 중국 송(宋)나라의 승려 백운수단(白雲守端)이라고 한다. 그리고 백운수단의 제자 원오극근(圓悟克勤, 1063~1135)선사가 일본인 제자에게 써 준 '다선일미'(茶禪一味)라는 글자가 일본으로 전래되어 일본 차문화의 근본이 되었다고 한다. 화경청적은 후대에 와서 센리큐(千利休, 1522~1591) 등에 의해 일본 다도의 정신이 되었다. 일본의 다도에서 화경청적의 의미는 다음과 같다.

(1) **화(和)**: 차를 마시기 위해 참석한 사람들과 주인이 하나가 되는 것
(2) **경(敬)**: 주인과 손님 모두가 고귀한 인격체로서 서로를 공경하는 것
(3) **청(淸)**: 물질적 · 정신적인 욕심을 떨쳐 낸 맑은 마음을 통해 자유롭게 되는 것
(4) **적(寂)**: 차 마시는 공간을 고요하게 하고, 차를 마시면서 그 어느 것에도 흔들리지 않는 평정의 세계로 진입하는 것

중정(中正)이라는 말은 특히 한국 차의 정신을 언급할 때 많이 인용된다. 한국 차의 중흥조 초의선사는 중정을 강조하면서, "차의 근본인 물과 차의 신비로운 기운이 비록 온전하더라도 중정을 지나치면 못쓰게 된다"[15]라고 하였다. 차생활에 있어서 중정의 의미는 다양하게 활용된다. 우선 찻잎을 탕관에 넣을 때 많지도 적지도 않게 넣어야 하며, 차를 끓일 때에도 지나치게 오래 끓여도 안되고 너무 빨리 끝내도 안된다. 그리고 찻물을 잔에 부을 때 가득 채우지 않으면서 적당하게 붓는 것이 중요하다. 이러한 중정의 정신은 차를 마시는 사람의 인격에도 적용된다. 과하지도 부족하지도 않는 삶의 태도가 중요하다. 중정의 삶은 곧 억지스럽지 않고 자연의 순리대로 살아가는 인간 본연의 삶인 것이다.

15) 『東茶頌』, "體神雖全猶恐過中正."

읽을거리

〈한국의 차 문화: 의재 허백련과 효당 최범술〉

8 · 15 광복과 민주국가 건설의 혼란, 남북의 사상 대립, 6 · 25와 가난은 사실상 우리에게 문화를 논할 여유를 주지 않았다. 생활은 이어 가면서도 한국인의 의식주 습관이 어떤 유래와 전통을 가지고 있는지는 관심의 대상이 아니었다. 우선 당장 필요한 것은 의식주였다. 그러므로 차 문화 또한 제대로 관심을 받고 체계화될 수가 없었다.

그렇지만 일부 차인(茶人)들이 우리의 차 문화를 소중하게 간직하고 이를 체계화하고자 노력하였다. 호남에서는 의재(毅齋) 허백련(許百鍊, 1891~1977), 영남에서는 효당(曉堂) 최범술(崔凡述, 1904~1979)이 차생활을 실천하며 그 중요성을 전하는 데 앞장선 대표적 사람들이다.

그런데 이들 두 사람의 다론(茶論)은 크게 달랐다. 의재의 차생활에는 아무런 격식이 없었던 반면 효당의 차생활은 엄격한 다법(茶法)을 요구했다. 의재는 차를 가르치지도 않았다. 그의 화실(畵室)인 춘설헌을 찾아오는 사람들에게 차를 대접하며 청담(淸談) 나누기를 즐기는 정도였다. 사람들이 차 나눠 주기를 원하면 기꺼이 그렇게 했다. 춘설헌의 분위기를 기억하는 사람들은, 풍류를 아는 옛 선비들의 자리가 그런 풍경이었을 것이라며 지금도 못 잊어 한다.

이와는 반대로 효당은 다도용심(茶道用心)을 가르쳤다. 다도용심이란 차를 운용하는 사람의 마음자세와 차살림하는 방도를 일컫는 것이라고 하면서, 가장 중추가 되는 것을 "차의 맛과 멋에 관련된 문제"와 "차를 내는 주인(烹主)과 손님(烹客) 간의 용심(用心)에 관련된 문제"라고 하였다. 두 분의 이러한 차이는 오늘날 영남과 호남이 다풍(茶風)을 크게 달리하는 데 직접적인 영향을 주었다.

재미있는 것은 의재는, 초의의 제자이자 추사로부터 수묵화를 전수받은 소치(小痴) 허련(許鍊)의 아들 허형(許瀅)에게 묵화의 기초를 익혔다는 사실이고, 효당은 경남 사천에서 태어나 열세 살에 출가(出家)하여 불가에 몸담았다는 사실로서, 두 분 다 집안이나 이웃의 차생활을 보며 자랐는데, 어릴 때는 무심했던 것을 일본을 다녀온 뒤 특별한 관심을 갖기 시작했다는 점이다.

의재의 차생활이 일본의 영향을 받은 것이냐 아니냐 하는 의문에 대해서는, 그가 차에 대해 남긴 글이 없기에 알 수 없는 일이나, 일본을 다녀온 뒤 일본인들의 차 마시는 풍습을 좋은 느낌으로 자주 전언한 것으로 보아 영향이 전혀 없었다고 볼 수는 없다. 전남 진도가 고향인 의재는 일찌기 신학문에 뜻을 두어 서울로 올라와 기호학교(畿湖學校)를 다니다가 스물세 살 때 일본으로 건너갔다. 토오쿄(東京)에 머무르며 메이지대학(明治大學)에서 법정학을 공부하기 원했으나 뜻을 이루지 못하고 그림으로 방향을 바꾸었다. 뒤를 돌봐 줄 사람 없는 가난한 유학생이었기에 학비며 생활 일체를 스스로 해결해야 했다. 그러므로 그는 일본인들이 차를 즐겨 마시는 것은 보았지만, 격식과 세련미를 갖춘 본격적인 다도는 접할 기회가 없었던 것으로 보이며, 이러한 것들이 향후 의재의 격식 없는 차생활의 근원이 되었는지도 모르겠다. 여섯 해 가량 일본에 머무르는 동안 때로는 막노동을 하였을 정도로 그는 서민들 사이에만 묻혀서 생활하다 돌아왔다.

의재는 인생의 거의 대부분을 전라남도 광주에 정착하여 살면서 독자적 화필생활과 문하생 지도에 전념하였다. 이러한 그에게 차가 화필생활에 함께하였음은 물론이다. 1945년 광복이 되자 의재는 오자끼(尾崎)의 무등산 다원을 인수하여 삼애다원(三愛茶園)이라 이름 짓고 이를 경영했다. 그리고 다원 근처에 조촐한 산장, 즉 춘설헌(春雪軒)을 마련해서 그곳에서 나날을 보냈다. 춘설(春雪)이란 옛부터 있어 온 차 이름의 하나인데, 의재는 삼애다원에서 만들어지는 차에도 춘설차(春雪茶)란 이름을 붙였다.

의재는 조주(趙州)선사 못지않게 찾아오는 사람에게 "차 한 잔 마시고 가시오"라는 소리를 했으나, 아무런 꾸밈도 격식도 거론하지 않았다. 다만 편안한 차생활을 즐겼던 이 시대의 우뚝한 다인(茶人)이었다.

반면 효당은 보통학교를 졸업한 직후인 열네 살(1916년)에 부모님 뜻에 따라 입산하여, 이듬해 환경(幻鏡)선사에게 계(戒)를 받았다. 입문한 지 두세 해만에 그는 어린 천재로 널리 알려졌고 노스님들의 사랑을 받았다. 그는 어려서부터 남다른 조국애와 투철한 민족관을 가지고 있었다. 그래서 3 · 1운동 때는 독립선언서를 등사 · 배포하다 일본 경찰에 붙잡혀 고통을 받기도 하였다. 효당의 재능을 아낀 노스님들은 그가 감옥에서 풀려나자 불교재단 후원으로 일본에 유학을 보냈다. 1922년에 건너가 33년 다이쇼대학(大正大學) 불교학과를 졸업하였는데, 그는 이때 일본 다도의 진수를 눈에 익혔던 것으로 보인다.

일본에서 그는 한편으로는 다도를 기웃거리는 공부벌레였고, 다른 한편에서는 독립운동가이기도 하였다. 1923년에는 박렬(朴烈), 박흥곤(朴興坤), 육홍균(陸洪均) 등과 불령선인사(不逞鮮人社)를 조직하여 '불령선인지'를 간행하였고, 또 박렬의 일본 천황 암살계획을 돕고자 상해에 잠입, 폭탄을 운반하여 왔으며, 대역사건(大逆事件)에 연루되어 8개월 동안 옥고를 치르기도 했는데, 풀려나서도 3년 동안 매년 29일씩 피검(被檢)될 정도로 요주의 인물이었었다.

1932년에는 김법린(金法麟) 등과 비밀결사인 만당(卍黨)을 조직하였고 33년에는 조선불교청년동맹 중앙집행위원장으로 활동하기도 하였다. 그 외에도 그는 많은 활동을 하였다. 명성여자학교 설립, 다솔사 불교전수강원 설립에 이어 국민대학과 해인대학을 차례로 창설했고, 해인사 주지를 맡기도 하였다. 광복 후에는 또 미소공동위원회 대한불교단체대표로 활동하다 제헌국회의원에 당선되기도 하였다.

1960년, 그는 일선에서의 활동을 정리하고 진주 다솔사(多率寺) 조실로 들어앉아 조용히 원효교학 및 다도연구에 전념하기 시작했다. 광복 후 진주에서 차생활 운동이 먼저 일어난 것은 효당의 영향이었다.

한국사회에 있어서 차에 대한 관심이 본격화된 것은 효당이 1973년 "한국의 다도

(茶道)"를 발표한 이후이다. 이 때의 반향은 매우 큰 것이었다. 그야말로 "생활문화의 재발견"이었다. 효당은 이 책에서 다도(茶道)란 일상생활의 도(道)를 끽다(喫茶)에 붙여 강조하는 말이라고 정의했다.

효당은 한국의 차에 대하여 사적(史的) 고찰을 마친 상태였고, 따라서 나름대로의 신념으로 정리된 이론을 펴 나갔다. 간혹 그의 글 중에 일본 다도의 영향으로 보이는 표현이 섞인 것을 탓하는 사람이 있었지만 개의치 않았다. 그는 오히려 아집에 사로잡힌 곡견(曲見)을 몹쓸 짓이라 했고, 지나친 편견이나 사심으로 상대가 납득하지 못할 주장을 하는 것도 경계해야 할 일이라고 했다. 우리 것을 우리가 아는 것과 같은 처지에서 남을 알아야 하며, 남의 것에 대해서도 충분한 이해와 노력과 경이가 바탕이 된 경건한 태도를 보이는 공정성을 잃어서는 안된다고 역설했다.

특히 선인들이 영위하였던 살림살이의 예속과 규모를 충분히 이해하지도 못하면서, 우리 규구(規矩)나 예법(禮法)을 외람스럽게 낮게 여겨 버리거나, 부셔 버리는 일을 하여 불충(不忠) · 불효(不孝)스러운 불초(不肖)의 후손이 되는 것을 두려움으로 여기는 자세만 견지한다면, 진정한 의미에서 정당하고 정통적인 문화 상속의 적자(適者)임을 자처해도 좋을 것이라고 하였다. 이러한 신념에서 효당은 일본 유학 당시 일본인들의 차예절을 흥미롭게 보았다는 이야기도 서슴없이 하고 있다.

효당은 "차로 가는 길"[韓國의 茶道]을 발표할 때만 해도 행차(行茶)의 격식을 크게 강조하지는 않았었다. 그러나 이듬해인 74년, 독서신문(讀書新聞)에 연재한 "한국의 차 · 다론(茶論)"에서는 다도용심(茶道用心)을 한층 격식화시키고 있다. 한국의 다도에 대한 세간의 반응에 힘을 얻은 그는 다도로써 혼탁한 사회, 땅에 떨어진 예절, 흐릿해진 정신을 계도하겠다는 의욕을 보였다. 그러나 우리 사회의 이해심 부족으로 그의 노력이 역부족인 부분도 있었다. 한국과 중국의 차 역사에서 장점을 뽑아 만든 일본 다도의 정리된 이론을 피해서 다론(茶論)을 펼쳐 나갈 방법은 없었다. 급기야 그는 일본 다도의 종주인 센노리큐(千利休)의 차 정신 "화경청적"(和敬淸寂)을 인용하여 고요하고(寂) 깨끗하며(淸) 평화롭고(和) 경건함(敬)이 차 생활에서 추구하는 정신세계라고 소개하자 이에 많은 비판이 일어났다. 나름대로 고심한 흔적은 있으나 일본 다도의 기본적인 주장들을 상당수 인용했기에 비판을 받았던 것이다. 물론 거슬러 올라가 연원(淵源)을 밝히면 상당수 일본의 다도가 "일본에서 만들어진 일본인만의 것"이 아니지만, 그러나 70년대 중반 신선한 충격을 주며 효당에 의해 재조명된 '다도'(茶道)는 피할 수 없이 왜색 시비에 휘말렸고, 이러한 시비는 차에 관심 있는 사람들을 크게 둘로 갈라놓았다.

효당에 대한 비판의 목소리가 특히 컸던 것은 호남이었다. 당시는 효당의 발길이 호남에도 미치기 시작한 때였다. 자연스런 차 생활에 익숙한 호남인들이었으나, 전국에 유행처럼 번지고 있는 것은 효당의 격식 있는 다도(茶道) 바람이었기에, 광주의 여학사회(女學士會) 같은 모임이 효당을 초청, 특별강연회를 갖는 등 관심을 보였던 것이다. 그렇지만 시비가 일자 호남은 곧 본래의 모습으로 돌아가 버렸다. 호남의 다인(茶人)들은 "차 마시는 것도 선(禪)이니, 선에 있어서는 격식을 초월하는 법"이라는 원감국사(圓鑑國師, 1226~1292)의 시를 상기시키면서, 차생활의 목적은 자기 수양으로 인격도야(人格陶冶)에 있는 것이지 절차나 행위에 치우쳐서는 안 된다고 목소리를 높였다. 그러나 이미 전국적이라고 할 수 있는 효당 지지자들은 물러서지 않았다. 이들은 "다례(茶禮)가 예법이라면, 예법에는 격식이 따라야 한다. 격식이 없이는 내용이 담길 수 없기 때문이다. 아무런 격식도 없이 그저 차를 마시기로만 말한다면 굳이 차생활 운동을 제창할 까닭이 없지 않은가?"라고 반박하였다.

이후 영남의 다풍과 호남의 다풍은, 그 색깔을 더욱 달리하게 되었는데, 격식(格式)에 대해서는 지금까지도 서로 견해를 좁히지 못하고 있다. (해남신문, 2008년 10월 20일)

Chapter 12

족보(族譜)의 이해

1. 족보의 의미와 의의
2. 족보의 기원
3. 족보의 종류
4. 족보의 간행 과정
5. 족보를 보는 방법
6. 족보의 현황
7. 족보의 현대적 의의

Chapter

12 족보(族譜)의 이해

1. 족보의 의미와 의의

족보란 한 종족의 계통을 부계(父系) 중심으로 알기 쉽게 체계적으로 나타낸 책으로, 동일 혈족의 원류를 밝히고 그 혈통을 존중하며 가통(家統)의 계승을 명예로 삼는 한 집안의 역사책이다.

족보는 의의는 다음 몇 가지로 요약할 수 있다. 첫째, 한 집안의 역사를 통해 고장과 나라의 역사에 관심을 가지게 한다. 둘째, 자신과 친척들 간의 관계를 분명하게 인식할 수 있다. 셋째, 자아정체감 형성에 도움이 된다. 넷째, 조상들에 대하여 감사의 마음을 가지게 된다. 다섯째, 후손들에게 부끄럽지 않은 선조가 되고자 노력하는 계기로 삼을 수 있다.

2. 족보의 기원

족보는 원래 중국의 6조(六朝) 시대부터 시작되었는데, 이는 제왕 연표(帝王年表: 왕실의 계통)를 기술한 것이었으며, 개인적으로 족보를 갖게 된 것은 한(漢) 나라 때 관직 등용을 위한 현량과(賢良科) 제도를 설치하여 응시생의 내력과 그 선대(先代)의 업적 등을 기록한 것이 시초가 된다. 특히 북송(北宋)의 대문장가인 3소(三蘇: 蘇洵, 蘇軾, 蘇轍)에 의해서 편찬된 족보는 그 뒤 모든 족보 편찬의 표본이 되어 왔다.

우리나라에는 고려 황실의 계통을 기록한 것으로 의종 때 김관의(金寬毅)가 지은 『왕대종록(王代宗錄)』이 그 효시라 할 수 있다. 또한 사대부의 집에서는 가승(家乘)이 전해 내려왔는데, 체계적으로 족보의 형태를 갖춘 것은 조선 성종 7년(1476)에 발간된 '안동 권씨 성화보'(安東權氏成化譜)이고, 지금과 같이 혈족 전부를 망라한 족보는 조선 명종 때 편찬된 '문화 류씨보'(文化柳氏譜)로 알려졌으며 지금까지 전해온다.

그런데 족보를 보면 고려시대 인물이 시조로 등장하는 경우가 많다. 그 이유로는 다음 몇 가지가 있다. 첫째, 족보의 모태가 되는 가승(家乘)이 고려시대부터 작성되기 시작했다. 둘째, 자신의 선조를 가능한 한 앞 시대의 인물로 설정하려는 욕심에서 고려 초기 인물까지 소급하는 경우가 많았다. 셋째, 태조 왕건의 화평책에 따라 수많은 공신과 외척과 왕족들이 새로운 성씨를 받았기 때문이다.

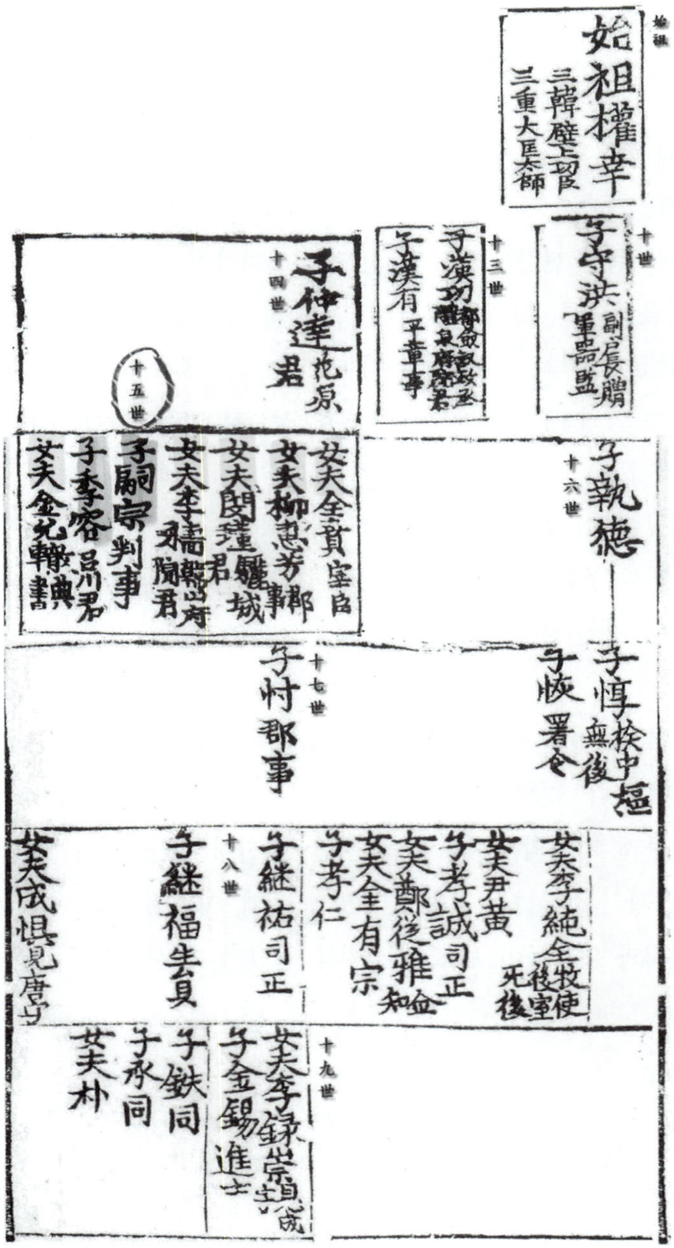

'안동 권씨 성화보'(安東權氏成化譜)

3. 족보의 종류

1) 족보(族譜)

관향(貫鄕)을 단위로 같은 씨족의 세계(世系)[1]를 수록한 보첩으로 한 가문의 역사를 표시하고 가계의 연속성을 실증한 문헌이다. 동족의 발원에 대한 사적(史蹟)과 선조로부터 본인에 이르기까지 명(名), 휘(諱), 호(號)등 사략(事略)을 상세히 수록한 책이다. 족보는 종족의 근원을 밝히고 선조의 행적과 동족 간의 관계를 밝히는 것을 목적으로 만들어졌다. '족보'라는 말은 모든 보첩의 대명사로 쓰인다. 대동보, 세보, 파보, 계보 등이 모두 족보의 일종이다.

2) 대동보(大同譜)

한 성씨의 시조이하 동계혈족(同系血族) 간에 분파된 파계(派系)를 한데 모아 집대성했다. 각파의 파조(派祖)는 시조로부터 몇 세손이며 어느 대에서 분파되어 파조가 되었는가를 볼 수 있도록 계통을 수록하였다. 전체가 수록되어야 대동보의 면모를 갖추게 되는 것이며 단 한 파라도 빼놓을 수 없다.

3) 세보(世譜)와 세지(世誌)

세보(世譜)는 한 종파 이상이 동보(同譜) 또는 합보(合譜)로 편찬되었거나 한 파속만 수록한 경우라도 파보라는 문구를 피하기 위하여 세보라고 표현하는 수도 있으며, 세지(世誌)라고도 한다.

---

1) 조상으로부터 대대로 내려오는 계통.

4) 파보(派譜)

시조로부터 시작하여 한 종파만의 이름과 벼슬, 업적 등을 수록한 책이다. 파보는 시대가 변천함에 따라 증가되어 가고 그 제목으로 안동장씨 춘파(春坡) 파보 등과 같이 본관과 성씨 외에 지파의 중시조명 또는 집성촌, 세거지 지명을 붙이고 있으나, 내용과 형식에서는 족보와 다르지 않다. 대동보와 달리 파보는 각파의 문중에 대한 후손기록을 상세히 수록할 수 있다.

5) 가승보(家乘譜) · 가보(家譜) · 가첩(家牒)

본인을 중심으로 수록하되, 시조로부터 직계 존속(尊屬: 자기의 윗대)과 직계비속(卑屬: 자기의 아랫대)에 이르기까지의 이름과 업적, 사적을 기록한 책으로 보첩 편찬의 기본이 된다. 수록 내용은 본인의 고조부 이하는 전부 수록하여 재종(再從), 삼종(三從), 형제자매까지 알아볼 수 있도록 하였다. 가승보, 가보, 가첩이란 말은 편찬된 형태, 내용에 상관없이 동족 전부에 걸친 것이 아니라 자기 일가의 직계에 한하여 발췌한 세계표(世系表)를 가리킨다.

6) 계보(系譜)

한 가문의 혈통관계를 표시하기 위하여 이름자만을 계통적으로 나타낸 도표로서, 한 씨족 전체 또는 한 부분만을 수록한 것이다. 소목(昭穆)을 밝히기 위하여 시조이하 분파된 각 파조의 조상들로부터 본인에 이르기까지 이름자만을 수록한 계열도를 말한다.

7) 만성보(萬姓譜)

만성대동보(萬姓大同譜)라고도 하며, 국내 모든 성씨의 족보에서 큰 줄기를 추려내어 모아 놓은 책으로 모든 족보의 사전 구실을 하는 것이다. 청구씨보(靑丘氏譜), 잠영보(簪纓譜), 만성대동보(萬成大同譜), 조선씨족통보(朝鮮氏族統譜) 등이 있다.

4. 족보의 간행 과정

족보 제작은 화수회(花樹會), 종친회(宗親會), 종약회(宗約會) 등으로 불리는 문중에서 관리하며 족보를 새로 만들 필요성이 있으면 종친회 등에서는 대동보소(大同譜所), 혹은 파보소(派譜所)라는 새로운 기구를 만들고 실무책임자인 유사(有司)를 둔다.

유사는 일족에게 단자(單子)를 보내라는 공고를 하거나 서신을 보낸다. 단자는 계파에 쓰던 아버지와 할아버지 이름은 물론 본인의 이름, 나이, 배필(配匹)의 성씨, 자식의 이름과 나이, 사위의 이름과 사위 아버지의 이름, 그리고 본인 아버지의 이름, 본인 아버지와 할아버지의 기일(忌日) 및 묘에 관계되는 내용을 적는 것이다.

일족은 단자와 함께 할당된 경비를 유사에게 보내야 한다. 이러한 단자를 거둬들이는 것을 수단(收單)이라 하고, 유사는 단자를 거두어 들여 족보를 편집한다.

5. 족보를 보는 방법

1) 족보의 구성

족보를 보면 서문(序文)이 나오는데, 이는 머릿말로 자랑스러운 가문의 역사를 환기시키고, 조상의 숭고한 정신을 고취시키고, 족보간행의 중요성 및 시의성(時宜性)을 강조한다. 흔히 '○○보'(예: 己未譜)라 하여 족보 간행 연도를 앞에 붙여 족보의 명칭으로 삼는다.

본문에는 시조(始祖)와 비조(鼻祖)로부터 시작하여 한 칸을 같은 대(代)로 하여 보통 6칸으로 되어 있는데, 처음에 이름자가 나오고 이어서 출생과 사망 연도가 표시된다. 20세 이전에 사망하면 요절(夭折)이란 뜻으로 '조요'(早夭)라 표시하고, 70세가 되기 전에 사망하면 '향년'(享年), 70세가 넘어 사망하면 '수'(壽)라 표시하기도 한다.

시호와 관직이 기록되고 비필(妃匹)이라 하여 배우자를 표시하는데 보통 배(配)자만을 기록하며, 배우자의 경우에는 본관과 아버지의 이름자와 관직이 기록된다.

또한 묘소(墓所)가 기록되는데 소재지와 방위 그리고 석물(石物) 등을 표지하며, 합장(合葬) 여부 등도 기록하는 것이 보통이다. 출후(出后), 출계(出繼)라 하는 것은 다른 집으로 양자(養子)로 간 경우이고, 양자로 들어온 사람은 계자(系子) 또는 계자(繼子)라 기록되며, 서얼(庶孼)로 입적되었을 경우에는 승적(承嫡)이라고 표시한다.

2) 족보의 용어 해설

(1) 시조(始祖) · 비조(鼻祖) · 중시조(中始祖)

시조란 족보에 나오는 제일 처음의 선조로서 첫 번째 조상이라는 뜻이며, 비조[2]란

2) 고대 중국 사람들은 인간의 신체기관 중에서 제일 먼저 형성되는 것이 코[鼻]라고 여겼다. 그래서 '코'는 '사람의 始初'라는 뜻으로 '맨 처음'을 의미하는 말이 되었다. 그러한 의미에서 맏아들을 鼻子라고도 한다. 뿐만 아니라

시조 이전의 선계조상(先系祖上) 중 가장 높은 사람을 일컫는다. 중시조란 시조 이하의 쇠퇴한 가문을 일으켜 세운 조상인데, 모든 종중(宗中)의 공론(公論)에 따라 정하여 추존(追尊)한 사람이다.

(2) 선계(先系)와 세계(世系)

선계란 시조 이전 또는 중시조 이전의 조상을 일컫는 말이며, 세계란 대대로 이어가는 계통의 차례를 말한다.

(3) 세(世)와 대(代)

시조를 1세로 하여 아래로 내려갈 경우에는 세(世)라 하고, 자신을 빼고 아버지를 1대로 하여 올라가며 계산하는 것을 대(代)라 한다. 또한 자기의 조상을 몇 대조 할아버지라고 하고, 자신은 시조 또는 어느 조상으로부터 몇 세손이라고 한다. 예를 들어, 고조 할아버지는 나의 4대조 할아버지가 되고, 나는 고조 할아버지의 5세손이 된다.[3] 이것을 대불급신(代不及身) 혹은 대불급손(代不及孫)이라고 하는데, 대(代)를 계산할 때 기준이 되는 후손[身]을 포함시키지 않는다는 뜻이다.

(4) 이름자

현재 우리나라에서는 이름이 호적 명으로 통용되고 있으나 예전의 인명록을 살펴보면 본명 외에 어려서 부르던 아명(兒名)이 있는가 하면 자(字)라 하여 일반적으로 쓰는 이름과 또는 호(號)라 하여 별도로 쓰는 이름도 있다. 아명은 초명(初名)이라고도 하며 5, 6세로 성장하면 본명, 즉 항렬자에 준하여 항명(行名)을 짓는다. 그리고 20세가 되면 관례(冠禮)의 의식을 갖추는데 이때에 주례자는 미리 자(字)를 정하여

옛날 중국 화가들은 초상화를 그릴 때에 코부터 그렸다고 한다. 코가 사람의 '처음'이라고 여겼기 때문이다.

3) 世와 代를 혼용해서 사용해도 아무 무리가 없으며, 그렇기 때문에 '代不及身'이라는 말 또한 성립되지 않는다고 주장하는 이도 있음.

두었다가 정중히 백지에 써서 본인에게 내려 준다. 이때 주례자는 서당의 훈장이나 가문의 덕망 있는 어른으로 정한다.

호(號)란 일반화되어 있지 않으며 서생(書生)으로서 덕망 있는 사부(師父)를 정하여 어떠한 학문을 연구하여 어느 한계를 깨우치고 본인이 이를 터득하였을 때 인증한다는 뜻으로 성격 등을 고려하여 스승인 사부가 호를 내려 주기도 한다. 또는 친구들끼리 호를 지어 불러 주며 서로 존경하던 옛 풍습이 있었다.

이 외에 본인 스스로 호를 작명하는 자호(自號)의 사례도 많이 볼 수 있다. 그리고 살아 계신 분에 대하여는 '함자(銜字)'라 하고, 돌아가신 분에 대하여는 '휘자(諱字)'라고 한다.

(5) 항렬(行列)과 항렬자(行列字)

항렬이란 같은 혈족 사이에 세계(世系)의 위치를 분명히 하기 위한 문중 율법이며, 항렬자란 이름자 중에 한 글자를 공통적으로 사용하여 같은 혈족, 같은 세대임을 나타내는 것으로 돌림자라고도 한다.

선조들은 자손들의 항렬자와 배합법까지를 미리 정해 놓아 후손들이 그것을 따르도록 관례로 만들어 놓았다.

항렬은 가문과 파마다 각기 다른데, 대부분 다음 원칙에 따라 정한다.

- **오행상생법(五行相生法)으로 쓰는 경우:** 금(金) · 수(水) · 목(木) · 화(火) · 토(土)의 변을 사용하여 순서적으로 쓰는 경우인데, 일반적으로 이것을 가장 많이 사용한다.
- **십간(十干) 순으로 쓰는 경우:** 갑(甲) · 을(乙) · 병(丙) · 정(丁) · 무(戊) · 기(己) · 경(庚) · 신(辛) · 임(壬) · 계(癸)를 순서적으로 쓴다.
- **십이지(十二支) 순으로 쓰는 경우:** 자(子) · 축(丑) · 인(寅) · 묘(卯) · 진(辰) · 사(巳) · 오(午) · 미(未) · 신(申) · 유(酉) · 술(戌) · 해(亥)를 순서적으로 쓴다.

- **숫자를 포함시키는 경우:** 일(一: 丙 · 尤) · 이(二: 宗 · 重) · 삼(三: 泰) · 사(四: 寧) 등으로 쓰는 경우이다.[4)]

항렬은 장손 계통일수록 낮고 지손(支孫) 계통일수록 높아서 자기보다 나이가 적어도 할아버지뻘이 되는 경우가 허다하다.

(6) 사손(嗣孫)과 사손(祀孫)

사손(嗣孫)이란 한 집안의 종사(宗嗣), 즉 계대(系代)를 잇는 자손을 말하며, 사손(祀孫)이란 봉사손(奉嗣孫)의 준말로 조상의 제사를 받드는 자손을 말하는 것이다.

(7) 후사(後嗣)와 양자(養子)

후사란 뒤를 잇는다는 뜻으로 계대를 잇는 자손을 말한다. 만약 계대를 이을 후사가 없을 경우에는 무후(无后), 양자로 출계(出系)하였을 때에는 출후(出后), 양자로 들어온 사람은 계자(系子) 또는 계자(繼子), 서얼로서 입적되었을 경우에는 승적(承嫡)[5)] 그리고 후사가 확실치 않아 확인할 수 없을 때에는 후부전(后不傳) 등으로 그 사유를 족보의 이름자 밑에 작은 글씨로 표시한다.

옛날에는 양자로 계대를 승계(承系)하려면 예조(禮曹)에 청원을 하여야 하는데, 자손은 하늘이 점지하는 것이라 하여 예조에서 입안(入案)한 문서를 동지사(冬至使)가 중국 황제에게 가져가면 황제가 하늘에 고유(告由)한 다음 예조에서 허가하게 되는 것이다. 그러나 큰아들은 양자로 출계(出系)할 수가 없도록 하였는데, 종종 관청의 허가를 받지 않고 출계하기도 한다.

양자에는 다음과 같이 4가지 종류가 있다.

---

4) 安東權氏가 대표적 사례이다. 泰(33세), 寧(34세), 五(35세), 奇(36세)이다. 이때 항렬로 쓰인 자에는 각기 三, 四, 五, 六 등의 부수가 포함되어 있다.

5) 서자(庶子)가 적자(嫡子)로 인정받게 된 경우이다.

- **수양자(收養子)**: 3세 이전에 입양(入養)하는 양자
- **시양자(侍養子)**: 3세 이후에 입양하는 양자
- **사후양자(死後養子)**: 양부모(養父母)가 모두 돌아가신 뒤에 입양하는 양자
- **백골양자(白骨養子)**: 양자 자신이 죽은 뒤에 입후하는 양자

(8) 본관(本貫) · 관적(貫籍) · 관향(貫鄕)

본관이란 시조 또는 중시조의 출신지와 씨족의 세거지(世居地)를 근거로 정하는 것으로 시조나 씨족의 고향을 일컫는 말이다.

관적은 본적지(本籍地)라는 말이기 때문에 이는 본관의 적지란 뜻으로 본관 대신에 관적이라고도 하며, 또한 관향(貫鄕)이라고도 한다.

(9) 분적(分籍)과 분관(分貫)

국가에 대한 공훈으로 봉군(封君)되었거나 혹은 후손 중에서 어느 한 파가 다른 지방에 분거해서 오래 살게 되면 그 지방을 근거로 관적을 새로이 창설하게 되어 자동적으로 분적이 이루어지는데, 이를 분적 또는 분관이라 하며, 이로 말미암아 새로이 분관되는 시조를 시관조(始貫祖) 혹은 득관조(得貫祖)라 일컫는다.

(10) 사관(賜貫) · 사성(賜姓) · 사명(賜名)

옛날에는 나라에 공을 세워 공신에 녹훈된 사람이나 다른 나라에서 귀화해 온 사람에게 포상의 표시로서, 국왕이 본관이나 성씨, 또는 이름을 하사하는 일이 있었는데, 이를 사관 · 사성 · 사명이라고 하였다. 이는 삼국 시대 초기부터 있었으며, 특히 고려조에 들어와서 가장 성행하였다.

현행 성씨	시조	본성	사성한 왕	비고
안동권씨(安東權氏)	행(幸)	경주 김씨(慶州金氏)	고려 태조	
김해김씨(金海金氏)	충선(忠善)	본명 사야가(沙也可)	조선 선조	임진왜란 때 귀화
면천복씨(沔川卜氏)	지겸(智謙)	본명 복사귀(卜沙貴)	고려 태조	고려 개국 공신
청해이씨(青海李氏)	지란(之蘭)	본명 퉁두란(佟豆蘭)	조선 태조	조선 개국 공신
죽산안씨(竹山安氏)	방준(邦俊)	이원(李瑗)의 아들	신라 경문왕	

(11) 방조(傍祖)와 족조(族祖)

방조란 6대조 이상의 형제(兄弟)를 일컫는 말이다. 족조란 방계(傍系)인 무복지조(無服之祖)[6]를 말한다.

(12) 종손(宗孫)과 장손(長孫)

종손이란 종가의 맏손자를 일컫는 말이며 장손이란 종가가 아닌 차자 계통 집의 맏손자를 말한다. 이 외에도 둘 이상의 손자 가운데 맏이인 손자를 일컬어 주손(冑孫)이라 하기도 한다.

(13) 배위(配位)

배위란 배우자를 말하는 것으로 비필(妃匹)이라고도 하며, 족보에는 배(配)자만 기록하고, 본관 및 성씨와 4조(부 · 조 · 증조 · 외조) 등을 표시한다.

(14) 종파(宗派)와 파속(派屬)

종파란 지파(支派)에 대한 종가의 계통을 말하며, 종파로부터 자기가 갈리어 나온 계통을 파속이라 한다. 대체로 가문을 중흥시킨 중시조를 중심으로 파를 설정한다.

6) 상복을 입지 않아도 되는 먼 조상을 말함.

직함(職銜) · 시호(諡號) · 아호(雅號) · 세거지명(世居地名) · 봉군지명(封君地名)[7] 등의 뒤에다 공(公) 자를 붙여서 사용하는 것이 통례이다. 구체적인 예를 살펴보면 다음과 같다.

- **직함인 경우:** 좌의정공파, 판서공파, 정랑공파
- **시호인 경우:** 문정공파, 충정공파, 충무공파
- **아호인 경우:** 청계공파, 휴은공파
- **세거지명인 경우:** 개성파, 경주파
- **봉군지명인 경우:** 계림군파, 김녕군파, 김해군파

(15) 경파(京派)와 향파(鄕派)

종파의 파속 외에 혈연적인 신분을 밝히는 말로 경파 또는 향파라는 용어를 쓰는 경우가 있는데 이는 거주하는 지역에 따라 크게 두 계통으로 구분하는 경우이다. 경파라 함은 서울 지역에 살면서 대대로 벼슬을 지낸 집안을 포괄적으로 일컫는 말이며, 향파란 지방에서 세거(世居)해 온 일족을 가리키는 말이다.

(16) 묘소(墓所)

묘소란 분묘의 소재지를 말하는 것으로 족보에는 '묘'(墓) 자 만을 기록하고, 좌향(坐向: 묘가 위치한 방향 혹은 방위)과 석물 등이 있을 경우에는 이를 표시하며 합장의 여부 등도 기록한다.

좌향은 대개 '좌'(坐)로 표시하는데 예를 들어, '자좌'(子坐)라 하면 자(子)는 정북(正北)을 나타내며 북(北)을 등졌다는 뜻이므로 정남(正南)을 가리키는 것이다. 또 좌우(左右)는 사자(死者)를 중심으로 하는 것이므로 묘를 바라보는 사람의 좌우와는 정반대가 된다. 그러므로 좌는 동(東) · 우는 서(西)가 된다.

7) 고려 때 종1품, 조선 때 2품 이상의 공로자에게 주는 작위.

'합봉'(合封)과 '합묘'(合墓)는 두 부부를 한 봉분(封墳)으로 합장했다는 말이고, 쌍봉(雙封)은 같은 묘소에 약간 거리를 두고 두 봉분을 나란히 만들었다는 것이다.

참고로 24방위는 북쪽의 자(子)에서부터 시계 방향으로 계(癸), 축(丑), 간(艮), 인(寅), 갑(甲), 묘(卯), 을(乙), 진(辰), 손(巽), 사(巳), 병(丙), 오(午), 정(丁), 미(未), 곤(坤), 신(申), 경(庚), 유(酉), 신(辛), 술(戌), 건(乾), 해(亥), 임(壬) 등의 24자로 표시한다. 24방위는 천기(天氣) 12방위와 지기(地氣) 12방위로 구성되어 있다. 천기는 천간 갑, 을, 병, 정, 무, 기, 경, 신, 임, 계 중에서 오행상 토(土)의 기운을 갖고 있는 무와 기를 제외하고, 대신 건, 곤, 간, 손을 포함시켰다. 지기에 흐르는 기운, 즉 지지(地支)는 자, 축, 인, 묘, 진, 사, 오, 미, 신, 유, 술, 해이다.

6. 족보의 현황

1) 우리나라의 족보 현황

우리나라의 족보는 세계에서 부러워할 정도로 가장 발달된 족보로 정평이 나 있으며, 우리나라보다는 외국에서 더 많은 관심을 갖고 연구하는 실정이다. 현재 국립도서관의 계보학 자료실에는 600여 종에 13,000여 권이 소장되어 있다. 그런데 한글세대가 자라나면서 한문으로 된 족보가 읽혀지기 어렵게 되자, 각 문중에서는 족보의 한글화 작업을 서두르고 있으며, 아울러 간지(干支)를 서기(西紀)로 환산하거나 체계의 단순화 작업에 심혈을 기울이고 있다.

2) 외국의 족보 현황

족보는 한국이나 동양의 일부 국가에만 있는 것으로 이해되고 있으나 사실은 세계

거의 모든 나라에 족보 제도가 있다. 족보만을 전문으로 취급하는 도서관이 있는 나라도 있다.

중국에서는 족보를 종보(宗譜)라고 하는데, 향토지역을 중심으로 지금도 존재하지만 1949년 중국 공산화 이후 많이 쇠퇴해진 실정이다. 일본에서는 족보를 가보(家譜)라고 하며, 상류 계층에서 주로 보급되어 있다.

미국은 족보 전문 도서관이 있어서 모든 자료가 마이크로 필름화 되어 있으며, 족보학회가 창립된 지도 80년이 넘어 많은 학자가 국제회의를 통해 족보에 대한 여러 세미나를 개최하고 있다. 서구(西歐)에서는 족보를 '가족 나무'(family tree)라는 말로 표현하고 있다. 지금까지 족보가 없는 민족 가운데도 잃어버린 조상을 찾고 혈통을 존중하는 운동이 일어나고 있다.

7. 족보의 현대적 의의

우리 민족은 전통적으로 예를 중요시하면서 다른 민족에게서 찾아볼 수 없는 독특한 고유의 문화를 형성하여 예로부터 '동방예의지국'이라 불려 왔다. 그리고 이러한 전통에 걸맞게 세계 최고 수준의 '족보문화'[譜學]를 구축하였다.

그러나 아쉬운 점은 최근에 이르러 이 전통을 제대로 발전시키지 못할 뿐만 아니라 잘 보존하지도 못하고 있는 실정이다. 족보 자체가 매우 복잡하고 그 보는 방법이 어려우며 또한 한자(漢字)식 용어가 빈번하게 등장하기 때문에 현대인들에게 잘 맞지 않는 부분도 있다. 더욱이 국제화, 세계화의 추세와 다른 나라 출신의 결혼이주자들이 급속하게 증가하고 있는 현실을 감안하면 족보문화는 어딘가 모르게 폐쇄적 자민족중심의 문화로 읽혀질 수도 있다.

그렇지만 족보문화는 자신의 뿌리를 알고자 하는 욕망과, 선조의 유업을 잘 계승하여 자신의 삶을 책임감 있게 살고자 하는 다짐에서 생겨났으며, 그렇기 때문에 현시대를 살아가고 있는 우리들에게도 여전히 중요한 의의를 갖는다. 전형적인 다민족 · 다문화 국가인 미국에서조차 자신들의 뿌리 찾기에 그토록 열중하고 있는 사실을 주목해 보기 바란다.

읽을거리

「족보서(族譜序)」[8)]

소순(蘇洵)

소씨 족보는 소씨 일족의 계보(系譜)를 기록한 것이다. 소씨는 고양(高陽)[9)] 땅에서 나와 온 천하로 뻗어 나갔다. 당나라 신요(神堯)[10)] 초기에 장사(長史)의 직책을 가졌던 소미도(蘇味道)라는 인물이 미주자사(眉州刺史)로 재직하는 중에 세상을 떠났는데, 한 아들이 미주에 남아서 미주에 소씨가 있게 된 것이 여기에서 비롯되었다. 그런데 족보가 여기에까지 미치지 않은 것은 친족관계가 끊어졌기 때문이다.

친족관계가 끊어지면 어찌하여 족보가 미치지 않는 것인가? 족보는 친족을 위하여 만들어지는 것이기 때문이다. 자식은 기록할 수 있으나 손자는 기록하지 못하는 것은 어째서인가? 세대(世代)를 드러내기 위해서이다.

나의 아버지로부터 나의 고조에 이르기까지는 벼슬을 하고 하지 않은 것과, 누구를 아내로 맞이한 것과, 몇 살까지 사신 것과, 어느 날 돌아가신 것을 모두 쓰면서 다른 분들에 대해서는 쓰지 않는 것은 어째서인가? 내가 나온 계보를 존중하기 위해서이다.

8) 이 글은 蘇洵이 지은 「族譜序」이다. 우리나라에서 족보를 편찬할 때에도 이 글을 참고하는 경우가 많다.
9) 소씨의 시조는 고대의 제왕인 顓頊인데, 그는 高陽 땅에서 흥기하였다.
10) 神堯는 唐나라 高祖의 尊號이다.

나의 아버지로부터 나의 고조에 이르기까지는 모두 휘(諱)가 무엇이었다고 말하면서 다른 분들은 모두 이름을 적는 것은 어째서인가? 내가 나온 계보를 존중하기 위해서이다.

족보는 소씨를 위하여 짓는 것인데, 오직 내가 나온 계보만을 자세히 하고 존중하는 것은 어째서인가? 족보는 내가 만드는 것이기 때문이다.

아! 나의 족보를 보는 사람들은 효성(孝誠)과 우애(友愛)의 마음이 구름이 피어나듯 생겨나게 될 것이다. 정(情)은 친족관계에서 드러나고 친족관계는 상복(喪服)에서 드러나게 되는데, 상복은 최복(衰服)[11]에서 시작하여 시마(緦麻)[12]에 이르고, 마지막으로 상복을 입지 않는 관계에 이르게 되는데, 상복을 입지 않는다면 친족관계가 없어진 것이다. 친족관계가 없어지면 정도 없어지게 되고 정이 없어지면 기쁜 일에도 축하하지 않고 근심스러운 일이 생겨도 슬퍼하지 않게 되는데, 기쁜 일에도 축하하지 않고 근심스러운 일에도 슬퍼하지 않는다면 이는 곧 길에서 만나게 되는 남과 같다.

내가 길거리의 남처럼 서로 보는 사람이라 하더라도 처음에는 모두 형제였으며, 형제는 처음에 한 사람의 몸이었다. 슬프다! 한 사람의 몸이 나뉘어 길 위의 남과 같이 됨에 이르렀으니. 이것이 바로 내가 나의 족보를 만든 까닭이다.

족보를 만든 뜻은 이렇다. 한 사람이 나뉘어 길거리의 남에 이르게 되는 것이 형세인데, 이 형세는 내가 어찌할 수가 없는 것이다. 그러나 다행히 아직 길 위의 남에 이르지 않는 이들은 소홀히 하여 잊어버림에 이르지 않아야 할 것이다.

11) 부모와 조부모의 喪에 입는 상복.

12) 상례 중에서 복제를 규정한 五服制度의 하나로, 緦服이라고도 한다. 죽은 사람에 대한 親疎와 遠近 및 사회적 신분에 따른 등급 차이의 표시인 五服은 크게 斬衰 · 齊衰의 衰服과 그 아래 大功 · 小功 · 緦麻로 나뉜다. 시마복은 從曾祖父母, 증조의 형제와 자매, 그리고 형제의 증손과 종조부모를 위해서 입는다.

아! 나의 족보를 보는 이들은 효성(孝誠)과 우애(友愛)의 마음이 구름이 피어나듯 생겨나게 될 것이다. 여기에 다음과 같이 시를 붙여서 말하노라.

내 아버지의 아들이 지금 나의 형이니 내가 몸에 병이 생기면 형도 신음하며 편치 않게 된다네. 그러나 몇 대 뒤에 서로가 누구인지 모르게 되어 죽고 태어나는 것을 슬퍼하거나 기뻐하지도 않게 된다네. 형제의 정이 자신의 손발 같다고 하나 그 정이 얼마나 오래갈 수 있겠나? 저들이 서로 기쁨과 슬픔을 함께할 수 없는 것은 저들이 도대체 어떤 마음을 지녔기 때문인가? (『고문진보후집』「족보서」)

PART

4

예절과 인성 교육

Chapter 13

퇴계 이황의 손자 교육

1. 타인 존중과 배려를 강조한 손자 교육
2. 퇴계의 교학이념과 가학전통
3. 편지의 교육내용과 특징
4. 할아버지와 손자의 교감

Chapter

13 퇴계 이황의 손자 교육

1. 타인 존중과 배려를 강조한 손자 교육

2000년대 이후 우리 주변에 격대교육(隔代教育)이라는 용어가 심심찮게 들려오고 있다.1) 책, 논문, 방송, 언론 등에 자주 등장하며 우리들에게 상당히 익숙해져 있지만, 이 개념을 일반화하기에는 몇 가지 문제가 따른다. 우선 '격대'라는 말이 현대중국어에서는 일상적으로 사용되지만, 우리나라와 일본에서는 잘 쓰지 않으며 꼭 사용한다면 '격세'(隔世)라고 쓴다는 점이다. 그리고 현대중국어로 격대교육이라고 할 때에도 그 의미가 현재 우리 사회에서 사용되는 의미와는 상당히 차이가 있다. 자기 업무가 바쁘거나 이혼을 한 일부 가장들이 아이의 교육과 생활책임을 전적으로 조부모에게 맡기게 되는데, 이러한 가정의 아이 양육과 교육을 일컬어 격대교육이라고 한다. 그렇지만 우리가 여기에서 의도하는 격대교육이라는 의미는 주로 건강하고 정상적인 가정에서 조부모가 손자 손녀에게 사랑과 인격적인 교육을 행하는 것을 뜻한다. 이러한 면을 고려하면 격대교육이라는 아직 생소하고 어색한 개념보다는 '조손교육'이라는 일반적인 표현을 사용하는 것이 훨씬 자연스러울 듯하다.

1) 이 용어는 원래 이용태 전 삼보컴퓨터 회장이 각종 강연에서 사용해 오던 것인데, 최효찬 자녀경영연구소장이 자신의 저술에서 소개한 뒤에 유명해지게 되었다. [최효찬, 『5백년 명문가의 자녀교육』, 예담, 2005]

이 장에서 우리는 퇴계 이황이 손자 안도(安道)[2]에게 보낸 편지를 통해 그의 교학 이념과 가학전통 그리고 구체적인 교육내용을 살펴보고자 한다. 여기에서 최대한 퇴계 자신의 목소리를 직접적으로 전달하고자 한다. 즉, 서신에서 드러난 퇴계 자신의 말을 통해 퇴계의 손자교육의 모습을 구체화해 보고자 한다.

퇴계가 보낸 가서(家書)는 형님과 조카들에게 보낸 것도 있지만, 아들과 손자에게 보낸 편지가 대부분을 차지한다. 자손에게 보낸 편지는 아들 준(寯)과 채(寀)의 이름을 연명으로 하여 보내기도 했으나, '채'가 일찍 죽었기 때문에 편지의 대부분은 아들 '준'과 장손 안도에게 보낸 것이다.

퇴계는 맏손자 안도에게 특별하게 많은 편지를 보냈다. 현재 남아 있는 퇴계의 편지는 을묘년(1555년, 退溪 55세, 安道 15세) 2월 16일부터 경오년(1570년, 퇴계 70세, 安道 30세) 11월 7일까지이다. 그는 11월 9일 종가제사에 참여했다가 병이 생겨 자리에 누운 뒤, 그해 12월 8일에 작고하게 된다. 당시 손자(안도)는 어머니 봉화금씨를 모시고 봉화에 머무르고 있었다. 즉, 퇴계는 15년 이상 줄곧 편지로써 손자와 교류하였다.[3] 이 장에서는 퇴계의 교육이념과 가학을 해명하고자 하며, 더 나아가서 퇴계의 손자교육이 타인 존중과 배려를 강조한 예절교육이었다는 점을 강조하고자 한다.

2) 李安道(1541~1584)의 아호는 蒙齋이다.

3) 현재 安道가 퇴계에게 보낸 편지는 한 통도 남아 있지 않지만, 퇴계가 안도에게 보낸 편지는 150여 통 전해 오고 있다.

2. 퇴계의 교학이념과 가학전통

1) 퇴계의 교학이념

옛 성현을 따르기가 어렵다고 말하지 말아라.

'사람은 사람다워야 한다'라는 말이 있다. 그렇다면 사람다운 사람이란 어떤 사람인가? 유학에서는 한마디로 '성인'(聖人)이라고 한다. 유학의 모든 이념은 사람다운 사람, 즉 성인이 되는 데에 목표를 둔다. 그리고 성인이 되려는 삶의 과정은 '도'(道)라고 할 수 있다. 퇴계의 교학이념을 논하기 위해서도 사람다운 사람이 되려는 것에 대해 언급해야 한다.

일찍이 퇴계는 아들 준에게 보내는 편지에서 맏손자의 이름을 '안도'(安道)라고 짓고 그 의미를 풀이해 주었다. 그는 맏손자가 사람다운 사람, 즉 성인이 되기를 바라는 의미에서 그 이름을 '안도'라고 지어 주었다. '안도'의 의미는 말 그대로 '도에 편안히 거한다'라는 뜻이다. 그러면 퇴계가 말하는 '도'란 무엇인가? 퇴계는 "도(道)는 사람이 살아가는 데 있어 먹는 음식과 같고 입는 옷과도 같아서 잠시라도 없을 수 없는 것이니, 일상의 도리가 아닐 수 없다."[4]라고 하였다. 퇴계의 이러한 생각은 유학의 핵심을 정확하게 간파한 것으로서 퇴계학파의 학자들에게 깊은 영향을 주었다. 소퇴계(小退溪)라 불리던 대산(大山) 이상정(李象靖, 1711~1781)은 병이 위급해지자 문하의 제자들을 불러들여 놓고 그들에게 전하는 마지막 말로 "여러분들이 착실하게 공부하기를 바랄 뿐이다. 유학의 일은 다만 평범한 것이다. 평범한 가운데 오묘한 이치가 있다."[5]라고 하였다. 이러한 일상의 도리는 『중용』에서 말하는 것처럼 쉬운 것은

4) 『퇴계가 안도에게 보낸 편지』, 갑인년, 1554년, 퇴계54세, 아들32세, 손자14세, 12월8일(『安道에게 보낸다』의 분류와 번역에 따름. 이하 동일함).

5) 『樊巖先生文集』, 卷51, 墓碣銘, '通政大夫禮曹參議大山李公墓碣銘'.

어리석은 사람이라도 실천할 수 있지만 고차원적인 것은 성인이라도 이루기가 어려운 이중성이 있다. 그렇지만 공부방법으로서 쉬운 것으로부터 어려운 것에로 나아가는 하학이상달(下學而上達)을 강조하는 유학에서는 어려운 이치보다는 누구라도 실천할 수 있는 일용 일상의 도리를 강조한다.[6]

유학의 이상적 인간상은 '성인'이다. 맹자 이전에는 성인이 우리의 현실과 동떨어진 이상적 존재로만 여겨졌다. 그런데 맹자는 이러한 성인의 경지가 누구나 노력을 통해 도달할 수 있다고 보았다. 맹자는 노력하기만 하면 누구나 순(舜)임금 같은 성인이 될 수 있다고 보았다.[7] 성인에 대한 맹자의 이러한 이해는 신유학의 시대에 와서 많은 영향을 끼쳤다. 신유학의 선구로 평가받는 주돈이(周敦頤, 1017~1073)는 『통서』에서 '성인은 배워서 도달할 수 있다'[聖可學]라고 하였고, 정이(程頤, 1033~1107) 또한 「안자소호하학론(顔子所好何學論)」에서 '성인은 배워서(노력해서) 될 수가 있다'고 하였다. 퇴계도 배워서 성인이 될 수 있다는 확신을 가지고 칠십 평생을 지경(持敬)의 삶으로 일관하였다. 퇴계는 손자의 이름을 지어 주면서 시(詩) 두 수(首)를 함께 지어 보냈는데, 그중에서 제2수를 읽어 보도록 하자.

> 읽고 외는 공부야 어릴 때 할 것이고
> 이제부터는 깊은 도리 탐구를 해야지
> 온 힘을 다 쏟아서 학문에 매진할 뿐
> 옛 성현을 따르기가 어렵다고 말하지 말아라.[8]

이 중에서 '옛 성현을 따르기가 어렵다고 말하지 말아라'라는 구절이 바로 '성가학'(聖可學), 즉 '성인은 배워서 도달할 수 있다'라는 이념과 일치한다. 퇴계의 이러한 생각은 후학들에게서 일관성 있게 확인된다. 특히 조선시대 여중군자(女中君子)로

6) 퇴계 또한 진리는 平易明白하며 실행하기 쉬운 것에서 시작해야 한다고 보았다. 그러므로 初學者가 이것을 잊어버리고 한꺼번에 멀고 아득한 것을 좇으려 하면, 그것은 헛수고이고 불가능한 일이라고 보았다. [『退溪全書』, 卷14, 書, '答南時甫' 참조]

7) 『孟子』「滕文公章句上」 참조.

8) 『퇴계가 안도에게 보낸 편지』, 갑인년, 1554년, 퇴계 54세, 아들 32세, 손자 14세, 12월 8일.

불린 정부인(貞夫人) 안동장씨[본명 張桂香, 1598~1680]는 비록 여성이지만 평생토록 성인의 삶을 따라가고자 노력했던 사람이다. 그녀는 퇴계학맥의 정통을 계승한 아버지 경당(敬堂) 장흥효(張興孝, 1564~1634)의 가르침을 받아 일평생 지경(持敬)의 삶을 살았다. 장씨부인은 성인의 용모와 언어가 근본적으로는 보통 사람보다 다른 것이 없으며, 그 행동도 모두 인륜(人倫)의 날마다 행하는 일로 보았으며, 그러므로 우리가 근심할 것은 오로지 성인의 도를 배우지 않는 것일 뿐이라고 하였다.[9)]

성인을 지향하는 장씨부인의 이러한 삶은 개인적인 성찰과 수양에서 그러했을 뿐만 아니라, 타인을 가르치고 권면할 때도 마찬가지였다. 장씨부인은 자녀를 훈육할 때도 다른 어머니들처럼 자애로움과 사랑만 보인 것이 아니라, 그 학문적 성취를 격려하고 성인을 닮고자 하는 참공부를 하도록 이끌었다.[10)] 바로 이런 면에서 후대 사람들은 장씨부인의 삶을 가장 압축적으로 요약하여 '여중군자'로 칭하였던 것이다. 우리는 이러한 장씨부인의 사상적 배경에서 퇴계학파의 성인학(聖人學)의 교학이념을 충분히 확인할 수 있다.

퇴계는 사람다운 사람, 즉 성인이 되는 데에 공부의 목표를 두었고, 성인이 되는 유학의 도를 고차원적인 이념이 아니라 구체적이고도 일상적인 삶 속에서 찾았다. 이러한 퇴계의 교학이념은 유학의 교학이념과 일치하고 있으며, 이 전통은 퇴계 후학들의 생각과 삶 속에서 뿌리 깊게 이어졌다.

2) 퇴계의 가학전통

모든 일을 관통하는 도리를 찾고, 훌륭한 〈인간이〉 되려는 학문을 닦아야지.

가학(家學)이란 '집안에서 익힌 학문'이라는 뜻이다. 그러므로 '가학을 잇는다'라는 말은 주로 가까운 친지를 통해 가문의 전통과 학통이 녹아 있는 학문체계를 전수받

---

9) 『貞夫人安東張氏實紀』, 附錄, '行實記' 참조.

10) 장윤수, "여중군자 장계향과 운악 이함의 사회적 실천"(『퇴계학과 유교문화』56호, 2015), 290쪽 참조.

는다는 뜻이다. 유학자의 삶에 있어서 가학의 배경이 강조되는 경우는 외부의 특별한 사승(師承) 관계없이 집안 어른들로부터 학문의 기초를 연마하고 가문의 정신을 계승하게 될 때 그러하다.

퇴계의 강학활동은 가학적 성향을 강하게 띠고 있다. 우선 퇴계 자신의 학문형성에 뚜렷한 영향을 끼친 스승을 찾아보기 힘들다. 퇴계의 학문은 스스로 성취한 측면이 강하다. 굳이 퇴계의 학문형성에 영향을 끼친 이를 언급하자면 퇴계의 숙부인 송재(松齋) 이우(李堣, 1469~1517)이다. 그리고 송재의 학문기반 역시 가문의 터전을 닦은 여러 선조들의 의식과 태도, 학문적 성취가 배경으로 작용하였다. 퇴계의 학문은 조부[李繼陽]와 숙부로부터 전해진 가학의 영향을 강하게 받아들였는데, 무엇보다도 진성이씨 일가의 가학 전통은 퇴계에 의해 구체적인 모습으로 체계를 갖추게 되며, 이후 퇴계학은 영남학파의 '학파적 표지(標識)'로서만이 아니라 한국성리학의 큰 물줄기를 형성하게 된다.

퇴계의 초기 문인은 대부분 집안사람들이었다. 퇴계는 위로 다섯 명의 형이 있었는데, 다섯째 형을 제외하고는 모두 일찍 타계하여 조카와 조카사위, 종손자, 생질, 종질과 심지어 누나의 사위, 형제의 외손자, 질녀의 외손자까지 모두 퇴계의 문하에 나아와 학업을 연찬하였고, 퇴계는 이들의 학문적 성취뿐만 아니라 일상생활사까지 힘닿는 대로 도움을 주었다. 퇴계가 손자 안도에게 보낸 편지에는 안도의 종형제를 비롯한 일가친척들의 안부가 많이 수록되어 있고, 심지어 서조모(庶祖母)와 서숙(庶叔), 서숙모(庶叔母)의 안부도 자주 등장한다. 이를 통해 우리는 퇴계가 친친애(親親愛)의 유학 이념을 실행하는 데에 최선을 다했음을 짐작할 수 있다. 그런데 친친애와 관련한 여러 행위 중에서도 퇴계가 가장 주력했던 것은 바로 '가학'의 전수였다. 그는 가문의 젊은이들에게 끊임없이 면학을 권유하였고, 또한 가문의 아름다운 전통을 이어 가기를 책려하였다. 그렇다면 퇴계 가문의 가학은 무엇인가?

퇴계는 그가 특히 사랑하던 맏손자 안도를 위해서는 가학의 전통을 일일이 언급해 가며 직접 시를 지어 훌륭한 인간이 되는 학문을 권면하였다. 병인년(1566년) 퇴계 66세(안도 26세) 되던 해 11월에 당시 안도는 친구 몇 명과 더불어 선조들이 공부하던 용수사(龍壽寺)에서 글을 읽고 있었다. 이때 퇴계는 편지와 시를 보내어 손자를 격려하였다.

> 손자 안도가 최근 용수사에 가서 글을 읽고 있다. 이로 인해 우리 선대에서 자질(子姪)들을 위해 훈계한 시를 생각해 보니, 깨우쳐 이끌어 주고 기대하는 것이 참으로 자상하고 간절하여 되풀이해서 외우고 음미할수록 감격의 눈물이 절로 흘러내린다. 부득이 후손들에게 들려주어야 하겠기에 삼가 원시(原詩)에 차운(次韻)한 시를 지어 안도에게 보내 집안 가르침의 유래를 알게 해서 스스로 힘쓰기를 바라는 바이다.
>
> 돌아가신 아버지[李埴]께서 젊어서 숙부[李堣]와 함께 용수사에서 글을 읽을 적에 할아버지[李繼陽]께서 다음과 같은 시 한 수를 지어서 보내 주셨다.
>
> 세월은 하도 빨라 어느덧 섣달이라
> 눈 덮인 산 깊이깊이 절 문을 에워쌌네
> 쓸쓸한 창문 아래 애쓰는 너희 모습
> 때때로 맑은 꿈이 책상가에 이르노라
>
> 돌아가신 셋째 형님[李漪]과 넷째 형님[李瀣]이 젊어서 용수사에서 글을 읽을 적에 숙부[李堣]께서도 다음과 같은 시 한 수를 지어서 보내 주셨다.
>
> 푸른 산은 병풍 되고 누각에는 눈 뿌릴 때
> 법당이라 깊은 곳엔 등 밝히기 마땅하네
> 새해라 겨울 동안 '삼다'(三多)[11]를 족히 하고
> 모든 일을 관통하는 도리를 찾아야지
> 벼슬자리 경전 속에 갖춰 있다 하지 말고
> 훌륭한 〈인간이〉 되려는 학문을 닦아야지
> 예로부터 좋은 일 일찍 이뤄 내야 하니
> 과거시험 앞에 두고 세월은 빨리 간다.[12]

11) '三多'는 글을 많이 읽고, 글을 많이 짓고, 생각을 많이 하는 것을 말함.

12) 『퇴계가 안도에게 보낸 편지』, 병인년, 1566년, 퇴계 66세, 아들 44세, 손자 26세, 11월 11~29일.

퇴계는 손자에게 우선 자신의 조부와 숙부의 시를 소개하였다. 퇴계의 조부인 이계양(李繼陽)의 시에는 고요한 산문(山門)에서 공부에 힘쓰는 두 자녀를 애틋하게 바라보는 부모의 마음이 잘 표현되어 있다. 그런데 이때 '때때로 맑은 꿈이 책상가에 이르노라'라고 하는 구절은 무엇을 의미할까? 시의 의미가 다의적이어서 작자의 의도를 정확하게 짐작하기 힘들지만, 굳이 유추한다면 때때로 아버지의 꿈에 열심히 공부하는 자녀들의 모습이 보인다고 해석할 수도 있겠고, 또한 열심히 공부하는 자녀들에게 참된 인간, 즉 성인의 모습이 비쳐진다는 해석도 가능할 것이다.

조부의 시에 비해 숙부인 송재 이우의 시는 보다 직접적으로 공부를 권면하고 있다. 송재는 우선 모든 일을 관통하는 도리를 찾고, 훌륭한 인간이 되려는 학문에 힘쓰기를 강조하였다. 모든 일을 관통하는 도리란 당연히 도(道)와 이(理)를 의미한다. 그런데 이(理)와 관련하여 송재와 퇴계 간의 주목할 만한 일화가 전해 오고 있다. 임신년(壬申年, 1512년), 퇴계가 12세 되던 해에 퇴계는 송재의 문하에서 『논어』를 배우고 있었다. 어느 날 하루, 퇴계는 송재에게 이(理)에 대해서 "모든 일에 있어서 옳은 것이 이(理)입니까?"라고 물었다. 이 말을 들은 송재는 기뻐하며 "네가 벌써 글의 뜻을 깨쳤구나."라고 하였다.[13] 모든 일을 관통하는 도리를 찾으라고 조카들에게 권면하였던 송재의 모습과 모든 일에 있어서 옳은 것이 이(理)냐고 묻는 퇴계의 말에 기뻐하던 송재의 모습이 동일한 맥락에서 읽힌다. 즉, 송재는 많이 읽고, 많이 작문하고 많이 생각하는 기초공부를 통해 최종적으로는 모든 일을 관통하는 도리를 찾아보라고 권유하였던 것이다. 또한 그는 경전을 통해 벼슬자리를 탐해서는 안되고, 훌륭한 인간이 되려는 진정한 학문을 닦아야 한다고 말하였다. 이러한 송재의 생각은 퇴계에 의해 더욱 굳건하게 가학으로 형성된다.

퇴계는 조부와 숙부의 시를 소개한 뒤에, 스스로 지은 시 두 수를 안도에게 보내며 손자의 학문을 면려하였다.

13) 『退溪先生年譜』, 卷1, 壬申年, 12歲 條 참조.

섣달이라 눈보라 속 산방(山房)에 깃든 너는
선대(先代) 일을 생각해서 열심히 공부해라
되풀이해 음미하는 두 분 시의 무궁한 뜻
꿈꾸고 깨는 사이 밤도 이미 깊었구나

소년시절 용수사를 서재로 생각하며
기름 대신 관솔불을 얼마나 밝혔던고
집안의 가르침 그날 경계 잊으랴만
이(理)의 근원 알지 못해 지금도 찾고 있네
늙은 마음 네게 빈다 조상 은덕 이어받고
충고하는 벗 힘입어 큰 계획을 도모하라
눈 덮인 산 절 문 인적이 고요하니
한 치의 광음도 허송말기 바라노라.[14)]

여기서 퇴계는 우선 손자에게 "선대(先代) 일을 생각해서 열심히 공부해라."라고 말한다. 그러고 나서 용수사에서 열심히 공부하던 자신의 소년시절을 회상하며, 집안의 가르침과 경계를 잊지 않고 있지만, 아직도 이(理)의 근원을 알지 못해 찾고 있다고 겸손히 말한다. 우리는 여기에서 퇴계 '이'(理) 철학의 연원을 보게 된다. 즉, 퇴계 가학의 배경에서 이미 모든 일을 관통하는 도리이자, 모든 일의 근원으로서의 이(理)를 확인할 수 있다. 마지막 부분에서 퇴계는 손자에게 조상들의 은덕을 이어받고, 충고해 주는 벗과 더불어 큰 계획, 즉 인(仁)을 도모하라고 권유하였다.

그런데 아쉽게도 이안도가 퇴계에게 직접 보낸 서신이 현재 단 한 편도 전해지지 않는다. 그러므로 할아버지 퇴계의 가르침에 반응하는 손자 이안도의 모습을 직접 그의 서신을 통해 확인할 수 없다. 이러한 아쉬움을 대신하기 위해 안도의 다른 글을 통해 간접적으로나마 그의 학문적 각오와 풍취를 확인해 보아야 한다. 안도는 자신이 지은 시에서 "한밤중 문득 생각나는 나의 평생의 뜻, 공경대부(公卿大夫)에 있지 않고 수신제가(修身齊家)에 있네."[15)]라고 하였다. 이 구절은 그의 평소 신념을 가장

14) 『퇴계가 안도에게 보낸 편지』, 병인년, 1566년, 퇴계 66세, 아들 44세, 손자 26세, 11월 11~29일.

잘 보여 주는 것으로서, 학문의 목적이 벼슬에 있지 않고, 수신제가를 통해 참된 인간, 즉 성인이 되는 것에 있다는 의미이다. 이것은 바로 조부(퇴계)의 가르침이자, 가학의 전통이기도 하다. 안도의 관심사는 신민(新民)보다는 명명덕(明明德)에 있었다. 그러기에 그는 친구들과 더불어 지은 시에서도 "일상의 생활에서 깊이 성찰해야 하니, 이럭저럭 세월 보내는 사람 되지는 마세."[16]라고 하며, 스스로의 성찰을 강조하였다.

퇴계 집안의 권학시(勸學詩)를 살펴보면 다음 몇 가지 공통점이 있다. 우선 후손들에 대한 선조의 믿음과 자애로움이 돋보이고, 절[용수사]을 이용해서 집중적으로 학업을 연마하며, 혼자의 공부가 아니라 형제 또는 친구들과 더불어 글을 배우고 좋은 뜻을 함께 다짐한다. 이때 무엇보다도 중요한 것은 모든 일을 관통하는 도리로서의 이(理)의 공부이며, 훌륭한 인간, 즉 성인이 되기 위한 학문이다. 퇴계 집안의 가학의 정체와 특징은 바로 이러한 점에서 찾아져야 한다.

3. 편지의 교육내용과 특징

1) 좋은 벗과 더불어 공부하라

충고하는 벗 힘입어 큰 계획을 도모하라.

일찍이 증자는 "글로써 친구를 모으고[以文會友], 벗과 더불어 '인'을 도모한다[以友輔仁]."[17]라고 하였다. 이것은 좋은 벗과의 교제를 강조하고, 협동학습을 장려하는

15) 『蒙齋集』, 卷1, 詩, '夜中偶吟一絕'. "中霄忽念平生志, 只在修名不在侯."

16) 『蒙齋集』, 卷1, 詩, '與琴梅軒…'. "尋常日用當深省, 莫作悠悠忨愒人."

17) 『論語』 「顔淵篇」.

말이다. 퇴계는 손자에게 보낸 편지 곳곳에서 이 점을 강조했다. 그는 손자가 누구와 더불어 공부하는지에 대해 궁금해했고, 또한 벗들과 더불어 공부한다는 소식을 들으면 참 잘한 일이라고 칭찬하였다.

> 너는 이번 겨울 동안 누구와 어느 곳에서 공부를 할 것이냐?[18)]
>
> 여러 사람들과 더불어 문회(文會)를 갖는다고 하니 즐겁겠구나. 네 동생 순도(純道)도 보낸다만, 이 아이는 글 읽는 것이 가장 게으르니, 함께 공부하는 사람들에게 방해가 될까 두렵다.[19)]
>
> 너는 벗들과 모임을 만들어서 공부를 하였다니 참 잘한 일이다.[20)]
>
> 자수(子修, 李憙의 字, 1532~1592)와 함께 공부한다니 매우 다행스런 일이다.[21)]

그는 좋은 선비가 있으면 손자가 직접 찾아가서 만나 보라고 하였고, 또한 교제하며 좋은 점을 배우라고 권면하였다.

> 김근공(金謹恭, 생몰년 미상)은 학식이 빼어나니 필시 훌륭한 선비일 것이다. 찾아가서 만나 보았느냐?[22)]
>
> 수재(秀才) 김근공은 그 편지를 보니 그 사람됨을 알 수 있겠구나. 네가 그와 사귀면서 배울 수 있으면 좋겠구나.[23)]

18) 『퇴계가 안도에게 보낸 편지』, 기사년, 1569년, 퇴계 69세, 아들 47세, 손자 29세, 10월 28일.
19) 『퇴계가 안도에게 보낸 편지』, 병인년, 1566년, 퇴계 66세, 아들 44세, 손자 26세, 12월 1~8일.
20) 『퇴계가 안도에게 보낸 편지』, 무진년, 1568년, 퇴계 68세, 아들 46세, 손자 28세, 4월 5일.
21) 『퇴계가 안도에게 보낸 편지』, 기사년, 1569년, 퇴계 69세, 아들 47세, 손자 29세, 11월 20일.
22) 『퇴계가 안도에게 보낸 편지』, 임술년, 1562년, 퇴계 62세, 아들 40세, 손자 22세, 12월 17일.
23) 『퇴계가 안도에게 보낸 편지』, 계해년, 1563년, 퇴계 63세, 아들 41세, 손자 23세, 2월 하순.

심지어 퇴계는 산중에서 『주역』을 읽고 있던 손자에게 편지를 보내 학문에 뜻을 둔 훌륭한 제자들이 『역학계몽』을 읽고 있으니 읽던 책을 중단하고 곧바로 내려와 이들과 합류하라고 강력하게 권유하였다.

> 김성일(金誠一, 1538~1593)과 우성전(禹性傳, 1542~1593)은 지금 『역학계몽』을 읽으려고 한다. 네가 이미 『주역』을 읽었다고 하더라도 『역학계몽』을 읽지 않을 수 없다. 그러므로 이 기회를 놓치지 말아야 할 것이다. 비록 『주역』을 다 읽지 못하였더라도, 일단 그 책을 읽는 것을 중단하고 곧바로 산에서 내려와 이들과 함께 『역학계몽』을 읽었으면 참 좋겠다.[24)]

곧이어 퇴계는 김성일과 우성전 두 제자를 칭찬한 뒤에 이들을 본받으려 하지 않는 손자를 크게 책망하였다. 우리는 여기에서 혹여 내 자손이 다른 집 아이들에 비해 뒤떨어지지나 않을까 노심초사하는 범부(凡夫)로서의 할아버지의 모습을 확인할 수 있다.

> 요사이 김성일과 우성전 두 사람을 살펴보니, 목표하는 것이 매우 좋아서 오로지 올바른 학문에 전념하고 있다. 이처럼 뜻을 세운 것이 진실되고 간절하다면, 무엇을 구한들 얻지 못할 것이며, 무슨 공부를 한들 이루지 못하겠느냐. 이와 같은 벗들이 현재 서재에 있는데도 너는 크게 도움받을 생각을 하지 않고, 한결같이 네 멋대로 해서 끝내 정자(程子)께서 너무 멀리 사냥을 나가 돌아올 줄 모른다고 한 잘못을 범하고 있으니, 진정 이래서야 되겠느냐. 지금 시 한 수를 지어서 말로 다할 수 없는 내 뜻을 보이니, 너는 깊이 생각하거라.[25)]

퇴계는 손자에게 보내는 편지에서 자주 손자의 친구들의 동향을 전해 주었는데, 특히 친구들의 학업과정에 대해 세밀하게 말해 주고 손자의 학습동기를 고취시켰다. 예를 들면, 그는 을축년(1565년), 65세(安道25세) 되던 해 7월에 보낸 편지에서 "김전

24) 『퇴계가 안도에게 보낸 편지』, 을축년, 1565년, 퇴계 65세, 아들 43세, 손자 25세, 8월 3일.

25) 『퇴계가 안도에게 보낸 편지』, 을축년, 1565년, 퇴계 65세, 아들 43세, 손자 25세, 8월 3일.

(金墺)이 찾아와서 김성일과 함께 계재(溪齋)에서 『통감』을 읽고 있다."[1565년, 7월 21일]라고 하였으며, 이 해 11월에도 다음과 같은 편지를 보냈다.

> 그곳 덕원(함경도 덕원, 이안도의 장인의 임지)에 도착한 뒤에는 다른 일은 모두 제쳐 두고 부지런히 글을 읽었으면 참 좋겠다. 김성일과 우성전은 계재(溪齋)에 묵으면서 다시 『역학계몽』을 읽기 시작해서 이미 다 마쳤다. 그 사이 새로 깨우친 곳이 더러 있지만, 네가 이것을 함께하지 못하는 것이 아쉽구나. 김명일, 이봉춘, 정사성 등은 도산서당에 거처하면서 때때로 찾아와서 『논어』와 『맹자』 등을 배우고 있다.[26]

손자 안도는 퇴계의 이러한 가르침을 받아 퇴계 사후에도 함께 모여 공부하는 장(場)을 대단히 소중하게 여겼으며, 또한 할아버지로 인해 맺어진 함께 학문을 연찬한 벗들과의 교유를 평생토록 소중하게 이어 나갔다. 그래서 그는 동학들이 도산서원에 함께 모여 『대학』을 통독했다는 소식을 듣고서도 병으로 인해 참여하지 못한 자신의 심정을 안타깝게 표현하기도 했다.

> 여러분들이 도산서원에 모여서 『대학』을 통독하였다는 소식을 들었습니다. 이는 10여 년 동안 마음에만 담아 두고 이루지 못하였던 일이기에 〈병으로 인해〉 뒷자리에서나마 종유(從遊)하지 못하여 아쉽기만 합니다.[27]

안도와 벗들의 좋은 관계는 여러 사람의 문집에서 확인되는데, 가장 대표적인 경우가 안도와 학봉 김성일의 교제이다. 이들은 퇴계가 주선하여 이루어진 동문수학의 관계였지만, 퇴계 사후에도 서로를 위하고 염려하는 마음이 더욱 깊어져 갔다. 안도는 학봉의 영남 근친(覲親) 길을 전송하면서 직접 시를 쓰기도 했고, 특히 학봉의 경우에는 안도의 사후에 그의 죽음을 기념하여 지은 '만시'에서 양자의 관계를 애절하게 회상하였다.

---

26) 『퇴계가 안도에게 보낸 편지』, 을축년, 1565년, 퇴계 65세, 아들 43세, 손자 25세, 11월 하순.

27) 『蒙齋集』, 卷1, 書, '與趙月川'.

> 계문(溪門)에 있던 날들을 추억하니 / 모시고 배우며 십 년을 넘겼네 / 천품 타고난 그대는 중후하고 / 말학의 나는 경솔하였네 / 옥석처럼 서로 도우길 바랐고 / 쑥과 마(麻)처럼 함께 자람을 기뻐했네 / 암서헌에서 정결한 안석(案席) 모시고 / 농운정사에서 문방사우 가까이하였네 / 도를 강론할 때면 늘 나란히 앉고 / 마음 나누면서 꼭 마주하였네.[28]

> 생각건대 나와 그대는 / 교분이 얼마나 깊었나 / 칠 년 동안 선생님 모실 적에 / 자네와 한 이불 덮었네 / 자리 꼭 나란히 하고 / 학업 늘 함께하였네 / 맑은 바람 속 집과 뜨락 / 밝은 달빛 아래 연못과 누재 / 선생 모시고 따르며 / 우러러 가르침 받들었네.[29]

퇴계는 생애 말년까지도 손자의 교우관계에 대해 깊은 관심을 표명하였고, 손자가 좋은 벗들과 더불어 학문을 하고 좋은 일을 도모하기를 진심으로 염원하였다. 할아버지의 열망과 기대에 부응하여 손자는 퇴계 문하의 많은 어진 벗들과 좋은 교우관계를 형성하였고, 이들의 선한 점을 통해 자신의 인격과 학문을 성숙시키고자 노력했다. 다만 아쉬운 것은 그에게 주어진 삶이 길지 않았다는 점이다. 만약 그에게 충분한 시간이 허락되었더라면, 그는 할아버지 학문의 집대성 작업을 주도하였을 뿐만 아니라 또한 자신의 영역을 구축하여 일가(一家)를 형성할 수 있었을 것이다.

2) 기본도리에 충실하라

(1) 인간애의 실천

어떠한 사상과 종교라 할지라도 박애적(博愛的) 인간애를 바탕으로 하지 않으면 그 정당성을 인정받을 수도 없고 생명력이 오래갈 수도 없다. 인문학의 본질은 '사랑'이며, 유학의 본질은 '인간사랑'이다. 바로 이러한 면에서 퇴계는 철저하게 유학의

---

28) 『蒙齋集』, 卷3, 附錄, '輓詞'(金誠一).

29) 『蒙齋集』, 卷3, 附錄, '輓詞'(金誠一).

정신을 실현하고자 한 사람이다. 퇴계의 인간사랑에 대한 일화는 여러 경로를 통해 사람들에게 회자되고 있다. 그러한 일화의 상당수는 사실에 근거를 두지 않은 꾸며낸 설화이기도 하지만, 분명한 점은 모든 일화들이 신분과 계층을 염두에 두지 않고 인간 일반에 대해 사랑하는 마음을 가졌던 퇴계의 인격을 드러낸다는 점이다. 개별적 일화의 진실성 여부를 떠나, 퇴계라는 전체 인격의 큰 특징이 박애적 인간애에 있다는 점은 부인할 수 없다. 그 가장 대표적인 사례가 증손자 창양(昌陽)과 관련된 일이다.

무진년(1568년) 3월에 퇴계는 증손자를 얻게 된다. 맏손자 안도가 아들을 얻었던 것이다. 퇴계는 이보다 한 달 뒤에 타지에 머물던 손자에게 편지를 보내 "네 아내가 아들을 낳았다니 집안의 경사가 이보다 더 큰 것이 없겠다. 이루 말로 다할 수 없을 정도로 기쁘다."라고 하며 자신의 심사를 아낌없이 표현했다. 그리고 증손자의 이름을 직접 작명하여 보내기도 했다. 퇴계는 어린 증손자에 대한 관심과 사랑을 지속적으로 표현하였다.

> 창양이 설사병을 앓고 난 뒤로 몸이 대단히 야위었다고 하더구나. 지금은 다소 충실해졌으리라 생각되지만, 오래도록 소식을 듣지 못해 몹시 걱정된다.[30]

> 창아(昌兒)가 회복되었다니 너무도 기쁘다. … 새로 태어난 아이가 젖이 부족하다니 참으로 걱정이다. 창아는 지금 세 살이니 젖을 먹지 않아도 될 것이다. 다른 집의 보통 아이들처럼 미음이나 부드러운 음식을 먹여서 키우더라도 뭐 안 될 것이 있겠느냐.[31]

그런데 문제는 선천적으로 모유가 부족하던 손부(孫婦)와 건강이 좋지 않은 증손자로 인해 생겨나게 되었다. 태어날 때부터 건강이 염려스럽던 증손자 창양은 세 살이 되도록 모유에 의존하고 있었다. 그런데 손부 권씨 또한 건강이 좋지 않았고

30) 『퇴계가 안도에게 보낸 편지』, 무진년, 1568년, 퇴계 68세, 아들 46세, 손자 28세, 7월 9일.

31) 『퇴계가 안도에게 보낸 편지』, 경오년, 1570년, 퇴계 70세, 아들 48세, 손자 30세, 1월 24일.

모유마저 부족해서 손자가 시골에 있던 여종(학덕)을 당시 창양이 살고 있던 처가(서울)로 올려 보내고자 했다. 당시 여종은 아이를 출산한 지 몇 달 지나지 않은 상황이었다. 이러한 사정을 들은 퇴계가 여종을 서울로 보내는 것에 대해 반대의견을 표시하게 된다.

> 내가 여종 학덕이를 보내지 않으려고 하는 것은 아니다. 생후 몇 개월밖에 되지 않은 자기 아이를 버려 두고 올라가게 할 수 없는 것이 아니냐. 그렇다고 데려가게 할 수도 없고, 더욱이 학덕이는 병으로 젖이 부족해서 자기 아이도 제대로 키우지 못할 형편이라고 하더구나. 이 때문에 너무 곤란해서 이러지도 저러지도 못하고 있는 것이다.[32)]

한마디로 여종이 서울로 올라가게 되면 자신이 낳은 자식을 포기할 수밖에 없는데 차마 그렇게 하지 못하여 망설이고 있다는 말이다. 증손자를 생각하면 여종을 올려 보내고 싶고, 여종과 그 낳은 아이를 생각하면 차마 가게 할 수도 없는 퇴계 자신의 딱한 입장을 피력한 것이다. 그렇지만 퇴계의 내심은 여종을 올려 보낼 수 없다는 입장이 분명하다. 그럼에도 이 편지를 보낸 한 달 뒤에 손자가 기어이 여종을 서울로 데려가려고 하자 할아버지는 준엄하게 손자를 꾸짖었다.

> 듣자하니 젖을 먹일 여종 학덕이가 태어난 지 서너 달 된 자기 아이를 버려 두고 서울로 올라가야 한다고 하더구나. 이는 그녀 아이를 죽이는 것과 다름이 없다. 『근사록』에서는 이러한 일을 두고 말하기를, "남의 자식을 죽여서 자기 자식을 살리는 것은 매우 옳지 않다."라고 하였다. 지금 네가 하는 일이 이와 같으니, 어쩌면 좋으냐. 서울 집에도 반드시 젖을 먹일 여종이 있을 것이니, 대여섯 달 동안 함께 키우게 하다가 8~9월이 되기를 기다려 올려 보낸다면, 이 여종의 아이도 죽을 먹여서 키울 수 있을 것이다. 이렇게 한다면 두 아이를 모두 살릴 수 있을 것이니, 매우 좋은 일이 아니겠느냐. 만약 그렇게 할 수 없어서 꼭 지금 서울로 올려 보내야 한다면, 차라리 자기 아이를 데리고 올라가서 두 아이를 함께 키우게 하는 것이 나을

32) 『퇴계가 안도에게 보낸 편지』, 경오년, 1570년, 퇴계 70세, 아들 48세, 손자 30세, 3월 4일.

> 것이다. 자기 아이를 버려 두고 가게 하는 것은 사람으로서 차마 못할 노릇이니, 너무나 잘못된 일이다.[33]

퇴계는 여기에서 "남의 자식을 죽여서 자기의 자식을 살리는 것은 매우 옳지 않다."라는 『근사록』의 구절까지 인용해가며 손자를 꾸짖었다. 그러면서도 퇴계는 여종의 아이가 죽을 먹고 자립할 수 있을 때까지라도 여종의 서울행을 연기하는 방안을 제시하고, 굳이 여종을 당장 서울로 데려가고자 한다면 여종의 아이까지 함께 올려 보내는 것이 마땅하다고 하였다. "자기 아이를 버려 두고 가게 하는 것은 사람으로서 차마 못할 노릇이니, 너무 잘못된 일이다."라고 하는 퇴계의 말에서 박애적 사랑을 실천한 퇴계의 인격이 잘 드러난다. 그런데 모든 일들이 뜻한 대로 이루어지는 것은 아니다. 안타깝게도 손자 창양은 죽고 만다. 퇴계는 이 사실을 손자가 아닌 사돈(안도의 장인)으로부터 듣게 된다. 당시 퇴계의 심정이 어떠했을까?

> 지금 네 장인의 편지를 받아 보니, 창아가 병을 앓던 과정을 소상히 적어 놓았더구나. 마치 눈으로 직접 보는 듯해서 너무도 가슴 아프다. 의원과 약으로도 치료할 수 없었다면 실로 천명이라 해야 할 것이다. 어찌하겠느냐. 아무쪼록 너는 이렇게 생각하고 마음을 편안히 가지거라. … 〈네가〉 젖을 먹일 여종이라도 서울로 급히 보내려 한 것은 어쩔 수 없어서 그렇게 한 것이겠구나. 그러나 젖을 먹일 여종을 자기 아이를 버려 두고 〈서울로〉 올라가게 하는 것은 사람으로서 차마 못할 노릇이다. 또 여러 날 젖을 먹이지 않으면 올라가는 도중에 젖이 나오지 않을 수도 있다고 하니, 〈이렇게 되면〉 괜히 올라갔다가 그냥 돌아오게 되지 않겠느냐. 어찌 해야 하겠느냐?[34]

'어찌 해야 하겠느냐'[如何處之耶]라고 하는 퇴계의 말에서 그의 심정을 충분히 읽을 수 있다. 일면으로는 끝내 여종을 보내 주지 못한 데에 대한 미안한 마음이 있고, 그러면서도 자신이 그렇게 할 수밖에 없었던 데에 대한 안타까운 심정을 절실하게

33) 『퇴계가 안도에게 보낸 편지』, 경오년, 1570년, 퇴계 70세, 아들 48세, 손자 30세, 4월 5일.

34) 『퇴계가 안도에게 보낸 편지』, 경오년, 1570년, 퇴계 70세, 아들 48세, 손자 30세, 6월 14일.

표현하였다. 퇴계의 입장은 한마디로 젖을 먹일 여종에게 자기 아이를 버려 두고 〈서울로〉 올라가게 하는 것은 '사람으로서 차마 못할 노릇'이라는 것이다. '차마 하지 못하는 마음'[不忍人之心]은 인(仁)의 단초이다. 즉, 여종을 서울로 올려 보내지 못한 퇴계의 마음은 유학적 최고 가치인 어진 마음의 실천이다. 증손자에 대한 사랑과 '차마 하지 못하는 마음' 사이에서 고민하고 갈등하던 자신의 심정을 퇴계는 '어찌 해야 하겠느냐'라는 말로 표현하였다. 이 말은 곧 '네가 내 입장이라면 어떻게 하겠느냐'라는 의미이며, 한 걸음 더 나아가 과연 이러한 상황에서 '어떻게 하는 것이 옳은 행동이겠느냐'는 의미를 지니기도 한다.

(2) 예절의 강조

지나치게 번다한 예절의 절차를 떠올리게 되면 예학, 예절이라고 하는 것에 대해 부정적인 입장을 취하게 된다. 그렇지만 자신의 사욕을 극복하고 타인을 존중하고 배려하는 것이 '예'의 본래 정신이라는 점을 염두에 두면 예절은 자신을 절제하고 타인과의 관계를 원만하게 형성할 수 있는 좋은 매개체가 된다.

퇴계는 일생의 삶을 통해 경(敬)을 실천하고자 노력했다. 『예기』 첫머리에서 '무불경'(毋不敬)이라 했듯이 경은 다름 아닌 예의 본질이다. 퇴계는 특히 손자에게 보내는 서신에서 지경(持敬)의 삶을 강조하고, 구체적인 생활예절을 가르쳤다. 그는 손자가 혼례를 치른 다음 날에 편지를 보내 부부간의 예를 강조하였다.

> 부부란 인륜의 시작이고 만복의 근원이므로 지극히 친밀한 사이이기는 하지만, 또한 지극히 바르게 하고 지극히 조심해야 한다. 그러므로 '군자의 도는 부부에서부터 시작된다'라고 하였다. 그러나 세상 사람들은 부부간에 서로 예를 갖추어 공경해야 함을 잊어버리고 너무 가깝게만 지내다가 마침내는 서로 깔보고 업신여기는 곳에까지 이르고 만다. 이 모두 부부간에 서로 예를 갖추어 공경하지 않았기 때문에 생겨나는 일이다. 그래서 자기 가정을 바르게 하려면 마땅히 그 시작부터 조심해야 하는 것이다. 거듭 경계하기 바란다.[35]

퇴계는 부부간에 '마치 손님처럼 서로 공경하기'[相敬如賓]를 가르쳤다. 그는 가정을 바르게 하려면 시작부터 조심해야 된다고 거듭 강조하였다. "세상 사람들은 부부간에 서로 예를 갖추어 공경해야 함을 잊어버리고 너무 가깝게만 지내다가 마침내는 서로 깔보고 업신여기는 곳에까지 이르고 만다."라고 하는 퇴계의 말은 현대사회의 부부관계에서 특히 유념해야 한다.

또한 퇴계는 어른들 앞에서 무례하게 행동한 손자의 처신을 나무라고 예의 있는 올바른 행동을 가르쳤다.

> 너는 어른들 앞에서는 나서지 말고 차분히 마음을 비운 채 서로 차이가 있는 여러 의견들을 찬찬히 듣고 자세히 살펴서 그중에 나은 것을 따라 좋은 점을 취하면 된다. 그런데 먼저 자신의 거칠고 엉성한 식견을 가지고 자신의 생각을 주장하느라 입에서 나오는 대로 큰 소리로 마구 떠들어 어른들의 말을 누르고야 말았으니, 설사 네 말이 이치에 어긋나지 않았다고 하더라도 이미 네 생각만을 큰 소리로 마구 떠들어 댄 무례를 저지르고야 만 것이다. 이것은 배우는 사람이 자신에게 보탬이 되는 것을 구하는 태도가 아니다. 더구나 제멋대로 보고 잘못 들었는데도 이와 같이 하면 되겠느냐? 속히 고치도록 하거라.[36]

손자에게 예절을 강조한 퇴계는 그 스스로가 평소 정제엄숙(整齊嚴肅)의 반듯한 삶을 실천하였고, 이를 본 그의 문인들 또한 평생토록 선생의 태도와 모습을 본받고자 하였다. 그러한 차원에서 퇴계는 특히 손자의 단정하지 못한 글씨를 강하게 나무랐다.

> 너는 매사에 의당 조심해야 할 것인데도 지금 김취려(金就礪)에게 보낸 편지를 보니, 큰 글씨로 마구 날려서 써 놓았더구나. 이 무슨 짓이냐. 거칠고 분별 없는 행동을 즐겨하지 말기를 바란다.[37]

---

35) 『퇴계가 안도에게 보낸 편지』, 경신년, 1560년, 퇴계 60세, 아들 38세, 손자 20세, 9월 20일.

36) 『퇴계가 안도에게 보낸 편지』, 경오년, 1570년, 퇴계 70세, 아들 48세, 손자 30세, 1월 16~30일.

37) 『퇴계가 안도에게 보낸 편지』, 경신년, 1560년, 퇴계 60세, 아들 38세, 손자 20세, 12월 2일.

퇴계는 "평소 글을 읽을 때 바로 앉아서 단정하게 낭송했는데, 글자마다 뜻을 새기고 구절마다 의미를 생각하여, 아무렇게나 거칠게 책을 읽은 적이 없었다. 비록 한 글자, 한 획의 미세한 것도 그냥 지나치지 않았다."[38] 예절을 강조하는 퇴계의 입장은 손자의 편지 어법에까지 이어진다. 그는 예법에 맞지 않는 문법에 대해 일일이 지도하였다.

> 네 편지를 보니 문장이 끝나는 곳에 '~할 따름입니다'[耳]라는 글자를 자주 쓰더구나. 그러나 어른들께 올리는 편지에서는 이 글자를 써서는 안되니 그리 알거라.[39]
>
> 네 편지에 '아버지는 10일에 길을 떠나십니까'[父定發於十日耶]라고 하는 내용이 있는데, 이때 '야'(耶) 자는 '부'(否) 자로 써야 한다. 여기에서는 '야'(耶) 자를 쓸 수 없다.[40]

'~할 따름입니다'[耳]라는 말은 단정투여서 공손하지 않기 때문에 어른들께 쓰는 말로는 부적합하다는 의미이며, '야'(耶) 자와 '부'(否) 자는 모두 의문을 표시하는 조사이기는 하나 어른들께 물을 때에는 공손한 의미가 담긴 '부' 자를 써야 한다는 뜻이다. 두 경우 모두 일상생활의 예법을 가르친 것이다.

(3) 신중한 처신을 당부함

퇴계의 삶에서 가장 특징적인 외적 모습은 바로 신중한 처신과 겸손한 태도이다. 그는 손자에게도 "언제나 모든 언행을 지극히 조심하면 참 좋겠다."[41]라고 하며, "매사 서로 상의해서 치밀하게 하고 또 조심해서 다른 사람들의 비웃음을 사지 않기를 간절히 바란다."[42]라고 당부하였다. 그의 이러한 태도는 천성에서 비롯된 것이기도

38) 金誠一, 『退溪先生言行錄』, '粹行'.
39) 『퇴계가 안도에게 보낸 편지』, 신유년, 1561년, 퇴계 61세, 아들 39세, 손자 21세, 1월 21일.
40) 『퇴계가 안도에게 보낸 편지』, 임술년, 1562년, 퇴계 62세, 아들 40세, 손자 22세, 12월.
41) 『퇴계가 안도에게 보낸 편지』, 임술년, 1562년, 퇴계 62세, 아들 40세, 손자 22세, 11월 16일.
42) 『퇴계가 안도에게 보낸 편지』, 신유년, 1561년, 퇴계 61세, 아들 39세, 손자 21세, 8월 1~30일.

하지만 당시의 혼란한 시대상으로 인해 더욱 증폭되었다. 그래서 퇴계는 손자에게 "지금은 처신하기가 지극히 어려운 때이니, 여느 때처럼 처신해서는 안될 것이다."[43] 라고 하였다. 당시는 명종 만년으로서 문정왕후와 외척의 전횡을 거치고 조정의 정국이 대단히 혼란스럽던 때이다. 그는 특히 성균관에서의 신중한 처신과 말조심을 당부하였다.

> 성균관은 처신하기가 어려운 곳인데, 너의 경우는 더욱 어려운 점이 있을 것이다. 언행은 언제나 겸손하고 조심해서 알지 못하는 것을 안다고 하지 말고, 반드시 몸가짐을 바르게 하거라. 방종하거나 오만한 행동도 하지 말고, 말도 많이 하지 말아라. 거듭 경계하여라.[44]

퇴계는 손자를 비판하는 사람의 구체적인 실명을 들어가면서까지 손자의 행동을 경계하였다.

> 듣자하니 권호문은 "이안도는 사람이 너무 좋기만 한 것이 아쉬운 점이다."라고 하였다는구나. 그리고 참의(參議) 김난상(金鸞祥)은 "이안도가 아무개의 손자라서 견문이 있는 괜찮은 사람일 것으로 생각했더니, 이제 보니 사리 분별도 할 줄 모르는 사람이었다."라고 하였다는구나. 너는 무엇 때문에 이러한 비방을 듣는 것이냐? … 사람들은 네가 조정의 관리들을 많이 알고 있다고 우쭐댄다고 한다는구나. 이것은 사람들이 가장 미워하고 질투하는 일이다. 부디 잘 알아서 경계하거라.[45]

그리고 퇴계 자신에 대한 칭찬이나 비방을 듣더라도 손자가 이에 동요되지 말고 신중하게 처신할 것을 당부하였다.

43) 『퇴계가 안도에게 보낸 편지』, 병인년, 1566년, 퇴계 66세, 아들 44세, 손자 26세, 1월 26일, 추신.
44) 『퇴계가 안도에게 보낸 편지』, 임술년, 1562년, 퇴계 62세, 아들 40세, 손자 22세, 12월 17일.
45) 『퇴계가 안도에게 보낸 편지』, 기사년, 1569년, 퇴계 69세, 아들 47세, 손자 29세, 10월 28일.

> 너는 이제부터 사람들을 만날 때, 나를 치켜세우는 경우나 나를 헐뜯는 경우를 막론하고 마음을 차분히 가라앉히고 혀를 깨문 채 입을 굳게 다물고 있거라. 절대로 말하지도 다투지도 말고, 조심조심 처신하는 것이 좋을 것이다.[46]

퇴계의 당부는 대단히 구체적인 데까지 이른다. 즉, 명종의 장례가 채 끝나기도 전에 고향으로 돌아간 퇴계에 대해 당시 비방이 일어나게 되자 이에 대한 손자의 구체적인 답변까지 말해 주고 있다.

> 네가 만약 서울에 와서 사람을 만났을 때, 나를 비방하고 의심하거나 나에 대해 물으면, "제 할아버지께서는 그때 참으로 병이 위중했기 때문에 하는 일 없이 봉급이나 받아먹으면서 객지에서 죽고 싶지 않아 곧바로 고향으로 돌아간 것이지, 만약 지금까지 살아 있을 줄 일찍이 알았더라면 어찌 이와 같이 하셨겠습니까?"라고 대답해 주면 될 것이다.[47]

이것은 손자의 처신을 염려한 것이기도 하지만, 다른 한 편으로는 손자를 통해 자신의 입장을 대변하는 것이기도 하다. "마음을 차분히 가라앉히고 혀를 깨문 채 입을 굳게 다물고 있거라. 절대로 말하지도 다투지도 말고, 조심조심 처신하는 것이 좋을 것이다."라고 하는 퇴계의 당부는 지나치게 소극적인 처신으로 읽힐 수도 있고, 또한 손자의 행동을 과도하게 억제하는 것으로 비칠 수도 있다. 그렇지만 당시의 시대상을 고려하고 퇴계 자신의 성품을 고려할 때 손자를 염려하고 걱정하는 할아버지의 마음으로 이해할 수 있겠다.

3) 근원에 대한 공부를 하라

무엇보다도 퇴계는 손자의 학업에 대해 많은 관심을 가졌다. 그래서 "너는 요즘 하릴없이 분주하기만 한데, 어째서 마음을 다잡고 공부하지 않는 것이냐?"[48]라고 하

46) 『퇴계가 안도에게 보낸 편지』, 기사년, 1569년, 퇴계 69세, 아들 47세, 손자 29세, 10월 28일.
47) 『퇴계가 안도에게 보낸 편지』, 정묘년, 1567년, 퇴계 67세, 아들 45세, 손자 27세, 10월.

며 손자를 질책하기도 하고, 또 한편으로는 향학열에 불타는 다른 제자들을 거론하며 손자의 분발을 유도하기도 했다.

> 요즘 너는 이렇게 하릴없이 세월만 보내고 있으니, 학업이 진보되지 못함이 전보다 배나 더할까 걱정스런 마음이 놓이질 않는다. 너도 전에 만나 본 적이 있는 서울에 사는 김취려(金就礪)가 오늘 다른 한 선비와 가르침을 받기 위해 서울에서 이곳까지 찾아왔다. … 다른 사람들은 이처럼 뜻을 굳건히 가지고 있는데, 너는 부끄럽지도 않으냐?[49]

심지어 퇴계는 손자의 학문연찬을 돕기 위해 손수 송대(宋代) 유학자들의 글 39편을 가려 뽑아 그것을 직접 손으로 쓰고 발문을 붙이기도 하였다.

> 학문하는 요령은 여기에 남김없이 갖추어져 있다. 그러나 진실로 깊이 체득해서 힘써 실행하지 않으면, 비록 격언(格言)과 지론(至論)을 날마다 앞에 펼쳐 놓는다 하더라도 아무런 도움이 되지 않을 것이다. 하물며 글 한 편을 다 읽기도 전에 졸려서 하품을 하며 책을 서가에 얹어 두고 먼지가 쌓이고 좀이 쓸게 하는 경우야 더 말할 나위가 있겠느냐. 너는 잘 생각해서 노력하여라.[50]

퇴계에게 있어서 어떤 책을 읽었느냐 읽지 않았느냐 하는 것이 중요한 게 아니라, 학문에 대한 열정을 가지고 있느냐 그렇지 않으냐가 중요하다. 그래서 그는 "학문에 대한 열정도 없으면서…비록 모든 경전을 한 글자도 착오 없이 다 외운다고 하더라도 실제 무슨 도움이 되겠느냐?"[51]라고 하였다. 이러한 입장에서 보면 관직에 나아가기 위한 과거시험 준비는 참된 공부라 할 수 없다. 진정한 공부는 참된 인간, 즉 성인이 되기 위한 자기수양의 공부인 것이다.

---

48) 『퇴계가 안도에게 보낸 편지』, 신유년, 1561년, 퇴계 61세, 아들 39세, 손자 21세, 11월 5일~29일.

49) 『퇴계가 안도에게 보낸 편지』, 경신년, 1560년, 퇴계 60세, 아들 38세, 손자 20세, 12월 2일.

50) 『퇴계가 안도에게 보낸 편지』, 을축년, 1565년, 퇴계 65세, 아들 43세, 손자 25세, 4월.

51) 『퇴계가 안도에게 보낸 편지』, 을축년, 1565년, 퇴계 65세, 아들 43세, 손자 25세, 8월 3일.

그렇지만 퇴계는 과거시험에 대해 전적으로 부정하지는 않았다. 즉, 과거시험을 위한 공부가 학문의 본질이라고 볼 수는 없지만, 그렇다고 하여 이것 또한 학문이 아니라고 볼 수는 없다는 것이다. 그래서 정사성(鄭士誠)이 "경학에 힘써 과거공부를 하는 것은 학문을 하는 데 해롭지 않습니까?"라고 묻자, "나라에서 과거를 설치하는 것이 어찌 선비들로 하여금 학문을 못하게 하고자 함이겠는가? 안[修己]과 밖[治人], 경(輕, 과거공부)과 중(重, 학문수양)을 스스로 분변해야 할 것이니, 만일 이러한 판단이 분명하다면 성인의 경전을 꿰뚫어 외우는 과거공부가 학문이 아니라고 할 수 있겠는가?"라고 답하였다.[52]

그는 동향인과 제자들의 합격소식을 들으면 기뻐했고, 특히 손자의 합격 여부에 대해 굉장히 궁금해했다. 그는 손자의 합격 소식을 들으면 기쁨을 표시하면서도 실력 이상의 결과라고 하며 겸손하기를 바랐고, 낙방의 소식을 듣게 되면 아직 실력이 부족하여 당연히 그러한 것이라고 하며 손자를 위로하였다.

> 비로소 너와 다른 많은 사람들이 합격하였음을 알게 되었으니 너무너무 기쁘다. … 네가 과거시험에 응시했을 때 제출했던 논문, 과부(科賦), 책문은 모두 다 살펴보았다. 논문과 책문은 합당한 점수를 받았지만, 과부는 이보다 못한 점수를 받는 것이 합당할 듯하다.[53]

> 어제와 오늘 잇달아 두 통의 편지를 받아 보고, 네가 경전의 의미를 풀이하는 시험에 응시하지 못했음을 알게 되었다. 당초에 네가 높은 점수를 받은 것을 요행으로 생각하였으니, 이제 또한 무슨 아쉬움이 있겠느냐?[54]

퇴계는 경전을 공부함에 있어서 그 이치와 근원은 탐구하지 않고 과거시험에 대비하기 위한 암기공부만 하는 것을 안타깝게 여겼다.

52) 鄭士誠. 『退溪先生言行錄』. '論科擧之弊' 참조.

53) 『퇴계가 안도에게 보낸 편지』, 기사년, 1569년, 퇴계 69세, 아들 47세, 손자 29세, 9월 10일.

54) 『퇴계가 안도에게 보낸 편지』, 병인년, 1566년, 퇴계 66세, 아들 44세, 손자 26세, 윤10월 23일.

> 네가 『주역』을 공부하는 데 있어 그 깨끗하고 정밀한 이치, 그리고 도서(圖書)와 괘(卦)의 그림의 근원은 알지 못한 채, 강론하는 자리에서 대답할 거리만 얻기 위해 읽고 있으니 애석할 뿐이다.[55]

과거공부에 대한 퇴계의 입장은 절충적이다. 즉, 과거시험을 무조건 부정적으로만 생각하지는 않았고, 또한 자제와 제자들을 과거공부에만 전념시키지도 않았다. 그는 입신양명을 위해 암기위주의 과거공부에만 전념하는 것에 대해서는 비판적 태도를 취했지만, 과거공부라 하더라도 '안'과 '밖', 경(輕)과 중(重)을 스스로 분변해 가며 성인의 경전을 꿰뚫게 된다면 이것 또한 학문이 아니라고 할 수는 없다고 하였다. 다만 그는 어떠한 학문을 하든 배움에 대한 열정을 가지고, 근원에 대한 공부를 해야 한다는 점을 강조하였다.

4) 독서록(讀書錄)과 독서법의 특징

전통 유학자들의 사상을 제대로 이해하기 위한 기본 자료 중 하나가 바로 독서록(讀書錄)이다. 즉, 어떤 책을 어떤 순서와 방법으로 읽었는지에 대해 면밀하게 검토하면 그 사람의 사상적 특징을 파악하는 데에 많은 도움을 얻을 수 있다.

퇴계는 맏손자 안도에게 각별한 관심과 사랑을 보였다. 그래서 안도가 다섯 살 되던 해에 손수 『천자문』을 써서 가르치기 시작한 이후 작고하기 전까지 여러 가지 경전을 직접 가르쳤다. 그는 안도의 학습진도를 챙겨 가며 체계적으로 지도하였다. 그러므로 안도의 독서록을 살펴보는 것은 곧 퇴계가 생각한 독서법, 교학과정을 살피는 것과도 같다. 우선 기록에 의거해 안도의 주요 독서록을 연대별로 살펴보도록 하자.

55) 『퇴계가 안도에게 보낸 편지』, 을축년, 1565년, 퇴계 65세, 아들 43세, 손자 25세, 6월 24일.

05세: 『천자문』
10세: 『추구(抽句)』, 『효경』
12세: 『고문진보』
13세: 『십팔사략』
14세: 『시경』, 『서경』
15세: 『논어』
16세: 『풍소(風騷)』, 『부초(賦抄)』, 『소학』, 『중용』, 『대학』
18세: 『후한서』, 『맹자』, 『시전』
21세: 『주역』
24세: 『춘추』, 『태극도설』, 『서명』
25세: 『주역』, 『계몽』
30세: 『계몽전의』, 『심경』

퇴계는 독서에 있어서 숙독(熟讀)과 복습을 강조하였다. 그는 아들 '준'에게 손자의 독서법을 언급하며, "아몽['안도'의 초명(初名)]이 읽은 책은 반드시 하루이틀 이어서 차례차례 연이어 암송하게 하고, 한 권을 마칠 때마다 또한 앞서 읽은 책을 복습하게 하는 것이 매우 좋겠다."[56]라고 하였다. 또한 그는 제자들에게도 "익숙한 데까지 가야 한다. 무릇 글을 읽는 사람이 글의 뜻을 알았다 하더라도, 익숙해지지 않으면 읽고 나서 금방 잊어버려 마음에 간직할 수 없게 되기 십상이다. 배우고 나서 익숙해질 때까지 노력한 다음에야 바야흐로 마음에 간직할 수가 있어서 흠뻑 그 맛에 젖어들 수 있다."[57]라고 하였다.

그는 문장을 익히는 서책의 공부는 유년시절의 공부이고, 격물치지(格物致知)의 거경궁리(居敬窮理) 공부가 참공부라고 생각하여, "기송(記誦)의 공부는 유년(幼年)에 하는 것이다. 지금부터는 격물치지의 공부가 참으로 마땅하네."[58]라고 하였다. 그는 14세가 된 손자가 『고문진보』와 『십팔사략』을 읽고 있자 "이 아이가 여러 해 동안 『고문진보』와 『십팔사략』만 읽은 것은 모두 잘못된 계획이다. 이제 책 읽기를

56) 『蒙齋先生年譜』, 1553年, 13歲 條.
57) 金誠一, 『退溪先生言行錄』, '讀書'.
58) 『蒙齋先生年譜』, 1554年, 14歲 條.

마치면 반드시 즉시 『시경』과 『서경』을 공부하게 하되, 아주 익숙히 익히도록 해라."[59]라고 하였다. 그리고 퇴계는 14세의 나이에 이른 손자에게 있어서 『고문진보』와 『십팔사략』과 같은 책은 도움이 되지 않으며, 이것을 읽는 것은 세월을 허송하는 것이라고 탄식하였다.[60] 그렇다면 퇴계는 왜 『고문진보』와 『십팔사략』이 도움이 되지 않는다고 했을까? 퇴계의 생각을 이해하기 위해 그의 시 한 수를 살펴보도록 하자.

> 문장으로 명예 겨루다 이미 참을 잃으니,
> 어이 견디랴 과거 공부 또한 남보다 못함을.
> 가련타 세월은 말 달리듯 하는데,
> 미래의 공부 어이 새롭게 하지 않겠는가.
>
> 과거시험 공부 어찌 사람을 얽어맬 수 있으랴,
> 배워서 여러 이치 통하면 모두 펴진다네.
> 어찌하여 온 세상 훌륭한 영재들,
> 한번 떨어지면 돌이킬 줄 모르는가.[61]

퇴계는 『고문진보』와 『십팔사략』이 문장을 익히기 위한 공부라고 보았고, 나이가 들어서도 이러한 책만 읽는 것은 참공부를 위해서 방해가 된다고 보았다. 앞서 언급하였듯이, 그는 문장을 익히고 암송하는 공부는 유년시절의 공부라고 보았고, 나이가 들어서는 배워서 여러 이치에 통하는 공부, 즉 격물치지의 공부를 해야 한다고 생각했다. 그는 손자에게 '시'와 '부'의 작문법을 읽힌 후에 유가 경전과 성리서(性理書)의 독서를 하도록 권유하였다. 퇴계는 문학서의 독서만으로는 온전한 글을 지을 수 없다고 생각했다. 그래서 그는 "안도가 최근에 『중용』을 암송하더니 이제 『대학』을 읽는다. 이제서야 글을 짓는 데 약간의 변화가 있는 듯하다."[62]라고 하였던 것이

59) 『蒙齋先生年譜』, 1553年, 13歲 條.

60) 『蒙齋先生年譜』, 1554年, 14歲 條.

61) 『退溪先生文集』, 卷2, 詩, '歲終, 琴聞遠, 琴壎之, 金子厚將歸. 示詩相勉, 亦以自警警安道'.

다. 즉, 『중용』과 『대학』 같은 유가의 기본경전을 읽은 뒤에 손자의 작문이 발전하게 되었다는 말이다.

퇴계는 손자에게 특히 『주역』을 강조하였다. 『주역』은 유가철학의 핵심을 담고 있는 것으로서, 퇴계 자신도 젊은 시절부터 그 이치를 이해하고자 병이 생길 정도로 깊이 탐닉했던 서책이다. 그래서 그는 "『주역』은 쉽게 읽을 책이 아니니, 삼가 대충대충 지나치지 마라."라고 하였다. 또한 『주역』의 이치와 근원은 탐구하지 않은 채 과거시험에 대비하기 위한 암기에만 몰두하는 손자의 태도를 나무라며, "네가 『주역』을 공부하는 데 있어 그 깨끗하고 정밀한 이치, 그리고 도서(圖書)와 괘(卦) 그림의 근원은 알지 못한 채, 강론하는 자리에서 대답할 거리만 얻기 위해 읽고 있으니 애석할 뿐이다."라고 하였다.[63]

이제 퇴계가 손자에게 권유한 독서법을 정리해 보면, 순서로는 경전보다 문학서를 앞에 두었고, 비중으로는 문학서보다 경전을 강조하였다. 기초한문 교재를 통해 한문의 기본을 익히게 하고, 명문장 모음책과 역사책을 통해 작문법을 익히게 하였으며, 궁극적으로는 유가 경전과 성리서(性理書)를 통해 철리(哲理)를 연마케 하였다. 그렇지만 그는 독서법의 원칙과 체계성보다는 협동학습을 강조하였고, 함께 공부하는 사람들을 중요하게 생각하였다. 일찍이 공자께서는 "배우고 수시로 익히면 또한 기쁘지 아니한가. 벗이 멀리서부터 찾아오면 또한 즐겁지 아니한가."라고 하였다. 그런데 이 때의 벗은 어떤 벗인가? 퇴계의 생각을 빌리자면 함께 책 읽고 토론하며 좋은 일을 도모하는 벗이다.[64] 퇴계는 이러한 벗과 더불어 공부하는 것을 가장 중요하게 생각하였다.

---

62) 『蒙齋先生年譜』, 1556年, 16歲 條.

63) 『蒙齋先生年譜』, 1565年, 25歲 條.

64) 김종문 · 장윤수, 『한국전통철학사상』(소강, 1999), 291~292쪽 참조.

4. 할아버지와 손자의 교감

조손교육은 일반적으로 부모교육보다 훨씬 부드럽고, 사랑과 자애 부분이 두드러진다. 그런데 퇴계의 경우에는 오히려 부모의 자애로움을 경계하고, 엄격함과 원칙적인 태도로 손자의 교육을 실행하였다.

> 자손이 훌륭하게 되는 것이 사람들의 지극한 소원인데, 도리어 대부분의 사람들이 인정과 사랑에만 빠져서 자식을 훈계하고 단속하는 것을 소홀히 한다. 이것은 김매기를 하지도 않고 벼가 익기를 바라는 것과 같으니, 어찌 이런 이치가 있겠느냐? 전에 네[아들 준]가 아이에 대해서 엄하게 대하지 못하고 사랑이 지나친 것을 보았기 때문에 이 말을 하는 것이다.[65]

퇴계는 나이 어린 제자들에게도 쉽게 하대하지 않았고, 또한 그들을 직접적으로 책망하는 언사를 잘 사용하지 않았다. 그렇지만 손자교육에 있어서는 내면의 사랑과 애정을 적절하게 절제하고 원칙에 따른 엄격함이 두드러진다. 이러한 퇴계의 손자교육은 숙부인 송재 이우의 영향이 크다. 송재는 조카들을 가르칠 때 대단히 엄격하게 대하였다. 퇴계는 자신이 송재의 문하에서 배우던 어린 시절을 회상하며 『논어』를 처음부터 끝까지 한 글자도 틀리지 않고 외웠지만 숙부로부터 칭찬하거나 인정하는 말 한 마디 듣지 못했음을 제자들에게 전해 주었다. 그러고 나서 "내가 학문을 게을리 하지 않은 것은 모두 숙부께서 가르쳐 주고 이끌어 주신 덕분이다."[66]라고 하였다. 송재와 퇴계의 후손교육은 전형적으로 다른 사람들에게는 온화하되 자신과 자녀들에게는 엄격해야 한다는 대인춘풍(待人春風), 지기추상(持己秋霜)의 선비정신을 잘 보여 준다. 그렇지만 퇴계도 역시 어쩔 수 없는 할아버지인지라, 편지의 행간을 잘 읽어보면 손자에 대한 사랑과 염려가 곳곳에 깊게 묻어 있다.

---

65) 『退溪先生文集』, 卷40, 書, '寄子寯'(갑인년, 1554년, 12월 8일).

66) 金誠一, 『退溪先生言行錄』, '粹行'.

> 무슨 연고로 너는 이렇게 오래도록 편지 한 장 보내지 않고 있는 것이냐? 덕원에 있을 때는 그렇다 하더라도, 이미 서울에 왔다면 함창과 안동 등으로 내려오는 사람이 없지 않을 것인데, 어찌해서 이곳으로 편지 한 장 보내 부모의 근심을 풀어 주지 않는 것이냐? … 혹 진짜 병이 나서 성균관에 나가 있기가 어렵다면, 억지로 나가 있다가 병을 더치지 말아야 할 것이다.[67]

오랫동안 편지가 없는 손자에게 왜 그동안 편지가 없느냐며 소식을 재촉하였다. 그러면서도 혹여 손자가 병중일까 걱정하여, 만약 병을 앓고 있다면 성균관에도 억지로 나갈 필요가 없다고 하였다. 그는 작고하던 해에도 손자에게 편지를 보내 "오래도록 소식을 들을 수 없으니 너무 보고 싶구나."[68]라고 하며, 손자에 대한 애정을 직접적으로 표현하였다. 다만 퇴계는 자신의 애정표현을 자제하는 경우가 많았고, 무조건적인 사랑보다는 적절한 훈계와 교육을 병행하였다.

> 지금 안동부에서 보내온 방목을 보고 네가 입격(入格)하였다는 것을 알았다. 비록 요행인 줄은 아나 나도 모르게 나막신 굽이 부러진 줄도 모르고 크게 기뻐하였다.[69]

퇴계는 손자의 합격사실을 듣고 요행이라며 겸손해하지만, 그 기쁨을 완전히 숨기지는 못했다. 그의 속마음을 가장 잘 표현하는 말이 바로 "나도 모르게 나막신 굽이 부러진 줄도 모르고 크게 기뻐하였다."라는 말이다. 이 말은 중국의 역사서에 나오는 고사를 인용한 것이다. 진(晉)나라 사안(謝安)이 진병(秦兵)을 막기 위해 자신의 조카를 전쟁터에 보냈는데, 8천 명의 군사가 진(秦)나라 백만 대군을 격파하였다. 마침 사안이 바둑을 두고 있을 때 이 소식을 듣게 되었다. 그는 손님 앞에서는 기뻐하는 내색을 하지 않고 있다가 손님을 배웅하고 대문을 들어오다가 나막신 굽이 문턱에 걸려 부러지는 것도 모를 정도로 기뻐하였다고 한다.[70] 손자의 합격소식이 얼마나

67) 『퇴계가 안도에게 보낸 편지』, 병인년, 1566년, 퇴계 66세, 아들 44세, 손자 26세, 6월 18일.

68) 『퇴계가 안도에게 보낸 편지』, 경오년, 1570년, 퇴계 70세, 아들 48세, 손자 30세, 1월 15일.

69) 『蒙齋先生年譜』, 1561年, 21歲 條.

기뻤으면 나막신 고사를 인용하였을까?

그렇다면 당대 최고의 석학이자 스승으로 존경받고 있던 퇴계를 할아버지로 둔 손자의 입장은 어떠했을까? 퇴계의 관심과 사랑 속에서 엄격한 훈도를 받던 손자는 분명 갑갑함도 느꼈을 것이고, 또 어떤 때는 원칙에 철저했던 할아버지에 대해 섭섭한 마음도 있었을 것이다. 그렇지만 손자는 자라나면서 그 마음에 할아버지에 대한 자부심이 가득했으며, 할아버지의 사업을 계승하고 심지어 할아버지의 학문관과 인간평, 취향까지도 닮아 갔다. 퇴계는 자신을 자랑스럽게 여기는 손자의 태도가 지나치지 않기를 경계하였다.

> 너는 편지에, 임금님께서 할아버지를 생각하심이 보통이 아니고, 기회 또한 크다는 등의 말을 하였더구나. 너무도 어리석다. 내가 이제까지 벼슬길에 나가기를 그렇게 어려워한 것은 바로 임금님의 기대가 너무 과중해서 스스로 감당할 수 없다고 생각했기 때문이다. 기회가 없어서였겠느냐?[71]

그렇지만 퇴계는 손자의 역량을 충분히 인정하였다. 그는 정치적으로 중요한 사안들에 대해 손자에게 자신의 입장을 밝혔고, 중요한 사업들을 아들보다 손자에게 맡겼다. 문정왕후의 상중(喪中)에 보우(普雨)의 처벌을 주장하는 통문이 돌자 그는 이에 대한 자신의 입장을 밝혔으며,[72] 필생의 역작인 『성학십도』(「심학도」)의 내용을 정리하는 일까지 손자에게 맡겼다.[73] 이것은 손자의 학문적 역량을 인정하고 그를 신뢰하였다는 증거이다. 또한 퇴계는 자신의 장례절차를 주관하는 일을 손자에게 맡기기도 했다.[74] 제자들도 퇴계의 상례를 치루면서 상주(喪主)인 '준'보다 오히려 손자인 '안도'와 논의하는 경우가 많았다.

70) 『晉書』「謝安傳」 참조.

71) 『퇴계가 안도에게 보낸 편지』, 정묘년, 1567년, 퇴계 67세, 아들 45세, 손자 27세, 12월 16일~30일.

72) 『퇴계가 안도에게 보낸 편지』, 을축년, 1565년, 퇴계 65세, 아들 43세, 손자 25세, 7월 23일.

73) 『蒙齋集』, 卷3, 附錄, '遺事'.

74) 『蒙齋集』, 卷2, 雜著, '考終記'.

손자는 퇴계의 제자들과 더불어 예장(禮葬) 때의 의절(儀節)을 논의하였다. 퇴계가 작고한 뒤로 문인들 사이에서 "비석을 세우지 마라."는 유언으로 인해 논란이 일어나게 되었다. 이때 손자는 퇴계의 뜻을 따라 비석을 세우지 말도록 하는 일에 앞장섰다.[75] 만약 할아버지의 평소 가르침이 없었다면 할아버지의 유훈보다는 그럴듯한 격식과 형식에 얽매였을 것이다. 그렇지만 평소의 가르침을 통해 할아버지의 참뜻이 어디에 있었는가를 잘 알고 있던 손자는 관례에 따른 예장(禮葬)을 따르지 않고 할아버지의 유언을 관철시켰다. 이것은 퇴계학파에서 손자 '안도'가 차지하는 비중과 그의 인격을 짐작케 하는 좋은 사례이다.

손자는 퇴계 사후 동문들과 함께 퇴계의 「연보」를 품정(稟定)하였고, 퇴계의 「언행차록(言行箚錄)」과 「가정잡록(家庭雜錄)」을 기록하였으며, 할아버지의 마지막 순간을 고증한 「고종기(考終記)」를 남겼다. 그리고 권호문(權好文)을 비롯한 여러 제자들과 함께 『이학통록(理學通錄)』을 교정하고, 『주서절요주해(朱書節要註解)』를 추가로 기록하였다. 퇴계의 제자들은 스승의 글을 모으면 반드시 손자인 안도와 의논하였다.[76] 당시 퇴계의 글을 정리하던 제자의 상당수가 안도에 비해 나이가 많았음에도 불구하고 모든 이들이 퇴계를 선양하고 기리는 작업의 중심에 안도를 두었다. 이것은 단순히 그가 퇴계의 손자여서가 아니라 누구보다도 퇴계의 많은 가르침을 받았고, 또한 누구보다도 퇴계의 참뜻을 잘 알고 있었기 때문이다.

퇴계는 작고하기 직전까지도 손자와 깊은 교감을 지속하였다. 그에게 있어서 손자 안도는 소중한 혈육이자 자신의 뜻을 가장 잘 계승한 제자이기도 하며, 또 어떤 경우에는 민감한 정치사를 함께 논의하고 자신을 대신해서 입장을 피력하는 대변인이기도 했다. 그렇지만 무엇보다도 두 사람 간에는 참된 인간이 되고자 하는 성인 지향의 학문관이 공통분모를 이루고 있었고, 서로에 대한 깊은 신뢰와 사랑이 오갔다. 그러한 면에서 퇴계의 손자교육은 성공하였다고 할 수 있다.

75) 『蒙齋集』, 卷3, 附錄, '遺事'.

76) 『謙庵集』, 卷2, 書, '答權章仲'(乙亥). "所示通錄校正事, 旣得僉賢相討累日其於讐正, 必無餘恨. 前年暫因李逢原見示."

평생토록 매화를 사랑했던 퇴계의 취향 또한 손자에게 이어져 '안도' 또한 '분매시'(盆梅詩) 한 수를 남겨 두었다.

> 천지의 비와 이슬로 길러지지 않고,
> 외로운 뿌리 작은 화분에 의탁하여 꽃을 피우네.
> 그윽한 향기 술의 향기와도 같아 사람을 젖어들게 하니,
> 달빛 맞으며 돌길 돌아온들 무어 나쁘랴.[77]

77) 『蒙齋集』, 卷1, 詩, '盆梅'. "不是乾坤雨露培, 孤根曾托小盆開, 暗香和酒薰人骨, 石路何妨帶月迴."

Chapter 14

여중군자(女中君子) 장계향의 성인 교육

1. 조선시대의 여성과 장씨 부인
2. 유학의 공동체 자아론과 장씨부인
3. 가학의 형성과 발전
4. 『음식디미방』과 지경의 삶
5. 성인의 길, 여자의 길

Chapter

14 여중군자(女中君子) 장계향의 성인 교육

1. 조선시대의 여성과 장씨부인

조선시대는 유학의 시대이다. 흔히 우리는 유학적 전통에서 여성의 지위와 역할이 대단히 미미하고 제한적이라 생각한다. 그러한 의미에서 전통시대 특히 조선시대의 여성상을 소극적 의미로, 때로는 부정적 의미로 해석하게 된다. 이러한 해석은 일면 그렇게 보일 만한 이유도 있지만, '현대'와 '전통시대'의 역사적 맥락을 간과하고 있다.

조선시대의 이름난 여성으로 신사임당(申師任堂, 1504~1551), 허난설헌(許蘭雪軒, 1563~1589), 임윤지당(任允摯堂, 1721~1793)을 떠올릴 수 있다. 신사임당은 시(詩) · 서(書) · 화(畵)에 모두 능했으며 현모양처의 상징으로 여겨지고 있다. 허난설헌은 출중한 문학적 자질로써 시대적 한계와 아픔을 뛰어넘고자 했던 뛰어난 시인이다. 그리고 두 사람에 비해 비교적 덜 알려진 임윤지당은 성리학자 임성주(任聖周, 1711~1788)의 누이로서 보기 드물게 '여류 성리학자'로 이름이 났다. 그녀는 남자형제들의 공부방에서 어깨너머로 공부하다 신광유(申光裕)에게 출가했으나 일찍 미망인이 되었는데, 일생을 수절하며 학문 연구에만 정진하였다.

그런데 우리는 여기서 장씨부인(張氏夫人, 이름은 張桂香, 1598~1680)에 대해 주목하고자 한다. 장씨부인은 안동(安東) 출신으로서 거의 평생을 경북 북부지역을 벗어나 본 적이 없다. 그녀는 유학적 가치로 충일한 '조선'이라는 시대적 배경에서 자신에게 주어진 삶을 가장 적극적으로, 그리고 가장 성공적으로 살다간 여인이다. 장씨부인 또한 시 · 서 · 화에 모두 능했고 심지어 난해한 성리이론에도 해박했지만, 그녀의 삶을 가장 잘 표현하는 말이 바로 성인을 향한 지경(持敬)의 삶이다. 장씨부인은 평생토록 경(敬)을 놓치지 않기 위해 애썼으며, 이러한 실천적 모습을 통해 주위 사람들에게 아름다운 삶의 향기를 짙게 남겼다.

일찍이 이은상(李殷相, 1903~1982)은 일제강점기(1931년)에 이미 장씨부인을 구체적으로 언급하면서 그녀의 시(詩) 세 편, 즉 '성인 노래'[聖人吟], '부슬부슬 노래'[蕭蕭吟], '몸 위하는 노래'[敬身吟]를 소개하였다.

> 인조 임금 때의 사람으로 장씨란 부인이 있었습니다. 이는 장흥효(張興孝)의 따님이요 이시명(李時明)의 부인인데, 그 고향은 경상도 안동입니다. / 어릴 때부터 총명하고 효성스러움이 남으로 하여금 일컫게 하였을 뿐 아니라, 옛사람의 끼친 아름답고 교훈되는 말씀을 즐겨 들음으로 그 아버지가 극히 사랑하여 『소학』과 『사기』 같은 글을 늘 가르쳐 주었습니다. / 그는 노래를 잘 지을 뿐 아니라 글씨를 잘 씀으로 더 이름이 들린 이입니다. 곧 정윤목(鄭允穆)이란 이가 그 글씨를 보고 놀라 탄식하되 "필세의 굳고 훤출함이 우리나라의 보통 글씨법과는 썩 다르다."라고 하였으나, 여기 하나 섭섭한 것은 장성함에 따라 "노래 짓고 글 쓰는 것은 부인네의 할 바가 아니다."라고 스스로 생각한 끝에 드디어 붓을 쥐지 아니하여 아름다운 글과 묘한 글씨를 더 전하지 아니한 그것입니다. 이러한 것은 다만 장씨부인만이 아니라, 부인네들과 문학과는 전연 관계없는 것이라고 보던 당시 우리 사회의 일반적 생각이었습니다. 이제 남김 글 가운데서 열세 살 적에 지었다는 노래 석 장을 보여 드리거니와, 이 분의 사적과 다른 노래들은 『장씨실록(張氏實錄)』이란 책에 자세히 적혀 있습니다.[1]

1) 이은상, "朝鮮兒童文學(四), 張氏의 十三歲作"(『아이생활』1931년12월호, 조선주일학교연합회, 1931), 44-5쪽. 맞춤법은 현대의 맞춤법에 따라 수정하였음.

또한 이은상은 신사임당을 예찬하는 다른 글에서도 장씨부인을 평하여 '특히 초서(草書)를 잘 쓰던 경당 장흥효의 따님 장씨'라고 하였다.[2] 장씨부인이 초서를 잘 썼다는 사실 자체는 틀림이 없다. 초서에 능했던 정윤목이 장씨부인의 '적벽부'(赤壁賦) 서체를 보고 깜짝 놀랐을 만큼[3] 부인의 초서 솜씨는 일품이었다. 그렇지만 장씨부인은 15세 무렵에 문예(文藝)가 부인들에게 적당하지 않은 일이라고 여겨 이를 단호히 끊어 버리고,[4] 『예기 · 내칙편』에 나오는 여성에 대한 경계의 가르침으로 자신을 단속하고 부인의 사덕(四德)을 갖추었다.[5] 그러므로 장씨부인의 가장 특징적인 삶을 초서에 능한 점이나 문학에 능했다는 점만으로 평가하는 것은 그녀의 삶을 제대로 평가하는 것이 아니다. 후대인들이 장씨부인을 '여중군자'(女中君子)[6] 혹은 '여중학자'(女中學者)[7]라고 칭하였던 점을 고려하면 더욱 그러하다.

일찍이 이광정(李光靖, 1714~1789)은 부인으로서 시를 잘 짓는 이는 고금에 한둘이 아니었지만 유독 중국의 후부인(侯夫人)만을 칭송하는 것은 그녀의 행위가 예의의 범주에서 벗어나지 않았으며, 또한 정명도(程明道)와 정이천(程伊川) 두 선생을 낳고 길렀기 때문이라 하고서, 장씨부인의 삶과 인격이 후부인에 비교해 보더라도 우열을 가리기 어려울 정도로 출중하다고 평하였다.[8] 이러한 평가들은 모두 초서에 능한 점만으로 장씨부인을 특징짓는 것이 온당하지 못함을 보여 주는 사례이다. 장씨부인의 삶의 행적을 제대로 고찰해 보면 이 분이야말로 '교육가요 인격자요 효녀요 현부인(賢婦人)이요 학문가요 시인이요 서예가요 화가인 종합적인 모범 부인'이라 할 수 있다.[9] 이 글은 장씨부인의 삶을 '종합적인 모범 부인'으로 이해하기 위한

2) 이은상, 『사임당의 생애와 예술』 완성7판, (성문각, 1994), '서문' 참조.

3) 『貞夫人安東張氏實紀』, 附錄, 「行實記」 참조.

4) 『貞夫人安東張氏實紀』, 附錄, 「傳家寶帖跋」(李紀遠) 참조.

5) 『貞夫人安東張氏實紀』, 書, 「小識」(李象靖) 참조. 여기서 말하는 四德이란 婦德(貞順함) · 婦言(應對를 잘함) · 婦容(온순함) · 婦功(길쌈을 잘함)을 말한다.

6) 『葛庵集』, 附錄, 卷2, 「葛庵行狀」 참조.

7) 『葛庵集』, 附錄, 卷2, 「葛庵墓誌銘」 참조.

8) 『貞夫人安東張氏實紀』, 附錄, 「傳家寶帖跋」(李光靖) 참조.

9) 원래 이 말은 李殷相이 申師任堂을 평가한 표현이다. 이은상, 『사임당의 생애와 예술』 완성7판, '서문' 참조.

외연(外延)의 확장이 될 수도 있고, 다른 한 편으로는 그녀의 삶을 관통하는 핵심을 파악하기 위한 '시론적' 작업이기도 하다.

2. 유학의 공동체 자아론과 장씨부인

우리가 항상 부딪치는 근본적인 문제의 하나는 '나는 어떻게 행동해야 하는가'라는 물음이다. 이 물음이 심각한 윤리문제로 제기되는 가장 큰 이유는 우리들이 복잡한 인간관계 속에 살고 있기 때문이다. 즉, 인간이 사회생활을 하고 있다는 현실 자체가 우리들에게 어려운 실천문제를 안겨 주는 근본 이유가 된다. 그러므로 '나는 어떻게 행동해야 하는가'라는 실천적 문제에 대한 답을 하기 위해서는 먼저 사회적 존재로서의 인간의 의미에 대해 깊이 성찰해야 한다.[10] 특히 유학에서는 인간의 '사회적 의미'를 강조한다. 그러한 이유에서 유학적 자아를 '공동체적 자아'(communal self)라고 할 수 있다. '자아' 개념은 원래 서양철학에서 강조하는 것이나, 최근에는 유학을 비롯한 동양철학에서도 자아의 문제를 주목하고 있다. '공동체적 자아'라는 개념은 서양철학의 중요 주제인 자아 개념을 유학적 관점에서 풀어 낸 것이라고 볼 수 있다.

성리학에서는 모든 인간에게 본연의 마음[心]이 내재되어 있다고 보며, 또한 이러한 마음은 지극히 선하고 거짓 없이 순수한 것이라고 생각한다. 이러한 본연의 마음을 본성[性]이라고도 하는데, 이 마음은 하늘과도 통하고 인간 서로 간에도 통한다고 본다. 바로 이러한 관점에서 성리학자들은 인간이 사회 및 타인과 결코 분리될 수 없는 공동체적 존재라고 생각한다. 이러한 만물공동성(萬物共同性)의 이념은 송나라의 철학자 장재(張載)의 작품 「서명(西銘)」에 잘 드러난다.

10) 김태길 외, 『윤리와 이념』개정판, (박영사, 1994), 24쪽 참조.

> 건(乾)은 〈하늘로서〉 아버지라 불리고, 곤(坤)은 〈땅으로서〉 어머니라고 불린다. 나는 여기서 조그만 모습으로 그 가운데 뒤섞여 있다. 하늘과 땅에 가득 찬 것을 내 몸으로 삼고, 하늘과 땅을 이끌고 가는 것을 내 본성으로 삼는다. 사람들은 모두 한 배[腹]에서 태어난 형제이고, 만물은 모두 나와 더불어 살아가는 동료이다.[11]

이러한 시각에서 보면 '나'라는 자아는 단순히 개인적 자아의 의미로만 이해될 수 없으며, 다른 사람들과의 관계 속에서 형성되는 '공동체적 자아'로 이해해야 한다. 그러므로 "나는 어떻게 살아가야 하는가?"라는 물음도 혼자만의 단독적 삶 속에서 이해될 수 있는 것이 아니라 남과의 관계, 즉 사회 속에서 자신의 역할과 의무를 고려해서 생각되어야 한다.

그렇다면 유학에서 말하는 사회, 즉 공동체는 구체적으로 무엇을 의미하는가? 유학에서는 이것을 크게 세 부분으로 구분하고 있다. 첫째, 자연적 공동체로서 부모와 자식의 결합을 기준으로 하는 '가정'[家] 공동체이다. 둘째, 유교적 가치관과 도덕의식을 계승하고 연마하는 문화적 공동체로서 스승과 제자의 결합을 기준으로 하는 '학문'[學] 공동체이다. 그리고 마지막으로, 작게는 향촌(鄕村) 사회로부터 크게는 국가 사회의 차원으로 확대되는 '사회'[鄕·國] 공동체이다.[12] 유가에 있어서 가장 기본적이면서도 중요한 공동체는 당연히 '가정'이다.

원래 한자어로 '국가'라는 개념은 주대(周代) 봉건제하에서의 '국'(國)과 '가'(家)를 통괄한 개념으로 생겨난 역사용어로서, 'nation'이나 'state'의 번역어로 쓰이는 근대적 의미에서의 '국가'라는 말과는 구분된다.[13] 전통 중국사회에서는 초(超) 국가적인 '천하' 개념이 '국가' 또는 '국'(國)의 개념보다 더 일반적으로 사용되었고, 천하를 이루는 기본 단위인 가정[家]이 그 무엇보다도 강조되었다. 그래서 현대신유학자 양수명(梁漱溟)은 서양인이 국가와 개인을 중시하는 반면, 중국인은 천하와 가정을 중시했다고 평하였다.[14]

11) 張載, 『正蒙』 「乾稱篇」.

12) 금장태, 『유교의 사상과 의례』(예문서원, 2000), 192-3쪽 참조.

13) 溝口雄三 外 編著, 『中國思想文化事典』, 김석근(외) 공역, (민족문화문고, 2003), 295쪽 참조.

유학은 이론과 실천의 합일을 목표로 하고 있다. 그런데 실천의 의미에는 '개인적 실천'과 '사회적 실천' 두 종류가 있다. 성리학적 인간의 이상은 이 두 가지의 실천성, 즉 내 · 외적, 개인 · 사회적 실천을 모두 겸비한 경의협지(敬義挾持)의 삶에 있다. 그렇지만 학자에 따라 무엇이 더 특징적으로 드러나는지에 대해서는 말할 수 있다. 예를 들면 퇴계 이황의 학문에서는 경(敬)을 위주로 한 내적 수양의 개인적 실천성이 두드러진 반면, 남명 조식의 학문은 의(義)를 위주로 한 사회적 실천성이 강조된다. 장씨부인의 경우에는 '여자'가 갖는 시대적 한계로 인해 국가사회를 대상으로 한 실천은 찾아보기 힘들다. 그녀의 경우에 공동체적 실천의 무대는 '가정'을 중심으로 하여 이루어졌다. 그리고 좀 더 범위를 넓혀 보면 향촌 사회의 이웃들을 향한 관심과 배려가 두드러졌다.

장씨부인의 공동체적 삶의 실천 무대가 되는 가정과 향촌 사회는 시댁의 삶의 범위와도 겹친다. 그러한 면에서 장씨부인의 실천적 삶의 배경에서 시댁의 가풍과 특히 시아버지 이함(李涵, 1554~1632)의 영향이 크다. 장씨부인과 이함은 유학적 공동체의 이념을 공통분모로 하고 있었으며, 또한 시아버지와 며느리의 관계로서 한 가족을 이루며 가족과 이웃에 대한 사랑을 지속적으로 실천하면서 이것을 가풍으로 형성하였다. 장씨부인은 친정아버지인 장흥효(張興孝)로부터 성리학 공부의 핵심인 지경(持敬)의 삶을 보고 배웠고, 이를 통해 내적 성찰과 수양이라는 개인적 실천을 평생 올곧게 행하였다. 반면, 시아버지 이함과 시댁의 가풍으로부터는 교화와 구제라는 사회적 실천의 모범을 보고 배웠으며, 자신도 이들과 함께 사회적 실천에 주도적으로 참여하였다. 즉, 장씨부인은 아버지와 시아버지, 친가와 시가로부터 받은 영향을 내재화하여 내 · 외적, 개인 · 사회적 실천을 모두 겸비한 성리학적 삶을 실현하였던 것이다.

14) 이동철 외, 『21세기의 동양철학』(을유문화사, 2005), 269쪽 재인용.

3. 가학의 형성과 발전

1) 가학의 형성: 경(敬)의 사상과 장흥효의 지경의 삶

(1) 가학의 연원과 경(敬)의 사상

한 가문의 특징은 건물보다는 사람에 있고, 그 사람의 특징은 관직이나 재산보다 그의 인격과 정신에 있다. 그렇다면 장씨부인의 삶을 제대로 이해하기 위한 관건은 무엇인가? 그것은 바로 가학(家學)의 정신에서 찾아야 한다. 장씨부인의 친정과 시댁의 가학은 그녀의 존재로 인해 '연계된' 공통성을 확보하였다. 즉, 장씨부인은 아버지 장흥효(張興孝)로부터 배운 가학의 정신을 남편이자 아버지의 제자이기도 한 이시명(李時明)과 함께 자신들이 형성한 새로운 가정의 정신으로 계승하고 이를 삶의 구체적 현장에서 실천하였다. 그리고 이들의 자녀들은 이러한 가학의 전통을 더욱 발전시켰으며, 이를 통해 자기성찰적 내성(內聖)의 이념과 평천하(平天下)의 외왕적(外王的) 목표를 동시에 실현하고자 하였다. 그렇다면 장씨부인의 친정과 삶을 일관하는 가학의 정신이란 무엇인가? 한마디로 '경(敬)의 삶'이라고 할 수 있다.

예로부터 이시명과 그 아들 이현일(李玄逸)의 삶을 이야기할 때 '가학적 전통'을 많이 언급하였다. 이러한 '가학'의 존재에 대해서는 이시명도 말했고, 이휘일(李徽逸)과 이현일 형제도 직접 언급한 바 있다. 그리고 후대의 숱한 학자들이 그들 가문을 주목할 때 번번이 가학의 존재에 대해 거론하였다. 그렇지만 정작 가학의 구체적인 내용이 무엇인가에 대해서 뚜렷하게 말한 경우는 거의 없다. 여기서는 우선 이들이 강조하는 가학의 연원을 찾아보고, 그 구체적인 내용을 고찰하며 발전적인 계승과정을 살펴보고자 한다.

우선 가학의 연원과 관련하여 장흥효를 주목해야 한다. 장흥효의 관향은 안동이고 시조는 태사공 장정필(張貞弼)이다. 그의 가문은 입향조 의(儀)로부터 500년 동안 고

집스레 시조의 묘소 부근을 떠나지 않고 살면서 태사공의 후손들을 대표하여 시조묘를 관리해 왔다. 장흥효의 아버지는 장팽수(張彭壽, 1534~1593)인데, 그의 장인 권덕기(權德麒)는 김성일의 장인 권덕황(權德凰)과 형제간이다. 장팽수는 당시 이 지역 유향소(留鄕所)의 별감(別監)을 지낼 만큼 향반(鄕班)으로서 상당한 유학적 배경을 구축하고 있었던 것으로 짐작된다.[15] 그렇지만 장흥효의 학문배경과 관련하여 가장 주목할 만한 사실은 그가 바로 퇴계학맥의 적통을 계승했다는 점이다. 일찍이 이현일의 문인(門人)인 권두경(權斗經)은 "갈암(이현일) 선생의 가학의 연원은 경당(장흥효) 선생으로부터 근원하는데, 경당은 학문의 방도를 학봉 김성일과 서애 류성룡 두 선생에게서 얻었다. 선생(이현일)의 중형(仲兄) 존재(이휘일) 선생이 그 실마리를 미루어 더욱 확충시켰다. 갈암 선생은 자품(資稟)이 기이할 뿐만 아니라 또한 존재 선생을 따라 탁마(琢磨)하고 감화되었으니, 그 연원에 젖어든 것이 대개 이러하였다."[16] 라고 하였다.

이현일 자신도 가학의 연원을 직접 언급하면서, "경당 선생은 학봉과 서애 두 선생의 문하에서 수학하고 독학(篤學)과 역행(力行)으로 학자들의 스승이 되었다. 아버지[이시명]께서는 일찍부터 그 문하에 출입하여 군자의 입신행기(立身行己)하는 요체를 들었으며, 가정에서 가르칠 적에는 모두 옛사람의 위기면학(爲己勉學)하는 뜻을 가지고 하였다. 중형(仲兄) 존재[이휘일]에 이르러 마침내 그 단서를 반복하고 궁구하여 가학을 확충하였다."[17]라고 하였다.

또한 이현일은 형 이휘일의 학문과 삶을 평하는 글에서, 이휘일이 관례(冠禮)를 치룬 뒤에 여러 선생의 문하에 나아갔지만, 마음을 보존하여 성품을 기를 줄 알고, 천하 사물의 이치를 궁리하되 정 · 조(精粗)와 내 · 외를 둘로 여기지 않은 것은 오로지 경당의 문하에서 발단되었다고 확언하였다.[18] 여기서 '마음을 보존하여'[存心] '성

15) 己丑年(1589년)에 작성된 安東府[豐山]의 『鄕錄』 참조. 총 298명의 명단이 수록되어 있는데, 判事 金誠一과 縣監 柳雲龍의 이름도 확인된다.

16) 『葛庵集』, 附錄, 卷2, 「葛庵行狀」.

17) 『葛庵集』, 附錄, 卷4, 「先府君家傳」.

18) 『葛庵集』, 卷26, 「存齋行狀」.

품을 기를 줄 안다'[養性]라고 하는 것과 정·조와 내·외를 둘로 여기지 않는 것은 바로 '경'(敬) 공부를 말한다. 이를 통해 이현일이 말하는 가학의 연원이 장흥효에게 있고, 그 핵심이 '경' 공부에 있음을 알 수 있다.

그렇다면 도대체 '경'이란 무엇인가? '경'은 단순한 글자적 의미 이상으로 많은 '문화적 의미'를 지닌다. '경'은 특히 유교사상에서 강조되는 개념이다. 유교의 교육을 통해 학문과 생활전반에 걸쳐 그 근본정신으로 갖추어야 할 도덕적 정신으로 역설되고 있다. 이것은 고대의 유교경전에서부터 언급되었는데, 성리학의 발전과 더불어 새로운 전기를 맞게 된다. 특히 우리나라에 있어서 성리학이 발전했던 조선시대에 이르러, '경'에 관한 학문과 생활 전반에 걸친 실천정신은 이론체계로 깊이 연구되었고, 행위일반의 근본정신으로 계승되었다. '경'의 의미는 한마디로 말하여 도덕실천의 방법이자 공부라고 할 수 있다.

16세기에 접어들면서 조선사회는 '경'을 기본으로 하는 학문과 그 실천에 관하여 거의 모든 유학자들이 관심을 쏟았다. 성리학체계에서 일반적으로 '경'이 역설되고 있기는 하지만, '경'의 이론적인 심화와 함께 학문생활에서의 실천적 구현은 유교문화권 안에서 우리나라가 독보적이다. 우리나라 유학에 있어서 '경'이 이론적으로 논의되고, 학문과 생활에서의 실천정신으로 강조되기는 조선시대에 접어들면서부터이다. 즉, '경'을 학문적으로 문제 삼는 성리학이 고려 중엽 이래로 원(元)나라에서 전래되기는 하였으나, 그 당시 '경'에 대한 직접적인 논의는 없었다. 본격적으로 '경'을 해명하기 시작한 것은 바로 조선조의 권근(權近, 1352~1409)에 이르러서이다. 그는 유배 중에 지은 『입학도설(入學圖說)』의 「천인심성합일지도(天人心性合一之圖)」와 「무일지도(無逸之圖)」에서 '경'의 중요성을 역설하고 있다. 그리고 「천인심성분석도(天人心性分釋圖)」에서 '천권'(天圈)과 '성권'(誠圈) 및 '경권'(敬圈)을 구분하였는데, 특히 '경권'을 설명하면서 '천(天)과 인(人)이 합하여 하나가 되는 상태'라고 강조하였다.

김굉필(金宏弼, 1454~1504) 또한 '경'을 강조한 학자로 기억할 만하다. 그는 평소 실천 위주의 유학공부를 쌓으며 자칭 '소학동자'(小學童子)라고 말할 만큼 『소학』에 따라 마음가짐을 한결같이 하였다. 43세 때에 지은 「한빙계(寒氷戒)」에서 "마음은 하나를 위주로 할 것이고 두 갈래로 하여서는 안 된다."[主一不二]라고 하여, 정신을 하나에로만 집중시키는 것이 곧 '경' 공부라고 일깨워 주고 있다. 그는 '경'을 바탕 삼은 도학적(道學的) 실천을 강조하여, 조선 전기의 학문 기풍을 순화하는 데에 크게 기여했다.

김굉필의 실천 위주의 도학정신은 그의 제자인 조광조(趙光祖, 1482~1519)에게 계승되어 마침내 '도학 정치'로 실현된다. 그 또한 『소학』을 중심으로 하여 몸소 실천하는 데에 역점을 두었다. 조광조는 "경이라는 한 글자는 형언하기가 어렵다. 그러나 마음이 늘 깨어 있고 깨어 있어서, 어둡거나 게으르거나 긴장이 풀려 있지 않으며 주일무적(主一無適)하여 의관을 바르게 하고 고귀한 덕을 존숭하는 이것이 바로 혼미하고 나태하지 않는 '경' 공부이다."[19]라고 하였다. 즉, 조광조는 마음이 깨어 있는 상태인 '성성'(惺惺)이 곧 '경'이라고 하였다. 그에게 있어서 '경'은 사물의 인식 혹은 판단에 있어서 주체성의 확보를 의미하기도 한다.

그러나 '경'의 정신을 학문과 생활에 있어서 전체적으로 실현하기는 퇴계 이황이 처음이라 할 수 있다. 이황의 학문과 인생관의 기본바탕은 무엇보다 '경'에서 찾을 수 있다. 그는 '경'을 성학(聖學)의 시종(始終)으로 보았다. 이황은 칠십 평생을 '경'으로써 실천궁행한 학자이다. 그의 '경' 사상은 존리(尊理)사상의 기반에서 인간의 도덕적 자아확립을 위한 공부로 강조되었다. 이황의 이러한 사상은 퇴계학의 적통(嫡統)을 계승한 것으로 평가받는 장흥효를 통해 장씨부인과 이시명에게 전해졌으며, 이러한 전통은 다시 그 후손들에게 전해져 이들 집안의 가학의 연원을 이루게 된다.

(2) 장흥효의 경론(敬論)과 지경의 삶

장흥효(張興孝, 1564~1633)가 '경'을 중요시했다는 점은 무엇보다도 '경당'(敬堂)으로 호를 삼았다는 점에서 잘 드러난다. 그는 송나라의 유학자 정이(程頤)의 뜻을 취

19) 『中宗實錄』, 中宗13년 9월.

해 당(堂)을 '경당'이라 이름 짓고 이에 따라 자호(自號)를 삼은 이유를 설명하면서, "무릇 '경'이 아니면 그 길이 두세 가지로 나뉘어져 일신(一身)을 주재할 수 없기 때문이다."[20]라고 하였다. 장흥효는 실천윤리의 이념이자 방법으로 '경'을 강조했으며, 다른 한편으로는 안과 밖의 논리로서 '경'(敬)과 '의'(義)의 병행을 주장하였다. 그는 '경'을 중심에 놓고 다른 사상을 끌어들였다. 장흥효가 쓴 '일기'의 기록을 보면, 그는 평생토록 지경(持敬)의 삶을 살았을 뿐만 아니라 제자들에게도 '경'을 강조하여 가르쳤다.

> 밤에 꿈속에서 한 방에 단정히 앉아 서쪽을 향해 숙연하고 경건한 자세를 취하니, 명도(明道)선생이 동북쪽 모퉁이에 앉아 계시고 퇴계 선생이 그 곁에 앉아 계셨다. 중간에는 한 물건이 우뚝 세워져 있는데 '경'(敬)이라 이름하였고, 뒷편에서는 한 아이가 곁에서 시종(侍從)하였다. 남쪽에는 한 사람이 있는데 형상이 벽처럼 섰는지라 '문'(門)이라 이름하였다. 다른 성현들도 함께 자리에 앉아 계셨는데, 이 분들이 누구인지는 꿈을 깬 후에 잊어버려 감히 억지로 기억할 수 없었다. 이 무슨 꿈인가?[21]

장흥효가 주장하는 경론(敬論)은 성리학에서 통상 언급하는 '경'의 네 조목, 즉 주일무적(主一無適), 상성성(常惺惺), 기심수렴불용일물(其心收斂不容一物), 정제엄숙(整齊嚴肅)의 의미와 일치한다. 그러면서도 장흥효의 경우 특히 '경'의 외적 의미인 '정제엄숙'의 공부를 강조한다. 이러한 특징은 퇴계 이황의 사상과도 일치한다. 이황은 '바깥'을 바르게 함으로써 '안'을 곧게 한다는 관점에서 '바깥'쪽을 강조하여 '경'의 네 조목 중 정제엄숙을 제1단계의 공부법으로 강조하였다. 정제엄숙하는 것이야말로 '경'의 공부에서 제일 먼저 해야 할 출발점이라는 것이다. 먼저 정제엄숙하기를 게을리 하지 않고 오래 하면 외모가 엄숙해지고 중심이 한결 같아져서 주일무적하게 되니 나머지 공부가 모두 이 가운데에 있게 된다는 말이다. 이황은 외모의 정제엄숙

20) 『敬堂集』, 卷1, 雜著, 「敬堂說求記」.

21) 『敬堂日記』, 中卷, 乙卯年, 4月 26日. 번역은 『국역 경당일기』(한국국학진흥원, 2012)를 따랐음.

이 바로 내심(內心)을 올바르게 붙잡는 길이라고 보았다.[22] 이러한 경론(敬論)은 자칫 지나친 형식주의에 빠져 있다고 비판받을 수도 있겠으나, '쉬운 공부로부터 어려운 공부로 나아가는'[下學而上達] 전통 유가의 공부방법론을 염두에 둔다면 그 의도를 충분히 짐작할 수 있을 것이다.

장흥효는 37세에 경광서당(鏡光書堂)의 당장(堂長)으로 부임하여 문인들에게 인사하는 법과 예절을 먼저 가르쳤으며, 그 다음에 사람됨이 진실하고 신의가 있어야 한다는 점을 강조하였고, 스스로를 속이는 일이 없도록 해야 한다는 가르침을 펼쳤는데, 이러한 가르침이 모두 '경'에 바탕한 수신(修身)의 공부였다. 장흥효는 거의 일평생 성리학적 사유세계를 벗어난 적이 없다. 그리고 그의 실제의 삶 또한 성리학자로서의 본분에 충실했다. 장흥효의 삶은 수미일관하게 지경의 과정이었으며, 그는 평생토록 '경'을 놓치지 않으려고 애썼다. 장흥효에게 있어서 '경'은 성인의 삶을 회복하고 성인의 삶을 살아가기 위한 존심양성(存心養性)의 핵심이었다.

장흥효는 퇴계학의 적전자(嫡傳者)이다. 그의 제자는 수백 명에 이른 것으로 추산되며, 「문인록(文人錄)」에 등재되어 있는 제자만 하더라도 무려 152명에 달한다. 그는 주로 45세 이후에 제자들을 받아들였으며, 그의 문인들은 김성일(金誠一)과 류성룡(柳成龍)의 사후 경북 북부지역의 최대 학단을 이루었다. 장흥효의 문인들은 스승의 교육방침에 따라 과거시험을 통한 관료지향의 삶보다는 수심양성(修心養性)의 위기지학(爲己之學)에 힘썼다. 그러므로 그 문하에서는 유학의 가르침을 진지하게 사색하고 삶 속에 실천하고자 애썼던 진실한 유학자가 많이 배출되었다.

제자들 중에서 가장 특기할 만한 인물은 사위 이시명(李時明)이다. 그는 장흥효의 따님인 장씨부인의 남편이기도 하다. 이시명은 장씨부인과 더불어 일곱 명의 아들을 모두 훌륭한 학자로 성장시켰다. 특히 첫째 아들, 즉 전처(前妻) 소생 상일(尙逸)과 장씨부인의 소생인 둘째 아들 휘일(徽逸)은 외조부인 장흥효로부터 직접 가르침을 받았다. 그리고 장흥효가 계승한 퇴계학맥을 '퇴계학파'로 형성하는 데에 있어서 중

22) 『退溪集』, 卷29, 書, '答金而精' 참조. 번역은 『퇴계학연구총서』(퇴계학연구원, 1991)를 따랐음.

요한 역할을 한 영남 남인의 영수(領袖)인 이현일(李玄逸)은 장씨부인의 셋째 아들이다. 이현일은 외조부로부터 직접 학업을 연마하지는 못했으나, 부모와 형 휘일을 통해 간접적으로 장흥효의 학통을 잇게 된다. 그리고 휘일과 현일의 뒤를 이어 퇴계학통을 계승한 것으로 평가받는 이재(李栽)는 이현일의 셋째 아들이고, 이재의 학통을 계승한 이상정(李象靖)·이광정(李光靖) 형제는 이재의 외손자이다. 이로써 보더라도 장흥효가 17세기 경북 북부지역 성리학에 있어서 중심 위치에 있음을 알 수 있다.

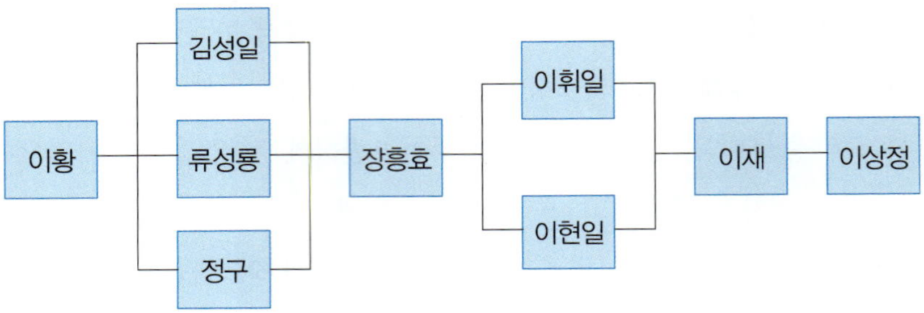

〈퇴계학파의 학맥도〉

1689년(숙종 15), 영남 유림이 경광서원(鏡光書院)에 편액을 내려 주기를 청한 소(疏)에서 "장흥효는 근세 유현(儒賢)입니다. 김성일, 류성룡 두 사람의 문하에 출입했는데, 일찍이 심학(心學)의 요체를 깨닫고 과거 공부를 일삼지 않았습니다. … 더욱이 역학(易學)에 힘을 쏟아 일원(一元)이 소장(消長)하는 이치를 추연(推演)한 바로써 도설(圖說)을 만들어 후학들을 깨우쳐 주었습니다."[23]라고 하였다. 이에 대해 예조(禮曹)에서는 회계(回啓)하여 이르기를, "장흥효는 선정(先正)의 문하에 출입을 하면서 위기지학(爲己之學)에 오로지 정진하고 후학들을 이끌어 지도하여 성취시켰으니 이것은 매우 어질고 훌륭한 일이었던 바 이 사람이야말로 진실로 영남 선비들의 중망(重望)이요, 고을의 선비였다 하겠다."[24]라고 하였다.

23) 『敬堂集別集』, 卷3, 年譜, 己巳年(숙종15).

24) 『敬堂集別集』, 卷3, 年譜, 己巳年(숙종15).

이 기록들은 국가와 유림 간의 공적인 문서들이므로 다른 어떤 자료보다도 신뢰성이 높다. 특히 '심학의 요체를 깨달았다'라고 하는 부분과 '위기지학에 오로지 정진하였다'는 평가는 지경(持敬)의 삶을 중심으로 하는 경당학(敬堂學)의 특색과 핵심을 정확하게 지적하는 말이라 하겠다.

2) 가학의 계승: 이시명과 장씨부인의 삶과 가르침

(1) 이시명의 가학 계승과 자녀 교육

이시명(李時明, 1590~1674)의 사상을 주목해 보아야 하는 것은 그가 스스로 '퇴계-학봉-경당'으로 이어지는 퇴계학맥의 적통을 계승한 것으로 자처하였고, 또한 그의 이러한 입장이 가학으로 형성되어 후손들과 더 나아가서는 영남 남인, 즉 경북 북부 지역 퇴계학파의 공식입장이 되었기 때문이다.

장흥효와 사위(이시명)는 사제의 관계로서 '학문적 연속성'을 확보하였을 뿐만 아니라, 장인-사위 관계를 뛰어넘는 마치 부자 간의 관계와도 같은 긴밀한 '삶의 연속성'을 구축하였다. 그래서 이시명은 장인 장흥효를 추모하며 쓴 제문에서 "문하에 데릴사위가 되어 어리석음을 깨뜨리고 완악함을 다스리어 날로 이룸이 있기를 바랐으니, 은혜로는 부자 관계와 같으니 어찌 사제의 관계뿐이라 하리오?"[25]라고 고백하였다. 그러므로 후대의 학자들은 이시명이 장흥효로부터 심학(心學)의 도를 듣게 되었다고 기술하며,[26] 또한 이시명의 가학 연원을 장흥효에게로 소급하였던 것이다. 이시명은 장흥효 사후(死後)에 자식들에게 말하기를, "금계(金溪, 장흥효의 처소가 있던 곳)의 거문고 줄이 끊어진 후로는 '이러한 일'[퇴계학의 도통]이 너희 형제들에게 맡겨졌으니"[27]라고 하였다. 그리고 갈암도 아버지 석계의 「행장」에서, "〈석계가〉 경당을 뵌 후로는 학문의 큰 도(道)를 듣기를 기뻐하여 믿기를 돈독히 하였는데, 경

25) 『敬堂集』, 卷2, '祭文'(李時明).

26) 『石溪集』, 附錄, 卷2, 「請諡疏」 참조.

27) 『石溪集』, 卷3, 書, 「答子徽逸」.

당 학문의 오묘함을 전수받아 광명정대한 지결(旨訣)을 자득하여 깨달았다."[28]라고 하였다. 이때 이시명이 장흥효로부터 전수받은 학문의 핵심이 바로 '경학'(敬學)이다.

이현일의 경우에는 관직에 비교적 오래 있었고, 또한 정쟁(政爭)의 갈등 속에서 이기사칠론(理氣四七論)의 이론적 논쟁에 대부분의 공력을 허비한 결과 심성 수양과 관련한 부분, 즉 '경'과 관련한 언급이 많지 않다. 반면 아버지 이시명의 경우에는 출세를 멀리하고 은둔자로서 참 선비의 길을 갔으며, 또한 자식들에게도 이러한 삶을 강조하였기 때문에 심성수양에 관한 언급이 많다. 그렇지만 이시명은 자녀교육에 있어서 '경'의 이론적 내용보다는 실천적이고 생활적인 면을 주로 강조했다.

이시명은 이미 젊은 시절부터 과거 공부보다는 공부의 실질, 즉 '경' 공부에 힘썼다. 그는 어느 날 부친 이함(李涵)에게 아뢰기를, "아버지께서 오랫동안 외지에서 벼슬살이 하실 동안에 저는 어떤 사람을 따라 구두법(句讀法)을 배워 조금이나마 글 짓는 법을 이해할 수 있게 되었습니다. 그러나 몸가짐과 행실을 다스리는 데에는 아직 어두우니 청컨대 『소학』을 배워 하학(下學)의 기초를 닦고 싶습니다."라고 하였다. 이함이 이를 허락하자 인근 산에 들어가 종일토록 꼿꼿이 앉아 글을 읽었는데 잠시도 쉬는 바가 없었으며,[29] 그러던 중에 장흥효를 만나 '경' 공부의 요체를 습득하고 이를 유학의 참된 공부로 삼게 되었다.

이시명은 특히 '경' 공부를 자녀교육에서도 강조하였는데, 성장한 자식들에게는 옛 성현을 닮아 가도록 가르쳤으며, 아직 어린 자식들에게는 입효출제(入孝出悌)의 도리를 가르쳐서 궁리수신(窮理修身)의 공부를 하도록 유도하였다. 비록 걸음을 걸을 때나 대답을 할 때, 그리고 음식을 먹거나 옷을 입을 때에도 반드시 정성과 조심스러움을 다하게 하였다. 이러한 가르침은 바로 장흥효가 강조하던 정제엄숙의 '경' 공부인 것이다. 이시명이 자녀들에게 보낸 편지는 주로 공부를 독려하고 격려하는 글인데, 맏아들 상일(尙逸)에게 보낸 편지에서 '경'의 공부와 관련한 내용이 특히 많다. 관련되는 몇 가지 편지 내용을 살펴보도록 하자.

28) 『石溪集』, 附錄, 卷1, 「行狀」.

29) 『石溪集』, 附錄, 卷1, 「行狀」 참조.

> 구용(九容)과 구사(九思)의 공부에 소홀하지 말라. 앉고 서고 길을 걷고 발걸음을 딛는 데도 꼿꼿하게 곧아야 하고 천천히 걷고 완만하게 움직여야 하며, 손을 흔들거나 손가락을 놀려서도 안 되고 얼굴을 기울게 하거나 입을 선동해서도 안 된다. 이런 것들은 비록 작은 예절이지만 반드시 삼가고 조심해야 할 일들이다. 이렇게 해야만 바야흐로 큰 군자의 위의(威儀)를 갖출 수 있게 된다. 이 모두가 몸을 다스리고 행위를 바르게 하는 것이니 힘쓰고 힘써야 할 것들이다.[30]

> 근래 『중용』을 읽다가 "마음을 가지런히 하고 의복을 정결히 단정하게 하여 예(禮)가 아니면 행동하지 않는 것이 몸을 닦는 것이다."라고 하는 구절의 '소'(疏)에 이르기를 "이 심지(心志)를 가지런히 깨끗하게 하고 그 의복을 정결히 단정하게 하는 것이 안과 밖을 서로 닦는 도이다."라고 하는 것을 보았는데, 삼가 마음을 조심하게 되더구나. 이튿날 아침에 일찍 일어나 세수를 하고 의복을 정결히 하고서 조용히 앉아 『중용』 장구 서너 쪽을 읽었다. 눈이 어두워 비록 작은 주(註)를 자세하게 볼 수는 없었으나 대의(大義)를 찾으면서 또한 조금 깨달음이 있게 되자 더위가 저절로 흩어지고 졸음도 오지 않더구나. 4~5일이 지났는데도 또한 그러했다. 모름지기 마음이란 잡으면 간직될 수 있고, 놓으면 엎어질 수 있다는 것을 알 수 있었다.[31]

그는 이러한 가르침을 자식들에게만 행한 것이 아니라, 나이 어린 처남, 즉 장흥효의 자제들에게도 동일하게 행하였다.[32] 현재 남아 있는 기록만으로 '경'에 대한 이시명의 전문적인 식견을 추정하기가 쉽지 않다. 그렇지만 그가 장흥효 문하에 있을 때 '경'에 대한 이론 공부에 있어서 높은 평가를 받은 기록이 있다. 이시명의 학문 수준을 짐작해 볼 수 있는 좋은 사례이다.

> 일찍이 경당이 묻기를, "건괘(乾卦)의 구이효(九二爻)에서는 어찌하여 성(誠)을 말했고, 곤괘(坤卦) 육이효(六二爻)에서는 어찌하여 경(敬)을 말했는가?"라고 하였다. 이에 석계[이시명]가 대답하기를, "성(誠)이란 가득 찬 것입니다. 건(建)의 체(體)는

30) 『石溪集』, 卷3, 書, 「寄子尙逸」 두 번째 편지.

31) 『石溪集』, 卷3, 書, 「寄子徽逸玄逸」.

32) 『石溪集』, 卷3, 書, 「寄子徽逸玄逸」 참조.

가득 찬 것이므로 성(誠)으로 말했고, 경(敬)에는 비어 있고 곧다는 뜻이 있으니 곤(坤)의 체(體)는 비어 있으므로 경(敬)으로써 말한 것입니다."라고 하였는데, 경당이 그를 매우 칭찬했다.[33)]

(2) 장씨부인과 지경의 삶

장씨부인과 이시명 후손들의 가학 형성과정에 있어서 장씨부인의 영향은 대단히 크다. 특히 장씨부인은 자녀를 훈육할 때 성인을 닮고자 하는 참 공부를 권면하면서 많은 영향을 끼쳤다. 그리고 장씨부인은 자신의 삶 또한 시종일관 지경의 삶을 유지하였다. 그녀는 『열녀전』의 가르침을 유념하여, 아이를 가졌을 때 비록 과일 같은 음식이라도 모양과 색깔이 완전하고 바르지 않으면 입에 대지 않았다. 당시 마을에 회갑연이 있어서 친·인척이 모두 모였는데, 기악(妓樂)이 펼쳐지고 눈앞에서 처용무(處容舞)와 탈춤놀이를 하였다. 부인은 임신 중이어서 즉시 머리를 숙여 시선을 거두고 다 마치도록 눈을 들지 않았다. 아버지 장흥효는 이를 듣고 감탄하기를, "너는 배운 바를 저버리지 않았구나."라고 하였다. 또한 장씨부인은 집안의 여러 부녀자와 어린 남자아이들에게도 반드시 옛 의리를 말해 주고 선(善)으로 인도하는 일에 힘썼다.[34)] 바로 이런 면에서 후대 사람들은 장씨부인을 '여중군자'로 불렀던 것이다.

장씨부인이 처녀시절에 지었던 시를 음미해 보면 그녀의 관심과 삶의 지향처를 짐작할 수 있다.

> 내가 성인이 살던 시대에 나지 않았으니,
> 성인의 얼굴을 볼 수가 없네.
> 그러나 성인의 말씀을 들을 수가 있으니,
> 성인의 마음도 볼 수가 있겠네.[35)]

33) 『石溪集』, 附錄, 卷1, 「行狀」.

34) 『貞夫人安東張氏實紀』, 附錄, 「行實記」.

35) 『貞夫人安東張氏實紀』, 詩, 「聖人吟」.

이 몸은 부모님께서 낳아 주신 몸이니,
감히 이 몸을 조심하지 않을 수 있겠는가.
이 몸을 만약 욕되게 하면,
이는 곧 어버이의 몸을 욕보이게 되는 것이네.[36)]

이 시는 모두 지경의 삶, 즉 '경' 공부와 관련이 있다. 장씨부인의 이러한 학문적 경향과 삶은 아버지 장흥효를 통해 배운 것이며, 남편 이시명의 삶과 함께 어우러져 자녀들에게 깊은 영향을 주었다.

기록에 의하면, 장씨부인은 10세를 전후하여 『소학(小學)』과 『십구사략(十九史略)』 등을 아버지로부터 배웠다고 한다.[37)] 당시 딸아이에게 학문을 가르치는 것은 일반적인 풍속이 아니었다. 그렇지만 장흥효가 딸에게 직접 유교 경전을 가르쳤던 것은 무남독녀 외동딸에 대한 극진한 사랑 이외에도, 배움의 대상에 있어서 남녀를 가리지 않았던 그의 열린 자세가 크게 작용했을 것이다.

장씨부인의 학문적 능력은 현재 남아 있는 몇 편의 시를 살펴보면 충분히 짐작할 수 있다. 그 시재(詩才)는 말할 것도 없고, 사상적 깊이가 일반 수준을 훨씬 넘어서고 있음을 잘 알 수 있다. 특히 '원회운세'(元會運世)의 이치에 관한 일화를 보면, 장씨부인이 유학적 이론에 익숙해 있었음을 알 수 있다. 어느 날 장흥효가 제자들에게 우주가 순환하며 옮겨 가는 이치인 원회운세의 운수(運數)에 대해 설명하였으나, 그 이론을 제대로 이해하는 자가 없었다. 장흥효가 내실에 들어와 딸에게 그 이치를 물으니 정확하게 답변했다고 한다.[38)] 당시 장씨부인의 나이가 겨우 열 살 남짓하였던 점을 고려해 보면 그 학문적 역량이 어떠했는지를 충분히 짐작할 수 있다.

장씨부인의 성품은 한마디로 '외유내강'의 유형이라 할 수 있다. 겉으로 드러난 성품은 부드럽기 그지없다. 집안에서나 밖에서 결코 큰 소리를 낸 적이 없었다. 부모의 뜻을 거역한 적도 없었고, 잘못을 한 하인들에게 소리 높여 꾸중한 일도 없었다.

36) 『貞夫人安東張氏實紀』, 詩, 「敬身吟」.
37) 『貞夫人安東張氏實紀』, 附錄, 「行實記」.
38) 『貞夫人安東張氏實紀』, 附錄, 「行實記」.

그렇지만 잘못한 일에 대해서는 화를 내지 않으면서도 상대가 충분히 알아듣게끔 타일렀으며, 자신의 말에 책임지게 하였다. 또한 누구를 대하든 항상 차별 없이 대하고자 노력하였다. 심지어 하인들의 병수발을 본인이 직접 하기도 하고, 그들의 고통에 함께 아파했다.[39] 장씨부인의 이러한 삶은 어려서부터 배워 왔던 유교적 가르침을 몸소 실천한 것이다.

효(孝)는 전통교육의 핵심이자, 유가사상의 핵심이기도 하다. 어릴 때부터 유가교육을 받고 성장했으며, 또한 그러한 전통 속에서 살아왔던 장씨부인으로서는 효의 실천이 다른 무엇보다도 중요할 수밖에 없다. 장흥효의 '일기'에는 장씨부인과 그 가족들의 이야기가 빈번하게 등장하는데, 부모를 공경하고 건강을 염려하던 장씨부인의 모습이 실감 나게 그려지고 있다. 특히 병든 어머니를 정성껏 직접 수발하는 모습, 어머니가 돌아가시게 되자 애통해하는 모습 등은 지금 우리들에게도 깊은 감동을 전해 준다. 그 뒤 홀아버지에 대한 염려와 봉양, 그리고 자신이 힘써 주선하여 맞아들인 새어머니에 대한 지극한 관심과 사랑은 오늘 우리들에게 '관계적 존재'로서의 인간의 의미를 진지하게 성찰할 수 있는 기회를 제공한다.

그리고 장씨부인은 부부간의 도리에 있어서도 최선을 다하였다. 옛사람들은 부부간의 관계에서 '서로 공경하기를 마치 손님 대하듯 하라'[相敬如賓]라고 하였다. 장씨부인은 평생 남편을 귀한 손님 대하듯이 하였으며, 그러한 아내에 대해 남편 또한 깊은 사랑과 무한한 신뢰를 보여 주었다. 장씨부인은 남편의 뜻을 존중하여 중요한 일마다 남편의 결정에 순종하였으며, 또한 남편을 배려하여 생활에 있어서 좋은 반려자가 되었다.[40] 그렇지만 남편에 대해 단순히 모든 일을 순종적으로 따르기만 한 것은 아니다. 국내외의 혼란한 정세를 맞아 실의에 빠진 남편을 설득하여 일가 자제들을 교육하게 하였으며, 중요한 일들마다 남편의 동반자로서 그리고 협력자와 조언자로서의 역할에도 충실하였다. 시아버지의 상을 당하여 시묘살이에 여념이 없었던 남편을 대신하여 가정을 꾸려 나가던 모습이나, 남편에게 새로운 힘을 불어넣어 주

39) 『貞夫人安東張氏實紀』, 附錄, 「行實記」.

40) 『貞夫人安東張氏實紀』, 附錄, 「行實記」.

기 위해 생애 말년에 안동으로 이주하였던 기록들에서는 당당한 여장부의 모습을 읽을 수 있다.

장씨부인은 슬하에 전처소생 1남 1녀, 자신의 소생 6남 2녀, 총 7남 3녀의 자녀를 두었다. 그녀의 어머니로서의 모습은 자신의 소생보다 전처소생의 자녀를 양육할 때 더욱 두드러지게 부각된다. 19세의 나이로 시집간 그녀는 당시 6세이던 전처소생의 아들[尙逸]을 업고 5리나 떨어져 있는 이웃 마을의 선생을 찾아가 가르침을 받게 하였다. 5년간 거의 하루도 빠짐없이 이러한 생활을 하였다고 하니 그 정성이 지극하다. 장씨부인의 훈도를 받고 자란 자녀들은 모두 당대의 훌륭한 학자로 성장하였으니, 당시 사람들은 장씨부인이 '기르고[1명]' '낳은[6명]' 아들 7명을 일컬어 '칠현자'(七賢者)로 칭송하였다.

그런데 자녀교육에 있어서 한 가지 특이한 점은 자녀를 훈육할 때 일반적인 어머니들처럼 자애로움과 사랑만 보인 것이 아니라, 그 학문적 성취를 격려하고 성인을 닮고자 하는 진정한 공부를 고무했다는 점이다. 이러한 역할은 흔히 아버지들이 했던 것인데, 아들들과 손자들에게 보낸 장씨부인의 편지를 보면 다른 무엇보다도 학문적 성취와 성인에의 길을 가도록 권면하는 일에 열중했다. 아버지로부터 받은 가르침의 요체가 성인의 삶을 회복하고 성인의 삶을 살아가는 '경' 공부에 있었기에 자녀들에게도 존심양성(存心養性)의 '경' 공부를 독려했던 것이다.

장씨부인의 관심과 사랑의 실천적 대상은 가족을 넘어 이웃들에게도 행해졌다. 인간이 다른 존재와 구분되는 가장 큰 특징 중 하나가 바로 타인에 대한 사랑이다. '학발시'(鶴髮詩)[41]는 이웃을 사랑하는 장씨부인의 마음을 여실히 보여 주는 사례이다. 이웃의 고통에 대한 장씨부인의 관심과 사랑의 실천은 빈부귀천의 대상을 가리지 않고 평생토록 지속되었다. 집안의 노비가 병이 들면 직접 병구완을 하며 지성으로 돌보았다. 이로 인해 이웃집의 노비들이 부인의 노비가 되지 못한 것을 한탄하기까지 했다고 하니, 부인의 이웃사랑을 충분히 짐작할 수 있다.[42] 그러므로 장씨부인

41) 『貞夫人安東張氏實紀』, 詩, 「鶴髮詩」 참조.

42) 『貞夫人安東張氏實紀』, 附錄, 「行實記」 참조.

에 대해 특정 재주나 부분적인 면모만을 가지고 평가해서는 곤란하다. 바로 이러한 점에서 '여중군자'라는 칭호가 장씨부인의 삶을 가장 잘 묘사한 호칭이라고 할 수 있다.

4. 『음식디미방』과 지경의 삶

이제 우리는 『음식디미방』의 집필과 장씨부인의 실천적 삶이 지경(持敬)의 실천이라는 측면에서 어떤 공통점을 확보하고 있는지 검토해 보고자 한다.

장씨부인의 아버지 장흥효는 성찰적 일기를 거의 평생동안 써갔다. 외손자 이휘일은 할아버지의 생전 모습을 회상하며, "만약 깨달은 것이 있으면 한밤중이라도 불을 켜고 그것을 글로 써 두었다. 또 메모지를 갖추어 항상 곁에다 두고서 자신의 말한 것과 행동한 것을 기록하지 않은 것이 없었다. 그래서 날마다 연마한 것을 점검하며 공부한 정도가 어떠했는지를 살폈다."[43]라고 하였다. 이를 통해 볼 때, 장흥효에게 있어서 '일기'는 지경의 삶을 점검하는 자기성찰적 의미를 지니고 있다.

그러한 면에서 『음식디미방』 또한 장씨부인의 자기성찰적 의미를 지닌 실용적 기록문으로 이해되어질 수 있다. 즉, 『음식디미방』은 음식을 통한 지경의 삶의 실천을 유교적 여성의 범주에서 고찰한 문헌으로 이해될 수 있다. 아버지 경당의 일기가 자신의 삶을 반성하는 성찰적 일기이자 선비의 수행과 공부 과정을 기록한 공부록의 성격이 강하다면, 『음식디미방』은 여성으로서 가장 힘써야 할 부분 중에 하나인 음식에 관한 체험적 공부록이다. 이러한 면에서 아버지[장흥효]의 삶과 딸[장씨부인]의 삶이 지경적(持敬的) 삶이라는 측면에서 기본적으로 맥락을 같이한다.

장흥효와 장씨부인 간에는 전통시대의 부녀 관계를 뛰어넘는 긴밀한 '관계적 삶'

43) 『敬堂集』, 卷2, 附錄, 「行狀」.

이 존재하였다. 장흥효는 딸을 매우 사랑하여 직접 가르치기도 했으며,[44] 딸은 아버지의 가르침을 받아 어릴 때부터 지경의 수행적 삶을 철저하게 실천하였다. 소녀시절에 지은 것으로 알려진 「경신음」(敬身吟), 「성인음」(聖人吟) 등과 같은 시작(詩作)은 장씨부인의 삶의 지향과 수행적 태도를 여실히 보여 주는 사례이다. 전통시대 유교적 여성의 도덕적 지향이 갖는 두 가지의 특징이 있다. 첫째, 성리학적 사유에 의해 인간이면 누구나 성인이 될 수 있다고 하는 도덕주의적 세계관을 위해 노력한다는 점이고, 둘째, 그러한 이념적 도덕성을 현실사회의 '여성적' 규범 속에서 완성해 내고자 하는 점이다.[45] 장씨부인이 소녀시절에 저술한 「경신음」과 「성인음」 등이 첫 번째 특징을 보여 주는 사례라고 한다면, 삶의 후반부에 저술한 『음식디미방』은 바로 두 번째의 특징에 해당하는 사례이다.

경(敬)이란 상대에 따라 다양하게 표현된다. 자기 자신에 대해서는 극기(克己), 타인에 대해서는 공경으로 표현된다. 장씨부인은 어릴 때부터 철저하게 지경의 삶을 실천하였던 바 정제엄숙에 따른 단정하고 가지런한 몸가짐과 행동을 유지하였고, 부모로부터 부여받은 신체를 온전히 보존하여 효경(孝敬)의 도리를 실천하고자 하였다. 그래서 와병 중인 아들 이휘일에게 당부하기를 "부모가 너를 생각하는 마음으로써 너의 마음으로 삼고 마음과 정신을 편안하게 가지면서 병을 조섭(調攝)해야 한다."[46]라고 하였다. 장씨부인은 자신의 몸을 잘 간직하는 효경(孝敬)의 도리로부터 타인 공경의 도리에로 나아갔으며, 이러한 경(敬)의 도리를 근간으로 하여 부모, 남편, 이웃에 대한 공경과 사랑의 실천적 삶을 성공적으로 수행하였다. 그리고 여성으로서의 지경의 삶은 조상섬김[奉祭祀], 이웃대접[接賓客], 가족봉양 등과 관련하여 '음식'의 분야로 이어지게 되는데, 바로 이러한 배경에서 『음식디미방』이 탄생하게 된다.

---

44) 『小學』과 『十九史略』을 가르침. [『貞夫人安東張氏實紀』, 附錄, '行實記' 참조]

45) 강혜경, "유교문화 속의 여성의 자아: 수용성(Receptivity)과 감응성(Responsiveness)을 중심으로"(『유교문화연구』 15집, 2010), 88-9쪽 참조.

46) 『貞夫人安東張氏實紀』, 書, 「寄兒徽逸」.

'유교적 여성성'으로서의 경(敬)의 실천은 생명을 살리는 일로부터 시작된다. 이것은 곧 음식을 만드는 일이다. 『예기』에서는 '예(禮)의 시작은 음식에서 비롯된다'[47]라고 하여 음식을 사회적 질서와 관계 속에서 파악하였다. 음식을 가지고서 인간과 인간 사이의 관계와 질서라는 '예'의 논의가 가능한 것이다. 즉, 예의 실천을 염두에 두고 음식과 술을 다루었던 것이다. 『음식디미방』에는 장씨부인이 평생에 걸쳐 경험하고 실천했던 조리법이 담겨 있다. 정성을 다해 음식을 조리하는 과정은 생명을 살리는 실천적 행위이며, 그러한 행위 안에는 음식을 먹을 사람들에 대한 공경의 마음이 자리 잡고 있다.[48] 그래서 동양 고전에서는 음식을 논하면서 합당한 도리를 강조하였던 것이다. 예서(禮書)에서는 음식과 계절, 그리고 맛을 배합하여 조화를 추구하고자 한다. 그래서 "무릇 밥은 봄처럼 따뜻하게 하고, 국은 여름처럼 뜨겁게 하며, 장은 가을처럼 서늘하게 하고, 음료는 겨울처럼 차게 해야 한다."[49]라고 하였다. 그리고 『중용』에서는 "사람이 마시고 먹지 않음이 없건만 맛을 아는 이가 드물다."[50]라고 하였다. 여기서 '맛'은 심신의 조화로 이어지며, 음식과 몸, 더 나아가서는 마음의 조화까지도 추구하고 있다. 그러하기에 '맛을 아는 이가 드물다'라고 했던 것이다.

그런데 장씨부인은 『음식디미방』의 '발문'에서 "이 책을 이렇게 눈이 어두운데 간신히 썼으니, 이 뜻을 알아 이대로 시행하고"라고 하였다. 도대체 '이 뜻'이 무엇인가? 이것은 곧 가문의 전통이 대를 이어 가며 계승되고 이를 통해 집안이 잘 다스려지기를 바라는 마음을 의미한다.

『음식디미방』에는 밥과 죽의 조리법이 나타나지 않고, 국수와 만두류가 주식이 된다. 조선 중기 사회의 국수는 잔치나 제사상 그리고 손님에게 대접하는 귀한 음식인데, 이 책에서는 무려 4종류의 국수 조리법이 소개된다. 그리고 만두는 6종류, 주

47) 『禮記』「禮運」. "凡禮之初, 始諸飮食."

48) 이난수, "張桂香의 『음식디미방』과 유교여성 살림의 철학"(『퇴계학과 유교문화』54호, 2014), 142-3쪽 참조.

49) 『周禮注疏』, 卷5, 「天官塚宰下」. "凡食齊眡春時, 羹齊眡夏時, 醬齊眡秋時, 醬齊眡冬時."

50) 『中庸』, 4장(朱子章句). "人莫不欲飮食也, 鮮能知味也."

류(酒類)는 무려 51가지나 소개되었다. 만두 또한 귀한 음식이며, 특히 술은 제사와 접빈객에게 가장 많이 올리는 음식이다. 그러므로 이 책에 수록된 음식들은 잔치, 제사, 손님대접에 필요한 음식들을 중심으로 편성되었을 가능성이 높다. 전통시대 여성들이 봉제사(奉祭祀)와 접빈객(接賓客)이라는 유교적 전통을 수행함에 있어 음식은 중요한 역할을 한다. 격식에 맞고 전통을 갖춘 성실한 음식 조리는 유교 전통의 '여성적' 계승을 의미하기에 장씨부인은 자손 대대로 조리법이 잘 전수되기를 바랐다.[51] 그래서 '발문'에서 '이 뜻을 알아 이대로 시행하고'라고 하였다. 음식을 통해 가풍을 전승하고, 가문의 위상을 유지하려고 했던 것이다.

장씨부인은 학문에 능했으나 이것이 여성으로서 일생 동안 할 일이 아니라고 보고서, 부덕(婦德)을 함양하는 일에 더 많은 노력을 기울였다. 부인은 부덕 실천의 연장선상에서 『음식디미방』을 집필하였다.[52] 그것은 단순한 기록보존의 차원이 아니라 며느리와 딸들을 위한 지경적 삶의 지침서로 집필되었다. 그래서 『음식디미방』의 음식 장만에 있어서 가장 돋보이는 부분이 바로 '정성'이며, 그중에서도 좋은 물을 마련하는 것이 가장 중요하게 여겨진다. 예를 들면 삼오주(三午酒)를 만드는 과정에서 정월 첫 오일(午日) 새벽에 정화수를 길어 독에 붓는 과정이 나온다.[53] 그리고 녹두가루를 만드는 과정에 있어서도 어스름 녘에 정화수를 길어다가 이튿날 해가 뜨거워지기 전까지 물에 담근다. 초(醋)를 담는 과정과 술을 빚는 과정에서 특히 정성이 두드러진다. 누구도 물을 긷지 않는 이른 새벽에 물 한 동이를 길러서 그 물에 그림자가 비치지 않도록 뚜껑을 덮는다. 술과 초를 만들기 위해 물을 길어 오는 부분은 마치 의례를 행하는 것처럼 경건하다.

물은 모든 음식 마련의 기본이라 할 수 있다. 그러므로 좋은 물을 정성스럽게 마련하는 것은 마치 그림을 그릴 때에 좋은 바탕을 먼저 마련해 두는 '회사후소'(繪事後

51) 이난수, "張桂香의 『음식디미방』과 유교여성 살림의 철학", 151-2쪽 참조.

52) 배영동, "16~17세기 안동문화권 음식조리서의 등장 배경과 역사적 의의"(『남도민속연구』 29집, 2014), 153-4쪽 참조.

53) 경북대학교 고전총서(10), 『음식디미방』(경북대학교출판부, 2003), 183-4쪽.

素)의 정신과도 같고,[54] 또한 인간의 성정에 있어서 좋은 심성을 형성하는 것과도 같다. 직접 이른 새벽에 물을 길어 음식을 만들고 술을 빚었던 행동에서 장씨부인의 준엄한 지경의 삶을 엿볼 수 있다. 즉, 음식을 만들기 위해 기울인 정성은 조리의 전 과정을 통해 전일(專一)하게 집중하는 지경의 자세를 상징하는 것이다.

이렇듯 음식 만드는 과정에 지경의 삶이 드러난다. 즉, 음식 만드는 과정에도 정제엄숙(整齊嚴肅), 주일무적(主一無適), 상성성(常惺惺) 등과 같은 '경'의 정신이 포함되어 있다. 장씨부인이 평생에 걸쳐 실천했던 조리법에 깃든 정신이 바로 경(敬)의 정신이다. 여인들이 정성을 다해 음식을 조리하는 과정은 마치 유학자들의 공부 과정과도 같다. 이것은 곧 몸에 대한 공경이자, 가족에 대한 공경이고 더 나아가서는 타인과 만물에 대한 공경이기도 하다. 따라서 『음식디미방』은 단순한 조리서의 의미를 넘어 지경의 삶을 추구한 '유교 여성의 공부록'으로 이해해야 하는 것이다.

장씨부인은 유교라는 시대정신 속에서 성인을 꿈꾸었다. 아버지에게서 지경과 수신의 방도를 배워 이를 평생 동안 구체적 삶 속에서 실천했으며, '여성'이 갖는 시대적 한계에 좌절하지 않고 자신에게 주어진 삶의 무게를 '주체적' 입장에서 풀어 나갔다. 『음식디미방』은 장씨부인의 지경적 삶의 한 부분이다. 음식을 통해 몸과 마음의 조화를 이루어 내고, 더 나아가 인간에 대한 공경의 도리를 실현하고자 했던 한 여인의 실천적 삶의 기록이다. 바로 이러한 의미에서 우리는 '눈 어두운 가운데서 간신히 책을 써 내려간' 부인의 온전한 뜻이 어디에 있는지를 깊이 새겨 보아야만 한다.

54) 『論語』「八佾」 참조.

5. 성인의 길, 여자의 길

유학의 이상적 인간상은 '성인'이다. 맹자 이전에는 성인이 우리의 현실과 동떨어진 이상적 존재로만 여겨졌다. 그런데 맹자는 이러한 성인의 경지가 노력을 통해 도달할 수 있다고 보았다. 그는 노력하기만 하면 누구나 순임금 같은 성인이 될 수 있다고 보았다.[55] 성인에 대한 맹자의 이러한 이해는 신유학 특히 한국 성리학에 많은 영향을 끼쳤다. 퇴계 이황은 배워서 성인이 될 수 있다는 확신을 갖고서 '성인이 되는 학문'[聖學]의 시작과 끝맺음에 걸친 일관된 요체로서 경(敬)을 강조하였다.[56] 그는 칠십 평생을 '경'으로써 실천궁행하였다. 그리고 이황의 학맥을 계승한 장흥효 또한 '경'을 강조하였고 일평생 지경의 삶을 살았다. 장흥효의 이러한 성인 지향의 학문태도는 장씨부인에게 고스란히 전달되었다. 장씨부인은 성인의 용모와 언어가 근본적으로는 보통 사람보다 다를 것이 없으며, 그 행동도 모두 인륜의 날마다 행하는 일로 보았다. 그러므로 그녀는 우리가 근심할 것은 오로지 성인의 도를 배우지 않는 것일 뿐이라고 생각하였다.

> 만약 성인이 보통 사람의 부류가 아니고 보통 사람들의 수준을 훨씬 뛰어넘는 존재라고 한다면 진실로 따라갈 수가 없을 것이다. 그렇지만 그 용모와 언어가 처음부터 보통 사람보다 다른 것이 없으며, 그 행동도 또한 모두 인륜의 날마다 하는 일이라면 사람들은 오직 성인의 도를 배우지 않는 것을 근심해야 한다. 진실로 성인의 도를 배우게 된다면 무슨 어려운 일이 있겠는가?[57]

성인의 도리와 삶을 배우고자 하는 장씨부인의 의지는 어릴 때부터 강하게 드러났다. 대략 10세 전후에 쓰여진 것으로 알려진 「성인음(聖人吟)」이라는 시에서 성인의

55) 『孟子』「滕文公章句上」. "成覸謂齊景公曰, 彼丈夫也, 我丈夫也, 吾何畏彼哉. 顔淵曰, 舜何人也, 予何人也, 有爲者亦若是. 公明儀曰, 文王我師也, 周公豈欺我哉." 참조.

56) 『退溪集』, 卷7, 聖學十圖, 「大學圖」. "是皆未始一日而離乎敬也. 然則敬之一字, 豈非聖學始終之要也哉." 참조.

57) 『貞夫人安東張氏實紀』, 附錄, 「行實記」.

얼굴은 비록 볼 수 없지만 그 말씀[경전]을 들을 수가 있으니 결국 그 마음[도리]도 볼 수 있을 것이라고 읊조렸다.[58] 장씨부인은 항상 옛 성현의 말씀은 반드시 본받아야 한다고 하면서 글과 행실이 일치하지 않는 폐단을 탄식하였다.[59] 성인을 지향하는 장씨부인의 이러한 삶은 개인적인 성찰과 수양에서 그러했을 뿐만 아니라, 타인을 가르치고 권면할 때도 마찬가지였다. 장씨부인은 자녀를 훈육할 때도 다른 어머니들처럼 자애로움과 사랑만 보인 것이 아니라, 그 학문적 성취를 격려하고 성인을 닮고자 하는 참공부를 하도록 이끌었다. 부인이 남긴 글을 보면 잡다한 집안 대소사와 여성 특유의 감성적인 내용보다는 학문적 성취와 성인에의 길을 가도록 권면하는 글이 많다. 자녀들에 대한 이러한 교육의 모습은 당시 일반적인 어머니의 모습과는 많이 달랐다. 그래서 이상정(李象靖, 1711~1781)은 "부녀자가 거처하는 안방에서 아버지가 아들을 지도하는 방법으로 자녀들을 교육한 것은 고금에 드물게 듣는 일이다."[60]라고 평가하였다.

장씨부인의 문집에 손자들에게 주는 시가 두 편 수록되어 있다. 손자[李檼]가 친구와 작별하며 지은 시의 내용 중에 성인을 배우고자 한다는 부분이 있었다. 부인은 이것을 대단히 기뻐하여 그동안 스스로 멀리하였던 시작(詩作)을 하면서까지 손자를 격려하였다.

> 네가 벗과 작별할 때 지은 시를 보니,
> 그 시 속에 성인을 배우려는 말이 있더구나.
> 내 마음이 기뻐서 다시 칭찬하여,
> 짧은 시 한 편을 지어 너에게 준다.[61]

그리고 또 다른 손자[李栽]가 새해에 스스로를 경계하는 글을 짓자 그것을 가상하

58)『貞夫人安東張氏實紀』, 詩, 「聖人吟」. "不生聖人時, 不見聖人面, 聖人言可聞, 聖人心可見." 참조.

59)『貞夫人安東張氏實紀』, 附錄, 「行實記」.

60)『貞夫人安東張氏實紀』, 書, 「小識」(李象靖).

61)『貞夫人安東張氏實紀』, 詩, 「贈孫新及」. "見爾別友詩, 中有學聖語, 余心喜復嘉, 一筆持贈汝."

게 여겨 참선비가 될 것이라며 직접 시를 지어 격려하였다.

> 새해에 네가 자신을 경계하는 글을 지었으니,
> 네 뜻은 지금의 사람과는 다르구나.
> 어린아이가 벌써 학문에 뜻을 두니,
> 참다운 선비가 될 것이로다.[62]

성인에로의 길을 권면하는 이러한 교육은 자식들에게만 한정된 것이 아니었다. 장씨부인은 집안의 여러 부녀자와 아직 관례를 행하지 않은 남자아이들에게도 옛 의리를 말해 주고 선(善)으로 인도하는 일에 전심전력하였다.[63] 그리고 장씨부인의 사회적 실천은 단순히 부녀자의 감성에서 나온 동정심의 발로이거나, 아니면 시댁의 가풍에 따른 무의식적인 행위로만 볼 수 없다. 성인에로의 길을 지향하는 자신의 삶에서 일관되게 행해지는 '경'의 실천, 즉 지경의 삶의 한 부분이었던 것이다. 부인은 내적으로 엄격한 자기성찰과 수양이라는 '경' 공부를 평생 동안 실천했고, 외적으로는 인의예지와 효제충신의 도리를 다했다. 부인은 항상 주위 사람들에게 우리 모두는 도덕적으로 선한 본성을 가지고 있기 때문에 노력하면 충분히 성인에 이를 수 있다고 끊임없이 가르치고 권면했다. 그러므로 우리는 부인의 사회적 실천에 있어서 이웃에 대한 구제행위나 연민의 정(情)보다는 선한 본성에로 이끌어 가려는 성인 지향의 열정을 주목해야 한다.

장씨부인의 위대성은 시 · 서 · 화와 관련한 예술적 재주나 그녀의 뛰어난 학문능력에 있는 것이 아니다. 이러한 자신의 재주를 감추고 자신을 낮추며 시대와 환경에 따라 자신에게 주어진 역할에 충실했던 그녀의 모습에서 오히려 위대성을 찾아야 한다. 그녀는 전통사회에서 여러모로 한계를 가질 수밖에 없는 여자로 출생하였지만, 유학과 성리학의 세계관을 강하게 인식하고 있었으며, 그 기본 가르침을 생활 속에서 실천하고자 평생토록 노력하였다. 그녀는 성선(性善)에 대한 강한 신념을 가

62) 『貞夫人安東張氏實紀』, 詩, 「贈孫聖及」. "新歲作戒文, 汝志非今人, 童子已向學, 可成儒者眞."

63) 『貞夫人安東張氏實紀』, 附錄, 「行實記」.

지고 있었다. 그래서 누구든지 선을 행할 수 있을 뿐만 아니라, 선을 행하기 좋아한다는 믿음을 가지고서 자녀들과 주변사람들에게 선행을 권유하고 그녀 스스로 그러한 삶의 모범이 되었다. 그녀의 삶은 한마디로 아는 것과 행하는 것을 하나로 하기 위한 끊임없는 지경의 수행 과정이었으며, 평생 동안 '관계 속에서' 자신을 성찰하고 주어진 역할에 충실하고자 노력한 삶이었다.

일찍이 제나라의 경공이 공자에게 묻기를, "어떻게 하면 나라를 바로 다스릴 수 있습니까?"라고 하였다. 이때 공자의 대답이 바로 저 유명한 "임금은 임금다워야 하고, 신하는 신하다워야 하며, 아버지는 아버지다워야 하고, 자식은 자식다워야 한다."라고 하는 정명론(正名論)이다.[64] 이것은 나라를 다스리는 임금에게만 해당되는 말이 아니다. 장씨부인이야말로 이러한 정명(正名)의 이론을 가장 잘 실천한 사람이다. 자식으로서, 형제로서, 아내로서, 어머니로서, 이웃으로서 어디에 있든 누구와 어울리든 항상 한결 같은 모습으로 상대를 존중하고 격려하며 더불어 선을 실천하고자 애썼던 것이다.

후대의 사람들은 장씨부인이 만약 남자로 태어났더라면 충분히 퇴계학통의 적전자가 되었을 터인데, 아쉽게도 부녀가 닦아야 할 덕행과 어머니로서의 의범(儀範) 때문에 규문 안에서만 그 학문이 그치고 말았으니 한탄할 만한 일이라고 하였다. 그러나 바로 이 점에서 장씨부인의 위대성이 더욱 강하게 느껴진다. 즉, 그녀는 '여자로서' 갖는 시대적 한계를 충분히 자각하였을 터이지만 이에 좌절하거나 '어설픈' 남자 흉내를 내려 하지 않고, 자신에게 주어진 길을 올곧게 가며 그 안에서 지경의 삶을 실천하고자 최선의 노력을 하였던 것이다. 스스로를 내세우고 싶어 안달하며 눈앞의 이익에만 혈안이 되어 있는 이 시대에 장씨부인의 지경의 삶은 아름다운 향기를 우리들에게 전해 준다.

64) 『論語』「顔淵」. "君君, 臣臣, 父父, 子子."

부록

Chapter 01

『논어(論語)』 제10편 「향당(鄕黨)」

Chapter

01 『논어(論語)』 제십편(第十篇) 「향당(鄕黨)」[1)]

1. **[원 문]** 孔子於鄕黨에 恂恂如也하사 似不能言者러시다 其在宗廟朝廷하사는 便便言하시되 唯謹爾러시다.

[번역문] 공자께서 고향 마을에 계실 때는 독실한 모습을 보이시어 말씀을 잘하지 못하는 사람 같으셨다. 종묘나 조정에 계실 때는 말씀을 잘 하시되, 다만 삼가셨다.

2. **[원 문]** 朝에與下大夫言에 侃侃如也하시며 與上大夫言에 誾誾如也러시다 君在어시든 踧踖如也하시며 與與如也러시다.

[번역문] 조정에서 하대부와 말씀하실 때는 강직하게 하시고, 상대부와 말씀하실 때는 온화하게 하셨다. 임금이 계시면 조심하여 편안치 않은 듯 하시고 예법에 맞는 위의(威儀)를 갖추셨다.

1) 「鄕黨」편은 공자가 시골에서 생활할 때의 모습을 그린 것이다. 즉, 주유천하를 마치고 낙향하여 살 때의 공자의 언행과 처신, 그리고 의식주에 걸친 일상생활을 기록한 편이다. 일반적으로 공자의 평소 모습을 언급할 때 가장 많이 인용되는 부분이다. 공자의 생활예절, 혹은 유교의 생활예절에 관한 기본 이론이라 할만큼 눈여겨볼 만한 구절이 많다. 향당편의 상당부분이 현대 예절에 있어서도 여전히 의의를 갖기에 원문과 번역문을 부록으로 싣는다.

3. **[원 문]** 君召使擯이어시든 色勃如也하시며 足躩如也러시다 揖所與立하사대 左右手러시니 衣前後襜如也러시다 趨進에 翼如也러시다 賓退어든 必復命曰, 賓不顧矣러시다.

[번역문] 임금이 불러서 국빈(國賓)을 접대하게 하시면 긴장하여 얼굴빛이 변하셨으며 발걸음을 조심하셨다. 함께 도열한 동료 접빈관(接賓官)과 읍(揖)하실 때는 손을 좌우로 하셨는데[2], 옷의 앞 뒷자락이 가지런하셨다. 빠른 걸음으로 나가실 때는 마치 새가 날개를 편듯 하셨다. 손님이 돌아간 뒤에는 반드시 복명(復命)하시기를 "손님이 뒤돌아보지 않고 잘 갔습니다" 하셨다.

4. **[원 문]** 入公門하실새 鞠躬如也하사 如不容이러시다 立不中門하시며 行不履閾이러시다 過位하실새 色勃如也하시며 足躩如也하시며 其言이 似不足者러시다 攝齊升堂하실새 鞠躬如也하시며 屛氣하사 似不息者러시다 出降一等하사는 逞顔色하사 怡怡如也하시며 沒階하사는 趨進翼如也하시며 復其位하사는 踧踖如也러시다.

[번역문] 궁궐문에 들어가실 때는 몸을 굽히시어 마치 문이 좁아서 못 들어갈 듯이 하셨다. 문에 설 때는 문 한가운데 서지 않으시고, 드나들 때는 문지방을 밟지 않으셨다. 임금이 서는 자리를 지나실 때는 얼굴빛이 변하셨으며, 발걸음을 조심하시고 말씀을 잘 못하는 듯이 하셨다. 옷자락을 걷어 잡고 당(堂)에 오르실 때는 몸을 굽히시고 숨을 죽이시어 마치 숨을 쉬지 않는 것 같이 하셨다. 당(堂)에서 나와 섬돌 한 층계를 내려서서는 안색을 펴시어 얼굴에 화기(和氣)를 띠셨으며, 층계를 다 내려와서는 빠른 걸음으로 걷되 마치 새가 날개를 편 듯 하셨으며, 자기 자리로 돌아와서는 여전히 공경의 자세를 취했다.

2) 왼쪽 사람에게 읍할 때에는 손을 왼쪽으로 하고, 오른쪽 사람에게 읍할 때에는 손을 오른쪽으로 한다.(朱子註)

5. [원 문] 執圭하사대 鞠躬如也하사 如不勝하시며 上如揖하시고 下如授하시며 勃如戰色하시며 足蹜蹜如有循이러시다 享禮에 有容色하시며 私覿에 愉愉如也러시다.

[번역문] 사신(使臣)으로 가서 임금의 명규(命圭)를 잡으실 때는 몸을 굽히시어 감당하지 못하는 듯이 하셨다. 명규를 잡는 위치는, 위로는 읍(揖)할 때와 같은 높이였고 아래로는 남에게 물건을 건넬 때와 같은 높이였다. 얼굴빛을 변하여 긴장하는 기색을 드러내고, 발은 촘촘히 짧게 디뎌 뒤꿈치를 끄는 듯 하셨다. 물건을 드리는 연향례(宴享禮)가 행해질 때는 얼굴에 화색이 도셨고, 사사로운 자리에서 만나실 때는 더욱 화기애애하셨다.

6. [원 문] 君子는 不以紺緅飾하시며 紅紫로 不以爲褻服이러시다 當暑하사 袗絺綌을 必表而出之러시다 緇衣엔 羔裘요 素衣엔 麑裘요 黃衣엔 狐裘러시다 褻裘長하되 短右袂러시다 必有寢衣하시니 長一身有半이러라 狐貉之厚로 以居러시다 去喪하사는 無所不佩러시다 非帷裳이어든 必殺之러시다 羔裘玄冠으로 不以弔러시다 吉月에 必朝服而朝러시다.

[번역문] 공자께서는 감색이나 붉은색으로 옷을 선두르지 않으셨고, 분홍색과 자주색으로 평상복을 만들어 입지 않으셨다. 더울 때는, 속옷을 입고 홑겹으로 된 갈포 옷을 반드시 겉에 입으셨다. 검은 옷에는 염소 가죽으로 만든 갖옷(가죽으로 만든 옷)을 받쳐 입고, 흰 옷에는 사슴 가죽으로 만든 갖옷을 받쳐 입고, 노란 옷에는 여우 가죽으로 만든 갖옷을 받쳐 입으셨다. 평상시 입는 갖옷은 길게 하되, 오른쪽 소매는 짧게 하셨다. 반드시 잠옷이 있었는데, 길이가 몸의 한 배 반이었다. 평상시에는 여우나 담비의 두꺼운 갖옷으로 거처하셨다. 상(喪)을 마친 뒤에는 패물을 차지 않는 것이 없으셨다. 조복(朝服)이나 제복(祭服) 같은 온폭을 쓰는 치마가 아니면, 반드시 아랫단에서 허리로 올수록 줄어드는 재봉을 하셨다. 염소 가죽으로

만든 갖옷이나 검은 관(冠)으로는 조문(弔問)하지 않으셨으며, 매월 초하루에는 반드시 조복(朝服)을 입고 조회에 참여하셨다.

7. **[원 문]** 齊必有明衣러시니 布러라 齊必變食하시며 居必遷坐러시다.

[번역문] 재계하실 때는 반드시 명의(明衣)를 입으셨는데, 삼베로 만들었다. 재계하실 때는 반드시 음식을 달리하시고, 거처도 옮기셨다.

8. **[원 문]** 食不厭精하시며 膾不厭細러시다 食饐而餲와 魚餒而肉敗를 不食하시며 色惡不食하시며 臭惡不食하시며 失飪不食하시며 不時不食어러시다 割不正이어든 不食하시며 不得其醬이어든 不食하시다 肉雖多나 不使勝食氣며 唯酒無量하시되 不及亂이러시다 沽酒市脯을 不食하시며 不撤薑食하시며 不多食이러시다 祭於公에 不宿肉하시며 祭肉은 不出三日하더시니 出三日이면 不食之矣니라 食不語하시며 寢不言이러시다 雖疏食菜羹이라도 瓜(必)祭하시되 必齊如也러시다.

[번역문] 밥은 곱게 찧은 곡물로 만든 것을 싫어하지 않으셨고, 회(膾)는 가늘게 썬 것을 싫어하지 않으셨다. 밥이 쉬어 맛이 변하거나 생선이 상하고 고기가 부패한 것을 드시지 않았으며, 색깔이 나쁘면 드시지 않았고, 냄새가 안 좋으면 드시지 않았으며, 요리가 잘못된 것을 먹지 않으시고, 제철 음식이 아니면 드시지 않았다. 자른 것이 바르지 않으면 드시지 않았고, 그 음식에 맞는 장이 갖추어지지 않았으면 드시지 않았다. 고기가 많아도 밥보다 많이 드시지 않았고, 술은 정해진 주량이 없었지만 취해서 흐트러지는 데까지는 이르지 않으셨다. 시장에서 산 술이나 포(脯)는 드시지 않았고, 생강 드시는 것을 거르지 않으셨다. 어떤 음식이든 많이 드시지는 않았다. 나라에서 제사 지내고 받은 고기는 하룻밤을 안 묵히고 바로 나누어 주었으며, 집안 제사에 쓴 고기는 사흘을 넘기지 않고 나누어 주셨는데, 사흘을 넘기면 드시지 않으셨다. 식사할 때는 사람들과 얘기하지 않으셨고, 주무시면서는 혼잣말을 하지 않으셨다. 거친 밥과 나물국일망정 반드시 제사를 올리셨는데 엄숙하고 경건하게 하셨다.

9. [원　문] 席不正이어든 不坐러시다.
[번역문] 자리가 바르지 않으면 앉지 않으셨다.

10. [원　문] 鄕人飮酒에 杖者出이어든 斯出矣러시다 鄕人儺에 朝服而立於阼階러시다.
[번역문] 마을 사람들이 함께 술을 마실 때 노인이 나가면 따라 나가셨다. 마을 사람들이 역귀(疫鬼)를 쫓는 의식을 행할 때는 조복(朝服)을 입고 동쪽 섬돌에 서 계셨다.

11. [원　문] 問人於他邦하실새 再拜而送之러시다 康子饋藥이어늘 拜而受之曰, 丘未達이라 不敢嘗이러시다.
[번역문] 사람을 다른 나라에 보내어 안부를 물을 때는 두 번 절하고 보내셨다. 노(魯)나라 대부 계강자(季康子)가 약을 보내왔는데, 절을 하고 받으면서 말씀하셨다. "내가 이 약의 성분을 알 수 없어 맛보지는 못하겠습니다."

12. [원　문] 廐焚이어늘 子退朝曰, 傷人乎아하시고 不問馬하시다.
[번역문] 마구간에 불이 났는데, 공자께서 조정에서 돌아오셔서 "사람이 상했느냐?"고 물으시고, 말[馬]에 대해서는 묻지 않으셨다.

13. [원　문] 君賜食이어시든 必正席先嘗之하시고 君賜腥이어시든 必熟而薦之하시고 君賜生이어든 必畜之러시다 侍食於君에 君祭어시든 先飯이러시다 疾에 君視之어시든 東首하시고 加朝服拖紳이러시다 君命召어시든 不俟駕行矣러시다 入太廟하사 每事問이러시다.
[번역문] 임금이 음식을 내려 주시면 반드시 자리를 바르게 한 다음 먼저 맛보셨고, 임금이 생고기를 주시면 반드시 익혀서 사당에 올리셨

고, 임금이 살아 있는 짐승을 내려 주시면 반드시 기르셨다. 임금을 모시고 식사할 때 임금이 제사를 올리면 먼저 밥을 맛보셨다. 병이 들었을 때 임금이 문병을 오면 머리를 동쪽으로 두시고, 조복(朝服)으로 몸을 덮고 그 위에 띠를 걸치셨다. 임금이 명하여 부르시면 수레에 멍에 매기를 기다리지 않고 출발하셨다. 태묘에 들어가서는 모든 일을 물으셨다.

14. [원 문] 朋友死하여 無所歸어든 曰, 於我殯이라하시다 朋友之饋는 雖車馬라도 非祭肉이어든 不拜러시다.

[번역문] 벗이 죽어서 장례 치러 줄 친척이 없으면 "우리 집에 빈소를 차리라"고 하셨다. 벗이 보낸 물건은 수레와 말 같은 귀한 것이라도 제사 지낸 고기가 아니면 절하지 않으셨다.

15. [원 문] 寢不尸하시며 居不容이러시다 見齊衰者하시고 雖狎이나 必變하시며 見冕者與瞽者하시고 雖褻이나 必以貌러시다 凶服者를 式之하시며 式負版者러시다 有盛饌이어든 必變色而作이러시다 迅雷風烈에 必變이러시다.

[번역문] 주무실 때는 죽은 사람처럼 누워 자지 않으시고, 집에 계실 때는 몸가짐을 꾸미지 않으셨다. 상복을 입은 사람을 보시면 친한 사이라도 반드시 얼굴빛을 바꾸셨으며, 조관(朝冠)을 쓴 높은 사람과 소경을 보시면 사적인 자리라도 반드시 예모(禮貌)를 갖추셨다. 상복을 입은 사람을 만나시면 공경하셨고, 나라의 지도(地圖)나 호적(戶籍)을 지고 가는 자를 만나셔도 공경하셨다. 성찬(盛饌)을 받으면 반드시 얼굴빛을 바꾸면서 일어나셨고, 우레가 심하게 치고 바람이 거세게 불어도 반드시 얼굴빛이 변하셨다.

16. [원 문] 升車하사 必正立執綏러시다 車中에 不內顧하시며 不疾言하시며 不親指러시다.

[번역문] 수레에 오르실 때는 반드시 바르게 서서 수레의 줄을 잡으셨다. 수레 안에서는 안을 둘러보지 않으셨고, 말을 빨리 하지 않으셨고, 손가락으로 가리키지 않으셨다.

17. [원 문] 色斯擧矣하며 翔而後集이니라 曰, 山梁雌雉가 時哉時哉인저 子路共之한대 三嗅而作하시다.

[번역문] 새는 사람의 나쁜 표정을 보면 날아올라서 빙빙 돌며 살펴본 뒤에 다시 내려앉았다. 공자께서 말씀하셨다. "계곡 다리에 있는 까투리가 제철이구나, 제철이구나." 자로(子路)가 그걸 잡아 요리해서 바쳤는데, 공자께서 세 번 냄새를 맡고 일어나셨다.

Chapter 02

『명심보감(明心寶鑑)』 제17편 「준례(遵禮)」

Chapter 02

『명심보감(明心寶鑑)』 제17편 「준례(遵禮)」[1]

1. [원　문] 子曰, 居家有禮故로 長幼辨하고 閨門有禮故로 三族和하고 朝廷有禮故로 官爵序하고 田獵有禮故로 戎事閑하고 軍旅有禮故로 武功成이니라.

[번역문] 공자께서 말씀하시기를, "한 집안에 예가 있으므로 어른과 어린이가 분별이 있고, 안방에 예가 있으므로 삼족이 화목하고, 조정에 예가 있음으로 벼슬의 차례가 있고, 사냥하는 데 예가 있으므로 군사일이 숙달되고, 군대에 예가 있으므로 무공이 이루어지게 된다." 라고 하셨다.

2. [원　문] 子曰, 君子 有勇而無禮면 爲亂하고 小人이 有勇而無禮면 爲盜니라.

[번역문] 공자께서 말씀하시기를, "군자가 용맹만 있고 예가 없으면 세상을 어지럽게 하고, 소인이 용맹만 있고 예가 없으면 도둑이 된다."라고 하셨다.

1) 「遵禮」편은 예의를 준수할 것을 권유하는 글로 총 7장으로 구성되어 있다.

3. [원　문] 曾子曰, 朝廷엔 莫如爵이요 鄕黨엔 莫如齒요 輔世長民엔 莫如德이니라.

[번역문] 증자께서 말씀하시기를, "조정에는 지위보다 좋은 것이 없고, 한 고을에는 나이가 많은 사람보다 나은 이 없으며 나라 일을 잘하고 백성을 다스리는 것에는 덕(德)만한 것이 없다."라고 하셨다.

4. [원　문] 老少長幼는 天分秩序니 不可悖理而傷道也이니라.

[번역문] 늙은이와 젊은이, 어른과 어린이는 하늘이 정한 차례이니 사물의 바른 도리를 어기고 도를 상하게 하지 못하느니라.

5. [원　문] 出門如見大賓하고 入室如有人이니라.

[번역문] 바깥으로 나가서 〈사람을 만나게 되면〉 마치 큰 손님을 대하는 것처럼 하고 방으로 들어와서는 〈아무도 없더라도〉 마치 사람이 있는 것과 같이 처신하라.

6. [원　문] 若要人重我인대 無過我重人이니라.

[번역문] 만약 남이 나를 중하게 여김을 바란다면 내가 먼저 남을 중히 여겨야 하느니라.

7. [원　문] 父不言子之德하며 子不談父之過니라.

[번역문] 아버지는 아들의 덕을 말하지 말 것이며, 자식은 아버지의 허물을 말하지 아니 할지니라.

참고문헌

〈원전류〉

『論語』, 『論衡』, 『東夷列傳』, 『孟子』, 『三國志』, 『荀子』, 『禮記』, 『儀禮』, 『周禮』, 『周禮注疏』, 『周易』, 『中庸』, 『晉書』, 『孝經』

『明心寶鑑』, 『說文解字』 「師說」, 『四字小學』, 『說文解字注』, 『小學』, 『宋史』, 『宋元學案』, 『十九史略』, 『正蒙』, 『朱子家禮』, 『朱子語類』, 『通書』

『家禮源流』, 『家禮輯覽』, 『葛庵集』, 『擊蒙要訣』, 『謙庵集』, 『敬堂日記』, 『敬堂集』, 『敬堂集別集』, 『景賢錄附錄』, 『冠禮酌儀』, 『錦溪集外集』, 『記言』, 『大山先生實記』, 『東江詩稿』, 『蒙齋集』, 『无悶堂集』, 『樊巖集』, 『四禮便覽』, 『石溪集』, 『星湖僿說』, 『疏菴言行錄』, 『松南雜識』, 『松堂集』, 『安東張氏世譜』, 『與猶堂全書』, 『禮說類編』, 『栗谷全書』, 『음식디미방』, 『訒齋集』, 『貞夫人安東張氏實紀』, 『定齋先生文集附錄』, 『退溪先生言行錄』, 『退溪全書』, 『鄕錄』(安東府 豐山), 『晦齋全書』, 『后山集』

『高麗史』, 『高麗史節要』, 『國朝五禮儀』, 『三國史記』, 『三國遺事』, 『朝鮮王朝實錄』

김수길 역(2001). 『集註完譯 中庸』 서울: 대유학당.

성백효 역주(1993). 『小學集註』 서울: 전통문화연구회.

윤사순 역주(1993). 『退溪選集』 서울: 현암사.

정석태 역주(2005). 『安道에게 보낸다』 서울: 들녘.

〈단행본류〉

금장태(2000). 『유교의 사상과 의례』 서울: 예문서원.

김경일(1999). 『갑골문이야기』 서울: 바다출판사.

김득만, 장윤수(2000). 『중국철학의 이해』 서울: 예문서원.

김득중, 유송옥, 황혜성(1988). 『우리의 전통예절』 서울: 한국문화재보호재단.

김득중, 주상덕(2003). 『어린이예절생활』(1,2,3권). 서울: 학문사.

김명배(1983). 『한국의 茶書』 서울: 탐구당.

김복길(1991). 『생활 속의 예의』 서울: 성문각.

김상현(1986). 『한국의 茶詩』 서울: 태평양박물관.

김시황(2002). 『예절용어사전』 서울: 푸른사상사.

김영두 역주(2011). 『退溪, 인간의 도리를 말하다』 서울: 푸르메.
김운학(1981). 『한국의 茶文化』 서울: 현암사.
김종권(1986). 『한국인의 內訓』 서울: 명문당.
김종문, 장윤수(1996). 『한국전통철학사상』 부산: 도서출판 소강.
김태길 외(1994). 『윤리와 이념』 개정판. 서울: 박영사.
남성희(1998). 『현대 생활과 예절』 서울: 학문사.
류재봉(1997). 『호칭과 지칭 예절』 서울: 예영커뮤니케이션.
박종천(2011). 『예, 3천년 동양을 지배하다』 경기: 글항아리.
성균관대 유학과 교재편찬위원회(1982). 『유학원론』 서울: 성균관대학교출판부.
양승이(2010). 『한국의 상례』 경기: 한길사.
엄기원(1993). 『어린이예절교실』 서울: 지경사.
유명종(1985). 『朝鮮後期性理學』 대구: 이문출판사.
이광규(1990). 『한국의 가족과 종족』 서울: 민음사.
이기윤(1989). 『다도』 서울: 대원사.
이동철 외(2005). 『21세기의 동양철학』 서울: 을유문화사.
이수건(1995). 『영남학파의 형성과 전개』 서울: 일조각.
이은상(1994). 『사임당의 생애와 예술』 완성7판. 서울: 성문각.
이이화(1991). 『우리 겨레의 전통생활』 서울: 려강출판사.
장윤수(2013). 『경북북부지역의 성리학』 서울: 심산.
전광진(2000). 『뿌리를 찾는 한자 2350』 서울: 조선일보사.
전례연구위원회 편(1992). 『우리의 생활예절』 서울: 성균관 출판부.
전호근(2015). 『한국철학사』 서울: 메멘토.
정순목(1986). 『퇴계의 교육철학』 서울: 지식산업사.
정태윤(1997). 『생활예절의 이론과 실체』 대전: 문경출판사.
조효순(1992). 『복식』 서울: 대원사.
최범술(1975). 『한국의 茶道』 서울: 보련각.
최승호(1989). 『동양윤리학사』 서울: 새문사.
최효찬(2005). 『5백년 명문가의 자녀교육』 서울: 예담.
한국교육학술정보원(2001). 『아름다운 사이버세상: 초등학생을 위한 정보통신 윤리』 서울: 한국경제신문사.
한국민족문화대백과사전 편찬부(1991). 『한국민족문화대백과사전』 경기: 한국정신문화연구원.

한국외국어대학교 외국학종합연구센터 편(2005). 『세계의 혼인문화』 서울: 한국외국어대학교 출판부.

한국철학회 편(1998). 『기술 문명에 대한 철학적 반성』 서울: 철학과 현실사.

황경식(1998). 『이론과 실천』 서울: 철학과 현실사.

溝口雄三 外 編著(2003). 『中國思想文化事典』 (김석근 외 역). 서울: 민족문화문고.

吳康[1955(民國44)]. 『宋明理學概述(一)』 臺北: 中華文化.

宇野哲人[1954(昭和29)]. 『支那哲學史(近世儒學)』 東京: 寶文館.

Johnson, D. G. (1997). 『컴퓨터 윤리학』 [Computer ethics] (추병완 외 역). 서울: 한울아카데미(원저출간: 1985).

Rogerson, S. (1998). "Computer and Information Ethics," in R. Chadwick (ed.), *Encyclopedia of Applied Ethics*. San Diego, CA: Academic Press, 563-570.

Spafford, E. H. (1998). "Computer Security", in R. Chadwick (ed.), *Encyclopedia of Applied Ethics,* Volume 1. San Diego, CA: Academic Press.

Spinello, R. A. (2001). 『사이버윤리』 [Cyber Ethics] (이태건 외 역). 서울: 인간사랑(원저출간: 2000).

〈논문류〉

강혜경(2010). "유교문화 속의 여성의 자아: 수용성(Receptivity)과 감응성(Responsiveness)을 중심으로", 『유교문화연구』 15집, 83-108.

공병석(2003). "先秦喪禮의 기원과 발전", 『동양예학』 10집, 103-144.

공병석(2005). "喪禮의 이론적 의의와 그 기능", 『동양예학』 14집, 93-124.

길병휘(1988). "예절의 본성과 예절교육의 한계", 『대구교대 학생생활연구소 논문집』 14집.

김기선(2000). "장묘제도의 개선방안", 『경산문화연구』 4집, 47-67.

김시황(2001). "한국 祭禮에 대하여", 『동양예학』 6집, 149-175.

김시황(2004). "한국 拜禮法의 일고찰", 『예절교육』 12집.

김현재(2003). "베트남의 전통혼인관념", 『베트남연구』 4권, 131-149.

문철영(1984). "朝鮮初期의 新儒學 수용과 그 性格", 『韓國學報』 10집, 3030-3055.

배영동(2014). "16~17세기 안동문화권 음식조리서의 등장 배경과 역사적 의의", 『남도민속연구』 29집, 135-175.

성회경(2013). "스피노자철학의 다문화적 메시지", 『철학논총』 74집, 367-388.

성회경(2016). "스피노자와 퇴계의 '능동성'-논고", 『철학연구』 137집, 225-247.

이난수(2014). "張桂香의 『음식디미방』과 유교여성 살림의 철학", 『퇴계학과 유교문화』 54호.

이동후(2001). "問喪에 대한 현대적 의미", 『동양예학』 6집, 129-148.

이승연(2000). "『소학』과 성리학", 『東洋禮學』 4집, 85-125.

이은상(1931). "朝鮮兒童文學(四), 張氏의 十三歲作", 『아이생활』 1931년 12월호, 조선주일학교연합회.

장윤수(2001). "오늘, 우리에게 禮란 무엇인가", 『경상북도예절교육연구회자료집』

장윤수(2008). "敬堂日記를 통해서 본 張興孝 학단의 지형도와 성리학적 사유", 『철학연구』 107집, 329-371.

장윤수(2010). "敬堂及門諸賢錄연구: 17세기 경북 북부지역 성리학계의 동향", 『한국학논집』 40집, 321-373.

장윤수(2015). "여중군자 장계향과 운악 이함의 사회적 실천", 『퇴계학과 유교문화』 56호, 279-312.

장윤수(2016). "선비정신의 두 範本: 남명의 '절개'와 퇴계의 '관용'을 중심으로", 『철학연구』 138집, 221-250.

찾아보기

인명

서명

내용

ㄱ

ㄴ

저자 소개

■ **장윤수(張閏洙)**

경상북도 안동에서 태어나 경북대학교 철학과를 졸업하고 같은 학교 대학원에서 동양철학(유가철학)을 전공하여 철학박사 학위를 취득하였다. 현재 대구교육대학교 윤리교육과 교수로 재직 중이며, 중국 서북대학 객좌교수로도 활동하고 있다. 대동철학회, 대한철학회, 한국동양철학회의 회장을 역임하였다. 학문적 주요 관심 분야는 중국신유학, 한국성리학, 동양교육사상, 예절교육 방면이다. 『도, 길을 가며 길을 묻다』를 비롯한 삼십여 권의 저 · 역서가 있고, 「타자의 시각에서 본 퇴계학」을 비롯한 팔십여 편의 논문이 있다.

ysjang@dnue.ac.kr

■ **성회경(成會慶)**

경상북도 성주에서 태어나 경북대학교 철학과를 졸업하고 같은 학교 대학원에서 비교철학을 전공하여 철학박사 학위를 취득하였다. 현재 경북대학교와 울산대학교 강의교수로 재직 중이며, 대구교육대학교 학술연구교수를 역임하였다. 학문적 주요 관심 분야는 스피노자철학, 불교철학, 예절교육 방면이다. 『스피노자와 붓다: 해탈의 텍스트 에티카』를 비롯한 다수의 저서가 있고, 「스피노자와 퇴계의 능동성 논고」를 비롯한 십여 편의 논문이 있다.

hksung63@naver.com

글로벌시대의 예절인성

1판 1쇄 인쇄 — 2025년 7월 25일
1판 1쇄 발행 — 2025년 7월 30일

저　　자 - 장윤수 성회경
발 행 인 - 강철원
발 행 처 - 양성원
주　　소 - 경기도 파주시 검산로 173번길 29-12
전　　화 - 031-946-3861(代)
팩　　스 - 031-946-3864
이 메 일 - tnwpub@naver.com
홈페이지 - tnwpub.co.kr
출판등록 - 2015년 8월 31일 제2015-000211 호

ISBN 979-11-6126-644-2

정가 23,000원